U0505160

· 高等院校市场营销教材系列 ·

市场营销学

现代的
观点

（第二版）

Marketing : A Modern Perspective, 2e

钟旭东　编著

格致出版社
上海人民出版社

市场营销学就是现代生意经。本书从实用的角度出发，系统阐述了市场营销的精髓。本书以现代营销理论为基本依据，结合作者长年的理论研究和企业咨询经验写成，强调市场营销的实用性和现代性。本书的内容设置十分适合大专院校用作教材，也可作为企业管理人员深入理解营销的学习和培训用书。

钟旭东

副教授，MBA导师，现供职于苏州大学东吴商学院。主要从事市场营销学、消费者行为学、推销学等课程的教学与研究。出版著作5本，发表论文30余篇。为数百家企业做过培训、咨询与策划工作，理论知识和实践经验丰富。

再版前言
市场营销即交道营销

营销之道即交换之道,简称"交道"。商道、政道、艺道、学道及人道等皆为交道,皆要营销。

学习市场营销学的最终目的是帮助组织或个人解决交换问题。解决问题就要认识到问题都具有两面性,即问题的特殊性(个性)和普遍性(共性)。特殊性指的是具体的现象、万象、表象,普遍性指的是抽象、本质和根源。"具体问题具体分析"说的是解决问题要把握特殊性;而"透过现象看本质"说的是解决问题要把握普遍性。只把握特殊性,只有经验,"头痛医头脚痛医脚";不把握普遍性,看不到事物的本质,最终还是解决不了问题。市场营销作为交换哲学,就是首先要总结问题的普遍性、本质性及规律性,再结合问题的特殊性,具体问题具体分析,最终让问题得到根本性的解决。日本企业家稻盛和夫说:"在一切事物的深处,都隐藏着普遍的真理","成功的经营者,首先要善于探究事物的本质,所谓哲学家就是指具有深刻思想,善于探索事物本质的人"。形有不同,质无差异。把普遍性真理和特殊性现象结合在一起,才可以真正解决问题,绝不能用治标不治本的方法去解决问题。

本书第二版在上一版内容的基础上,进一步丰富和补充了互联网时代营销在理念和实务中出现的新变化,主要包括了以互联网为新特征的各种营销新内容及新媒体营销等。第二版对各个章节的内容及案例都进行了与时俱进的调整,使得本书更体现出系统性、实用性和现代性。

在第二版的写作过程中,朱焱编写了第 11 章、第 12 章;叶兆编写了第 16 章、第 18 章;陆继编写了第 4 章、第 6 章;林烨编写了第 15 章、第 17 章。全书最后由钟旭东进行统纂定稿。

本书在修订出版过程中再次得到了格致出版社,特别是责任编辑王萌的大力支持和帮助。如果没有王编辑等人对我的信任和指导,就不会有本书的顺利出版,在此向王编辑及其他默默帮助过本书出版的人们表示我最诚挚的谢意。在此也要向提供过资料帮助、理念启发的所有中外专家、学者、同事及众多互联网站、网络作者等表示最诚挚的谢意。

由于作者水平所限,错漏之处在所难免,真诚地期望所有看到此书的专家、学者、读者等给予中肯的批评和指正。

作者在第二版里,对第一版提出的营销的 12 个基本结论有了更进一步的认识,在此基础上再总结形成了营销的 20 个关键词(见书末附录二),希望是对市场营销本质进一步的感悟和提炼,供学习市场营销的人们参考。

钟旭东

2018 年 9 月于苏州大学

::: 目 录 _____

第一篇　认识营销价值

道生之，德畜之，物形之，器成之。

—— 老子

己欲立而立人，己欲达而达人。

—— 孔子

物有本末，事有终始，知所先后，则近道矣。

—— 曾子

知彼知己，胜乃不殆，知天知地，胜乃可全。

—— 孙子

做营销就是去做交换，交换无处不在。

市场营销的最终目的是为了实现交换。所有的组织（包括了营利性组织和非营利性组织）和个人都是为了实现交换而在生存和发展的。我们都是因交换而来，又为交换而去。

营销大师菲利普·科特勒说："营销无处不在，无论是有意识的还是无意识的，任何组织与个人都在从事着各种各样的营销活动。在当今的环境中，好的市场营销已经成为企业成功的必备条件。""市场营销已经渗透到人们生活中的点点滴滴。""企业的营销能力是企业盈利的根本保证。如果对产品和服务的需求不足，那财务、运营、会计和其他方面的努力也只不过是虚无缥缈的东西，因为只有通过足够的需求，企业才能真正获得利润。"

管理大师彼得·德鲁克说："有人可能会想，销售总是需要的。但是，市场营销的目标正是要使这种销售变得不再必要。"彼得·德鲁克还说："市场营销是最基本的职能，所以不能够将其看成是企业中隔离出来的职能，不能够将其与制造或人事等职能相提并论。市场营销需要单独的工作和一套不同的活动，但首先，它是整个企业的核心方面。从其最终成果来看，即从顾客的观点来看，市场营销就是整个企业。因此，企业的所有领域都必须充满着对市场营销的关心和责任。"

市场营销最基本的三个词就是：交换、我方、对方。所有的市场营销的内容都是这三个词的"纲举目张"。市场营销从字面上就可以理解为由三个部分的内容构成：市场、经营、销售。完整的市场营销意识是市场（现实）意识、经营（布局）意识和沟通（销售）意识的系统体现。

以市场为中心，满足市场需求是营销活动的基础。市场意识是进行市场营销活动的基础意识，这就要求我方首先要了解全局，了解环境和现实，并能预测趋势。这是一个知彼知己、知天知地的过程，其中知人是最基础的部分，知人的关键在知心。完整的市场意识不但包括了知天知地知人的识别意识,同时也包括了"谢天谢地谢人"的感恩意识和"畏天畏地畏人"的敬畏意识。市场意识还要求要有服务意识,服务意识贯穿市场营销意识的始终,通过为市场提供服务,为对方提供服务,来实现交换和进一步维持交换。

其次要做好营销对策,是一个发心伐谋和攻心为上的过程。"营"即经营之道,解决面对市场如何进行有效选择和配置的布局问题。"销"即促销之道和沟通之道,是运用整合营销传播策略,以期取得最终满意的结局。

懂市场才能懂经营,懂经营才能更好地沟通和销售。懂管理的基础是懂市场和懂经营。优秀的企业首先做好经营,管理始终为经营服务。经营是选择做对的事情,管理是把事情做对。

市场营销道德是企业伦理的核心,是企业基本的为人处世的价值观,是企业一切经营销售行为的心理基础,是企业负责任地进行营销以取得持续发展和成功的关键。

做管理就是明理管人,管人理事,去实现交换。市场营销首先是要明确经营与销售的战略战术,其次才是如何围绕经营与销售去做好管理。

什么是成功?《现代汉语词典》中的解释就是:"获得预期的结果"。市场营销的努力就是为了达到某种预期的结果。市场营销学探讨交换,探讨交换的成功之道。

系统思维,直指本质。心中有纲,纲举目张。交来交去,因果律定。

第 1 章
市场营销导论

:::

开篇案例　无印良品

无印良品(MUJI)是日本的一个杂货品牌,其产品注重纯朴、简洁、环保、以人为本等理念,在包装与产品设计上皆无品牌标志。虽然它极力淡化品牌意识,但遵循统一设计理念所生产出来的产品无不诠释着"无印良品"的品牌形象,它所倡导的自然、简约、质朴的生活方式也大受品位人士推崇,国际著名的财经杂志《福布斯》曾将它评为全球最佳中型企业。无印良品营销的成功秘密是什么呢?

1. 增加产品利益

产品材料佳,质量高,功能好。无印良品所有的设计都用最天然的材料,还原物品最原本的品质和气质。但日本又是个缺乏资源的国家,所以它把全世界当成原材料库,去印度、南美、中国高山地区等地寻找特定的优质材料,然后将最优质的材料和最合适的制法结合,摸索最简单的外形,体现物质和功能本身。此外,无印良品对每件有关产品本质的商品都有严格的检测程序,通过多重检测的产品才能得以销售;同时为保证充分利用原材料,不产生浪费,经过科学鉴定对不影响商品本质的多余检测程序都予以省略,力求削减成本、凸显产品品质。

2. 增加服务利益

宣传独特,介绍全面。无印良品没有电视广告也没有代言人,但却能达到人人皆知的效果并取得商业上的成功。这一方面是由于其卓越的品质和精简的设计赢得了消费者的喜爱和认可,顾客忠诚度高,口碑宣传力度大;另一方面是由于无印良品自身品牌设计、产品风格、店内陈列和宣传海报具有高度的识别性,往往给人留下深刻的印象。此外,无印良品的产品标签上会详细列示材质构成、材料来源、重量体积等产品属性。如有疑问，店员也会耐心进行产品介绍。

联系顾客，推进互动。为实现产品的"使用便利性"，无印良品成立了"生活良品研究所"，面向消费者集思广益，使用者可在商品开发、试卖、正式售卖等阶段提供意见。此外，其第四任社长金井政明还设立手机邮箱，密切关注来自"生活良品研究所"顾客的反馈意见。

3. 降低货币成本

全球采购简化包装，减少成本降低价格。无印良品从全球采购原材料，并且简化产品包装，避免不需要的材料消耗，注重关于产品本质的功能，也不借助任何外界的商业宣传手段，从而降低原料成本、生产成本和营销成本，以恰当的价格向顾客提供长久耐用、具有高质设计及材质的产品。

4. 增加人员利益

店员服务专业高效。无印良品制定了"指导手册"和"业务标准书"，一改过去的"经验主义"，首度把工作上会碰到的各种情况都"标准化"，让员工有一致努力的目标。无论是公司的经营、商品的开发、卖场的陈列，还是顾客接待，也都有章可循。无印良品依靠累积众人的工作技巧和智慧结晶制成的指导手册目前已累计达两千种，使得员工无论碰到任何问题，就算主管不在场，只要参阅指导手册，就能顺利解决问题，提高团队执行力。

5. 增加形象利益

倡导理性价值消费。无印良品讲究"极简生活"，正如其设计总监原研哉在《设计中的设计》描述的那样："追求的不是'这样好'，而是'这样就好'。"无印良品将价值赋予可接受的质量，以一种节制、让步以及超然理性的视角使用资源和物体，遵循日常生活的"基础性"和"普遍性"，避免不必要的繁琐装饰和资源资金花费。

给予顾客内心归属。无印良品的理念是"合理就便宜"，即当你觉得这个产品优质并且有价值，那么价格就不是核心，因此无印良品把生活中随处可见的东西改良开发成独特的优质产品，从而获得溢价空间。更重要的是，商品通过改良变得有文化内涵和文艺特质，这就迎合了文艺青年、知识分子等消费群体的消费需求，形成了坚实的品牌认可和很高的品牌忠诚。

体现禅意美学。无印良品通过直接使用纸箱及铝、塑料等朴素材质和简单精简的设计、包装让日本人逐渐失去的"侘寂"独特美学在现代复活。所谓"侘寂"，一般指朴素又安静的事物，一种不刻意突出装饰和外表，强调事物质朴内在，并能够经历时间考验的本质的美，不虚张声势却历久弥新。同时，无印良品将传统文化要素通过设计语言进行表达，设计追求日常化、虚空、留白，崇尚万物有灵，带着一股禅意的美感，将产品升华至文化层面，体现出无穷的艺术张力，接近于"大音希声，大象无形"的境界。

传递一种生活哲学。无印良品的产品不仅满足了消费者的"潜在需要"，让许多消费者"相见恨晚",心甘情愿地掏钱,而且还贩卖一种生活哲学,影响着消费者的精神和灵魂。无印良品通过提供观察日常生活的观点,提供极其日常的东西,让消费者在使用过程中重新审视日常用品的设计及日常生活,重新发现隐藏在日常生活里的智慧,去体验和享受生活的美好与简单。因此无印良品也被称为"生活方式提案店"(Life Style Store),提倡简约、朴素、舒适的生活,直抵生活本质。

6. 降低时间成本

商品陈列简单清爽,减少顾客寻找时间。无印良品拥有一套近于冷酷的陈列标准和陈列哲学:基本货架用于正常陈列,而侧货架则用于售卖战略商品和促销产品;服装区但凡折叠摆放的衣服,必将每一摞衣服最上面一件的领口向外对准通道以让顾客不弯腰亦能轻易看清每层货架衣服的领口款式……因此,对于新开门店最辛苦的工作便是陈列,每个门店要为此耗费一至三周时间。

7. 降低精力成本

让购物变成惬意的享受。不管是平时还是节假日,男女老少总喜欢去无印良品。虽然有时他们未必会购买些什么,但在环境舒适的店铺内随便逛逛,看看那些设计简约美观的物品,闻着怡人的熏香气味,坐在柔软的沙发上休息,都是一种精神的消遣和放松。这种慢节奏的舒缓状态,让购物不再是奔波拖沓、眼花缭乱和劳累不堪,而是一种质感生活的体验和美感的享受。

8. 降低心理成本

让购物没有心理负担。无印良品通过删繁就简、去除浮华、直逼本质、以人为本的设计,追求带给消费者"这样就好"的满足感。其产品以极简主义的色彩、干净利落的现代工业设计与个性化的创意,给人一种亲切感和熟悉感;同时其简约中注重精神文化层面的提高,长久耐用而又价格合理,消费者购买无印良品不必担心产品材料不安全、质量不可靠或者售后服务得不到保障等问题。

资料来源:根据无印良品官网等资料整理而成。

营销即生活,不论什么样的组织和个人,都应该充分认识到市场营销的重要性和其所具有的普适价值,任何组织和个人都需要基于营销活动来争取资源,获得交换的成功。

就营利性组织来说,市场营销理念就是指企业面对市场的买卖理念。买卖理念和市场背景很有关系,市场是卖方市场背景,那买卖关系就显得简单,因为市场被卖方决定;而如果市场是买方市场背景,那买卖关系就会显得复杂多变,因为市场已经被买方决定。现代的市场营销理念主要是在买方市场背景下企业所形成的经营销售理念,市场营销学就是现代生意经。

1.1　市场营销实质

当今社会与市场,如果组织和个人还把市场营销理解为是解决一时一域问题的"急先锋",是对市场营销的实质理解得不够全面和深入。市场营销要解决一时一域的问题,但这一时一域问题的解决来自组织和个人对全局和长远因素的系统认识和把握。现代的市场营销既要解决一时一域的问题,更要解决全局和布局的问题。

1.1.1　市场营销内涵

1. 市场营销概念

市场营销研究起源于企业。**市场营销**(marketing)是企业整体活动的中心环节,又是评判企业生产经营活动成功与失败的决定要素。

关于市场营销的含义,可以从管理和社会两个方面来理解。从管理来看,著名现代营销大师,美国西北大学教授菲利浦·科特勒说:"我们可以把营销管理看成是选择目标市场,并通过创造、传递和传播卓越顾客价值,来获得、维持和增加顾客的艺术和科学。"从社会方面来看,菲利普·科特勒说:"市场营销是个人和团体通过创造、提供和与他人自由交换有价值的产品与服务来获得他们的所需所求。"

菲利普·科特勒认为,市场营销就是辨别并满足人类和社会的需要,通过市场变潜在交换为现实交换的一系列活动和过程。对市场营销最简洁的定义是"有利可图地满足需求"。从企业角度看,营销就是处理与顾客的关系,基于顾客价值和顾客满意来建立顾客关系,是现代营销的核心。营销的双重目的在于,一方面通过提供优质的顾客价值来吸引新的顾客;另一方面通过传递顾客满意来保持和发展当前的顾客。杰出的公司都知道,要想成功,就必须为他们的顾客创造价值。如果为顾客创造了价值,他们将会从顾客那里获得长期的顾客忠诚和利润回报。

美国营销专家唐·亚科布奇说:"市场营销就是企业与其顾客之间的交换关系。"美国营销战略专家特劳特说:"以自我为中心是成功营销的头号杀手。"

美国市场营销协会(AMA)定义委员会在 1960 年给市场营销下的定义是:"市场营销是引导货物和劳务从生产者流转到消费者或用户所进行的一切企业活动。"2004 年 8 月,AMA 给出的最新定义是:"市场营销既是一种组织功能,也是为了组织自身及利益相关者的利益而创造、传播、传递客户价值,管理客户关系的一系列过程。"

市场营销与销售的含义不同。市场营销包括市场研究、产品开发、服务、定价、分销、促销等一系列战略和策略,而销售仅是企业营销活动的一个环节或部分,是市场营销的职能之一,而且不是最重要的职能。市场营销的内涵随社会经济的发展而不断变化和扩充,20世纪第二次大战前的营销只强调推销和销售。今天,市场营销已发展为系统化的经营销售理念,随着企业营销实践的发展还在不断丰富其内涵。

1960年,美国营销专家麦卡锡在其所著的《基础营销》一书中把营销策略分为四个策略,简称"4P"组合策略,即产品策略(product)、价格策略(price)、渠道策略(place)和促销策略(promotion),4P组合是企业的可控因素。随后市场营销又发展出了STP战略,即市场细分(segmentation)、选定目标市场(targeting)和市场定位(positioning),现代营销的基本对策就此形成。在对策之前需要分析5C,即顾客(customer)、企业(company)、环境(context)、合作者(collaborator)和竞争者(competitor),通过5C的分析,有助于企业识别整个经营形势下的机遇和潜在威胁,顾客和企业是市场交换关系中的主要角色。

总之,市场营销可以理解为:通过满足对方利益以获取自己利益的过程,本质上是双方的利益交换。针对企业组织而言,市场营销是指组织为满足对方需求而采取的综合性经营销售策略与管理活动,其目的是为了达成交换,并努力实现对方满意和忠诚。企业要实现交换和盈利,就要为顾客创造价值,企业通过创造顾客价值,让顾客感到满意,并努力建立顾客忠诚,使企业能成为永续的经营者。因为利他,从而利己;要想获利,就要给利和让利。彼得·德鲁克说:"企业的本质上是利他的,本质上就是要承担社会责任。"

市场营销价值的实现通过一系列的过程体现出来,其创造和实现的过程是:识别市场价值→选择营销价值→提供营销价值→传递(交付)营销价值→传播(沟通)营销价值。选择、提供及传递构成企业的经营之道,传播价值则构成企业的销售之道,广义上来说,销售之道也是企业的经营之道。营销价值的创造和实现过程始于产品以前,行于产品开发和销售之中,在产品销售之后还要延续。

选择价值是企业经营对策的开端,它基于对市场的认识和理解,然后确定企业的方向性选择和把握主动权。方向性选择里包括了企业要"成什么""做什么""做给谁"和"凭什么"的选择问题;把握主动权则包括了商业模式的选择和竞争优势的选择等。提供价值是企业围绕选择所做的有效提供,体现在产品、价格上,传递价值是企业围绕选择所采取的交付方式,体现在渠道和物流上,提供和传递价值可以统称为配置价值。传播(沟通)价值是企业通过采取人员推销、商业广告、销售促进、直接营销和公共关系等整合营销传播策略,最终实现营销的价值。

市场营销既体现出其有规律性、科学性的一面,也体现出其灵活性、艺术性的一面,所以西方营销学者认为市场营销是一门科学(science)、一种行为(behavior)、一项艺术(art)。菲利普·科特勒说,成功的市场营销绝非偶然,而是科学规划和有效实施的必然结果。就其实质而言,市场营销既是一门科学,又是一门艺术,是惯例化模式和创新的有机体。

　　1986 年,菲利普·科特勒进一步提出了"大营销"这一概念,提出了公司如何打进被保护市场的问题。提出了战略营销必须先于战术营销的制定。科特勒认为在 4P 组合策略里要再加入政治(politics)和公共关系(public relations)这两个 P。战略营销也是一个 4P 过程:即探查(probing)、划分(partitioning)、优先(prioritizing)和定位(positioning)。战略营销是一系列导致保持连续竞争优势的整体行动,只有在搞好战略营销的基础上,战术营销的制定才能顺利进行。他强调无论怎样营销,还有一个 P 是至关重要的,那就是人(people)。营销不管是做生意的人还是生意对象,都是以人为中心来展开具体活动的。根据以上的分析,可以认为市场营销的主要活动就是 10P 或11P 活动。

　　市场营销对企业不是雪中送炭,而是锦上添花。雪中送炭解决短期的、应急的问题,这样就把市场营销着眼于销售上面,结果往往就会做成功利性的推销。锦上添花解决的是企业经营战略问题,销售只是其中的一部分,而且不是最重要的部分。企业的营销对策首先是"织锦"的过程,即做经营,是经营过程的体现,企业的"添花"是传播过程的体现,是锦上添花。企业要想获得锦绣前程,首先要胸有全局,建立全面的市场意识,去充分认识和理解市场。其次是要善于运筹布局,建立全面的经营意识。最后是建立全面的沟通意识,通过有效的整合营销传播和沟通,攻心为上,达成期待的结局。关于企业成功的要素与营销及其主要影响因素,参见表 1.1 及图 1.1。

表 1.1　成功企业的三要素

企业的市场之识(market)——知彼知己(双方信息)
- 狭义的市场(对方):顾客
- 一般的市场(对方):顾客、竞争者
- 广义的市场(双方):微观环境、宏观环境

企业的经营之道(operation)——赢在经营(战略、策略)
- 选择价值:
　选择方向:成什么? 做什么? 做给谁? 凭什么?
　选择主动:商业模式是什么? 竞争优势是什么?
- 提供价值:产品、价格
- 传递价值:渠道、物流

企业的销售之道(sales)——攻心为上(策略)
- 传播价值:人员推销、广告传播、销售促进、直接营销、公共关系

　　市场营销是一种如何解决交换问题的思维方式。思维方式是人们大脑活动的内在程式,是看待事物的角度、方式和方法,是思考问题的根本方法,它对人的言行起决定性作用。良好的思维方式体现出正面思维(善意、积极)、兼听思维、系统思维的特征,让人觉悟和智慧;不良的思维方式体现出负面思维(恶意、消极)、偏听思维、片面思维的特征,是一种狭隘的思维方式,让人迷惑和偏激。思维决定行为,思路决定出路,脑袋决定口袋。

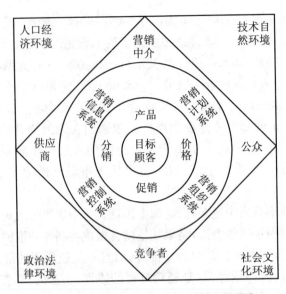

图 1.1　市场营销及其影响营销的主要因素

日本经营大师稻盛和夫对经营与思维方式有着深刻的认识。他认为思维方式是指人的心态与生活态度,为人处世及处事的基本原则,包括哲学、理念及思想。思维方式改变了,人生就会有一百八十度的大转变。他提出的一个人生及工作的方程式是:

人生/工作的结果＝思维方式×热情×能力

稻盛和夫认为,热情和能力的取分是 0—100 分之间,而唯有思维方式的取分是会在 −100—100 之间,思维方式在三个要素中最重要,思维方式决定了最终的结果。

能力一般代表着才华,主要是智商的体现,思维方式一般代表着性格,主要是情商的体现,思维方式上升到对普遍性和本质性、规律性的认识就成为了哲学。稻盛和夫认为,成功的经营者首先是善于探究事物的本质,所谓哲学家就是指具有深刻思想,善于探索事物本质的人。

市场营销者是指希望从别人那里取得资源并愿意以某种有价之物作为交换的人。在交换双方中,如果有一方比另一方更主动、更积极地寻求交换,则前者称为市场营销者,后者称为潜在顾客。市场营销者体现出其行为的主动性,可以是卖主,也可以是买主。由于买方市场是现实社会中的普遍情况,所以市场营销者一般是卖方。当买卖双方都积极时,双方都是市场营销者,这种情况称之为相互市场营销。

菲利普·科特勒说:"由于市场营销是一切活动的基础,所以许多企业都设立了首席营销官(CMO),其地位相当于首席执行官(CEO)和首席财务官(CFO)等。"而首席营销官不是简单的市场总监,只是去管理和策划有关市场推广和销售前后的事情,而应面对市场统筹规划企业的战略布局及战术计谋,是组织的大谋士。

市场营销通过创新把一种新的生活标准传递给社会和个人。所谓创新,就是将远见、知识和冒险精神转化为财富的能力。任何时代都需要创新,只要创新,就一定会取得令人意想不到的成功。营销创新最根本的是需求创新。现代管理大师彼得·德鲁克说:"由于企业的目的就是创造顾客,任何企业都有两个基本功能,而且也只有这两个基本功能:营销和创新。"

营销之道即交换之道,简称"交道"。这里的"交道"是指广义的交换之道,不仅仅只是指狭义的交流、沟通之道。交流及沟通最终也是为了实现交换,所以市场营销也就可以被称为交道营销或交换哲学。针对营利性组织(企业)而言也可称为现代生意经或商业(经营)哲学。每个人及组织都是在打交道,实现交换是所有组织和个人的生存与发展的目的,交道营销的基本原理适用于所有的组织(营利组织、非营利组织、政府组织)和个人的工作及生活,具有普适的价值。

2. 国际市场营销概念

全球化使得各国日益多元化。新的交通、网络和传播科技让我们更容易了解世界,去任何地方旅行、购买和售卖。全球化改不了创新和产品开发方式,因为公司可以从一个国家借鉴方法和经验并将其应用到另一个国家。

国际市场营销(international marketing)是指企业以满足本国以外顾客需求为目标而采取的综合性经营销售策略与管理活动,其目的是为了达成交换,并努力实现顾客满意和忠诚。

在全球市场上销售产品和服务的企业往往面临更多的抉择和挑战。企业要面临以下基本决策:考察全球营销环境(宏观环境、微观环境);决定是否进行国际化;决定进入哪些市场;决定如何进入这些市场(出口、契约、直接投资等);决定全球化的营销组合(产品、价格、渠道、物流、促销等);决定全球化的营销组织。

与国内营销相比较,国际市场营销具有如下一些特点:

(1)国际市场营销面临的环境更加复杂。世界各国在地理位置、自然条件、资源状况、经济发展水平、传统文化、社会制度、政策法规等方面千差万别,因而企业的国际市场营销活动会遇到各种意想不到的困难,所以国际营销中对具体环境的认识和适应非常重要,国际营销首先要分析具体的国际营销环境。

(2)国际市场营销面临更大的风险性和不确定性。从经营风险来看,由于地理距离和文化方面的原因,企业对国外市场需求、营销渠道等方面的了解和竞争者有关情报的掌握都比较困难而产生的风险。从非经营风险来看,包括信用风险、外汇风险、税收风险、政治风险等。

(3)国际市场的竞争更加激烈。企业开展国际市场营销时,将面临实力雄厚的国际大企业的竞争,政府、政党等政治力量介入营销活动,这些都让企业面临更加复杂、困难的现实。

国际营销与国内营销的经营销售战略、策略原理是基本一样的,只是要考虑的面更广,策略的应用也要更灵活,更具有针对性。随着环境的不同,进入国际目标市场的方式要根据具体的环境和目标而调整,所以灵活运用营销组合策略是国际营销与国内营销的主要区别。

全球营销是将整个世界视为一个大的整体市场,进行全球统一规划和协调,实现全球分销而获得区位优势的一种营销方式,是国际营销的最高形式。一般认为全球营销始于20世纪70年代。世界经济一体化的发展趋势为全球营销提供了环境的可能。跨国公司更注重在全球范围内实现资源的最佳配置,跨国公司逐步向"以全球为市场,以全球为厂家,以各国为车间"的全球企业转变。全球企业是一种打破国与国界限的联合企业,它要求领导层国际化——领导成员和经理人员可以由不同的国家的人员担任。

全球标准化营销是指针对在全球采用统一的标准化营销策略,应用前提是各国市场的相似性,具有规模经济等优点。地方化营销则是指针对各个地方市场的不同需求度身定制相适应的营销策略,在各市场存在较大差异的前提下使用,优点是营销效果好,但成本昂贵。企业在营销实践中发现将以上两者结合起来的全球地方化营销模式则能综合两者的优点,它是一种"全球化思考、地方化行动"的战略。要想获得全球地方化营销的成功,第一步是要仔细研究各个市场,找出不同市场的共性与差别。但在不同国家实施时作适当的调整,从而满足各个市场的不同要求以占领更多的市场。信息技术的飞速发展使世界变得越来越小,也大大推进了全球一体化的进程,一体化与多元化决定了全球地方化营销战略的生逢其时。特别是在地域广阔、人口和民族众多、各地经济发展不平衡的中国,全球地方化营销有进一步演变为全国地方化营销的趋势。

1.1.2　市场营销要素

市场营销作为一种复杂、连续、综合的社会和管理过程,基于下列要素概念的运用,包括交换、价值、需求、提供物和品牌、供应链与渠道、市场等,其中交换、价值和需求是市场营销的核心概念。只有准确地把握和运用市场营销的要素概念,才能深刻认识市场营销的本质。

1. 交换

交换(exchange)是市场营销的核心概念之一,市场营销的目的就是为了达成交换。这是一个交换的世界,交换无处不在。交换问题是社会的普遍性和根本性的问题,所有组织和个人的生存和发展都是想交换及交换是否得以实现的过程。

交换是一种为从他人那里得到需要的东西而提供某些东西作为对价的行为。交换产生双方,是一方(我方)和另一方(对方)各自期待的达成。交换的发生,一般要满足五个条件:至少有两方参与;参与方都拥有一些对方认为有价值的东西;参与方都有能力沟通和运送彼此所需的东西;参与方都可以自由接受或拒绝对方所提供的东西;参与方认为同另一方交换是合适的或者希望的。

交易发生的基本条件是：交易双方有互为满意的有价值的物品及双方满意的交换条件（价格、地点、时间、运输及结算方式等）。

我方可以是组织，也可以是个人。组织包括了营利性组织、非营利性组织和政府组织。个人可以指在某组织里的个人，也可以是指着生活里的个人；对方也包括了组织和个人。组织也包括了营利性组织、非营利性组织和政府组织。个人可以是在某组织里的个人，也可以就是生活里的个人。

"我不是一个人（组织）在战斗。"一个组织或者一个人要想实现自己的交换，就应该非常清楚地明白自己的交换与"我方"的目前组成状况非常有关联。我方的组成应该是一条"链"，是一张"网"，是一个"圈"。一个组织或者个人的交换如果没有"链""网""圈""脉"，交换实现的可能性会大大降低。反过来，如果一个组织或者个人在交换中有多方的组织和个人的支持，就意味着我这个组织或者个人不是在单打独斗，而是形成了一个产业链、利益链和关系网，这样就会大大提高我方的实力，为实现交换打下多方共同组成了我方的基础。我方一个链的形成过程中，一方面需要一个组织或者个人要善于团结其他的组织或者个人构成一个链，另一方面，这个链里的我方成员可能一开始是我的对方，但通过我的努力最后是可以由对方变为我方。

对方也是由组织或者个人组成，对方组织和个人也不是一个人（组织）在战斗。所以我方要善于找到对方的关键组织或者关键人物，这样往往就可以取得事半功倍的效果。反过来，因为知道对方也不是一个组织或者个人在战斗，所以就不能轻易得罪任何一个对方组织或者个人，因为每个人的背后都有直接和间接的 250 个人，得罪了一个人就是得罪了 250 个人。

我方若是企业，面对的对方即交换对象可以是组织或个人。如果对方是组织，那么企业营销活动面对的就是组织市场；如果对方是个人，那么企业营销活动面对的就是消费者市场。当然企业可以同时面对组织市场和消费者市场展开营销活动。

（1）交换的目的。

交换的目的包括营利性和非营利性目的。交换的目的可以体现在营利方面交换的达成，即达成交易或者赚钱。在一个商业社会里，营利性的交换是社会的常态，营利性、非营利性组织和个人都无法避免。

交换也可以体现在非营利方面交换的达成，其主要特征是达成交情。非营利性交换的达成包括希望得到认可、亲情、友情、爱情、喜欢、尊敬、感谢、拥护，及健康、美丽、权力等。交情中可以进一步分为浅交和深交。浅交最基本的特征是取得认可，深交最基本的特征是喜欢和爱。非营利性组织和政府组织是要和对方首先实现非营利性交换。

所有的组织或者个人想换的东西或者事情很多，但基本的是想换两样事情：换钱与换情。所有的组织或者个人都被这两样事情困扰——为钱所困和为情所困，痛苦和幸福都来源于钱和情交换的状况。钱与情之间本身也存在交换关系，有了钱可以获得情（但不一定是真情），有了情可以获得钱。

交换的目的是任何组织和个人生存与发展的目的。营利与非营利目的是可以兼得的。先实现了营利性交换,应该再进一步实现非营利性交换;现在往往是要先实现非营利性交换,进而才能实现营利性交换。成功的交换营销是最终能实现了非营利性交换。交情第一,交易第二。营利性组织要用交换的理念去实现交易。以交换的理念来做营销更能体现出组织和个人在营销中重视交换的长远性和非营利性。它不但需要我方要懂对方和现实,需要懂战略和战术,更需要有爱和智慧。

(2) 组织交换。

组织交换的过程其实也就是个人交换的过程。我方的组织交换需要我方个人的支持。人与人之间的交换是交换活动的基础。组织是由不同的个人构成的,我方的个人首先要和我方的组织实现交换,取得组织的信任和任用。从对方来说,我方这个组织是需要我方的不同个人去帮助组织实现交换,而面对对方组织,对方组织也是由不同个人构成的,所以和对方组织打交道的过程也是和对方个人打交道的过程。

组织交换中的个人价值观影响组织交换。有时个人的影响力,特别是名人的影响力会对组织交换成功起决定性的作用,事在人为。影响组织的个人可以是内部人,也可以是外部人。外部人往往就是指有社会影响力的名人或者某方面的专家等。

(3) 个人交换。

首先,个人交换的过程其实不仅仅是纯个人的我去和对方交换,个人交换同样需要组织的支持。比如我个人是在什么组织里工作或者学习的,我个人曾经在过什么组织里工作和学习过,这些组织都会对个人去和对方交换提供有利或者不利的因素,甚至组织因素会对个人交换起决定性的影响。所以个人的交换不仅是个人的事,同样会涉及组织,个人交换的我方一般都包含了组织。

其次,个人交换的目的既可以体现出营利性的一面,比如交换中的劳动与报酬交换,当然有些人存在着权钱交换、钱色交换、权色交换等,这些交换主要就是为了一个钱字;也可以体现出非营利性(情感)的一面,希望得到对方的承认、尊敬、爱和喜欢等。个人交换既可以体现出所谓高尚的一面,自己是谦谦君子,这样的人被称为"君子之交",是"真君子"。个人交换也可以体现出所谓不高尚的一面,以"小人"之心来面对对方,用"厚黑"的方式来处理人和事,其核心就是看人下单,见风使舵,为达目的而不择手段。这中间的有些人还会把自己的交换目的表面上包装得很高尚,这样的人被发现后就会被称为"伪君子"。

最后,个人交换也可以体现拒绝和对方交换的一面。个人交换中有一类人是拒绝与许多人或组织交换的,这类人又可以分为真拒绝交换和假拒绝。真拒绝的人要么就是真正清静无为的高人,只追求自己内心的交换;要么就是真正看不惯交换的现实和对象,觉得对方或庸俗或无耻或虚伪或强权等;要么就是疯子或痴子。在拒绝交换的人中,假拒绝的情况也很多,他们的假拒绝,是为了更引起对方的关注,欲擒故纵,为自己的未来的交换加上更大的筹码。所以一些人的清静无为、退避三舍、归隐山林等所谓的出世行为及与现实的表面不交换行为,其实是为了更好地入世,去和现实交换。

（4）交换的实力。

交换双方的实际需求状况及实力状况体现出交换的主动权在哪一方。如果我方够"牛"(因为短缺、垄断、技术、品牌、金钱、自然资源、权力、权威、关系、背景、外观等原因)，我方在交换中就把握了主动权。"牛"分为真牛和假牛。真牛一般可分为"垄断牛"和"非垄断牛"两类。真正的"牛"应该是通过非垄断的竞争，由对方主动自由选择形成的结果，是民主的结果。"垄断牛"则是因为只此一家的我方把握着对方的需要，或者对方因为担心、害怕、屈服等因素，使得对方在没有选择的情况下的结果，是一种强迫、强权和专制。假牛主要靠吹牛而成。当然也有一种假牛是"疯牛"，自己自以为是，孤芳自赏，却没有得到对方真正认可。

如果我方不"牛"(因为竞争者多、实力不足、供应量多、对方选择多等原因)或俗称"熊"，则是我方有求于对方，交换中就处于被动地位，没有主动权。这时就要求我方更应该主动出击，才可能产生更多的交换机会。当然，我方主动行动的最终目的还是要在未来的交换中把握主动权。西门子家电全球营销总监博西德说，推销是我去找顾客，营销是让顾客来找我。"熊"也可以分为"真熊"和"假熊"。"真熊"的企业或者个人要想交换成功，首先要从意识里认识到交换的本质，完整地建立起为实现交换必须具备的市场意识、经营意识和沟通意识。"假熊"的组织和个人则应该采取措施进一步有效地和对方沟通，寻找或者等待到合适的时机，设法得到"贵人"相助，来改变假熊的状况。

（5）交换的本质。

交换的本质是利益交换。利益即能得到的好处，包括了营利之利和非营利之利。营利即想得到钱财，非营利即想得到情与爱、健与美、权与位、认可与尊重、快乐与幸福等。大到国家利益，中到组织利益，小到个人利益，都是利益交换。正所谓"天下熙熙皆为利来，天下攘攘皆为利往"，只不过组织和个人侧重于什么利益的获得而已。

（6）交换的实现。

不管是我方"牛"还是"不牛"，我方要实现交换，就要为对方创造价值。就企业而言，彼得·德鲁克说，企业的目的就是创造顾客，或者更明确地说，创造顾客要的价值。赚钱只是你为顾客创造价值之后的一个副产品，它是结果而不是目的。

2. 价值

价值(value)即有用，而有没有用是被对方决定的。在企业经营中，价值是指消费者或者客户对产品满足各种需要的能力的评价。任何企业的任务都是向顾客交付价值并从中获取相应的利润，价值意味着双方都能从交换中获利。在竞争的经济中，随着理性顾客数量来越多，他们面临着越来越多的选择。这样，只有对价值创造和实现过程进行调整，并选择、配置和传播符合对方期待的价值，企业才能实现价值。市场营销是一个识别、选择、配置和传播价值的过程。

三值营销指的是为对方创造出颜值、慧值和链值等价值，以期达成交换的营销。颜值一般指的是外观、造型、包装、打扮等的有形状况。慧值一般指的是才华、才能和智慧等，在产品或服务方面表现为内在价值，既可以表现为质量、功能、效果等理性特征，又可以表现为象征、个性及意义等感性特征。链值一般指的是我方与哪些组织和个人结成了链的状况，连起来是金。链可以是认证、同盟、合作和亲密关系等，为对方创造链值的感受和认知。颜值、慧值和链值共同为对方创造了感性和理性的价值。

感性和理性价值的创造需要虚实相间营销策略的运用。营销的虚实相间是指营销中既有理性的诉求，也有感性意义，既有事实，又有象征，从而满足对方丰富心理需要的营销策略。理性营销主要是实的特征，包括了诉求实用、功能、效果、事实等特征；感性营销主要是虚的特征，这里的虚指的是虚构、意义、意境、象征等感受。

企业市场营销就是要为顾客创造价值，这个价值被顾客决定。从顾客的角度来看，价值是为顾客从一项供应物中获取的利益与顾客在获取该利益时产生的成本的比率。

价值即效用。在诸多产品的购买选择中，消费者总是根据多项标准去选择提供最大效用的产品作为购买目标。效用（utility）最大化是消费者选择产品的首要原则。效用的评价，既取决于厂商所提供的产品使用的实际效用，也取决于消费者进行的效用对比评价。消费者的购买决策是建立在效用与费用满足的基础之上的，其购买决策的基本原则是选择用最少的货币支出换取最大效用的产品或服务。消费者对产品满足其需要的整体能力的评价就是效用，顾客只会购买他们认为有价值的东西。效用包括：

（1）形式、功能效用，是以消费者真正喜欢的物化形式，向消费者传递价值的物质载体。包括产品的质量、功能、外观、品牌、包装和服务等。

（2）心理效用，是指一种心理感受，往往是个性、象征、幻想、寄托等体现，可以与理性有关，也可以与理性无关，所谓"喜欢你没道理"。

（3）地理效用，产品或服务所处的地理位置增加给消费者的价值。如在家使用商品目录邮购等。

（4）时间效用，是指能否在消费者需要时及时提供产品或服务。如产品交货的迅速、维修的快速流程等。

（5）购买效用，是与定价、促销、付款及保质期有关的效用。

3. 需要与需求

需要（need）是人类生存和发展的最基本出发点。**需求**（demand）是有支付能力购买具体的商品和服务来满足人们生理或心理的需要。消费者或客户的需求是市场营销的出发点，满足消费者的需求是市场营销活动的目的。需求既包括物质的、生理的需要，也包括精神的、心理的需要，具有多元化、层次化、个性化、发展化的特性。消费者需求就是指人们对某个产品有购买欲望且有支付能力。营销者只能通过营销活动对人的需求施加影响和引导，而不能凭主观臆想加以创造。人的需求是有限的，而人的需要是无限的，强烈的需要和需求能激励人的主动购买行为。

要了解顾客的需要和需求并不是一件容易的事情，许多顾客其实并不知道自己真正需要什么,这时企业就应该更多地主动挖掘顾客的不知不觉的需要。顾客不知不觉,企业要先知先觉,通过对顾客潜意识的分析和把握,创造需求,引导消费。营销的结果是让对方产生了共鸣,这叫满足需求,营销的结果是让对方产生了意想不到的惊喜,这就叫引导需求、创造需求。

需求是期待、心动和目的。人有多样需求和期待,最基本的是期待名利,所以满足对方的名利心是做营销的出发点。不管是我方或者对方,都是期待名利获取和满足。就企业来说,做营销最终是为了名利双收,从对方(顾客、供应商、中间商等)来说,也是为了名利的获取和满足。

每个人都会重视名的状况,包括了名气与名声。人一出生就涉及取名,然后为名所笼罩。读什么学校,获什么奖励,进什么工作单位,参加过什么组织等都是名的问题。许多人想出名,因为出名可能带来更大的利益和好处。也有人不想出名,但肯定要关注自己的名声名誉。在消费心理里,希望购买名牌产品、奢侈品,看重企业的名声名誉等,因此,企业要创名牌来满足顾客对名的期待。

名的获取和满足本身就是一种利,获名也是获利。人人都有一颗利心,都想获利,要想获利就要给利和让利。

淡泊名利是指淡泊出名、钱财与权力,是指个人的一种修养和境界。以淡泊名利的心去获得名利是一种人生智慧。

4. 提供物与品牌

提供物(offering)泛指满足人的特定需要和欲望的商品和劳务,包括产品实物、服务和体验,有形的和无形的产品。企业往往需要通过提出某种价值主张来满足顾客的需要。人们在选择购买产品的同时,实际上也在满足着某种利益和价值。作为营销者如果只研究和介绍产品本身,忽视对消费者利益的服务,就会犯"市场营销近视症"而失去市场。

一般而言,营销人员主要经营以下 10 大产品:有形的产品、服务、节事、体验、人物、场所、产权、组织、信息和创意。

品牌(brand)是具有明确供应来源的提供物的一种标志。例如,一提到麦当劳这类品牌,人们头脑里往往就会联想到汉堡、快乐、快餐、金色拱门等等,它们构成了品牌形象。

5. 供应链与营销渠道

供应链(supply chain)包括了原材料和零部件的供应到把产成品交付给最终顾客的整个过程。例如,一个成品皮包的供应链开始于皮革原料,中间经过染色、修剪和制造等环节,最终把产品送到顾客手中的营销渠道。实际上,在整个供应链的价值交付系统中,每家企业都只占全部价值的很小的一部分比重。当一家企业收购了另外一家企业,向上游或下游扩展时,其目标在供应链总价值中占有更大的比重。

营销者往往可以利用三种营销渠道:一是营销者可以通过沟通渠道(比如媒体)发送

信息,并从目标顾客那里获得信息;二是营销者利用分销渠道向购买者和使用者展现、销售或交付有形产品或服务;其中分销渠道可能包括了经销商、批发商、零售商和代理商;三是营销者可以通过服务渠道与顾客进行交易,其中服务渠道包括了仓库、运输公司等物流支持和银行、保险公司等服务支持。

6.市场

市场营销视市场为与卖者相对应的买者的总和。买方构成市场,卖方构成行业。所以以市场为中心就是以买方为中心,以消费者、客户为中心。市场是指具有特定需要和欲望,而且愿意并能够通过交换来满足这种需要和欲望的全部现实和潜在顾客。市场是某种产品的现实购买者和潜在购买者的集合。市场(market)构成的三要素是:人口、购买欲望和购买力。

图1.2　简单的市场营销系统模型

市场这个概念可以从三个方面去理解。其一,市场的概念可以是广义的市场,它包含着影响企业生存和发展的一切环境因素,包括宏观环境(间接环境)和微观环境(直接环境)的现状,既包括了对方因素,也包括了我方因素。其二,市场的概念也可以是一般意义上的市场,它包含着买者和卖者,是买卖的双方。企业在营销时既要以买者(消费者、客户为导向和中心,也要以卖者(竞争对手)为导向和中心,正所谓顾客导向和竞争导向。其三,市场也可以是狭义的市场,这个市场就是指买者或者直接利益者,是指未满足的顾客需求,即顾客导向。有市场意识一般就是指要有对方意识,以市场为中心就是以对方为中心,目中有人。以对方为中心意味着对方具有选择权、监督权与决定权。市场化即对方化,对方化即民主化,民主就是我做事对方做主。在商业领域里,市场化就意味着民主化,民主化已经在绝大多数商业领域里实现。

市场一般包括了五个基本市场,即资源市场、制造商市场、中间商市场、政府市场和消费者市场。其中,制造商到资源市场上(原材料市场、劳动力市场和金融市场)购买各种资源,然后把它们加工成各种产品和服务,再把它们卖给中间商,中间商则把它们卖给最终顾客或消费者。从企业面对的交换对象来看,其主要的顾客市场包括了消费者市场、组织市场和全球市场。

(1)消费者市场,是指个人或家庭需要和消费的市场。这是现代营销学研究的基本对象。企业奉行的原则是:把争取消费者作为企业的最高目标;爱自己的消费者而非爱自己的产品；不追求企业生产方面的特权而发展市场方面的优势；生产消费者愿意购买的产品而非容易生产的产品；从消费者的立场来检验和确定企业的经营战略与策略，等等。

（2）组织市场，是指企事业单位、政府机构和非营利组织为生产、服务、转售或办公需要而购买商品或劳务的市场，主要包括生产者市场、中间商市场、政府市场和非营利组织市场。其特点和消费者市场有较大的不同。

（3）全球市场，在全球市场上销售产品和服务的企业往往面临更多的抉择和挑战。它们必须决定应该进入哪个国家或地区的市场，如何进入该市场，如何使产品和服务更好适应该国市场，如何在不同的国家为产品定价，如何使自己的营销沟通更好地适应不同国家的具体情况等。

买方市场是指一种产品的供应超出了所有买方对它的需求，使买方在交换过程中的力量大于卖方的力量，买方在交换过程中处于主动地位。卖方市场是指一种产品的供应小于所有买方对它的需求，使卖方在交换过程中的势力大于买方的势力，卖方在交换过程中处于主动地位。

买方市场的形成是市场营销理论和实践产生和发展的基本前提。买方市场的外在表现形式都是供大于求，但供应和需求都不是静态的、无条件的，随着条件的变化，供求关系可能发生逆转。

1.1.3　市场营销学

市场营销学是研究如何有效提供价值和实现交换的学问。但随着市场的不断变化，竞争的不断加剧，市场营销学有了越来越丰富的内容和方法，今天的市场营销学早已不是讲局部战术的市场营销学了，它已经融入了战略，是面对变化的市场需要做的企业经营与销售活动。

1. 市场营销学的含义

市场营销学（marketing）是以经济科学、行为科学和现代管理理论为基础，研究以满足顾客需求为中心的企业市场营销活动及其规律性的综合性应用科学。市场营销学与其独特而系统的理论和方法，向组织和个人展示了通往成功之路的生存智慧、发展智慧和竞争智慧，它提升了营销者思维的前瞻性，帮助营销者从全面、系统、动态的高度考虑、审视自己的经营销售决策。市场营销学这门学科在中国，许多人对它有很大的误解，认为它只是企业销售部门要学习的课程。其实市场营销学是企业所有管理者必备的生意经。企业领导者是企业营销的第一人，也是最需要懂营销的人。一切皆是交道，交道的系统意识包括了市场意识、经营意识和沟通意识，这是企业所有管理者都需要建立起的核心意识。

对市场营销学的理解包括了以下几个方面认识：

（1）市场营销学是一门科学。市场营销学是否是一门科学？它是什么性质的科学？对此，国内外学术界持有不同的见解。概括起来，大致分为三种观点：一种观点认为市场营销学不是一门科学，而是一门艺术。他们认为，工商管理（包括市场营销学在内）不是科学而是一种教会人们如何做营销决策的艺术。第二种观点认为，市场营销学既是一种科学，又是一种行为和一门艺术。这种观点认为，管理（包括市场营销学）不完全是科学，也不完全是艺术，有时偏向科学，有时偏向艺术。当收集资料时，尽量用科学方法收集和分析，这时科学成分比较大；当资料取得以后，要做最后决定时，这时艺术成分就大一点，由于主要是依据企业领导者的经验和主观判断，这时便是艺术。第三种观点认为市场营销学是一门科学。这是因为，市场营销学是对现代化大生产及商品经济条件下工商企业营销活动经验的总结和概括，它阐明了一系列概念、原理和方法，市场营销理论与方法一直指导着国内外企业营销活动的发展。

（2）市场营销学是一门应用科学。市场营销学是一门经济科学还是一门应用科学，学术界对此存在两种观点：一种是少数学者认为市场营销学是一门经济科学，是研究商品流通、供求关系及价值规律的科学；另一种观点认为市场营销学是一门应用科学。无疑，市场营销学是于20世纪初从经济学的"母体"中脱胎出来的。但经过几十年的演变，它已不是经济科学，而是建立在多种学科基础上的应用科学。

（3）市场营销学包括宏观营销学和包括微观营销学。美国著名营销专家麦卡锡在其代表作《基础营销》中明确指出，任何市场经济社会的市场营销均存在两个方面：一个是宏观市场营销；另一个是微观市场营销。宏观市场营销是把市场营销活动与社会联系起来，着重阐述市场营销与满足社会需要，提高社会经济福利的关系，它是一种重要的社会过程。宏观市场营销的存在是由于社会化大生产及商品经济社会要求某种宏观市场营销机构及营销系统来组织整个社会所有的生产者与中间商的活动，组织整个社会的生产与流通，以实现社会总供需的平衡及提高社会的福利。微观市场营销是指企业活动，是研究如何从顾客需求出发，将产品或服务从生产者转移到顾客手中，以实现企业的交换目标。

（4）市场营销学的运用领域越来越广泛。市场营销学的基本原理就是为实现交换而要进行的一系列经营销售活动，所以市场营销学从广义上（包括营利性交换和非营利性交换）来说就可以称之为交换学。从狭义上来说，也就是从营利性、商业化来说就可以称之为买卖学或者通俗地就称为生意经。现在许多人只把市场营销原理运用到商业领域，而对非营利性组织领域或者个人领域如何有效实现交换的运用并不重视，其实市场营销学的基本原理同样适用于解决非营利性组织或者个人交换的如何达成。

企业需要与顾客进行交换，以实现获利的目的；国家需要与国家进行交换，以实现交往互利的目的；政府需要与人民进行交换，以使人民能拥护政府，实现统治的目的；宗教需要与信徒进行交换，以实现信仰的目的；学校需要与学生进行交换，以实现教育的目的；医院需要与患者进行交换，取得患者的信任，以实现医治人和信任的目的；个人需要与不少组织和其他个人实现交换，以实现自己归属和交往的目的。

2. 市场营销学的产生与发展

市场营销学始于 20 世纪初，至今已有百年历史了。迄今大体经历了以下四个阶段：

（1）形成阶段。19 世纪末到 20 世纪初，随着垄断资本主义的出现，以及"科学管理"的实施，企业的生产效率大大提高，生产能力大大增强，一些产品的销售遇到了困难。为了解决产品的销售问题，一些经济学家和企业就根据企业销售活动的需要，开始研究销售的技巧，研究各种推销方法。在 20 世纪初，美国的一些大学的学者相继开设了有关市场营销学方面的课程。1910 年，拉尔夫·斯达·巴特勒（Ralph Starr Butler）在威斯康星大学讲授了一门名为"市场营销方法"的课程，首先使用"Marketing"作为学科名称。但这时的市场营销学主要研究有关分销及广告等方面的问题，并未引起社会的重视，也未应用于企业管理活动中。

（2）应用阶段。从 20 世纪 30 年代到第二次世界大战结束，是市场营销学逐步应用于社会实践的阶段。1929—1933 年，资本主义国家爆发了严重的经济危机，生产过剩，产品大量积压，因而，企业产品如何转移到消费者手中就很自然地成了企业和学者们认真思考和研究的课题，市场营销学也因此从课堂走向了社会实践，并初步形成体系。其间，美国相继成立了全国市场营销学和广告学教师协会（1926 年）、美国市场营销协会（AMA，1936 年）。理论与实践的结合促进了企业营销活动的发展，同时，也促进了市场营销学的发展。但这一阶段的市场营销研究仍局限于产品的分销、定价、广告宣传等方面。

（3）变革阶段。这是从传统的市场营销学转变为现代市场营销学的阶段。20 世纪 50 年代后，随着第三次科技革命的发展，劳动生产率空前提高，社会产品数量剧增，花色品种不断翻新，市场供过于求的矛盾进一步激化，原有的只研究在产品生产出来后如何推销的市场营销学，显然不能适应新形势的需求。许多市场营销学者纷纷提出了生产者的产品或服务要适合消费者的需求与欲望，以及营销活动的实质就是企业对于动态环境的创造性适应的观点，并通过他们的著作予以论述，从而使市场营销学发生了一次变革，企业的经营观点从"以生产为中心"转为"以消费者为中心"，市场也就成了生产过程的起点而不仅仅是终点，营销也就突破了流通领域，延伸到生产过程及售后过程。市场营销活动不仅是推销已经生产出来的产品，而是通过消费者的需求的调查、分析和判断，通过企业整体协调活动来满足消费者的需求。这个阶段的标志就是市场细分概念的提出和 4P 组合理论的提出。市场细分是 20 世纪 50 年代美国市场营销学家温德尔·史密斯（Wendell R.Smith）提出来的，市场细分理论的产生，被称为"市场营销革命"。4P 组合理论是在 1960 年，由美国市场营销学家杰罗姆·麦卡锡提出。

（4）发展阶段。20 世纪 70 年代，市场营销学更紧密地结合经济学、哲学、心理学、社会学、数学及统计学等学科，而成为一门综合性的应用科学，并且出现了许多分支，例如，消费心理学、工业企业市场营销学、商业企业市场营销学等。这一时期最著名的市场营销学代表人物就是美国市场营销学家菲利普·科特勒。

到了 21 世纪,市场营销学已经发展出来更多新颖的概念和分枝,绿色营销、关系营销、定制营销、体验营销、网络营销、大数据营销、新媒体营销等新思路、新方法层出不穷。现在,市场营销学无论在国外还在中国都得到了广泛的应用。

3. 市场营销学的研究对象

"Marketing"一词在英文中既作市场营销解释,同时也作市场营销学解释,但这是两个既有联系又有区别的不同概念。市场营销一般是指企业的经营、销售活动,它的研究对象是企业在动态市场上如何有效地管理其市场营销活动,以提高企业的经济效益,求得生存和发展,实现企业的交换目标。而市场营销学则是研究市场营销活动及其规律的科学。

市场营销学的研究对象是市场营销活动及其规律,即研究企业如何识别、分析评价、选择和利用市场机会,从满足目标市场需求出发,有计划地组织企业的整体活动,通过交换,将产品从经营者手中转向顾客手中,以实现企业的营销目标。

4. 市场营销学在中国的发展

1949 年之前,中国学者虽然曾对市场营销学有过一些研究,但也仅限于几所设有商业或管理专业的高等院校。1949—1978 年间,除了台湾和港澳地区的学术界、企业界对这门学科有广泛的研究和应用外,在整个中国大陆方面,市场营销学的研究一度中断。在这长达 30 年的时间里,国内学术界对国外市场营销学的发展情况知之甚少。1978年,北京、上海、广州的部分学者和专家开始着手市场营销学的引进研究工作。虽然当时还局限在很小的范围内,而且在名称上称为外国商业概论或销售学原理,但毕竟在市场营销学的引进上迈出了第一步。我国对于市场营销学的研究、应用和发展已取得了可喜的成绩。从整个发展过程来看,大致经历以下几个阶段:

(1) 引进时期(1978—1982 年)。在此期间,通过对国外市场营销学著作、杂志和国外学者讲课的内容进行翻译介绍,选派学者、专家到国外考察和学习,邀请外国专家和学者来国内讲学等方式,系统介绍和引进了国外市场营销理论。因为当时该学科的研究还局限于部分大专院校和研究机构,从事该学科引进和研究工作的人数还很有限,所以对于西方市场营销理论的许多基本观点的认识也比较肤浅,大多数企业对于该学科还比较陌生,但这一时期的努力毕竟为我国市场营销学的进一步发展打下了基础。

(2) 传播时期(1983—1985 年)。经过前一时期的努力,全国各地从事市场营销学研究、教学的专家和学者开始意识到,要使市场营销学在中国得到进一步的应用和发展,必须在各地成立市场营销学的研究团体,以便相互交流和切磋研究成果,并利用团体的力量扩大市场营销学的影响,推进市场营销学研究的进一步发展。1984 年 1 月,全国高等综合大学、财经院校市场学教学研究会成立。在以后的几年时间里,全国各地、各种类型的市场营销学研究团体纷纷成立。各团体在做好学术研究和学术交流的同时,还做了大量的传播工作。

（3）应用时期（1986—1988 年）。1986 年以后，我国经济体制改革的步伐进一步加快，市场环境的改善为企业应用现代市场营销原理指导经营管理实践提供了有利条件，但各地区、各行业的应用情况又不尽相同，具体表现为：以生产经营指令性计划产品为主的企业应用得较少；以生产经营指导性计划产品或以市场调节为主的产品的企业应用得较多、较成功。重工业、交通业、原材料工业等以经营生产资料为主的行业所属的企业应用得较少；轻工业、食品工业、纺织业、服装业等以生产经营消费品为主的行业所属的企业应用得较多、较成功。经营自主权小、经营机制僵化的企业应用得较少；而经营自主权较大、经营机制灵活的企业应用得较多、较成功。市场经济发展较快的地区（尤其是深圳、珠海等经济特区）的企业应用市场营销原理的自觉性较高，应用得也比较好。

（4）扩展时期（1989—1994 年）。在此期间，无论是市场营销教学研究队伍，还是市场营销教学、研究和应用的内容，都有了极大的扩展。全国各地的市场营销学学术团体，改变了过去只有学术界、教育界人士参加的状况，开始吸收企业界人士参加，其研究重点也由过去的单纯教学研究改为结合企业的市场营销实践进行研究。全国高等综合大学、财经院校市场学教学研究会也于 1987 年 8 月更名为"中国高等院校市场学研究会"。学者们已不满足于仅仅对市场营销一般原理的教学研究，而对其各分支学科的研究日益深入，并取得了一定的研究成果。在此期间，市场营销理论的国际研讨活动进一步发展，这极大地开阔了学者们的眼界。1991 年 3 月，中国市场学会在北京成立。

（5）国际化时期（1995 年至今）。1995 年 6 月，由中国人民大学、加拿大麦吉尔大学和康克迪亚大学联合举办的第五届市场营销与社会发展国际会议在北京召开。中国高等院校市场学研究会等学术组织作为协办单位，为会议的召开做出了重要的贡献。来自 46 个国家和地区的 135 名外国学者和 142 名国内学者出席了会议，25 名国内学者的论文被收入《第五届市场营销与社会发展国际会议论文集》（英文版），从此，中国市场营销学者开始全方位、大团队地登上国际舞台，与国际学术界、企业界的合作进一步加强。

5. 营销学新现实

市场营销学在当今的世界和现实中已经产生了更为丰富的变化，有三大变革力量让营销学发生了更多的变化，它们是科技、全球化和社会责任。

科技进步的规模是空前的，全球科技已经从机械化时代进入了数字化时代。大数据、移动化、社会化媒体成为了新的时代背景，影响者消费者心理与行为。2012 年，大数据（big data）一词越来越多地被提及，人们用它来描述和定义信息爆炸时代产生的海量数据，并命名与之相关的技术发展与创新。随着电子商务、人工智能、互联网科技、移动网络和新媒体的不断出现和运用，营销人员现在可以获取几乎一切的信息和数据。分享信息、移动购买、电子支付、众筹经营和消费已经扑面而来，更多的消费者参与和协同营销，这样就产生了更智能的定制营销、移动营销和新媒体营销等。移动化趋势已成为不可逆转的时代潮流，在移动化趋势下，消费者获取信息更加便捷，消费者的行为也受到了一定的影响,在这种情况下,移动营销越来越受到重视。

全球化让世界变为了"地球村",各国的许多产品及服务都可以在不同地区、不同人群中得到消费的满足。互联网营销彻底解决了过去的信息不畅、信息滞后的局面,让企业的营销机会和市场大大增加。

由于市场营销的影响会扩展到整个社会,营销人员必须考虑活动的道德、环境、法律和社会联系。随着消费者变得更加具有社会意识,越来越多的企业将把社会责任作为一种使自己与竞争对手不同的方式,进行更有效关注社会责任的可持续营销。

1.1.4　市场营销观念

市场营销观念本质上属于经营(商业)哲学。企业用什么样的营销观念来指导企业的活动呢? 一般认为生产观念、产品观念、推销观念、市场营销观念、社会营销观念是具有代表性的不同阶段的买卖观念,我们从中可以看到市场营销观念产生和发展大体经历的几个阶段。

1. 生产导向观念

生产观念(production concept)产生于 19 世纪末 20 世纪初。由于社会生产力水平还比较低,商品供不应求,市场经济呈卖方市场状态。正是这种市场状态,导致了生产观念的流行。表现为企业生产什么产品,市场上就销售什么产品。在这种观念指导下,企业的管理重点是努力提高生产效率,增加产量,降低成本,生产出让消费者买得到和买得起的产品。因此,生产观念也称为"生产中心论",其特征就是大量生产,以量取胜。生产观念是指导企业营销活动最古老的观念,消费者关心的是能否得到产品,而不是关心产品的细小特征。短缺是生产导向观念存在的根本原因,是在卖方市场(seller market)背景下的买卖观念。如美国汽车大王亨利·福特当时为了千方百计地增加 T 型车的生产,采取流水线的作业方式,以扩大市场占有率。至于消费者对汽车款式、颜色等主观偏好,他可以全然不顾,车的颜色一律是黑色。这就是企业只关心生产而不真正关心市场的典型体现。

2. 产品导向观念

产品观念(product concept)认为,产品销售情况不好是因为产品不好,消费者喜欢质量优、性能好和有特色的产品,只要企业致力于制造出好的产品,就不用担心挣不到钱。"酒香不怕巷子深"是这种观念的形象说明。产品导向观念认为,消费者关心的是产品的质量,质量就是企业唯一的标准。产品导向观念是"营销近视症"(marketing myopia)的体现。1961 年,西奥多·莱维特发表了著名的"营销近视症"观点,他指出,有些行业在困难期间衰退的原因在于它们所重视的是"产品",而不是"顾客需要",企业生产是以产品质量为中心,以质取胜。

如果企业总是在生产产品的质量上下功夫,而却常出现顾客"不识货"不买账的情况,由于这个原因导致企业失败,就是因为这种产品观念仍是从自我出发,孤芳自赏,使产品处于"闭门造车"状态。我国过去自行车行业的王牌自行车是永久和凤凰,质量的确不错,但就是因为没有及时根据顾客的需要改进产品,增加品种,患了"营销近视症",结果被"捷安特"等品牌超越。

3. 推销导向观念

第二次世界大战后,资本主义工业化大发展,社会产品日益增多,市场上许多商品开始供过于求。企业为了在竞争中立于不败之地,纷纷重视推销工作,如组建推销组织、培训推销人员、研究推销术、大力进行广告宣传等,以诱导消费者购买产品。这种观念是"我们会做什么,就努力去推销什么"。**推销观念**(selling concept)认为,消费者有购买惰性和被动性,消费者有"非渴求产品",而通过推销就可以有效地推动购买,达成交易。推销导向观念仍然是以生产者为中心来进行推销,注重推销手段和技巧的运用。推销观念往往因为注重短期利益的得失,所以容易变成"骗销",这对企业的长远发展产生不利的影响。

买卖关系由生产观念、产品观念转变为推销观念,是企业经营指导思想上的一大变化。但这种变化没有摆脱"以生产为中心""以产定销"的范畴。前者强调生产产品,后者强调推销产品。所不同的是生产观念是等顾客上门,而推销观念是加强对产品的宣传,体现了企业一定的主动性。

4. 市场营销导向观念

这是买方市场(buyer market)条件下以顾客为中心的营销观念。这种观念认为:实现企业目标的关键是切实掌握目标顾客的需要,并以顾客需求为中心集中企业的一切资源和力量,设计、生产适销对路的产品,安排适当的市场营销组合,采取比竞争者更有效的策略,以满足顾客的需求,取得利润。

市场营销观念(marketing concept)与推销观念的根本不同是:推销导向观念以现有产品(卖者)为中心,以推销和销售促进为手段,刺激销售,从而达到扩大销售、取得利润的目的。市场营销导向观念是以企业的目标顾客(买者)为中心,并且以集中企业的一切资源和力量,确定有效的目标市场,安排适合目标市场的营销组合策略,从而达到满足目标顾客的需要、扩大销售、实现企业经营目标的目的,注重营销的整体性。从本质上说,市场营销观念是一种以顾客需求为导向的经营哲学,是消费者主权论在企业经营管理中的体现。市场营销观念的四个支柱是:以市场为中心、顾客导向、协调的市场营销和利润。推销观念的四个支柱是:工厂、产品导向、推销、赢利。

可见,市场营销观念把推销导向观念的逻辑彻底颠倒过来了,不是生产出什么就卖什么,而是首先发现和了解消费者的需要,消费者需要什么就生产什么、销售什么。企业真正成为了市场驱动型企业,消费者需求在整个市场营销中始终处于中心地位。但企业真正建立起市场营销导向观念,往往是在自己销售额下降、增长缓慢、竞争激烈、形成买方市场、营销费用增加时,才领悟和接受了市场营销观念。

5. 社会市场营销导向观念

社会市场营销观念(societal marketing concept)是对市场营销观念的重要补充和完善。强调要将企业利润、顾客需要、社会利益三个方面统一起来。强调用户至上、环境保护和社会责任。以顾客和社会为中心,注重营销的公益性和道德性。

1971 年,杰拉尔德·查特曼和菲利普·科特勒提出了"社会营销"的概念,促使人们注意到营销学在传播重大的社会目标方面可能产生的作用,如环境保护、计划生育等等。社会营销观念出现于 20 世纪 70 年代,它的提出一方面是基于在一个环境恶化、爆炸性人口增长和忽视社会服务的时候,单纯的市场营销观念是否合适这样一个认识,另一方面也是基于对广泛兴起的以保护消费者利益为宗旨的消费主义运动的反思。社会市场营销观念认为,单纯的市场营销观念提高了人们对需求满足的期望和敏感,导致了满足眼前消费需求与长远的社会福利之间的矛盾,导致环境污染更加严重,也损害和浪费了一部分物质资源,而且也造成了一些过度的物质主义和文化污染,企业也有不少欺骗性的行为。正是基于这样的背景,社会市场营销观念应运而生。

菲利普·科特勒说:"当今最好的营销者已经意识到必须超越传统的营销观念,必须采用一种富有整体性、更富有关联性的方法来展开自己的营销活动。"由此他在其《营销管理》第 13 版中最新提出了全方位营销观念。全方位营销(holistic marketing)观念认为市场营销中所有的细节都是至关重要的。全方位观念试图充分认识并努力协调市场营销活动的范围和复杂性,因此要从广义的视角,基于整合的观点来看待市场营销。主要涉及四个方面:内部营销、整合营销、绩效营销和关系营销。

内部营销(internal marketing)的实质是在企业能够成功达到外部市场的目标之前,必须有效地运作企业和员工之间的内部交换,使员工认同企业的文化,并使员工能努力为企业服务。在全方位营销中,内部营销的成功可以确保组织中的所有成员都坚持适当的营销准则,尤其是高层管理人员。

整合营销(integrated marketing)方式下,营销者的任务就是设计营销活动和全面整合营销计划,以便为顾客选择、提供、传递和传播价值,主要包括了 4P 组合决策。当企业的所有部门都能为顾客利益服务时,其结果就是整合营销。

绩效营销(performance marketing)关注的是营销活动和营销计划对企业收益的影响,而且同时也会从更广泛的角度考虑问题以及法律、道德、社会和环境因素的影响。高层管理人员不仅仅要重视销售收入,而且还应该关注市场占有率、顾客流失率、顾客满意度、产品质量和其他绩效指标的具体水平。另外,绩效营销强调对社会的责任,在多变的环境中,重视社会的可持续性已经成为企业关心的重要因素之一。

关系营销(relationship marketing)就是要与关键的利益相关者建立起彼此满意的长期关系,以便赢得和维持商业业务。关系营销的最终结果就是要建立起独特的公司资产——营销网络(marketing network)。关系营销另一个目标,就是十分重视挽留顾客。

社会市场营销观念反映了社会责任营销和可持续营销。社会责任营销是企业在承担一定的社会责任。如为慈善机构捐款、保护环境、建立希望小学等,因此社会责任营销的核心就是信任营销,社会责任营销的目的,实质上就是与客户建立信任的纽带,取得客户的信赖,最终得到"基业长青"的回报,达到企业和社会的"双赢"目的。在营销界,公认社会责任营销的创始者是美国运通(American Express),它是全球在营销活动中利用与公益事业相结合的市场营销将信用卡的使用与公司捐赠相对应的第一家公司。可持续营销是20世纪90年代才被提出来的一个较新概念,是指可持续性经济发展中的、支持可持续性经济发展的市场营销。可持续性(sustainability)意味着满足当代人需求的同时又不对后代产生危害,可持续性不仅是保护现有的环境,更是要放眼未来,做好资源和环境的保护工作。

传统市场营销观念指的是生产观念、产品观念和推销观念,现代市场营销观念指的是市场营销观念和社会市场营销观念。现代市场营销观念是从传统市场营销观念演变而来的,但它们存在着根本的不同:首先是出发点不同,现代观念出发点是市场,即买方,传统观念出发点是企业,即卖方;第二是策略不同,现代观念以整合营销为策略,传统观念以质量和促销为主要策略;第三是目的不同,现代观念是为了达成交易并使顾客满意和社会满意,传统观念更多的只是为了达成交易。

1.1.5　市场营销新观念

随着市场的不断发展和不断变化,新的市场营销观念也层出不穷,这种新观念更深入和全面地表达了市场营销内容的丰富性和变化性。本部分将对一些市场营销的新观念进行简单的介绍,以此来帮助人们对市场营销有更全面和深入的认识和理解。

1. 绿色营销

绿色营销(green marketing)的兴起源自生态环境的不断恶化与消费者环保意识的增强。企业开展绿色营销,使产品从生产到消费的全过程实现无污染,不仅会因承担社会责任而树立起良好的社会形象,而且能取得价格上的相对竞争优势。20世纪90年代,绿色营销在全球兴起。

绿色营销是指企业在绿色消费的驱动下,从保护环境、资源的角度出发,企业向消费者提供科学的、无污染的、有利于节约资源使用和维护社会生态的产品或服务的营销观念。企业在营销活动中,要顺应时代可持续发展战略的要求,注重地球生态环境保护,促进经济与生态环境协调发展,以实现企业利益、消费者利益、社会利益及生态环境利益的协调统一。绿色营销是社会市场营销观念的重要体现,企业通过研制开发绿色产品、保护自然、变废为宝等措施,来满足消费者和社会的绿色需求,来实现营销目标的全过程。绿色营销的全过程即是从产品的绿色生产,到中间商的绿色流通,再到消费者绿色消费的全过程。

绿色组织的建立开始于20世纪70年代的英国,此后在世界各地广为普及,单在美国就有 18 000 个这类团体。这些绿色组织团体为了宣传绿色意识,建立后迅速广泛开展了各种绿色活动,我国也于 1993 年初成立了"中国绿色食品发展中心"。目前,我国已在 30 多个省、直辖市、自治区建立有自己的绿色团体。

在国际市场营销中,企业往往会面临绿色贸易壁垒。所谓绿色贸易壁垒,是指进口国以保护生态环境、自然资源、人类和动植物的健康为由限制进口而采取的各种措施,是一种非关税壁垒。这些措施对世界各国产品或服务的出口构成了绿色壁垒。如国际环境公约、WTO 协议中的环境条款、国际环境管理体系系列标准(ISO14000)、绿色标志制度、进口国国内环境与贸易法规、进口国环境与技术标准等都被利用成为绿色壁垒。它们一方面有利于环境保护和可持续发展,另一方面又可能成为各国开展贸易战的重要砝码。

绿色贸易壁垒的种类繁多,主要包括绿色关税和市场准则、绿色技术标准、绿色标志制度、绿色包装制度、绿色卫生检疫制度等。

2. 关系营销

关系营销(relationship marketing)是以系统论为基本思想,将企业置身于社会经济大环境中来考察企业的市场营销活动,认为营销是一个与消费者、竞争者、供应者、分销商、政府机构和社会组织发生互动作用的过程,建立与发展和这些利益相关者之间的关系是企业营销的关键。其中和消费者的关系是关系营销的最基本的关系。关系营销观念最早由美国学者纳德·L.贝利(Leonard L.Berry)于 1983 年提出,他认为关系营销就是保持顾客。

关系营销与交易营销的区别主要表现为:关系营销以长期关系为导向,注重保留老顾客,着力提高顾客的忠诚度以获取持久的竞争优势。交易营销看重短期利益,以获取新顾客为主,关注一次性交易,目的就是赢利。

关系营销有两个显著的特征:一是把企业的市场营销活动置于整个社会经济的大环境之中,而不是仅仅局限于产品交易市场。市场营销是企业与一系列公众发生互动作用的过程,企业正是在与这些环境因素的实体或信息的交换中得以生存和发展。二是把公共关系当成是企业营销成败的关键。企业不但要与许多利益方达成营利性交换,更要与许多利益方达成非营利性交换。交换的实现绝非只是营销部门或专职营销人员的事,要有赖于企业的所有部门和人员都把各自岗位上的工作与市场营销联系起来,通过全体人员的共同努力、协调一致地完成整个市场营销过程。

3. 定制营销

营销方式的变化从根本上是由生产方式决定的,考察营销方式的演进,首先要回顾生产模式的变革过程。

大规模标准化生产模式从 19 世纪后半后叶开始萌芽,在亨利·福特和他的生产工程师们中开花结果;从 20 世纪 20、30 年代在美国工业中的广泛传播,到二战后成为世界工业的主导生产模式,它对美国 20 世纪经济的迅猛发展起了巨大的推动作用。

定制营销(customized marketing)的核心是以"客户占有率"为中心,通过与每个客户的互动对话,与客户逐一建立持久、长远的"双赢"关系,为客户提供定制化的产品。目标是在同一时间向一个客户推销最多的产品,而不是将一种产品同时推销给最多的客户。企业应该思考如何增加每一位客户的营业额,而不是竭力追求增加市场占有率。定制营销开发一个客户,然后试图为该客户寻找适合的产品。

定制营销的典型形式是"一对一营销"。其过程是:识别顾客(需要顾客的详细资料)——企业顾客差异化(由产品差异化转化为顾客差异化)——建立企业与顾客的双向沟通——企业实行定制。

柔性生产系统(FMS)是指由计算机控制的生产系统,它可以实现低成本、小批量生产不同的产品。FMS 能有效消除传统生产中固有的低成本和产品多样化之间的矛盾,帮助企业在保持低成本的优势和高质量的同时,对顾客需求的变化作出更灵活的反应,对顾客的多样化需求给予个性化的满足。FMS 既是个性化的,也是规模化的。

现代定制营销是指企业在大规模生产的基础上,将每一位顾客都视为一个单独的细分市场,根据个人的特定需求来进行市场营销组合,以满足每位顾客的特定需求,它是制造业、信息业迅速发展所带来的新的营销机会。现代科技为定制营销创造了良好的硬件基础。计算机辅助设计、人工智能、网络技术的出现,使现代企业具备了进行较低成本、多品种、小批量生产的能力,这使定制营销的产品在成本与价格上能够与规模化生产的产品相比。

以定制营销为基础的客户关系管理(CRM)也正成为领导全球经济潮流的力量。无论是新经济的代表,如戴尔电脑,还是传统企业 UPS、宝洁,都以巨资引入 CRM 工程,重新设计产品、重建组织流程,使之成为创新企业价值的核心。

4. 整合营销

整合营销是一种对各种营销工具和手段的系统化结合,根据环境进行即时性的动态修正,以使交换双方在交互中实现价值增值的营销理念与方法。整合就是把各个独立地营销综合成一个整体,以产生协同效应。这些独立的营销工作包括广告、直接营销、销售促进、人员推销、包装、事件、赞助和客户服务等。企业战略性地审视整合营销体系、行业、产品及客户,从而制定出符合实际情况的整合营销策略。

菲利普·科特勒说,当企业所有部门为服务于顾客利益而共同工作时,其结果就是整合营销。整合营销发生在两个层次:一是不同的营销功能,包括销售力量、广告、产品管理、市场研究等必须共同工作;二是营销部门必须和企业的其他部门相协调。

整合营销观念改变了把营销活动作为企业经营管理的一项职能的观点,而是要求所有活动都整合和协调起来,努力为顾客和利益服务。同时,强调企业与市场之间互动的关系和影响,努力发现潜在市场和创造新市场。以注重企业、顾客、社会三方共同利益为中心的整合营销,具有整体性与动态性特征,企业把与消费者之间交流、对话、沟通放在特别重要的地位,是营销观念的变革和发展。

营销组合概念强调将市场营销中各种要素组合起来的重要性,营销整合则与之一脉相承,但更为强调各种要素之间的关联性,要求它们成为统一的有机体。在此基础上,整合营销更要求各种营销要素的作用力统一方向,形成合力,共同为企业的营销目标服务。

| 资料 1.1 | 4C 营销理论 |

4C 营销理论由美国营销专家劳特朋在 1990 年首先提出,它以消费者需求为导向,重新设定了市场营销组合的四个基本要素:即消费者(consumer)、成本(cost)、便利(convenience)和沟通(communication)。强调企业首先应该把追求顾客满意放在第一位,其次是努力降低顾客的购买成本,然后充分注意到顾客购买过程中的便利性,而不是从企业的角度来决定销售渠道策略,最后还应以消费者为中心实施有效的营销沟通。

美国营销专家唐·舒尔茨(Don E.Schuhz)也认为,传统的 4P 营销策略是从"我方"出发去做的营销对策,这种对策需要在认识、尊重对方的基础上才能真正有效,所以他认为传统的 4P 营销策略已走向终结,取而代之的是 4C 策略,从而使"以顾客为中心"的理念在营销中得以更彻底的贯彻。

4C 理论的主要内容如下:

顾客解决方案(customer solution):指顾客把自己看成是在购买价值或者购买自己问题的解决方案。企业要把顾客的利益放在第一位,强调创造顾客比创造产品更重要。不能仅仅卖企业想制造的产品,而是要提供顾客需要的解决方案。

成本(cost):指顾客获得满足的成本。企业要了解顾客为满足需要和欲望愿意付出多少成本,包括企业的生产成本(生产适合消费者需要的产品成本)和顾客购物成本(货币成本和耗费时间、体力和精力以及可能的风险)。

便利(convenience):指购买的方便性。强调让顾客既购买到商品,也购买到便利。为此,企业要深入了解各类顾客的购买方式和偏好,把便利原则贯穿于营销活动的全过程。

沟通(communication):指与顾客沟通。强调企业与顾客进行双向沟通,促进相互理解,培养忠诚顾客。

用 4P 理论做营销是企业导向,而用 4C 理论做营销则是顾客导向,4P 围绕 4C 来做。

| 资料 1.2 | 4R 营销理论 |

美国营销专家艾略特·艾登伯格(Elliott Ettenberg) 2001 年在其《4R 营销》一书中提出 4R 营销理论,认为未来的营销需要用"4R"及八种核心能力来指导企业的营销行为:

关系(relationship):认为关系营销越来越重要,企业的服务和顾客的经历(是否愉快、独特、难忘)是建立良好关系的关键。核心能力体现在服务和经历上。

节省(retrenchment): 认为技术的发展和为顾客提供更多的便利将为顾客和企业节省相关的成本。核心能力体现在技术和便利上。

报酬(reward): 向顾客酬谢。核心能力体现在品位和时间上。品位意味着企业要了解顾客最看重什么,是声望还是时尚、简单等,然后尽力把品牌与以上的品位联系到一起。时间是指顾客使用你的产品或服务所需要的时间,时间战略最简单的形式就是给顾客节省时间的报酬。

关联(relevancy): 是把品牌与顾客的购买动机相联。核心能力体现在专业和商品上。专业就是让企业成为所在行业的最重要的信息来源,树立专家形象。关联的另一个方法就是使用独特的商品组合,使商品与顾客的需求吻合。

美国营销专家唐·舒尔茨在 4C 营销理论的基础上也提出了 4R 营销理论,其 4R 的观点是:

关联(relevancy): 与顾客建立紧密的关联,形成互助、互求的关系,减少顾客的流失。

反应(reaction): 提高企业对市场的反应速度,倾听顾客的希望并及时做出反应。

关系(relationship): 建立与顾客的互动关系。

回报(reward): 一切营销活动必须以为顾客和企业创造价值为目的。

企业用 4R 理论做营销是利益导向,意味着更注重关系的建立,共享价值。

5. 体验营销

伯德·施密特(Bernd Schmitt)是第一个提出体验营销概念的美国学者。1999 年,他将体验营销界定为"一种为体验所驱动的营销和管理模式",认为体验营销"将完全取代将功能价值置于核心地位的传统的特色与功效营销"。2004 年,他又提出,体验营销具有四大主要特征:关注顾客体验;考察消费场景;顾客是理性和感性相结合的动物;方法和工具都比较折中。

体验营销(experience marketing)是企业从感官、情感、思考、行动、联想等方面来影响消费者在消费前后感受的营销策略。体验营销是通过看(see)、听(hear)、用(use)、参与(participate)的手段,充分刺激和调动消费者的感官(sense)、情感(feel)、思考(think)、行动(act)、联想(relate)等感性因素和理性因素,重新定义、设计一种思考方式的营销方法。企业注重消费者的参与和体验,并认为这是企业促使顾客产生购买动机的最重要因素。体验的产品既可以是精神方面的产品,如音乐,顾客花钱购买的就是一种精神体验;也可以是物质产品。微软公司的"Windows XP"就是一个体验产品,"XP"来自"experience",其中的文意就是"体验",比尔·盖茨宣称 Windows XP 操作系统为人们重新定义了人、软件和网络之间的体验关系。

互联网所形成的网络有很多可以让商家直接与消费者对接的体验接触点。这种对接主要体现在:浏览体验、感官体验、交互体验、信任体验。通过上述这些体验活动给了消费者充分的想象空间,最大限度地提升了用户参与和分享的兴趣,提高了消费者对品牌的认同。具体而言,浏览体验,是指消费者通过网络直接进行品牌信息接触并保证其顺畅。这种浏览体验主要表现在网络内容设计的方便性、排版的美观、网站与消费者沟通的互动程度等方面。让消费者通过自身对于网络的情感体验,从而对品牌产生感性认识。感官体验,即充分利用互联网可以传递多媒体信息的特点,让顾客通过视觉、听觉等来实现对品牌的感性认识,使其易于区分不同公司及产品,达到激发兴趣和增加品牌价值的目的。

所谓交互体验,就是网上互动。交互是网络的重要特点,能够促进消费者与品牌之间的双向传播,通常通过论坛、留言板等方式实现。消费者将自身对网络品牌体验的感受再以网络这个媒介反馈给品牌,不仅提高了品牌对于消费者的适应性,更提高了消费者的积极性。信任体验,即借助网站的权威性、信息内容的准确性以及在搜索引擎中的排名等,从而构成了消费者对于品牌信任的体验程度。

企业把"体验"作为产品整体概念中的一个新部分加以营销,是一种有益的尝试。体验营销就是要创造精神主题,选择适合的表达精神主题的载体,为顾客创造条件,顾客在通过对某项兴趣和爱好的交流过程中,加深体验的强度。体验首先是感性的体验,其次是乐于接受的体验。企业让消费者体验到一种心情,一种价值,甚至可以是一种惊险的刺激。

生产运动产品的耐克公司在纽约建立了一个 66 000 平方米的体验城,给消费者运动方面的体验,运动就是体验城的灵魂。顾客既可以获得最新的体育赛事的结果,也可以获得许多体育人物信息和体育项目的发展历史,顾客购买某种运动产品,马上可以得到有关这种运动的历史,当然也马上可以亲自体验这种运动的乐趣。

6. 数字营销

数字营销(digital marketing)是指借助于互联网络、电脑通信技术和数字交互式媒体来实现营销目标的一种营销方式。数字营销尽可能地利用先进的计算机网络技术,以最有效、最省钱地方式谋求新的市场开拓和新的消费者挖掘。数字营销基于明确的数据库对象,通过数字化多媒体渠道,比如电话、短信、邮件、电子传真、网络平台等数字化媒体通道,实现营销精准化,营销效果的可量化、数据化。

数字营销不仅是一种技术手段的革命,而且包含了更深层的观念革命。它是目标营销、直接营销、分散营销、客户导向营销、双向互动营销、远程或全球营销、虚拟营销、无纸化交易、客户参与式营销的综合。数字营销赋予了营销组合以新的内涵,其功能主要有信息交换、网上购买、网上出版、电子货币、网上广告、企业公关等,是数字经济时代企业的主要营销方式和发展趋势。

数字营销具有许多前所未有的竞争优势:能够将产品说明、促销、客户意见调查、广告、公共关系、客户服务等各种营销活动整合在一起,进行一对一的沟通,真正达到营销组合所追求的综合效果。这些营销活动不受时间与地域的限制,综合文字、声音、影像,用动态或静态的方式展现,能轻易迅速地更新资料,同时消费者也可重复地上线浏览查询。综合这些功能,利用互联网到达每个潜在顾客,相当于创造了无数的经销商与业务代表。

基于数字营销,营销人员可以在有效搜索客户资源的基础上,对意向客户进行分类整理,并对各种类别的客户发布个性化的邮件信息或短信服务。所有邮件及短信都可以利用 HTML 代码来编写精美和个性化的网页,加入相关信息的超级链接以及链接追踪,让营销人员很好地确定广告投放的成功率,以及收信人对邮件和产品的关注度。营销人员可以根据客户的关注度来决定下次邮件或信息发送的定位问题,这就是一种精准式的定位。数字营销就是要确保最合适的客户在最合适的时间收到营销人员为他编制的最个性化的信息,实现企业与客户一对一专属营销,精准性高,更不易被竞争对手察觉和模仿。

7. 移动营销

移动营销(mobile marketing)指面向移动终端(手机或平板电脑)用户,向目标受众传递营销信息、促销和其他营销内容的行为。企业用移动营销来刺激当前购买,简化购买过程,丰富品牌体验,这使得营销者在消费者表达购买兴趣或者制定购买决策时,为他们提供更多的信息、激励和选择。

大多数人喜欢用手机,并且严重依赖手机。一项研究发现,近 90% 拥有智能手机的消费者只有在不用手机的时候,才会使用其他设备。尽管电视机在人们的生活中仍然很重要,但手机已经迅速成为人们的"首选屏幕",离开家后,手机几乎就是人们唯一关注的屏幕。

移动营销是在强大的云端服务支持下,利用移动终端获取云端营销内容,实现把个性化即时信息精确有效地传递给消费者个人,达到"一对一"的互动营销目的。移动营销是网络营销的一部分,是基于定量的市场调研、深入地研究目标消费者,全面地制定营销战略,运用和整合多种营销手段,来实现企业产品在市场上的营销目标;包括多种形式,如短信回执、短信网址、彩铃、彩信、声讯、流媒体等。随着智能手机的普及,移动互联网技术发展促使互联网冲破电脑的限制,开始将网络营销从桌面固定位置转向不断变动的人本身。

移动营销除了应用 APP,主要还可以通过网站、微信、微博、直播等方式来开展。移动营销话题的兴起,源于移动电话向移动数字终端的转变。当移动信息变成了一种新的媒体形态时,营销界很自然地开始挖掘手机媒体的营销价值。研究手机媒体的特性是研究移动营销的基础。

1.2　市场营销道德

市场营销道德关系到企业的价值观基础,关系到企业非营利交换关系的是否能够达成,关系到企业的长期生存和发展。道德价值观关乎企业的可持续发展,是企业文化的核心,也是企业价值的基础依据。

优秀的市场营销人不但是一位有勇有谋的人,还是一位有情有义的人。所谓有情有义,就是要有道德,有人文情怀和人文关怀。

1.2.1 企业文化

1. 企业文化内涵

企业文化(corporate culture)是一个组织由其价值观、信念、仪式、符号、处事方式等组成的其特有的文化形象。企业文化是企业在经营实践中逐步形成的,为全体员工所认同并遵守的,带有本组织特点的使命、愿景、价值观和经营理念,以及这些理念在生产实践、管理制度、员工行为方式与企业对外形象体现的总和。

企业文化是企业的灵魂,是推动企业发展的不竭动力,包含着非常丰富的内容,其核心是企业价值观。这里的价值观不是泛指企业管理中的各种文化现象,而是企业管理者和员工在从事生产与经营中所持有的价值观念。企业价值观是指企业内成员对某个事件或某种行为好与坏、善与恶、正确与错误、是否值得仿效的一致认识,企业价值观决定着企业行为的取向。

2. 价值观类型

价值观是驱动人们产生行为的基础理念。市场营销者持什么样的价值观,直接影响着企业的对策及其结果。

价值观的基础部分是道德价值观,是其他方面价值观表现的基础。从善恶来看,价值观就可以分为两类:一类是向善的价值观,从善如流,君子爱财取之有道,是利人的价值观,被称为人文价值观;一类是向恶的价值观,趋炎附势,为达目的可以不择手段,是利己的价值观,被称为势利价值观。

势利价值观容易演变成损人利己、破坏自然的价值观,其主要特点就是自私、损人、残暴、伪善。这样的人体现出急功近利、好逸恶劳、心浮气躁、自私自利等特点,为人处事的对策往往就是制造幌子、炒作忽悠、掩盖真相、大肆掠夺和凶恶残暴。

人文价值观体现出的是一种对欲望的限制和约束;而势利价值观则体现出对欲望的满足和激发。这两种价值观的演化结果往往是这样的:

人文→限欲→不争→柔和→心静→智慧→真诚→利人→博爱→善念→和谐

势利→扬欲→争夺→坚硬→浮躁→迷惑→虚伪→利己→自私→恶念→毁灭

历史的价值观是指过去历史形成的为人处世及生活方式的观念。中国传统文化被认为是儒、道、佛共同作用的文化体系。儒家文化是中国文化最广泛的体现,其价值观念主要体现在仁、义、礼、智、信及其父义、母慈、兄友、弟恭、子孝上。中国传统文化共同的特征是劝人要少私寡欲、重义轻利、与人为善、谦虚谨慎、低调不张扬等。

现代的价值观就是指现今社会的人们形成的为人处世及生活方式的观念。当今中国的价值观已经"人心不古",因为受到强烈的商业化影响,现在的价值观从一方面体现出金钱至上、追求物质、急功近利和人文缺失等现象。消费主义,讲求吃喝玩乐,讲求消费的丰富性、享受性,讲求超前消费和贷款消费,追求消费的丰富、个性和时尚。

1.2.2　营销道德

企业利益与顾客利益、社会利益的冲突就会带来道德伦理上的矛盾,直接的、巨大的竞争压力使营销这一环节常常比企业活动中的其他环节要面临更多的道德与利润的两难选择。而消费者市场之间的信息不对称又使企业有可能通过伤害消费者利益的方式获取自身利益,为不道德营销行为提供了机会。

1. 道德内涵

道德(ethics)是一种社会意识形态,是人们共同生活及其行为的准则与规范,具有认识、调节、教育、评价以及平衡五个功能。道德即是对事物负责,不伤害他人的一种准则。道德存在的目的是直接关系到人们了解并掌握基本的为人处世之道,在此基础上,形成完善的正常人格,树立高尚的道德情操和理想。

道德包含两方面内容:道与德。道是指本源、本质、规律、自然;德是指对这种本源、本质、规律、自然认识后的规范和限定,并在信仰的基础上形成稳定的和一贯的行为。道是德的前提,德是道的归宿。道德不是天生的,人类的道德观念是受到后天的教育及社会舆论的长期影响而逐渐形成的。不懂道,往往无德;懂了道,自然有德。

道德的研究在我国已有几千年的历史。早在原始社会末期,我国原始部落就开始重视"德治",并用淳朴的道德规范在部落中传播推广。中国古典名著《菜根谭》里就说:"德者事业之基,未有基不固而栋宇坚久者。"法治作为强制性的惩罚手段是对道德约束的补充,但最终目的还是要实现道德约束人的作用。道德能使人们主动去遵守行为规范,是对人心的管理;法律只能是使人们被动的接受,是对人身的管理。道德在规范人们行为和实现社会和谐中的作用不可取代。

人文精神包括了人品、人格和人权等方面的内容。伦理道德是人品、人格的体现,是人文精神的核心组成部分。人文精神表现在自己有人文情怀,对他人有人文关怀。

2. 信仰内涵

信仰(firm belief)就是相信及敬畏某种力量,是贯穿在人的世界观之中的一种意识规范。信仰与崇拜经常联系在一起,但是与崇拜还有不同。

信仰的实质就是对"道"的信仰,而不是对德的信仰。所以真正的信仰建立在认识"道"、敬畏"道"的基础上。德是在信仰支配下的行为。社会产生各种各样的矛盾,就是因为信仰不一样或者没有信仰而产生的。如果人们都有信仰,有一个共同的信仰,都遵循一些共同的伦理,那么这个世界必然会是一个和谐的世界。

信仰的根本是相信因果规律。相信自然有自然的规律,这规律主宰着世间万物和人。相信看得见的因果律只是浅信。比如种瓜得瓜,种豆得豆,凡看得见的事都有前因后果。而相信看不见的因果律才是深信。相信善恶之因果报应就是一种深信,深信善有善报,恶有恶报,不是不报,时间未到,时间一到,一切报到。因为深信这样的因果,所以人才不敢胡作非为,才会"勿以善小而不为,勿以恶小而为之"。宗教非常重要的意义和功能就是让人们深信善恶因果,并由此产生敬畏心理。

3. 营销道德

市场营销道德(marketing ethics)是指用来判断市场营销活动正确与否的道德标准。判断企业营销活动是否符合广大消费者及社会的利益,能否给广大的消费者及社会带来最大的效用和幸福,这是涉及企业经营活动的价值取向和贯穿于企业营销活动始终的重要问题。市场营销道德主要体现在产品、价格,分销、促销及竞争中。

现在企业的基本营销观点都会说企业做生意要以顾客中心,以对方中心而采取相应的对策。但对策好坏跟企业用一颗什么心去做营销有直接的关系。用一颗善良之心、助人之心去做营销,企业的行为就会真正让顾客受益,让顾客得到真正的帮助;但企业如果用一颗唯利是图之心去做营销,企业又要表面上体现出以顾客为中心,这时的营销就会更具有欺骗性,表面上是爱人、助人,却只是漂亮的幌子,实际上是在做阳奉阴违的事情。这样的"伪君子"是在伤人、害人,其危害更是后患无穷。

市场营销活动始于市场营销调研,通过市场营销调研了解现实和潜在顾客的需求,发现市场营销机会,然后选择目标市场,针对目标市场需求特点,制定市场营销组合策略。因此在营销活动的每个环节都会存在着营销道德问题。

(1)营销调研中的道德问题。对于调研人员来讲,要为客户保守业务秘密,要保证调研工作质量,如问卷设计要认真,访问次数不要偷工减料,调研人员要经过严格培训,收集的资料要真实可靠,要尊重受访者的尊严和隐私权,并对其身份进行保密,未经许可,不能随意公布受访者提供的资料。对委托调研一方来说,要依约支付调研费,要公正全面地发表调研成果,不能断章取义等。如果违背以上原则,就属于道德问题,必然会引起人们的谴责。

(2)产品策略中的道德问题。首先,不能存心欺骗消费者,将假冒伪劣商品充当优质商品出售给消费者。其次,不能操纵消费者的需要,过分刺激消费者的欲望,并刺激社会成本的增加。第三,产品的包装及标签必须提供真实的商品信息。第四,产品在生产过程中不能给员工带来身心的伤害,给社会造成环境污染和危及居民的正常生活。第五,产品在使用过程中不能给消费者带来人身和财产安全方面的危害,以及产品废弃物不能对环境造成污染。违反以上任何一项都属于道德问题。

(3)价格策略中的道德问题。首先是存在欺诈性定价。如故意抬高标价,然后声称酬宾大减价或对无货的商品故意定低价,以造成廉价的错觉,行高价之实;或低价引进门,然后漫天要价。其次是制定掠夺性价格。即把产品的销售价格定得远远高于生产成本,如某些服装、药品和保健品、化妆品等常常是销售价格高于生产成本好多倍。第三是实行垄断性价格。有些同类产品的生产商或销售商为了阻止产品价格的下降而实行价格共谋,要求此类产品必须按协议价格销售。以上这些都严重地损害了消费者的利益,扰乱了正常的市场经济秩序。

(4) 分销策略中的道德问题。生产商与经销商不履行双方签订的合同,或生产商不按时供货。不如数供货给经销商,或经销商不按期付款给生产商,或生产商与经销商相互推诿产品售后服务的责任等,都属于分销策略中的道德问题。另外,还存在着零售商为了自身利益不顾合约的规定,销售其他企业的产品,或生产者利用自己的垄断地位,损害中间商的利益等不道德问题。

(5) 促销策略中的道德问题。在信息时代,企业之间的竞争越来越激烈,因此,各个企业为了各自的生存和发展,过分地注重所谓的"注意力经济",片面强调吸引消费者的"眼球",因此在促销策略中存在的道德问题尤为严重。首先,产品包装可能是"金玉其外,败絮其中",包装上的产品宣传言过其实或言不符实,或过度包装,加大成本,造成资源浪费。其次,在广告宣传方面播放欺骗性广告推销产品,使消费者作出错误的购买决策;或为了搞垮竞争对手以提高自己产品或企业的身份,而播放攻击竞争者的广告;或为了诱惑消费者购买自己产品而制作夸大其词或隐瞒缺陷的广告;或是采用含糊其词、模棱两可的广告作广告宣传,从而引起消费者对广告真实含义的误解。最可恨的是广告宣传的欺诈性承诺,一些企业不负责任地向消费者开"空头支票",结果很难兑现或压根就不想兑现承诺,以此来达到促销目的。第三,在人员促销中诱惑消费者购买不需要的产品或不想买的产品,或推销伪劣产品和滞销产品,或在交易中贿赂送礼等。第四,在销售促进中不道德问题更突出。有的商家有意安排"托儿",制造产品"紧俏"的假象,诱使不明真相的消费者上当;或搞有奖销售,如"买一赠一"而非同一商品;或炒作概念,利用人们对新科技产品的依赖和追求心理,故意将开发的新产品冠上科技新概念的头衔,以蒙骗消费者,促进产品销售。

(6) 市场竞争中的道德问题。随着市场竞争的加剧,许多企业为了谋求竞争优势,采取各种不道德的竞争手段,既破坏了正常的竞争秩序,损害了同行利益,又增大了成本。首先,以不道德的方式获得竞争对手的知识产权和商业秘密。如近年来出现了多起商标抢注案例,有的抢注并非为了生产、销售产品,而是为了投机、获利。有的企业以合作、洽谈、考察为幌子,乘机获取对手的商业秘密;有的在对手企业安插"侦察员";有的贿赂、收买对方工作人员;有的使用"商业间谍";有的利用高新技术窃取对手商业秘密等。其次,是开展恶性竞争。有的是开展价格大战或有奖销售战;有的是相互攻击、诽谤,制造谣言,诋毁竞争对手企业形象和产品形象。第三,利用"权力营销",与政府有关部门或者人员相互利用进行权力营销,不仅污染社会风气,为各种腐败现象提供了温床,而且给正当经营造成了巨大冲击。

4. 人文营销

相由心生,人文显和谐。有什么样的心,就会有什么样的现象和结果。在中国文化的长河中,自古以来强调商家的道德修为,希望成为"儒商",即做商业要重视道德,不义之财不取。企业家的品格,决定产品的品质,企业家的高度决定企业的高度。人无信难行,企业有责乃远。

人文营销(也可以称为人道营销)是指企业在营销时以道德为前提,其核心理念就是以人为本,与人为善,助人为乐,通过先利他人来达到利己。人文营销是企业营销行为的"发心"。企业管理者有了人文之心,就能真正实现与顾客和其他不同对象关系的和谐。

人文精神表现为对人的尊严、价值、命运的维护、追求和关切,对人类遗留下来的各种精神文化现象的高度珍视,对一种全面发展的理想人格的肯定和塑造。"人文"是一个中文词语,人文既可以指物质的财富,比如中国古代留下的文物古迹,被称为人文之地,也可以指精神的财富,而精神上也可以泛指一切哲学、历史、文学和艺术等。

在西文中,"人文精神"一词应该是"humanism",通常译作"人文主义""人本主义""人道主义"。人道主义是起源于欧洲文艺复兴时期的一种思想体系,提倡关怀人、爱护人、尊重人,做到以人为本、以人为中心的这样一种价值观。所谓人文精神是西方人所说的人道主义,中国古人所说的道德精神。人文精神具体内容可以从三个方面来表达:

(1)人品。人品构成人文价值观和人文精神的基础。人品状况一般就决定了人格状况。与人为善,清心寡欲是良好人品的显著特征。良好的人品具体表现为格物、感恩、助人、诚信等特征,并爱护自然、敬畏自然、顺其自然。人品的好坏与人的物欲的多少和强弱状况有直接的关系。

(2)人格。良好的人格表现为独立、公正、思辨、质疑等特征。一般而言,人品高的人能保持自己的人格,但高压或者专制的政治也可能让人丧失人格,成为"犬儒"。孟子对优秀人格形象有过经典的表达:"富贵不能淫,贫贱不能移,威武不能屈,此之谓大丈夫。"

(3)人权。具体体现在民主、自由、平等、法制等方面。法制是建立在尊重人权基础上的法制,是民主的法制,而不是专制的法制。只有是由对方来成为监督者和制衡者的法制才能实现公平、公开和公正。民主是人权的最基本特征。

人权落实到消费领域,就是消费者主权的体现,消费者可以自由地行使选择权和决定权,其人格得到充分的尊重。市场化的结果就是要让顾客成为决定企业命运的人,所以真正有市场意识的企业管理者一定要有人权意识,这样才能真正做到以顾客为中心,站在对方角度思考问题,决定对策,并接受顾客的挑选和监督。

中国的儒、道、佛文化是建立人文精神的重要精神财富,特别是其对人品、人格的表达更为深刻和系统。儒家没有提出终极价值,道家虽然提出终极价值,但没建立一套完整的信仰体系,佛家在终极价值与信仰方面有完整的理论,在无为方面与道家接近,在伦理方面与儒家接近。儒道佛都相信善恶因果律,都劝人要"勿以善小而不为,勿以恶小而为之""积善之家必有余庆,积不善之家必有余殃"。

市场的逻辑一般包括有：利己先利人；诚实守信；换位思考；尊重产权和每个人的基本权利；有创新精神。市场的逻辑其实就是儒家的君子之道。市场不要求人们变为损己利人的"圣人"，但市场会惩罚损人利己的"小人"。君子与小人的区别不在于是不是利己，而在于是不是损人。

从企业的属性来说，盈利是它的根本。但同时企业还有着社会责任，具有人文关怀的盈利才有真正的意义。彼得·德鲁克说，管理的本质是激发和释放每一个人的善意，管理者要激发和释放人本身固有的潜能，创造价值，为他人谋福祉。

资料 1.3 　　　　　　　　　　善 因 营 销

善因营销（cause-related marketing）是将企业与非营利机构，特别是慈善组织相结合，将产品销售与社会问题或公益事业相结合，在为相关事业进行捐赠、资助其发展的同时，达到提高产品销售额、实现企业利润、改善企业的社会形象的目的。

在公司丑闻接连不断、公众不断呼吁良好企业公民的今天，企业通过善因营销体现了自己高度的社会责任感，有助于从这个产品和服务日益同质化的商业世界中脱颖而出。

一般的操作步骤是：第一，选择与公司目标相吻合的公益事业和合作伙伴。第二，长期承诺、全员参与。第三，有效沟通。要想有效提高善因营销活动的成功率，企业应当综合使用一系列内部和外部的传播渠道，包括网络、年度报告、直邮和广告等。

但要注意的是：企业在实施善因营销项目时，不要将自己和某项公益事业强行"拉郎配"。如果公益团体接受企业捐赠时背离了自己的原则，那就适得其反了。企业还应保持适度沟通与宣传，不要耗费太多的时间和金钱炫耀自己的慈善行为。

5. 企业伦理

企业伦理（enterprise ethics 或者 business ethics）也称商业伦理或企业道德，是企业经营本身的伦理，是企业在处理企业内部员工之间、企业与社会、企业与顾客之间关系的行为规范的总和。不仅企业，凡是与经营有关组织都包含有伦理问题。只要由人组成的集合体在进行经营活动时，在本质上始终都存在着伦理问题。一个有道德的企业应当重视和尊重他人，积极采取对社会和消费者有益的行为。价值观的基础就是伦理道德。企业伦理观念是美国在 20 世纪 70 年代提出的，企业伦理要素包括：以人为本、与人为善、守信负责、公平平等、社会责任等。

从企业面对消费者的伦理来看，产品可以根据消费者即刻满足程度与消费者长期利益有益程度来分类。即刻满足程度高、消费者长期利益有益程度也高的产品被称为满意产品（desirable product），比如味道好又有营养的食品；即刻满足程度高、消费者长期利益有益程度差的产品被称为讨好产品（pleasing product），比如香烟；即刻满足程度低、消费者长期利益有益程度高的产品被称为有益产品(salutary product)，比如汽车中的安全带和安全气囊；即刻满足程度低、消费者长期利益有益程度也低的产品被称为缺陷产品(deficient product)，比如味道差而又无效的药品，如图 1.3 所示。

立刻满足

		高	低
长远利益	高	满意产品	有益产品
	低	讨好产品	缺陷产品

图 1.3　产品的社会分类

1.3　市场营销管理

做管理就是明理管人、管人理事，去实现交换。

明理是明为人处世，达成交换之道理。为人处世体现在如何认识世界、人性和需求上。管人是要知彼知己，实现对人心控制。管人是认识、把握、引导、控制人心的过程。管人体现在既管别人，也管自己。管理好自己是管理的开端。正人先正己，正己后化人。理事是通过对人的控制，让自己或者他人做好相应的事情。

1.3.1　市场营销管理实质

市场营销管理(marketing management)是指为实现企业目标，创造、建立和保持与目标市场之间的互利交换关系而进行的分析、计划、执行和控制。菲利浦·科特勒说："营销管理就是需求管理，并随之进行客户关系的管理。"

市场上的需求状态不断变化，多种多样，其中具有八种典型的需求状态，不同的需求状态实施不同的营销管理。

1. 负需求

负需求指大多数人对某个产品或服务感到厌恶，甚至愿意出钱回避它的一种需求状况。此时企业要进行扭转营销。

营销者就要分析消费者为什么不喜欢这种产品，不喜欢的原因可能是因为观念的问题，性格、价值观念、风俗习惯等原因都可能造成负需求的出现。比如在 20 世纪 80 年代初的我国，许多人认为穿牛仔裤是不良形象的体现，许多人拒绝消费此产品。企业可以引导改变原有的消费观念，进而产生购买行为。负需求的产生也可能是产品本身出现了问题,这时企业可以考虑通过改变产品、替换产品或者积极促销来改变消费者的负需求状况,将负需求转变为有需求。

2. 无需求

无需求指消费者对产品或服务毫无兴趣或漠不关心的一种需求状况。此时企业要进行刺激营销。

在买方市场上,许多企业,特别是中小企业所提供的产品和服务往往就处在消费者的无需求状况。企业一方面要通过不断重复的促销和沟通来刺激消费者需求,影响消费者的潜意识,努力将产品所能提供的利益与人的需要和兴趣联系起来;另一方面要努力使自己的产品或服务有特色,在市场能上独树一帜。当然也可以通过借势(巧借组织和个人之势)来实现"借力使力不费力"的效果。

重复营销就是针对企业的营销目标,不断地把有关产品或服务信息重复传递给顾客的过程。重复中既可以是产品或服务的介绍和陈述,也可以是一种新观念的引导,还可以是一种担心的解除。重复产生力量,许多营销之所以不成功,重要的原因之一就是没有进行过足够的重复。重复的次数应该为多少次是一个相对的概念,没有绝对的次数。只要目标是准确的,那重复的次数至少是直到消费者由此而产生了购买行为的次数。"水滴石穿""锲而不舍,金石可镂"等典故都是在讲重复的价值。持之以恒,坚持就是胜利。企业营销中通过重复的行为就是为了进入消费者的潜意识,进而让消费者产生最终的购买行为。

3. 下降需求

下降需求指消费者对一个或几个产品或服务的需求呈下降趋势的一种需求状况。此时企业要做恢复营销。

企业应分析需求衰退的原因,进而开拓新的目标市场。企业或进一步改进产品,建立特色;或采用更有效的沟通手段来重新刺激需求,使老产品开始新的生命周期,来扭转需求下降的趋势。

4. 不规则需求

不规则需求指某些产品或服务的市场需求在一年不同季节或一周不同日子甚至一天不同时间上下波动很大的一种需求状况。此时企业要做协调营销。

企业可以通过灵活定价,大力促销及其他刺激手段来改变需求的时间模式,使产品或服务的市场供给与需求在时间上协调一致。企业也可以通过增加新产品来协调不规则的需求。比如做冷饮的企业可以通过增加热饮来协调顾客因为季节的不同而在需求上的不同。

5. 充足需求

充足需求是指某种产品或服务的目前需求水平和时间正好等于预期的需求水平和时间的一种需求状况。此时企业要做维持营销。

企业可以通过保证产品质量,经常测量消费者满意程度,通过降低成本来保持合理价格,并激励推销人员和经销商大力推销,千方百计维持目前需求水平。维持市场营销可以是静态的产量和消费量都不变的维持,也可以是动态的产量和消费量都发生变化的维持。

6. 过量需求

过量需求是指某种产品或服务的市场需求超过了企业所能提供或所愿提供的水平的一种需求状况。

企业面对这种需求状况的一种做法是可以通过提高价格,合理分销产品,减少服务和促销等措施,暂时降低市场需求水平,或者是设法降低来自盈利较少或服务需要不大的市场的需求水平。企业通过这样的措施是让需求暂时降低,但随后还是要通过扩大再生产,来满足市场的需求。

企业面对这种需求状况的另一种做法是进行饥饿营销。饥饿营销是指商品提供者有意调低或保持目前的产量,以期达到调控供求关系,制造供不应求的现象,以维护产品形象并维持商品较高售价和利润率的营销策略。该策略有意让顾客消费此产品或服务有"饥饿感",以树立企业的"物以稀为贵"形象。但这种策略的运用一般需要企业已经有独有的被市场认可的品牌或技术、秘方等,不然可能会造成顾客流失和顾客反感。

还有一种面对过量需求的营销对策就是进行联合营销。企业的联合营销可以通过贴牌、合同、资本入股甚至被联合等方式进行,这样可以帮助产生过量需求的企业迅速做大做强,从而迅速提高自己的竞争能力。

7. 潜在需求

潜在需求是指消费者未来一定时间内可能产生的对某种产品或服务的具有货币支付能力的需要。潜在需求就是消费者的购买愿望、愿望产品及购买能力三者不能完全统一的状况,是不能马上实现的需求。

企业面对潜在需求应该进行开发营销。发现和开发消费者的潜在需求是一个十分重要的工作,企业通过开展市场营销研究和潜在市场范围的测量,进而开发有效的物品和服务来满足这些需求,将潜在需求变为现实需求。这方面的分析将在第 3 章中有详细的介绍。

8. 有害需求

有害需求指消费者对某些有害产品或服务的需求。比如对毒品、枪支、黄色产品或者服务、烈性酒和香烟等产品的需求。消费者的这些需求可能会对社会或个人产生有害的影响。

一般认为,面对有害需求,社会和企业应该劝说喜欢有害产品或服务的人放弃这种爱好和需求,大力宣传有害产品或服务的严重危害性,大幅提高价格,以及停止生产供应等。

人性中既有善的一面,也有恶的一面。事实上不少企业往往会利用人心中有害需求的状态,通过暗地供应,打"擦边球"等多种供应或促销方式来吸引消费者对产品或服务的注意力和关注度,进而让消费者产生消费行为。更有铤而走险的某些组织或者个人,直接去满足消费者的有害需求。

人的需求多样,善恶皆在,变化多端。潜在需求、无需求和有害需求都是人需求的常态。

1.3.2 市场营销管理过程

市场营销管理过程包括识别市场价值、选择市场价值、提供营销价值、传递营销价值、沟通营销价值,以及计划、组织、执行和控制营销活动。

1. 识别市场价值

了解市场信息,进行市场调研是市场营销管理活动的开端。市场分析是指对市场的竞争状况、顾客行为及市场机会进行分析和描述,确定企业在不同市场中的成长机会。SWOT 分析法(Strengths, Weaknesses, Opportunities, and Threats,简称 SWOT),即分析企业内部的会有哪些优势与劣势,企业外部会有哪些机会和威胁,是分析市场机会的重要方法。

2. 选择营销价值

选择是经营战略的第一个要素。选择要把握两大方面,解决六个问题。一方面要把握方向性:要明确成为什么样的组织,做什么业务,业务做给谁,凭什么理由让对方接受业务;另一方面要把握主动权:即通过建立什么样的交换(商业)模式和竞争优势来把握主动权。

3. 提供、传递和沟通营销价值

在选择明确后,就要面对选择实施提供、传递和沟通策略,即市场营销组合。市场营销组合是企业针对确定的目标市场,综合运用各种可能的营销手段,组合成一个系统化的整体策略,以期达到企业的经营目标。这个营销组合就是 4P 组合,即产品、价格、渠道和促销。

4. 计划、组织、执行和控制营销活动

(1) 市场营销计划。

市场营销计划是企业指导、协调市场营销活动的主要依据。企业要为每一次的市场营销活动精心准备计划,并分析、预见实施中可能遇到的各种问题,思考防范的措施。一份市场营销计划重要的不是篇幅大小,而是说明目标、战略和执行计划必需的成本。

市场营销策划就是指在营销原理的正确指导下,通过收集客观事物的各种信息和预测发展变化趋势来确定目标,进行创造性的谋划,设计能产生最佳效果的资源配置与行动方式,为科学决策提供依据的复杂的脑力劳动过程。策划与计划是两个不同的概念,策划在前,计划在后。营销策划为营销计划的制定提供了方向。企业家史玉柱说,策划是一个企业的灵魂,在营销活动中,我们付出成本最高的就是策划的成本,而非电视、报

纸广告的费用。最好的策划导师就是消费者。

一份市场营销策划与计划书的主要内容参见表1.2：

表 1.2　市场营销策划书基本构架

绪论：时间、地点、人物、简单的故事情节及其成绩或期待

一、使命陈述，经营业务的确定和财务目标(销售额、利润率等)的确定

二、市场分析：SWOT 分析

三、顾客心理分析及让顾客满意和忠诚的措施

四、确定商业模式及其竞争优势

五、STP 战略：市场细分、选定目标市场、市场定位

六、品牌战略：确定品类、品名、定位、品质、品位、形象、发展和传播

七、产品策略：产品整体策略、组合策略、生命周期策略及新产品开发

八、价格策略：市场导向(顾客导向、竞争导向)定价策略

九、分销策略：销售渠道策略及物流策略

十、沟通策略：整合营销传播策略

十一、营销计划的实施：组织的确定，何时、何地、何人实施，预算和控制方法

附件：有关销售量、利润、市场占有率、行业及竞争状态等的资料和财务报表

(2) 市场营销组织。市场营销的计划需要一定的组织去完成，所以企业营销的组织结构的设计和执行同样是十分重要的管理内容。

功能式组织　这是传统市场营销组织形式。它是根据市场营销需要完成的工作来设立机构，是直线职能制。其优点是行政管理工作简化；缺点是由于各机构独立性较强，各功能会强调自己功能重要，而不利于内部协调行动。

产品式组织　随着产品品种的增多，为了突出对产品的重视，把产品作为独立部门。其优点是所经营的所有产品都受到一视同仁的对待，使产品销售量普遍提高，同时营销专业人员负责一种或几种产品，易于熟悉产品知识和特点；其缺点是可能增加营销人员，同时会出现几个部门的人员在同一地区重复销售的状况。

地区式组织　这多是大公司、大企业所采取的组织形式。这种组织形式能使产品销售范围更广。由于各地区有不同特点，这种形式可以在不同地区采取不同的营销策略，以实现共同的目标，同时结构简单，分工明确，便于考核营销人员成绩；其缺点是机构分散，各地区容易各自为政，不易协调。

市场式组织　又叫"顾客式组织"，是指按照本企业产品所销售的市场(顾客)差异设立市场营销组织，由专人负责不同购买者的营销业务。这是当企业的市场销售种类较多且差异较大时建立的组织形式。其优点是有利于企业全面掌握不同市场的特殊营销规律，了解市场的特殊需要和发现潜在市场；缺点与产品式组织相同。

矩阵式组织　也称为产品—市场管理型营销组织。很多大规模公司，生产多种不同的产品，面向不同的市场，在决策其营销组织结构时面临两难境地：是采用产品型组织，还是采用市场管理型组织？如果采用产品型组织，那么许多重点市场缺乏专人管理，而

需求能力弱的市场又会占用太多的企业资源；如果选择市场管理型组织，则容易导致获利能力强的产品遭受冷落。为了解决这一问题，公司可以设置一种既有市场经理，又有产品经理的二维矩阵组织，即所谓的产品—市场管理型营销组织。这种组织把产品—市场管理两者有机结合起来，以解决产品经理对各种高度分化、高度分散的市场不熟悉，而市场经理又对其所负责市场的各类产品难以掌握的难题。

这种矩阵营销组织结构吸收了产品型和市场型两种组织的优点，适合那些多品种、多市场的公司采用。但是这种组织结构管理费用极高，而且内部极容易产生矛盾与冲突；另外公司还将面临权力与责任难以具体落实的问题。

事业部制　许多大公司或集团公司下的子公司或事业部，都是经济独立核算的利润中心，这些子公司都有自己的职能部门。这样就产生了一个问题，集团公司总部应当保留哪些营销功能和怎样开展营销活动？这应根据各公司的具体情况分别处理，目前主要有以下三种结构。

① 集团公司设营销部门，下属子公司不设营销部门。这种模式适合于产品种类较少的生产型集权公司或超市等商业集团。公司的营销部门制定企业营销计划，开展统一的市场调研活动，统一安排广告，统一开展促销活动，统一进行行政管理。

② 集团公司保持适当的营销部门，子公司也设营销部门。这是国际上比较流行的一种组织管理结构，适合于集权与分权相结合的大型集团公司。

③ 集团公司基本不设营销部门，子公司设很强的营销组织。这种模式适合于多元化经营或实行分权式管理的集团公司。集团公司主要向子公司提供市场和竞争信息，作必要的指导工作，而放手让子公司的营销部门从事市场研究与开发工作。

在国际营销中，公司可以通过至少三种不同的方式来管理其国际营销活动，多数公司一开始组织一个出口部门，然后设立国际事业部，最后成为一个全球组织。

随着营销实践的发展和市场竞争的加剧，越来越多的企业管理者终于认识到：市场营销部门与其他职能部门不同，它是连接市场需求与企业经营的桥梁与纽带，要想有效地满足顾客需求，成就企业经营，就必须将市场营销置于企业的中心地位。顾客作为管理职能的核心，市场营销作为整合性职能，是企业各个部门管理者应有的共同理念，是共同配合最终要实现的目标。

（3）市场营销执行。

营销执行是将营销计划转化为行动任务，保证这种任务的完成，以实现既定目标的过程。营销实施主要强调的是执行过程中"谁去执行""在什么时间""什么地点"和"怎样进行"的问题。

市场营销执行的过程包括相互联系的五项内容：

① 制定行动方案。应包括具体的时间表，制订行动的确切时间。

② 建立相应组织结构。组织结构必须与企业战略相一致，与企业本身的特点和环境相适应。

③ 设计决策、报酬制度。这些制度直接关系到战略实施的成败。

④ 开发人力资源。这涉及人员的考核、选拔、安置培训和激励等问题。在考核选拔管理人员时,要注意将适当的工作分配给适当的人,做到人尽其才。为了激励员工的积极性,必须建立完善的工资、福利和奖惩制度。不同的战略还要求具有不同性格和能力的管理人员。

⑤ 建设企业文化和管理风格。企业文化包括企业环境、价值观念、模范人员、仪式和文化等五方面的内容。

(4) 市场营销控制。

在市场营销计划落实中,常常会发生许多意想不到的情况,企业需要以控制行动来保证市场营销目标的实现。营销控制是指度量和评价市场营销战略、计划的结果,采取纠正措施来保证目标的达成。控制的主要内容包括:

年度计划控制 其任务是确保企业能完成年度计划所规定的销售额、利润和其他目标。

利润控制 企业必须定期分析不同产品、顾客群、批零渠道上的实际获利情况。尽管会计系统很少能真正及时反映出营销活动的盈利情况,但营销主管还是要想尽办法完成和超额完成利润计划任务。

战略控制 由于市场营销的内外环境是不断变化的,企业的目标、计划和战略有极易过时的可能性,很多企业都因没有注意瞬息万变的市场变化而招致困境。战略控制的一个主要工具就是营销审计(marketing audit),即企业需定期检查市场营销环境、战略、战术、系统运行、组织功能等情况,以加强实施控制。为此需要通过企业营销各系统之间彼此关联、密切合作,来实行计划执行过程中的及时控制。

效率控制 包括对分销商效率、配送效率、销售队伍的效率、广告效率及其主要指标、销售促进效率等因素的控制。

1.3.3 市场营销管理者

管理者即是市场营销者。战略管理大师里斯对管理者的定义是"一个能读懂资产负债表和损益报告表的市场营销者"。广义上的市场营销管理者就是为实现交换而进行管理的人,就是我们通常所称的管理者,他们是企业层管理者,也是业务层和职能层管理者,包括了董事长、总经理,及营销、财务、人力资源等职能的全部管理者,所有管理的目的都是为了实现交换。

1. 企业管理者类型

企业是一系列部门与职能的总和,它们共同协作将具体的产品或服务提供给市场。在绝大多数企业中,存在着两类管理者(manager):一类是总体管理者,他们负责企业总体绩效或其中某一自足的单位或部门的绩效;另一类是职能管理者,他们对某一具体职能负责,其中包括任务、活动或运营,例如企业中的财务、营销、研发、信息技术或物料管理等。具体可以看见三种管理类型:企业、业务和职能,总体管理者位于前两个层次中。

企业层(公司层)管理者包括首席执行官(CEO)、其他高级管理者、董事会和公司层职员。这些人占据了组织内决策的最高点。CEO是总体管理者的核心。在其他高级主管的协助下,公司层管理者的任务是负责组织的整体战略。这一角色包括确定组织的使命和目标,决定开展哪些业务,在不同的业务间分配资源,制定和实施跨业务的战略,领导整个组织。

业务层管理者是指对一个业务单位的管理。业务单位是一个自足的事业部(具备各种职能,比如财务、采购、生产和营销部门),为某一特定的市场提供产品和服务。业务层的主管总经理,即业务层经理,是事业部的负责人。这些经理的战略角色是将企业层的指示和意图转换成具体的业务战略。企业层的总体管理者关注跨业务战略,业务层的总体管理者关心具体业务的战略。

职能层管理者负责组织公司或事业部的具体业务的职能或运营(例如人力资源、采购、产品开发、销售、客户服务,等等)。职能经理的职责范围通常局限于某一具体的组织活动,而总体管理者则要检查公司或事业部的总体运营。职能层的管理者也有自己的重要战略角色:制定涉及本领域内的职能战略,协助达成业务层和企业层总体管理者的战略目标。职能层经理另一项同样重大的责任是战略实施,他们必须执行企业层和业务层的战略。

2. 管理者特性

管理是一场控制性活动,通过控制自己及控制他人达到管理的目的。最好的管理是对人心的控制。广义上每个人都是管理者,因为每个人首先都是对自己的管理者,管理好别人先要管理好自己。彼得·德鲁克说:"卓有成效的管理者正在成为社会的一项极为重要的资源,能够成为卓有成效的管理者已经成了个人获取成功的主要标志。而卓有成效的基础在于管理者的自我管理。"

中国古代的管理思想对现代管理有着重要的启发意义。法家强调以利诱人,以势压人;儒家强调以德化人,以礼待人;佛家、道家则强调以理服人。这个"理"一方面指做事之理,即懂得专业知识和运筹布局;另一方面更是指做人之理,即懂得人与自然、人与社会、人与人之间的本质关系,确定做人原则。控制和得到人心的关键是在于是否能以理服人。

无与伦比的管理通过"五以"来实现:以理服人、以德化人、以礼待人、以利诱人和以势压人(法律、制度、监控)。软硬兼施、恩威并重、刚柔并济,具体实施中表现为如何教育、如何授权、如何激励、如何惩罚、如何考核、如何协调等制度的设计。

好的管理制度可以让人的行为变好,坏的管理制度则会人的行为变坏。制度管理是对道德管理的重要支持和帮助,在现实中,两者相辅相成,缺一不可。只有制度管理而没有道德管理就没有根基,只靠道德管理而没有制度管理则不可靠,道德也需要制度的约束。什么制度才是真正对道德产生约束和促进作用的制度呢？中国古人讲道德，但为什么对不少管理者并没有产生根本性的积极影响呢？因为中国古代的制度是专制制度，专制制度缺乏的是监督和制衡，所以缺乏透明度和公信力。也有严刑峻法来约束人可能产生的不道德的行为，但这种约束却往往最后只是对老百姓实施，而不对管理者实施，正所谓"只许州官放火，不许百姓点灯"。这体现出了制度是为管理者服务的虚伪性和不公平性。好的制度一定是民主的制度，就是建立起由对方监督、制衡，对方可以自由选择的制度，这才是制度管理有效性的本质。

彼得·德鲁克认为，所有组织的管理者都要面对决策，要作人事决策，而人的问题几乎是一样的。在所有组织中，90％左右的问题是共同的，不同的只有10％。只有这10％需要适应这个组织特定的使命、特定的文化和特定语言。换言之，一个成功的企业领导人同样能领导好一家非营利机构，反之亦然。"他们需要的是正确的战略，而不是令人眼花缭乱的战术。"

优秀的企业领导者是企业经营持续成功的关键，它来自管理者自身对世界及事物的深刻认知、高情商和坚定的意志力。美国战略管理专家希尔等人在其著作《战略管理》中，归纳了许多战略管理专家总结的成功管理者、领导者的几项关键特性：有愿景、有使命感、有口才、始终如一；有清晰的商业模式；奉献精神；信息灵通；愿意授权；灵活运用权力；情商较高。

大道至简。管理者要善于把复杂的问题简单化，简单的问题重点化，重点的问题重复化。特劳特说："把简单的东西复杂化，是造成营销混乱的罪魁祸首，用显而易见的常识思考商业世界的真相，则是终结营销混乱的解决方案。"

一个组织在管理中要产生强大的团队凝聚力，其关键一是来自组织内部中高层管理者对共同价值观的认同（做人），二是来自组织内部管理者对专业的掌握和认同（做事），三是来自组织中高层管理者对自身格局及对他人格局的了解和认同（做势）。做势包括了知势、造势和借势，势如何决定了事如何，势的缺失或者弱小是许多组织团队凝聚力不强的关键。做人是根本，做事是落实，而做势是保证。

所谓总经理或者经理就是懂经营管理的人。懂经营就是懂布局，布局就是知势、造势和借势的谋略。格局大小主要体现在如何布局上。管理是围绕经营进行的计划、组织、执行和控制的过程和行动。优秀的经营管理者是懂势和谋势的人，是具有现实主义、人文情怀、有勇有谋特征的人。实现理想先从现实目标开始，现实主义成真，人文情怀成善，有勇有谋成美，在营销中去和对方达成真善美的交换。

∷ 本章小结

市场营销就是有利可图地满足需求。面对市场，企业的营销观念经历了生产导向、产品导向、推销导向、市场营销导向和社会市场营销导向等五个方面的过程。

企业市场营销的价值就是围绕为顾客创造价值而采取的一系列经营销售活动，包括了识别市场价值→选择价值→提供价值→传递价值→沟通价值的过程,其最终的目的就是要和顾客达成交换。通过创造顾客价值,让顾客感到满意,并努力实现顾客忠诚,成功地实现长期成长。

市场营销道德是调整企业与所有利益相关者之间的关系的行为规范的总和,是客观经济规律及法制以外制约企业行为的另一要素。

市场营销管理本质就是需求管理。市场营销的管理过程包括识别市场价值、选择营销价值、提供营销价值、传递营销价值、沟通营销价值,以及计划、组织、执行和控制营销活动。

优秀管理者是具有现实主义、人文情怀、有勇有谋特征的人,在企业内外促成创造价值的交换。

:: 本章关键词

市场营销　市场营销者　国际营销　全球营销　绿色营销　关系营销　整合营销定制营销　体验营销　数字营销　移动营销　市场营销道德　人文营销　市场营销管理

:: 思考题

1.如何理解市场营销的实质?

2.传统与现代市场营销观念的区别体现在哪些方面?

3.如何理解道德?如何理解市场营销道德的重要性?

4.试述需求管理类型及其企业营销的基本对策。

5.试述市场营销管理过程。

6.企业管理者的类型有哪些?管理者特性体现在哪些方面?

第 **2** 章
以市场为中心：洞察市场

开篇案例 支付宝的市场分析

支付宝(中国)网络技术有限公司是国内领先的第三方支付平台,致力于提供"简单、安全、快速"的支付解决方案。支付宝公司从 2004 年建立开始,始终以"信任"作为产品和服务的核心。旗下有"支付宝"与"支付宝钱包"两个独立品牌。自 2014 年第二季度开始成为当前全球最大的移动支付厂商。

支付宝公司的成功与它对市场的深刻认识和分析密不可分。

(一) 宏观环境

(1) 政治环境。了解了国家大力支持信息技术产业的发展;电子商务被纳入国家规划建议;对第三方支付平台市场监管力度加强。

2011 年 5 月 26 日中国人民银行向 27 家企业发放了首批第三方支付牌照《支付业务许可证》,自此第三方支付行业中终于建立起了规范化的监管制度,支付宝作为首批获得牌照的一家能够在更加规范的行业环境中,获得更好的发展。

(2) 经济环境。中国宏观经济稳定增长;电子商务蓬勃发展;互联网经济和消费快速发展。2008 年起,互联网支付市场进入快速发展阶段,在线支付市场总体交易规模基本保持 100% 的增长速度。2014 年市场交易规模突破 9 万亿。

(3) 社会环境。银行卡用户较大,网民规模持续高速增长;第二方支付方式逐渐减少。随着第三方支付平台的出现乃至迅速发展,安全性能极差的第二方支付方式逐渐减少,这给第三方支付平台让出了更多的在线支付的领域,支付宝拥有了更好的行业发展环境。

（4）技术环境。在线支付平台系统逐渐稳定，手续简化，效率提高；第三方支付安全性提高；多式多样的移动平台为在线支付提供了更多的途径。手机产业与平板便携电脑产业的迅速发展，以及 4G 通信技术逐渐的广泛应用，移动电子商务支付方式会越来越流行。支付宝早早预见到这一点，很早就开发安全的移动平台支付软件。

（二）微观环境

（1）行业新进入者的威胁。中国第三方支付市场目前的核心业务仍是占据 98％ 份额的第三方在线支付市场，该市场从 2004 年开始进入加速发展阶段，2008 年和 2009 年呈爆发式增长。2011 年央行开始颁发"非金融机构支付业务许可"，截至 2015 年 9 月 8 日，中国人民银行共发放 270 张牌照。支付宝市场份额虽稳坐第一，但仍然应当警惕新进入者对市场份额的争抢。

（2）现有竞争者之间的竞争强度。第三方支付平台呈现"一超多强"的局面。支付宝在行业中就处在"一超"的地位，而财付通、易宝、快钱、汇付天下等就是在"多强"之中。随着微信支付的开通，腾讯旗下的财付通已对支付宝的领导地位产生一定的威胁，同时各大银行逐渐开始直接介入在线支付平台，支付宝的实际收益空间必然遭到其前向一体化趋势的压缩。

（3）购买者讨价还价能力。我们把与第三方支付平台相关联的商家称为购买者，商家都希望能够付出更低的服务费，赚取更多的钱。商家更倾向于选择依托热度更高网站的第三方支付平台。同时，商家由于其不用支付租赁或购买经营门面以及中间渠道的成本，其利润相对较高，对服务费的敏感性也比较低。在这样一种情形下第三方支付行业的买家议价能力较低，其行业的利润率相对较高，因此，依托热度最高的淘宝网发展的支付宝能够收取更多的服务费，在行业中取得更加有利的位置。

（4）供应商讨价还价的能力。银行是第三方支付行业的供应商。商业银行在其中为支付宝提供基本资金转移、支付与结算服务，所以说，支付宝的作用是建立在银行基础服务上的支付应用。银行提供网银这种交易手段，通过支持第三方支付平台，向第三方支付平台收取一定的结算费，如果银行不给第三方支付平台提供支持，交易就无法实现，所以第三方支付平台没有选择银行之外的替代产品的能力。同时，银行逐渐有着前向一体化的趋势，越来越趋于自身充当支付平台，以其银行自身信誉作保障。这使得第三方支付平台在供应商面上非常被动，只能被收取较高的服务费，使得行业利润降低。支付宝作为市场份额第一的第三方支付平台，所损失的利润最多，因此，支付宝如果想获取更多的收益，必须提高自身话语权，向银行争取更多利益。

（5）替代产品的威胁。现在大多第三方支付平台都需要跳转银行网银界面才能转账至第三方支付平台账号内，这不够便捷，在这一情形下各大银行自身建立支付平台，以其自身信誉为担保，大大降低了环节之间的繁复度，因此第三方支付平台受到了强有力的挑战。在这一情形下许多第三方支付平台开始与银行展开双赢合作，即通过第三方交易平台直接提取银行资金，无需跳转网银界面，同时以银行信誉作担保，不仅提高了交易的安全性,同时还更加简单便捷,更为网民所接受,如支付宝的建行龙卡、财付通的一点通等等。支付宝现如今依旧在市场处于领导地位,如果支付宝想在这一行业继续作为龙头老大,乃至整个在线支付行业的老大,那就应当积极寻求合作,同时开拓新的支付方式使之更加便捷安全,以减少替代产品的威胁性。

资料来源:根据互联网等多方资料整理而成。

洞察市场,分析市场,以市场为中心,就是要分析企业在生存和发展所要面临的各种环境对企业的影响,凡事要讲求天时、地利、人和。《孙子兵法》曰:知彼知己,胜乃不殆,知天知地,胜乃可全。

2.1 市场营销环境

企业并不是生存在一个真空内,作为社会经济组织或社会细胞,它总是在一定的外界环境条件下开展市场营销活动,而这些外界环境条件是不断变化的。一方面,它既给企业造成了新的市场机会;另一方面,它又给企业带来某种威胁。因此,市场营销环境对企业的生存和发展具有重要意义。企业必须重视对市场营销环境的分析和研究,并根据市场营销环境的变化制定有效的市场营销战略,扬长避短,趋利避害,适应变化,抓住机会,从而实现自己的营销目标。

2.1.1 内涵

市场营销环境是指与企业营销活动有潜在关系的所有外部力量和相关因素的集合,它是影响企业生存和发展的各种外部条件,是指与企业营销活动有关的所有力量和影响因素的集合。市场营销环境是企业营销活动的约束力量,因此,企业应通过对营销环境深入持续的研究,自觉地识别和利用市场机会,规避环境威胁,充分发挥自身的优势,克服劣势,制定正确的营销决策,以实现营销目标。市场营销环境包括微观环境和宏观环境。

1. 微观环境

指与企业紧密相联、直接影响企业营销能力的各种参与者,包括企业本身、供应商、营销中介、顾客、竞争者以及公众等。微观环境与企业紧密相联,是企业营销活动的参与者,直接影响与制约企业的营销能力,又称直接营销环境。

2. 宏观环境

企业与所有的相关方都是在一个更大的宏观环境中活动的,宏观环境因素既给企业带来机遇，又给企业造成威胁。这一系列巨大的社会力量，主要是指人口、经济、自然、技术、政法、文化等因素。宏观环境一般以微观环境为媒介去影响和制约企业的营销活动，所以也称为间接营销环境，在特定场合也可以直接影响企业的营销活动。

宏观环境因素与微观环境因素共同构成多因素、多层次、多变的企业市场营销环境的综合体。微观营销环境受制于宏观营销环境，微观环境中的所有因素都要受宏观环境中各种力量的影响。

2.1.2　市场营销环境特点

市场营销环境是企业营销的制约因素，企业营销活动又依赖于这些环境才得以正常进行。企业的市场营销环境特点决定了企业营销活动的具体内容，具体特点体现在以下几个方面。

1. 多样化和复杂化

营销环境的构成要素多，涉及范围广，各种环境因素之间相互影响，并且经常存在着矛盾关系。环境因素的相互关系，有的能够评价，有的却难以估计和预测，因而十分复杂。企业要在消费者利益、社会利益和企业利益之间做出选择，既要利用现有资源创造企业的经济效益，又要使企业行为与政府和公众等的要求相符合。

2. 动态化和多变化

随着社会经济和技术的发展，营销环境始终处于一个不稳定的状态中，不断发展变化。尽管各种环境因素变化的速度和程度不同，如市场竞争状态的变化可能瞬息万变，而社会环境的变化一般较慢，但变化是绝对的，而且从总体上说营销环境的变化速度正在呈现出加快的趋势。因此，企业营销活动必须与营销环境保持动态的平衡，一旦环境发生变化，打破了平衡，企业营销就必须积极地反应和适应变化。有的企业虽然规模巨大，条件优良，但由于在一个时期内不能对变化了的环境做出创造性的反应来迎接挑战，也难免招致被市场淘汰的厄运。

3. 不可控和可影响

一般说来，宏观营销环境是企业无法控制的，因为企业不能改变人口因素、政治经济制度、社会文化因素等等。因此，企业应该努力去适应营销环境的要求，以求得生存与发展。

尽管宏观营销环境是不可控的，但并不意味着只能被动地适应环境。企业可以通过改善自身的条件、调整经营策略，对营销环境施加一定的影响，积极促进某些营销环境朝着有利于企业营销的方向转化。

因此，营销管理者的任务不但在于适当安排营销组合，使之与外部不断变化的营销环境相适应，而且要积极创造性地适应和积极地改变环境，创造或改变目标顾客的需要。只有这样，企业才能发现和抓住市场机会，因势利导，在激烈的市场竞争中立于不败之地。

4. 国际化和全球化

环境的国际化和全球化已经成为企业的现实。企业与这样的环境已经密切相连,企业如果不能顺应这样的环境变化,不能与环境互动,企业就不可能具有竞争力。

中国企业在改革开放初期,也正是由于深刻理解了刚刚开放的环境特征,才走出了一条低成本之路,通过价格、服务和质量的平衡优势能力,使得本国产品在与国外产品的竞争中获得了自己的位置。最近几年,中国企业开始遭遇国外市场的抵制,从根本上寻求原因,主要还是在对于国际商业环境了解不足造成的。无论是食品安全问题、环保问题还是企业社会责任问题等,这些都是目前国际商业环境中的关键要素。

全球化已经成为企业面临的基本环境。在信息技术的驱动下,全球化的速度越来越快,中国企业正面临着全球化所带来的巨大挑战,中国企业的全球化进程充满了艰辛和痛苦。而跨国企业正是因为在中国市场获得成功,才获得了全球市场的成功。中国市场已不再是专属于中国企业的本土市场,它已经是世界市场的一个重要组成部分。全球化能力就是中国企业必须适应变化环境的变化能力。

2.1.3　分析营销环境作用

(1) 环境分析是市场营销活动的基础性工作。

分析环境就是分析市场,了解市场信息是企业营销对策的基础,企业营销活动要受营销环境的约束,营销成败的关键就在于企业能否适应不断变化的营销环境。成功的企业都十分重视营销环境的分析;反之,忽视营销环境分析,企业必然陷入困境。面对市场营销环境的基本态度是:洞察环境、顺应环境和对某些环境的引导。

(2) 环境分析有助于企业发现市场机会。

市场营销环境的变化既可能帮助企业识别机会,利用机会,在不稳定的环境中谋求企业稳定发展,同时也可以帮助企业克服环境变化的不利影响,化解或消除各种威胁,采取适当的营销策略,迎接挑战。

(3) 环境分析有助于企业制定正确的营销决策。

环境分析可以帮助企业对营销环境做出客观的判断,对其自身条件做出正确的分析,明确自身的优势和劣势,使企业的内部条件、营销目标与营销环境实现动态的平衡,为提高企业营销效果创造有利的条件。

任何企业的营销活动都不会在真空中进行,总是在一定的环境下进行。特别是在现代市场经济条件下,企业营销工作时刻充满风险和威胁。环境会影响和制约企业的营销活动,而企业又无法控制它,因此,企业必须努力去了解它、预测它和适应它。市场营销活动实质上是企业适应市场环境变化,并不断对变化着的市场环境做出反应的动态过程,正可谓"观天下而后知己任"。

2.2　市场微观环境

有以下六种因素构成了企业营销的微观环境，它们也是一个企业的市场经营系统，疏通、理顺这个系统，是企业非常重要的经常性的任务。

2.2.1　企业本身

企业的内部环境包括了人、财、物等现状，良好的企业内部环境是企业营销工作得以顺利开展的重要条件。内部环境由企业高层管理（董事会、厂长、总经理）和企业内部各种组织（财务、科研开发、采购、生产等）构成。营销部门工作的成败与企业领导及其各部门的支持有很大关系。企业所有部门都同营销部门的计划和活动发生着密切的关系。各管理层之间的分工是否科学，协作是否和谐，能否精神振奋，目标一致，配合默契，都会影响企业的营销管理决策和营销方案的实施。企业营销部门的营销活动和财务、研发、采购和生产等部门的业务活动密切相关。

内部营销是在企业能够成功达到外部市场的目标之前，必须有效地运作企业和员工之间的内部交换，使员工认同企业的文化，并使员工能努力为企业服务。内部营销需要高层管理人员的垂直协调与领导，而且也离不开与其他部门之间的横向协同。因此，企业中的每个人都需要理解、认识并支持营销活动。内部营销的任务是雇用、培养、激励那些想要为顾客提供好的服务而且也有能力这样做的员工。企业内部营销成功与否的主要评价因素是：归属感、成长感、成就感。

企业的每个部门都是企业价值链上的一个环节，需要所有部门密切配合，共同为顾客创造价值。杰克·韦尔奇说："公司不能为你们提供稳定的工作。只有顾客才能。"

2.2.2　供应商

各类资源供应者，它们同企业达成协作关系。供应商是指向提供生产产品所需要的资源的企业或个人。资源包括提供原材料、设备、能源、劳务、资金等等。这种力量对企业的营销影响是很大的，所提供的资源质量、价格和供应量，直接影响着企业产品的质量、价格和销售利润。生产企业可以通过产业链的建立获得稳定的供应，也可以从多方面获得供应，而不可依赖于单一供应者。供应商是企业整个顾客价值传递系统中的重要一环。

供应链描述的是个更长的渠道，它从原材料到元件，一直延伸至被传递到最终购买者那里的最终产品。今天大多数营销者把供应商视为创造和传递顾客价值的合作者。沃尔玛在同供应商合上作了很多努力,例如帮助供应商测试其新产品在沃尔玛商店内的销售情况。沃尔玛的供应商开发部门出版了供应商建议指南,并拥有一个供应商网站,以帮助其供应商了解复杂的沃尔玛采购流程。沃尔玛意识到良好的合作关系管理带来沃尔玛和供应商的成功,最终得益的是顾客。

2.2.3　营销中介

营销中介(marketing intermediary)帮助公司促销、销售以及分配产品给最终用户。营销中介包括经销商、货物储运公司、营销服务机构,以及金融中介,这些都是市场营销中不可缺少的中间环节。经销商是指那些帮助公司寻找用户并向他们销售产品的分销渠道机构,包括批发商和零售商,它们购买商品然后再卖出去。选择经销商并与之合作并非易事。制造商不能再像以往那样从大量小型的、独立的经销商中任意挑选,它们面对的是大型的且不断发展的零售商组织。这些组织往往具有足够的力量操纵合作条件,甚至能将某个制造商拒于大市场的门外。

货物储运公司(物流公司)帮助制造商储存产品并把产品运到目的地。在与仓储和运输公司合作时,制造商必须选择最佳的方式来储存和运送产品,并权衡成本、交货期、速度和安全等问题。营销服务机构包括营销调研机构、广告代理商、媒介公司和营销咨询公司,它们帮助制造商选定恰当的目标市场并促销其产品。由于这些机构在创造力、质量、服务和价格方面的差别很大,公司在做选择时必须多加小心。金融中介包括银行、信贷公司、保险公司,以及其他进行融资或者降低商品买卖风险的商业机构。大多数公司和用户都依靠金融中介来完成交易。

2.2.4　顾客

顾客即目标市场,这是企业服务的对象,是企业的"衣食父母",企业需要仔细了解自己的顾客市场。企业应按照顾客及其购买目的的不同来细分目标市场。市场上顾客不断变化和不断进步的消费需求,要求企业以不断更新的产品提供给顾客。消费者市场由个人和家庭组成,他们购买产品和服务为了个人消费;生产者市场购买产品和服务是为了进一步加工或者在生产过程中使用;中间商市场购买产品和服务是为了再出售以获取利润;非营利组织市场和政府市场它们购买产品和服务是为了提供公共服务,或是将这些产品和服务转移到需要的人手中;全球市场由其他国家的购买者构成,包括消费者、制造商、经销商和政府。每一种市场类型都有自己的特征,营销者需要对此进行仔细研究。

2.2.5　竞争者

企业面对着一系列竞争者。每个企业的产品在市场上都存在数量不等的各种各样的竞争对手。企业的营销活动时刻处于竞争者的干扰和影响的环境之下。因此,任何企业在市场竞争中,主要研究如何加强对竞争对手的辨认与抗争,采取适当而灵活的战略与策略谋取胜利,以不断巩固和扩大市场。

企业要想成功,就必须为顾客提供比其他竞争对手更高的价值和满意度。因此,营销人员要做的不仅仅是简单地满足目标顾客的需要,还必须对产品进行定位,使本企业的产品或服务在顾客心目中与竞争对手区别开来,以获取竞争优势。

2.2.6　公众

公众(public)是对组织实现其目标的能力有实际或潜在利益关系,或影响的任何群体。这些群体主要包括:

(1) 政府公众。

政府公众指有关政府部门。企业营销在制定发展计划时,必须考虑政府的发展政策,必须严格执行政府规定,还要同有关政府部门搞好关系。

(2) 媒介公众。

媒介公众指报社、电台、电视台等大众传播媒介。这些团体对企业的声誉的正反面宣传有着举足轻重的作用。

(3) 金融公众。

金融公众指关心并可能影响企业获得资金能力的银行、保险公司、投资公司、证券公司等。

(4) 社团公众。

社团公众包括消费者组织、劳动权益保护组织、未成年人保护组织及群众团体等。他们是企业必须重视的力量,需要重视他们的社会影响力,关注并尊重他们的活动。

(5) 社区公众。

社区公众指企业所在地附近的居民和社区组织。企业在营销活动中要避免同周围的公众利益发生冲突,应指派专人负责处理社区部门关系,并努力为公益事业做出贡献。

(6) 一般公众。

一般公众指企业的"公众形象",即一个企业在一般公众心目中的形象,它对企业的经营发展也是至关重要的。企业需要了解一般公众对它的产品和活动的态度,争取在公众心目中建立良好的企业形象。现代企业是一个开放的系统,这些公众都与企业的营销活动有着直接或间接的关系。企业的营销活动必然与各方面发生联系,必须处理好与各方面公众的关系。

（7）内部公众。

企业内部公众包括工人、管理人员、志愿者和董事会成员。大公司通过新闻公告和其他方式向内部公众传递信息并给予激励。如果职工对公司感觉很好，他们的积极态度也会影响到外部公众，从而有利于树立良好的企业形象。

2.3 市场宏观环境

宏观营销环境由能够对微观环境产生重要影响的几大社会力量形成，反映一个国家和社会发展变化状况，是会对企业营销活动造成市场机会或环境威胁的主要社会力量。宏观环境包括了政治、法律、经济、社会（人口、文化）、技术、自然等环境因素。

2.3.1 政法环境

政法环境是包括了国内、国际的政治与法律环境。

1. 政治环境

一个国家的政府与政策对企业的市场营销活动产生着深刻的影响。每一个国家的政府都能够运用政策措施和政治权力对有关方面施加影响，从而达到其所要实现的政治与经济的目的。因此，企业要搞好营销，必须了解与营销业务有联系的国家政策，顺应政策方向就是非常重要的对顺势而为和大势所趋的把握。开展国际营销时，还必须关注对方国家政府和政策的稳定程度。

（1）政治局势。

政治局势指企业营销所处的国家或地区的政治稳定状况。一个国家的政局稳定与否会给企业营销活动带来重大的影响。如果政局稳定，生产发展，人民安居乐业，就会给企业造成良好的营销环境。相反，政局不稳，社会矛盾尖锐，秩序混乱，这不仅会影响经济发展和人民的购买力，而且对企业的营销心理也有重大影响。战争、暴乱、罢工、政权更替等政治事件都可能对企业营销活动产生不利影响，能迅速改变企业环境。

（2）方针政策。

各个国家在不同时期，根据不同需要颁布一些经济政策，制定经济发展方针，这些方针、政策不仅要影响本国企业的营销活动，而且还要影响外国企业在本国市场的营销活动。诸如人口政策、能源政策、物价政策、财政政策、金融与货币政策等，都给企业研究经济环境、调整自身的营销目标和产品构成提供了依据。就对本国企业的影响来看，一个国家制定出来的经济与社会发展战略、各种经济政策等，企业都是要执行的，而执行的结果必然要影响市场需求，改变资源的供给，扶持和促进某些行业的发展，同时又限制另一些行业和产品的发展。那么企业就必须按照国家的规定，生产和经营国家允许的行业和产品。这是一种直接的影响。

国家也可以通过方针、政策对企业营销活动施以间接影响。例如，通过征收个人收入调节税，调节消费者收入，从而影响消费者的购买力来影响消费者需求；国家还可以通过增加产品税来抑制某些商品的需求，如对香烟、酒等课以较重的税收来抑制消费者的消费需求。这些政策必然影响社会购买力，影响市场需求，从而间接影响企业营销活动。

从对国外企业的影响来看，目标国的方针、政策是外国企业营销的重要环境因素，会直接和间接影响到外国企业在目标国的营销活动。目前，国际上各国政府采取的对企业营销活动有重要影响的政策和干预措施主要有：

① 进口限制。这指政府所采取的限制进口的各种措施，如许可证制度、外汇管制、关税、配额等。它包括两类：一类是限制进口数量的各项措施；另一类是限制外国产品在本国市场上销售的措施。政府进口限制的主要目的在于保护本国工业，确保本国企业在市场上的竞争优势。

② 税收政策。政府在税收方面的政策措施会对企业经营活动产生影响。比如对某些产品征收特别税或高额税，则会使这些产品的竞争力减弱，给经营这些产品的企业带来一定影响。

③ 价格管制。当一个国家发生了经济问题时，如经济危机、通货膨胀等，政府就会对某些重要物资，以至所有产品采取价格管制措施。政府实行价格管制通常是为了保护公众利益，保障公众的基本生活，但这种价格管理直接干预了企业的定价决策，影响企业的营销活动。

④ 外汇管制。指政府对外汇买卖及一切外汇经营业务所实行的管制。它往往是对外汇的供需与使用采取限制性措施。外汇管制对企业营销活动特别是国际营销活动产生重要影响。例如，实行外汇管制，使企业生产所需的原料、设备和零部件不能自由地从国外进口，企业的利润和资金也不能或不能随意汇回母国。

（3）国际关系。

这是国家之间的政治、经济、文化、军事等关系。发展国际间的经济合作和贸易关系是人类社会发展的必然趋势，企业在其生产经营过程中，都可能或多或少地与其他国家发生往来，开展国际营销的企业更是如此。因此，国家间的关系也就必然会影响企业的营销活动。这种国际关系主要包括两个方面的内容：

① 企业所在国与营销对象国之间的关系。例如，中国在国外经营的企业要受到市场国对于中国外交政策的影响。如果该国与我国的关系良好，则对企业在该国经营有利；反之，如果该国对我国政府持敌对态度，那么，中国的企业就会遭到不利的对待，甚至攻击或抵制，如搞配额限制，反倾销等。

② 国际企业的营销对象国与其他国家之间的关系。国际企业对于市场国来说是外

来者,但其营销活动要受到市场国与其他国家关系的影响。例如,中国与伊拉克很早就有贸易往来,后者曾是我国钟表和精密仪器的较大客户。海湾战争后,由于联合国对伊拉克的经济制裁,使我国企业有很多贸易往来不能进行。这说明国际企业的营销对象国与其他国家之间的关系,也是影响国际企业营销活动的重要因素。

(4) 民族主义。

在国际营销中,当今世界影响国际营销最关键的政治因素之一是强烈的民族主义。民族主义认为,一国的经济发展要更多地依靠本国自己的经济力量,要特别维护本国民族工业的发展,有人把这种主义称为忠诚的民族主义,或爱国主义。民族主义对外国企业的影响,无论在发达国家还是在发展中国家都是一样的,只是激烈程度不同而已。但是,所有的东道国都会在其国内控制利润和借贷;控制外商对本国公司的冲击(如削减进口,推动本国产品出口);控制外资对本国企业的投资规模等。

2. 法律环境

法律是体现统治阶级意志,由国家制订或认可,并以国家强制力保证实施的行为规范的总和。对企业来说,法律是评判企业营销活动的准则,只有依法进行的各种营销活动,才能受到国家法律的有效保护。因此,企业开展市场营销活动,必须了解并遵守国家或政府颁布的有关经营、贸易、投资等方面的法律、法规。

如果从事国际营销活动,企业就既要遵守本国的法律制度,还要了解和遵守市场国的法律制度和有关的国际法规、国际惯例和准则。这方面因素对国际企业的营销活动有深刻影响。例如,一些国家对外国企业进入本国经营设定各种限制条件。日本政府曾规定,任何外国公司进入日本市场,必须要找一个日本公司同它合伙。

从当前企业营销活动法制环境的情况来看,有以下几个特点:

(1) 管制企业的立法增多,法律体系越来越完善。

西方国家强调以法治国,对企业营销活动的管理和控制也主要通过法律手段。在这方面的立法主要有三个内容或目的:一是保护企业间的公平竞争,制止不公平竞争;二是保护消费者正当权益,制止企业非法牟利及损害消费者利益的行为;三是保护社会的整体利益和长远利益,防止对环境的污染和生态的破坏。

近几年来,我国也加强了市场法制方面的建设,陆续制订、颁布了一系列有关重要法律法规,如《公司法》《广告法》《商标法》《经济合同法》《反不正当竞争法》《消费者权益保护法》《产品质量法》《外商投资企业法》等等,这对规范企业的营销活动起到了重要作用。

(2) 政府机构执法更严。

有了法,还必须执法,这样法律才能起到应有的作用。各个国家都根据自己不同的情况,建立了相应的执法机关。例如,在美国,就有联邦贸易委员会、联邦药物委员会、环境保护局、消费者事务局等执法机构;日本有公正交易委员会;加拿大有市场保护委员会等。这些官方机构对企业的营销活动有很大的影响力,近年来执法更加积极、严格。

我国的市场管理机构比较多,主要有工商行政管理局、技术监督局、物价局、医药管理局、环境保护局、卫生防疫部门等机构，分别从各个方面对企业的营销活动进行监督和控制，在保护合法经营、取缔非法经营、保护正当交易和公平竞争、维护消费者利益、促进市场有序运行和经济健康发展方面，发挥着重要作用。

（3）国际营销时的法律环境更复杂。

企业在进行国际营销时，受法律环境的影响会更多更复杂。在法律方面，企业需要对本国法律环境分析。一国的经济立法，有些是为了保护企业之间的公平竞争，有些是为了保护广大消费者利益，有些是为了维护社会的长远利益，如外汇控制、进出口控制等。此外，企业也要对东道国法律环境进行分析，包括影响企业进入该国市场的法律和法规等，如绿色营销法、反托拉斯法等。企业还要对国际法律环境有全面的认识，包括企业从事国际营销活动，还要遵守国际上涉及营销的条约、公约和惯例。如有 1985 年颁布的保护消费者的立法《保护消费者准则》；1884 年颁布的保护生产者的立法《保护工业产权的巴黎公约》；还有 1947 年颁布的调整国际贸易行为的立法《关税及贸易总协定》等。

东道国法律对企业国际营销的影响也是巨大的。由于各国法律体系极其复杂，这里只分析一下它们直接对国际营销组合的影响。

① 产品。由于产品的物理和化学特性事关消费者的安全问题，所以各国都对产品的纯度、安全性能有详细的法律规定。各国法律对包装也有不同规定。例如，比利时规定只能用八边形的褐黄色玻璃瓶盛装药剂，以其他容器盛装的药剂不得进入该国市场。有关标签的法律要求更严格。一般来说，标签上须注明的项目包括：产品的名字；生产商或分销商的名字；产品的成分或使用说明；重量（净重或毛重）；产地等。

品牌名称和商标的法律要求也不一致。世界主要大国都是《保护工业产权的巴黎公约》或其他国际商标公约的成员国。因此，这方面的要求比较统一。

② 定价。如何控制定价是世界各国普遍遇到的问题。许多国家通过政府价格控制部门来制定法律规定。它们中有的对所有产品都实行价格控制，而有的只对极个别产品实行价格控制。

③ 分销。各国法律关于分销的规定比较少，所以企业在选择东道国分销渠道时自由度比较大。事实上各国最强硬的法律限制也不会根本影响国际企业在东道国的分销，但是通过分销商或代理商销售的出口企业却不能不受到东道国有关法律的限制。

④ 促销。在国际营销中，关于广告的争议最多，而且广告也最易受到控制。世界上大多数国家都制定有关于广告的法律规定，许多国家的广告组织也有自己的约束准则。

2.3.2　经济环境

经济环境由那些影响消费者购买力和消费方式的因素构成，是指企业营销活动所面临的外部社会经济条件，其运行状况及发展趋势会直接或间接地对企业营销活动产生影响。

1. 直接影响营销活动的经济环境因素

市场不仅是由人口构成的,这些人还必须具备一定的购买力。而一定的购买力水平则是市场形成并影响其规模大小的决定因素,它也是影响企业营销活动的直接经济环境。

(1) 消费者收入水平的变化。

消费者收入,是指消费者个人从各种来源中所得的全部收入,包括消费者个人的工资、退休金、红利、租金、赠予等收入。消费者的购买力来自消费者的收入,但消费者并不是把全部收入都用来购买商品或劳务,购买力只是收入的一部分。因此,在研究消费收入时,要注意以下几点:

一是国民生产总值。它是衡量一个国家经济实力与购买力的重要指标。从国民生产总值的增长幅度,可以了解一个国家经济发展的状况和速度。一般来说,工业品的营销与这个指标有关,而消费品的营销则与此关系不大。国民生产总值增长越快,对工业品的需求和购买力就越大;反之,就越小。

二是人均国民收入。这是用国民收入总量除以总人口的比值。这个指标大体反映了一个国家人民生活水平的高低,也在一定程度上决定商品需求的构成。一般来说,人均收入增长,对消费品的需求和购买力就大;反之就小。

三是个人可支配收入。个人收入是指从各种来源所得到的收入。个人可支配收入是指在个人收入中扣除税款和非税性负担后所得余额,它是个人收入中可以用于消费支出或储蓄的部分,它构成实际的购买力。

四是个人可任意支配收入。这是在个人可支配收入中减去用于维持个人与家庭生存不可缺少的费用(如房租、水电、食物、燃料、衣着等项开支)后剩余的部分。这部分收入是消费需求变化中最活跃的因素,也是企业开展营销活动时所要考虑的主要对象。因为这部分收入主要用于满足人们基本生活需要之外的开支,一般用于购买高档耐用消费品、旅游、储蓄等,它是影响非生活必需品和服务销售的主要因素。

五是家庭收入。很多产品是以家庭为基本消费单位的,如冰箱、抽油烟机、空调等。因此,家庭收入的高低会影响很多产品的市场需求。一般来讲,家庭收入高,对消费品需求大,购买力也大;反之,需求小,购买力也小。

需要注意的是,企业营销人员在分析消费者收入时,还要区分货币收入和实际收入。只有实际收入才影响实际购买力。因为,实际收入和货币收入并不完全一致,由于通货膨胀、失业、税收等因素的影响,有时货币收入增加,而实际收入却可能下降。实际收入即是扣除物价变动因素后实际购买力的反映。

(2) 消费者支出模式和消费结构的变化。

随着消费者收入的变化,消费者支出模式会发生相应变化,继而使一个国家或地区的消费结构也发生变化。西方一些经济学家常用恩格尔系数来反映这种变化。消费结构是指消费过程中人们所消耗的各种消费资料(包括劳务)的构成,即各种消费支出占总支出的比例关系。优化的消费结构是优化的产业结构和产品结构的客观依据,也是企业开展营销活动的基本立足点。

恩格尔系数表明，在一定的条件下，当家庭个人收入增加时，收入中用于食物开支部分的增长速度要小于用于教育、医疗、享受等方面的开支增长速度。食物开支占总消费量的比重越大，恩格尔系数越高，生活水平越低；反之，食物开支所占比重越小，恩格尔系数越小，生活水平越高。恩格尔系数是衡量一个国家、地区、城市、家庭生活水平高低的重要参数。按联合国划分富裕程度的标准，恩格尔系数在 60% 以上的国家为贫困；在 50%—60% 之间的为温饱；40%—50% 之间的为小康；40% 以下的为富裕。

（3）消费者储蓄和信贷情况的变化。

消费者的购买力还要受储蓄和信贷的直接影响。消费者个人收入不可能全部花掉，总有一部分以各种形式储蓄起来，这是一种推迟了的、潜在的购买力。消费者储蓄一般有两种形式：一是银行存款，增加现有银行存款额；二是购买有价证券。当收入一定时，储蓄越多，现实消费量就越小，但潜在消费量愈大；反之，储蓄越少，现实消费量就越大，但潜在消费量愈小。

我国居民有勤俭持家的传统，长期以来养成储蓄习惯。近年来，我国居民储蓄额和储蓄增长率均较大。据调查，在中国，居民储蓄的目的主要用于供养子女和婚丧嫁娶，但从发展趋势看，用于购买住房和大件用品的储蓄占整个储蓄额的比重将逐步增加。我国居民储蓄增加，显然会使企业目前产品价值的实现比较困难；但另一方面，企业若能调动消费者的潜在需求，就可开发新的目标市场。

消费者信贷对购买力的影响也很大。所谓消费者信贷，就是消费者凭信用先取得商品使用权，然后按期归还贷款，以购买商品。这实际上就是消费者提前支取未来的收入，提前消费。消费者信贷已经在我国的买房、买车等消费中得到了广泛运用。

2. 间接影响营销活动的经济环境因素

除了上述因素直接影响企业的市场营销活动外，还有一些经济环境因素也对企业的营销活动产生或多或少的影响。

（1）经济发展水平。企业的市场营销活动要受到一个国家或地区的整个经济发展水平的制约。经济发展阶段不同，居民的收入不同，顾客对产品的需求也不一样，从而会在一定程度上影响企业的营销。

（2）经济体制。世界上存在着多种经济体制，有计划经济体制，有市场经济体制等。不同的经济体制对企业营销活动的制约和影响不同。

（3）地区与行业发展状况。我国地区经济发展很不平衡，逐步形成了东部、中部、西部三大地带和东高西低的发展格局。同时在各个地区的不同省市，还呈现出多极化发展趋势。这种地区经济发展的不平衡，对企业的投资方向、目标市场以及营销战略的制定等都会带来巨大影响。

（4）城市化程度。城市化程度是指城市人口占全国总人口的百分比，它是一个国家或地区经济活动的重要特征之一。城市化是影响营销的环境因素之一，这是因为城乡居民之间存在着某种程度的经济和文化上的差别,进而导致不同的消费行为。企业在开展营销活动时,要充分注意到这些消费行为方面的城乡差别,相应地调整营销策略。

2.3.3 人口环境

人口环境构成企业开展营销活动的基础。市场是由那些想买东西并且有购买能力的人构成,人越多,市场规模就越大。因此,人口的多少直接决定市场的潜在容量,而且人口的年龄结构、地理分布、婚姻状况、出生率、死亡率、人口密度、流动性、文化教育等人口特性,又会对市场需求格局发生深刻影响。老年人会有不同于年轻人的消费需求。同样,男性与女性、南方与北方、不同文化、不同民族、不同职业的人,在消费需求结构、消费习惯与方式上,都会有明显的差异。

1. 人口数量与增长速度对企业营销的影响

据联合国估计,世界人口将以每年 8 000 万—9 000 万的速度增长,其中 80% 的人口属于发展中国家。我国总人口已达到 13 亿,每年以 1 000 多万的数量迅速增长。众多的人口及人口的进一步增长,给企业带来了市场机会,也带来了威胁。

2. 人口结构对企业营销的影响

人口结构主要包括人口的年龄结构、性别结构、家庭结构、社会结构,以及民族结构。

(1) 年龄结构。不同年龄的消费者对商品的需求不一样。我国人口年龄结构的显著特点是:现阶段,青少年比重约占总人口的一半,反映到市场上,在今后 20 年内,婴幼儿和少年儿童用品及结婚用品的需求将明显增长。目前我国人口已经进入了老年化社会,反映到市场上,将使老年人的需求呈现高峰。这样,诸如保健用品、营养品、老年人生活必需品等市场需求将会大增。

(2) 性别结构。人口的性别不同,其市场需求也有明显的差异。反映到市场上就会出现男性用品市场和女性用品市场。在我国市场上,女性通常购买自己的用品、家庭日常消费用品、衣服等,而男子往往是购买大件物品的决策者。

(3) 家庭结构。家庭是购买、消费的基本单位,家庭的数量直接影响到某些商品的数量。目前,世界上普遍呈现家庭规模缩小的趋势,越是经济发达地区,家庭规模就越小。欧美国家的家庭规模基本上户均 3 人左右,亚非拉等发展中国家户均 5 人左右。在我国,"四代同堂"现象已不多见,"三口之家"的小家庭则越来越多,并逐步由城市向乡镇发展。家庭数量的剧增必然会引起对炊具、家具、家用电器和住房等需求的迅速增长。

(4) 社会结构。中国的人口大部分在农村。因此,农村是个广阔的市场,有着巨大的潜力。但目前我国乡镇城市化的趋势也日益加快,农村市场的需求将有较大的变化。

(5) 民族结构。我国除了汉族以外,还有 50 多个少数民族。民族不同,其生活习性、文化传统也不相同,反映到市场上,就是各民族的市场需求存在着很大的差异。因此,企业营销者要注意各民族市场的风俗习惯和特点,开发出适合各民族特性、受其欢迎的产品。

3. 人口的地理分布及区间流动对企业营销的影响

地理分布指人口在不同地区的密集程度。由于自然地理条件以及经济发展程度等多方面因素的影响，人口的分布绝不会是均匀的。从我国来看，人口主要集中在东南沿海一带，而且人口密度逐渐由东南向西北递减。另外，城市的人口比较集中，尤其是大城市人口密度很大，在我国就有上海、北京、重庆等大城市的人口超过 1 000 万人，而农村人口则相对分散。

人口的这种地理分布表现在市场上，就是人口的集中程度不同，则市场大小不同；消费习惯不同，则市场需求特性不同。例如南方人以大米为主食，北方人以面粉为主食，江浙沪沿海一带的人喜食甜，而川湘鄂一带的人则喜辣味。随着经济的活跃和发展，人口的区域流动性也越来越大。在发达国家除了国家之间、地区之间、城市之间的人口流动外，还有一个突出的现象就是城市人口向农村流动。在我国，人口的流动主要表现在农村人口向城市或工矿地区流动；内地人口向沿海经济开放地区流动。另外，经商、观光旅游、学习等使人口流动加速。对于人口流入较多的地方而言，一方面由于劳动力增多，就业问题突出，从而加剧行业竞争；另一方面，人口增多也使当地基本需求量增加，消费结构也发生一定的变化，继而给当地企业带来较多的营销机会。

2.3.4　文化环境

文化是人类在社会历史发展过程中所创造的物质财富和精神财富的总和，它包括价值观、伦理道德、宗教、艺术、风尚习俗等。人类学家一致认为，每种文化都具有三个特征：第一，文化非遗传之物，而是由人们后天学习获得的；第二，知识、信念、道德、习惯和其他各种文化要素构成相互联系、大小各异的总体；第三，文化是由特定社会集团成员具有理智的行为特征所构成。它不仅体现我们自己的行为，而且体现我们对他人行为的要求。

1. 文化影响

企业营销中的文化影响主要指一个国家、地区的民族特征、价值观念、生活方式、风俗习惯、宗教信仰、伦理道德、教育水平、语言文字等的总和。其中价值观念是文化的核心。这些因素影响消费者的购买行为，是企业营销必须重视的环境。

文化既有个性也有共性。不同的文化造就了不同的个性。不同文化具有不同的个性标准，由此将世界上的人们分成法国人、日本人、美国人等。当然，这并不是说，凡法国人个性皆同。遗传基因和个人的生活经历也影响个性的形成。因此，各种文化个性都有一定的伸缩范围。尽管如此，不同文化的典型个性是有本质的区别的。各种不同的文化又有一些共同特征，这些文化共性反映了人类共同的生物本能，反映了人类应付物质和社会环境的共同需要，它们包括年龄、性别、社会组织、政府、家庭、住宿、医药、产权、宗教、工具制造和贸易等。

文化不是静止而是运动变化的。在众多环境中，文化环境是影响国内、国际营销的

最广泛、最基本的因素,文化的影响体现在:

(1) 文化渗透于营销活动的各个方面。诸如产品要根据各国文化特点与要求设计,价格要根据各国消费者不同价值观念及支付能力定价,分销要根据各国不同文化与习惯选择分销渠道,促销则根据各国文化特点设计广告。

(2) 营销者的活动构成文化的一个组成部分,其活动推动着文化的发展。营销者既要适应已有文化又要创造新文化,诸如创造新需求、新的生活方式等。

(3) 市场营销成果的好坏受文化的裁判。消费者对产品接受与否,均是其文化意识的反应。在国际营销中,适应一国的文化,说起来容易,做起来却非常困难。这是因为文化环境能在根本上影响人们对世界的看法和社会行为,即人们的行为无时不存在一种自我参照准则。当我们进入异域文化时,自我参照准则就会发生作用。每一种文化都是独一无二的,在国际市场中的营销者应该记住一句话:"文化没有对与错、好与坏之分,只有差异。"

2. 国际营销中的文化差异

在国际营销中,营销人员开始做生意时仍会遇到一些始料不及的问题。例如,在谈判中,就有接触层次,谈判重点,商业礼节和道德标准的文化影响和制约。

(1) 接触层次。各个国家的商业习俗不同接触的级别也不同。例如,在欧洲和阿拉伯国家,经理人员的权威很大,因此谈判接触往往在较高层次进行。美国则不同,许多企业给管理的下层委托授权较多,因此营销人员有可能接触到中下层经理。东亚地区文化强调合作与集体决策。在这些国家里,与营销人员打交道的不是个人而是集体。此时头衔或职位很重要,许多公司不允许以个人名义签发信函。在地中海地区,情况正好相反,联络可以与直接负责事情的本人进行,而不是与一个官员或有头衔的人接洽。

(2) 交流方式。语言是市场营销人员交流的基本工具。然而,有些人连一种语言的初浅含义都没法理解,更谈不上对态度和倾向性意图的理解。大概没有任何语言能够轻而易举地被译成另一种语言,而且不同的语言词义概念又相差甚远。日本人不愿意用日语写合同,喜欢用英语写合同,除了其他原因外,是因为日语在语义上有些含混,不太具体。语言交流,无论多么不准确,它还是能表达出一定的意思。但是,商业中大部分交流信息不是用语言表达的,而是隐含在其他交流信息中,如无声语言、体语等。

(3) 礼节与效率。为人随和、不拘小节似乎是美国人的行为习惯,但这种表面上的随随便便并不等于工作马马虎虎。一名英国经理这样评价过:"在鸡尾酒会或晚宴上,美国人还在上班。当他们发现某人的谈吐和想法很重要时,会很快记录下来,以备后用。"拉丁美洲的商人很讲究友谊,即使如此,他们也不愿意把经营同个人生活扯在一起。相反,日本人喜欢把工作与个人生活结合起来。他们很有礼节,时而谈生活时而谈工作,慢条斯理,常常使美国人和欧洲人失去耐心和冷静。

(4) 谈判重点。同样是汽车这个产品,各个国家由于环境的不同,追求和谈判的重点也就不一样。有些商人注重质量,有些注重式样,而有些则注重价格,要注意商业谈判会受到政府直接或间接的影响和干预,因此诸如通货的有效性、商品进出的审批、产品性能，及包装、广告、雇员条件、利润补偿和其他因素都可能成为谈判的重点。

（5）企业道德。商业道德在国际市场上更为复杂，在一个国家被认为是正当的事情，在另一个国家可能完全不被接受。例如，馈赠礼品是在世界上大多数国家都认可的行为，在美国就不流行，甚至还会遭到谴责。礼品变为贿赂又是另外一种问题，世界各国都在试图区分礼品与贿赂之间的关系，简单的办法是规定一个金额范围，但这也难以界定。在德国，超过 40 美元的礼品就被视为贿赂。

2.3.5　技术环境

技术是社会生产力中最活跃的因素。作为营销环境的一部分，技术环境不仅直接影响企业内部生产和经营，还同时与其他环境因素互相依赖，相互作用。尤其是新技术革命给企业营销既造就了机会，又带来了威胁。企业的机会在于寻找和利用新技术，而它面临的威胁可能有两方面：新技术的突然出现，使企业的现有产品变得陈旧；新技术会改变企业人员原有的观念。新技术给企业带来了巨大压力，如果企业不及时跟上新技术革命的发展，其产品很有可能被很快淘汰出局。正因为如此，创新理论的代表人物熊彼特就认为"技术是一种创造性的毁灭"。

1. 新技术引起企业市场营销策略发生变化

新技术革命改变了企业经营的内部因素和外部环境，给企业带来巨大压力，给企业产品和目标市场的确定带来前所未有的困难，从而促使企业不断调整营销策略，以适应变化了的市场条件。

① 产品策略变化。由于科学技术的迅速发展，新技术应用于新产品开发的周期大大缩短，产品的更新换代加快。开发新产品成为企业开拓新市场和赖以生存发展的根本条件，因此，要求企业营销人员不断寻找新市场、预测新技术，时刻注意新技术在产品开发中的作用，从而促进企业开发出给消费者带来更多收益的新产品。

② 价格策略变化。科学技术的发展及应用，一方面降低了产品成本，使价格下降。另一方面使企业能够通过信息技术加强信息反馈，正确应用价值规律、供求规律、竞争规律来制定和修改价格策略。

③ 分销策略变化。由于新技术的不断应用，技术环境的变化使人们的工作及生活方式发生了重大变化。广大消费者的兴趣、思想等差异性很大，自我意识的观念增强，从而引起分销机构的不断变化。大量的特色商店和自我服务商店不断出现。如 20 世纪 30 年代出现超级市场，20 世纪 40 年代出现廉价商店，20 世纪 60 年代以后出现快餐服务、自助餐厅等等。同时也引起了物流的变化和运输实体的多样化，使现代企业的物流出发点由工厂变成了市场。

促销策略变化。科学技术的应用引起促销手段的多样化，尤其是广告媒体的多样化和广告宣传形式的复杂化，如人造卫星和互联网成为了全球范围内的信息沟通手段。如何利用新技术提高信息沟通的效率、提高促销组合的效果、降低促销成本,以及采用新的广告手段和方式,将是促销研究的主要内容。

2. 新技术引起企业营销管理的进步

新技术革命是管理改革或管理革命的动力。现在,一场以微电子革命为中心的新技术革命正在兴起,特别是计算机和互联网的出现,标志着技术发展进入了一个新的历史阶段。目前许多商业企业的经营管理都使用了电脑和互联网,这对于改善企业经营管理,提高企业经营效益起了很大的作用。

3. 新技术对零售商业和购物习惯产生重大影响

移动互联时代给企业带来了巨大的机会和挑战。由于电视、电话、电脑系统的迅速发展,出现了电话购物、网上购物等在家购物的方式。网上购物影响零售商业结构和消费购买习惯。网上购物已成为消费者日常购物的基本方式。移动支付也称为手机支付,已经成为新型的消费模式,具有移动性、及时性、定制化等特点。新技术革命使零售商业结构发生变化,古老传统的商业机构逐渐被新型的零售商业结构代替,对买方来说,购物越来越不受时间地点的限制,给购买带来了极大的方便。

4. 不断增加的技术创新规定

政府有关机构增大了检查机构的权力,以检查和禁止可能造成伤害的产品。世界贸易组织《技术性贸易壁垒协议》(WTO/TBT 协议)承认技术性贸易措施存在的合理性和必要性,允许各国可以基于维护国家安全、人类安全与健康、动植物安全与健康、环境保护、防止欺诈行为等正当理由而采取技术性贸易措施。但如果违反 WTO/TBT 协议的原则与规则,超出了正当、合理的目标范围,采取歧视性的技术性措施限制其他国家的产品进入本国市场,则构成技术壁垒。

我国对外贸易中遇到的技术性贸易措施障碍主要有:食品中的农药残留量,陶瓷产品的含铅量,皮革的 PCP 残留量;机电产品、玩具的安全性指标;汽油的含铅量指标,汽车排放标准,包装物的可回收性指标,纺织品染料指标,保护臭氧层的受控物质,等等。有些技术性贸易措施已经从针对产品本身的性能、质量标准,发展到覆盖产品生产、加工、运输等全过程,并反映在包装、标志标签、文字、图形、条码等多方面,而且技术性限制的涉及面有不断扩大的趋势。

2.3.6 自然环境

自然环境主要是指一个国家的自然物质环境和自然环境的动向。自然条件包括各种自然因素,如气候、地形、自然资源等,正所谓天时地利状况,它们对企业营销活动都会产生直接或间接的影响。在气候炎热、干燥的地区和气候温暖、湿润的地区推广空调的营销策略是不一样的;在山区和平原不同的地理条件,汽车的需求也是不一样的,自然条件和资源的差异会影响购买的产品的种类。

1. 自然资源

自然资源包括了水、空气、土地、矿产、森林和粮食等。根据能否再生，是否有限，可分为以下三大类：第一类是水、空气、土地等无限资源；第二类是有限的可再生资源，如粮食和森林等；第三类是石油、煤等不可再生的有限资源。

目前许多国家自然资源短缺，环境污染加剧，能源成本上升。可持续发展问题是全世界各国都要引起足够重视的问题。大气污染、温室效应、臭氧层破坏、土地沙漠化、水污染、海洋生态危机、绿色屏障锐减、物种濒危、垃圾难题、人口增长过速等都是全球环境问题。目前许多国家对自然资源和环境的管理日益加强，环保组织的影响日益增大，绿色消费者人数日益增多，环保市场增长迅速。企业营销战略中实行生态营销、绿色营销等，都是维护全社会的长期福利所必然要求的。

环境污染的加重和人类环境保护主义的兴起，给很多企业带来了威胁，同时也造成了两种机会：一是为治理污染的技术和设备提供了一个大市场；二是为不破坏生态环境的新的生产技术和包装方法，创造了营销机会。

2. 气候

气候的冷暖、干湿、是否恶劣等因素都会影响到企业在商品结构、材料、造型设计上的变化。例如小轿车在热带地区的许多项技术要求与寒带地区的技术要求就有很大的区别。

通过对气象数据与商品销售数据分析得出，随着各季节温度的变化，各类商品销售数据也随之变化，同时也影响其他服务行业的业务量大幅改变。除了气温，降水也会对人们的消费行为产生影响，特别是对于一些生活类的消费，影响尤为明显。

3. 地形和土地面积

分析地形的复杂程度和土地面积的大小，对商品价格和运输方式有着直接的影响。地势平坦，一般公路运输和铁路运输方式的运费较低，反之则会较高。

地点营销是指为了建立、维持或改变对具体某个地方的看法或行为而进行的活动。地点营销是任何一个国家、都市甚至城镇吸引投资、移民、旅游以及发展地方品牌重要的课题。独特的地理位置、地形地貌等都可以成为营销中的亮点，甚至成为不可替代的核心竞争力。比如著名的旅游景点，景点本身就是营销中最大的亮点。

2.4 管理营销信息

管理未来就是管理信息，全面了解市场信息是企业营销活动的开端。公司要设计市场营销信息系统（marketing information system，MIS）来满足对信息管理的需要。MIS由人、机器和程序组成，它为营销决策者收集、挑选、分析、评估和分配需要的、及时的和准确的信息。所需信息的收集、分析和管理是通过公司的内部报告系统、营销情报系统、营销调研系统和营销分析系统等四个子系统来进行的。

2.4.1　内部报告系统

营销经理使用的最基本的信息系统是内部报告系统。这是一个报告订单、销售额、价格、存货水平、应收账款、应付账款等等的系统。为管理人员提供结果数据，通过分析这种信息，营销经理能够发现重要的机会和问题。

1. 订单—收款循环

内部报告系统的核心是订单—收款循环。销售代表、经销商和顾客将订单送交公司。订货部门准备数份发票副本，分送各有关部门。存货不足的项目留待以后交付；需装运的项目则附上运单和账单，同时还要复印多份分送各有关部门。

今天的公司总是希望迅速和正确地执行这些步骤，因为大多数顾客偏爱那些能及时交货的公司。因此，要求销售代表每天晚上送出他们的订单，在某些情况下，应该立即送出。订单部门应尽快地处理这些订单，仓库应尽快地发货，各种账单都应尽快地发出和收款。为了更快、更准确和更有效地处理订单—收款循环，现在采用电子数据处理（EDI）软件。例如，零售业巨人沃尔玛对物流和库存水平用计算机处理，计算机向货主发出电子订单，以便把商品自动地运进商店。

2. 销售报告系统

营销经理需要他们当前销售的最新报告。计算机技术已经革命性地将销售代表的工作，从推销的"艺术"转变为工程业务过程。由于使用笔记本电脑，销售代表现在能立即得到关于潜在和现行顾客的资料，计算机迅速反馈和送出销售报告。

设计内部报告系统时，应避免出现的弊病是：该系统向管理人员提供的信息过多；该系统的时效性过强。在设计内部报告系统时，应该明确有关管理人员知道的信息的范围并据此进行信息的分配，既不要将不必要的信息提供给管理人员以至浪费信息、浪费时间，又不因遗漏必要的信息而给企业造成不必要的损失。

2.4.2　营销情报系统

公司经理获得日常的关于营销环境（消费者、竞争者、宏观、微观环境）发展的恰当信息的一整套程序和来源，为管理人员提供正在发生的数据。企业管理人员搜集外部信息的方式包括：无日的地观察、有条件地观察；非正式地搜集、正式搜集。

情报的收集一般可以通过以下渠道来进行：

（1）训练和鼓励销售人员发现新信息。公司必须向销售员"推销"一个观念，作为情报来源，销售员是最重要的人。销售员也应该知道各种信息应送给什么负责人。

（2）鼓励中间商把重要的信息反馈。这类报告常用的问题是：营业员过多长时间才接待你？假如他想要你购买，他是怎样做说服工作的？营业员关于商店产品的知识多不多？顾客为什么还购买了竞争者的产品？通过中间商了解竞争者；参加公开的商场和贸易展销会；阅读竞争者的出版刊物和出席股东会议；和竞争对手的前雇员、目前雇员、经销商、分销商、供应商、物流商交谈。

（3）向专业的情报供应商购买信息。这些调研公司收集事例与消费者数据比公司各自收集信息的往往更全面，成本也小得多。

（4）公司内部营销信息中心收集信息。企业内部对出版物、行业简报、新闻、网络、广播信息的摘录和汇总。在做国际营销时，还有对本国政府机构、外国政府、图书馆、国际组织、商会、各国外交使团和贸易机构、银行、竞争者等方面的信息进行收集。

（5）利用网上顾客反馈系统来收集信息。顾客可以通过在线顾客反馈系统、讨论论坛、聊天室和博客、微博、微信等传递顾客对产品或供应商的评价，并将这些信息散布给许多其他潜在购买者，也会散布给正在搜集竞争对手信息的营销人员。

2.4.3　营销调研系统

市场调研是指在市场营销观念的指导下，以满足顾客需求为中心，运用科学的方法系统地、客观地收集、记录、整理与分析有关市场营销的信息资料，提出解决问题的建议，为企业营销管理者制定正确的营销决策提供依据。最主要的研究活动有：市场特性的确定、潜在市场的开发、市场占有率分析、销售分析、竞争分析等。

营销调研系统的一般程序是：确定问题和调研内容→编制调研计划→收集信息→分析信息→展示调研结果→制定营销决策。

下面就营销调研系统中运用的主要调研方法进行一下介绍。

1. 市场调查

菲利普·科特勒将市场营销调查定义为"通过信息而把消费者、顾客、大众及营销人员联结起来的职能"。市场调查是市场预测的基础。市场调查一般包括市场需求调查、市场环境调查、竞争调查及市场营销实务调查。

市场营销调研可根据不同的标准划分为不同的类型。如按调研的时间可分为一次性调研、定期性调研、经常性调研、临时性调研；按调研的目的可分为探测性调研、描述性调研、因果性调研等。

（1）市场调查的内容。

① 市场需求的调研。从市场营销的理念来说，顾客的需求和欲望是企业营销活动的中心和出发点。因此，对市场需求的调研，应成为市场调研的主要内容之一。市场需求情况的调研包括：现有消费者需求情况的调研（包括需求什么、需求多少、需求时间等）；现有消费者对本企业产品（包括服务）满意程度的调研；现有消费者对本企业

产品信赖程度的调研;对影响需求的各种因素变化情况的调研;对消费者的购买动机和购买行为的调研;对潜在消费者需求情况的调研(包括需求什么、需求多少和需求时间等)。

在没有任何营销活动的前提下,市场对某种产品的需求仍会存在,这一需求量称为市场需求的最低量。随着行业营销努力的增加,市场需求一般也随之缓慢增加,在过了某个(努力)拐点后,市场需求开始迅速上升,但这一过程并不会一直持续下去,在营销努力越过另一拐点后,增加的努力不再能激起需求的进一步上升,也就是说存在一个市场需求的上限,这一上限称之为市场潜量。某一产品的市场总需求是指在一定的营销努力水平下,一定时期内在特定地区、特定营销环境中,特定顾客群体可能购买的该种产品的总量。

市场潜力(market potential)是指在既定的市场环境下,产业的营销支出达到极致时,市场需求所能达到的极限。总市场潜力是指在一定时期内,在既定的产业营销努力及环境条件下,产业内所有公司所能达到的最大销售额。通常估计全部市场潜力的方法是潜在购买者数量乘以每位购买者平均购买的数量再乘以价格。每家公司都会面对如何选择最佳的区域并将营销预算最佳地分配到这些区域的问题,因此需要估计不同城市、州和国家的市场潜力。

潜在市场是指对特定产品有兴趣的顾客的集合。潜在市场的规模取决于现实顾客与潜在顾客人数的多少。有效市场是指对特定产品有兴趣、有购买能力的顾客的集合。合格有效市场是指对特定产品有兴趣、有购买能力和购买途径,并且有资格和使用能力的顾客的集合。目标市场是指企业决定追求的那部分合格有效市场,也即服务市场。渗透市场是指已经实际购买该产品的顾客的集合。

② 市场环境调查。主要是指人口、政治、法律、经济发展水平和技术等宏观环境方面的调查。

③ 市场营销实物调查。主要是指产品、价格、促销、渠道等方面的调研。

(i) 产品的调研。是企业赖以生存的物质基础。一个企业要想在竞争中求得生存和发展,就必须始终如一地生产出消费者需要的产品来。产品调研的内容包括:产品设计的调研(包括类型、商标设计和外包装设计等);产品系列和产品组合的调研;产品生命周期的调研;对老产品改进的调研;对新产品开发的调研;对于如何做好销售技术服务的调研等等。

(ii) 价格的调研。价格对产品的销售和企业的效益情况有着重要的影响,积极开展产品价格的调研,对于企业制定正确的价格策略有着重要的作用。价格调研的内容包括:市场供求情况及其变化趋势的调研;影响价格变化各种因素的调研;产品需求价格弹性的调研;替代产品价格的调研;新产品定价策略的调研;目标市场对本企业品牌价格水平的反应等等。

(iii) 销售渠道的调研。工业企业如何在指定分销商的情况下,与分销商密切合作、实现双赢，产品的储存和运输安排是否恰当等，对于提高销售效率、缩短交货期和降低销售费用有着重要的作用。销售渠道调研主要包括：分销商的各方面情况的调研，各种运输工具应如何安排的调研，如何不影响销售、不脱销断档的情况下使商业环节库存合理的调研，等。

（iv）促销的调研。促销方面调研的主要内容是各种促销手段、促销政策的可行性，其中一般企业较为重视的有广告和人员推销的调研。广告的调研包括广告媒体、广告效果、广告时间和广告预算等的调研。人员推销的调研包括销售力量大小、销售人员素质、销售人员分派是否合理、销售人员报酬、有效的人员促销策略等的调研。此外还有各种营业推广活动的调研，公共关系与企业形象的调研等。

③ 竞争的调研。竞争的存在，对于企业营销有着重要的影响，因此，企业在制定各种市场营销策略之前，必须认真调研市场竞争的动向。竞争的调研包括：竞争对手的数量（包括国内外）及其分布、市场营销能力；竞争产品的特性、市场占有率、覆盖率；竞争对手的优势与劣势、长处与短处；竞争对手的市场营销组合策略；竞争对手的实力、市场营销战略及其实际效果；竞争发展的趋势等。

（2）市场调查的主要方法。

① 观察法。

观察法是由调查人员直接或通过仪器在现场观察被调查对象的行为并加以记录而获取信息的一种方法。使用观察法进行调查，调查人员不许向被调查对象提问题，也不需要被调查对象回答问题，只是通过观察被调查对象的行为、态度和表现，来推测判断被调查对象对某种产品或服务是欢迎还是不欢迎、是满意还是不满意等。

② 访谈法。

访谈法是调研人员把事先拟定的调查项目或问题以某种方式向被调查对象提出，要求给予回答，由此获取信息资料的调研方法。访谈法主要包括了面谈法、电话询问法等。访谈法的主要方法包括控制性访谈法（也称为结构性访谈法）和无控制性访谈法（也称为无结构性访谈法）。

③ 问卷法。

是指调查者事先拟好问卷，由被调查者在问卷上回答问题，通过对答卷的分析研究，得出相应结论的方法。

问卷法也称调查表法，问卷的基本形式有两种，一种是封闭式的，另一种是开放式的。

封闭式的问卷是让受测者从所列出的答案中进行选择。类似学生测验的是非题、选择题的形式。开放式的问卷是让受测者任意写答案，不作限制，问卷上只有测试的问题。类似考试题型中的填空题和简答题或造句、接句题。

问卷法可以分为邮寄问卷法、入户问卷法、拦截问卷法和集体问卷法等。

设计一份问卷要有严格的科学要求。首先，要确定研究的目的，在此基础上才能确定问卷的内容和项目,问卷的题目要围绕研究目的布置,调查研究的目的要清楚无误地告诉被调查者,以求得谅解和合作。其次,问卷的题目要清楚、明确,不能含混不清或可作多种解释。题目要考虑受测者的个性心理特征,要回避受测者所在文化背景下的禁忌,要避免运用有损于受测者感情的贬义词。同时,问卷设计好后,最好进行预备性的测验,以检查问卷的质量,减少误差。在检测的基础上再进行修改,使问卷完善。最后,还要注明填答问卷的要求和注意事项,并预先讲明答卷奖励的办法等。

④ 实验法。

实验法是指在控制的条件下,对所研究的对象从一个或多个因素进行控制,以测定这些因素间的关系,在因果性的调研中,实验法是一种非常重要的工具。实验法源于自然科学中的实验求证方式,它通过小规模范围的实验,记录事件的发展和结果,收集和分析第一手信息资料。一般来说,采用实验法要求调查人员事先将实验对象分组,然后置于一种特殊安排的环境中,做到有控制地观察。例如,选定两个各种条件基本相同的小组,一个作为实验组,置于有计划的变化条件下;另一个作为控制组,保持原来的条件不变。然后比较两个小组的变化,以察看条件变化对实验对象的影响。在剔除外来因素或加以控制的条件下,实验结果与实验条件有关。实验条件是自变量,被实验对象为因变量。

⑤ 网络调查法。

网络调查法是通过在互联网上针对调查问题进行调查的方法,是建立在互联网基础上,借助于互联网的特性来实现一定营销目标和调查目的的一种手段。网络调查法分为直接进行问卷调查和利用互联网的媒介功能,收集资料两种。网络调查法一般按照事先已知的被调查者的电子邮件地址发出问卷收集信息。网络调查的大规模发展源于 20 世纪 90 年代,具有自愿性、定向性、及时性、互动性、经济性与匿名性等特点。网络调查的优点是:组织简单、费用低廉、客观性好、不受时空与地域限制、速度快;网络调查的缺点在于:网民的代表性存在不准确性、网络的安全性不容忽视、受访对象难以限制。网络调查法是一种新兴的调查方法,它的出现是对传统调查方法的一个补充。随着我国互联网事业的进一步发展,网上调查将会被更广泛地应用。

2. 市场预测

与预期的努力相对应的市场需求称为市场预测。市场预测往往在市场最低量(不需要任何的需求促进费用也会发生)和市场潜量(在一个既定的环境下,营销努力达到极致,市场需求所趋向的极限)之间。

全面而正确地理解市场预测的定义,应把握以下几点:第一,市场预测是探索市场发展规律的一种行为。第二,市场预测要有充分根据,要在掌握系统、准确的信息资料基础上进行,要在充分的市场调研的基础上进行。第三,市场预测要运用科学的先进的方法。第四,预测过程一般要经历三个阶段:一是详尽地占有信息资料,并进行去粗取精,去伪存真的加工整理;二是运用科学方法进行加工计算和科学分析,去寻找事物发展的客观规律，并用适当方式去表述这种规律，即我们常说的建立预测模型；三是利用反映客观规律的各种模型去预测未来。

预测是决策的基础，是决策科学化的重要前提。决策总是涉及未来，决策又是企业管理的核心。涉及未来的决策要做到准确无误，就必须对未来的形势发展做出科学的分析。预测与决策实际上是一件事的两个方面或两个阶段。

市场预测的种类很多，可以用不同的指标来划分。

按照预测期划分，市场预测可分为长期预测、中期预测和短期预测。预测期是指预测时间的长短。长期预测一般是指预测期在 5 年和 5 年以上的预测，是企业制定长远规划的科学依据；中期预测一般是指预测期在 1 年以上、5 年以下的预测，它将为实现 5 年规划或长远规划编制的实施方案提供依据；短期预测一般是指年度、季度或月度的预测，它是为近期安排生产，制定营销决策，解决近期市场出现的突出问题所采取的措施提供依据。按照预测范围划分，预测可分为国际市场预测、国内市场预测和地区市场预测。

按照预测性质划分，预测可分为定性预测和定量预测。

（1）定性预测。

定性预测就是依靠熟悉业务知识、具有丰富经验和综合分析能力的人员或专家，根据已经掌握的历史资料和直观材料，运用人的知识、经验和分析判断能力，对事物的未来发展趋势做出性质和程度上的判断。然后，再通过一定的形式综合各方面的判断，得出统一的预测结论。定性预测方法主要包括经验估计法和调查预测法。定性预测偏重于事物发展性质上的分析，主要凭知识、经验和人的分析能力。它是一种很实用的预测方法，也是市场预测中应用较广泛的基本方法。常用的定性预测方法有：

① 购买者意图预测法。在一组规定的条件下预料购买者可能买什么的艺术。如果购买者的购买意向是明确清晰的，这种意向会转化为购买行为，并且愿意向调查者透露，这种预测法就特别有效。但是，潜在购买者数量很多，难以逐个调查，故此法多用于工业用品和耐用消费品的调查。同时购买者意向会随时间变化，故适宜作短期预测。市场调查的许多方法都可以用来进行这方面的预测。

② 销售人员意见法。由每个销售人员估计每位现在和潜在的顾客会买多少的方法。销售人员包括企业的基层的营业员、推销员及有关的业务人员。销售人员最接近市场，比较了解顾客和竞争者的动向，熟悉所管辖地区的情况，能考虑到各种非定量因素的作用，较快做出反应。由于销售人员中没有受过预测技术教育的居多，且因所处的地位往往有局限性，对企业的总体规划不够了解，可能存在过于乐观或过于悲观的估计。

③ 专家意见法。组织专家(经销商、营销顾问和贸易协会有关人员、专业人员等)估计、预测需求的方法。具体形式有：一是小组讨论法，召集专家集体讨论，相互交换意见，取长补短，发挥集体智慧，做出预测；二是单独预测集中法，由每一个专家单独提出预测意见，再由项目负责人员综合专家意见得出结论；三是德尔菲法(Delphi)，德尔菲是古希腊神话中的地名，城中有阿波罗神殿，众神每年到此集会，可预卜未来。美国兰德公司于

20 世纪 40 年代制定此法,即用系统的程序,采取不署名和反复进行的方式,先组成专家组,将调查提纲及背景资料提交专家,轮番征询专家的意见后再汇总预测结果。特点是专家互不见面,可避免相互影响,且反复征询、归纳、修改,意见逐步趋于一致,直到得出比较切合实际的结论。

④ 市场试销法。往往是预测新产品可能达到什么销售情况的最好方法。通过新产品的小范围销售,预测产品销售未来的方法。由于时间长,费用大,因而此法多用于投资大、风险高和有新奇特色的产品预测。

(2) 定量预测。

定量预测就是利用已经掌握的比较完备的历史统计数据,凭借一定的数理统计方法和数学模型,寻求有关变量之间的规律性联系,用来预计和推测市场未来发展变化趋势的一种预测方法。在历史统计数据比较完备、准确,市场发展变化的环境和条件比较稳定,产品处于生命周期的成长期或成熟期,预测对象与某些相关因素之间呈现比较明显的因果制约关系,或预测对象随时间推移呈现比较明显的趋势性变化等情况下,应用定量预测方法是比较适宜的。定量预测的方法主要包括时间序列法和直线趋势法等。

① 时间序列预测法。

假定事物的过去的发展变化趋势同样会延续到现在的方法。包括简单平均法、移动平均法和加权平均法等。

产品销售的时间序列分成四个组成部分:一是趋势(T),系人口、资本积累、技术发展等因素共同作用的结果,利用过去的销售资料,描绘出销售曲线,可看出某种趋势;二是周期(C),许多商品销售受经济周期影响,认识循环周期,对中期预测十分重要;三是季节(S),一年内销售额变化的规律性波动;四是不确定因素(E),包括自然灾害、战乱及其他变故。

可构成:

$$线性模型:Y = T + C + S + E$$

$$乘数模型:Y = T \times C \times S \times E$$

$$混合模型:Y = T \times (C + S + E)$$

② 直线趋势法。

直线趋势法运用最小平方法,以直线斜率表示增长趋势的外推预测方法。基本公式为:

$$Y = a + bx$$

$$Y = \sum Y / n + X \sum XY / \sum X$$

其中,Y 是因变量,x 是自变量,a、b 是参数。

2.4.4 营销分析系统

营销分析系统是企业以先进的技术分析市场营销数据和问题的营销信息子系统,也被称为营销决策支持系统。越来越多的组织为了帮助他们的营销经理做好决策,设立了营销决策支持系统。营销决策支持系统是一个组织,它通过软件与硬件支持,协调数据收集、系统、工具和技术,解释企业内部和外部环境的有关信息,并把它转化为营销活动的基础。

大量的软件程序将会帮助营销经理对他们的工作进行分析、计划和控制。决策支持系统由统计技术和决策模型所组成。统计库包括了对营销信息进行统计分析所必需的各种分析技术。将统计分析的结果输入模型库,通过操作便可测试在不同假设条件下可能出现的各种不同的结果。

大数据(big data)是指一种规模大到在获取、存储、管理、分析方面大大超出了传统数据库软件工具能力范围的数据集合。大数据具有海量的数据规模、快速的数据流转、多样的数据类型和价值密度低四大特征。在大数据时代,社会化媒体的大数据应用于调研和分析显得尤为重要。社会化媒体数据包括了消费者的购买习惯、用户需求、品牌偏好等,且都是消费者自愿表达的对产品满意度和质量问题的看法,充满了情感因素,往往是消费者心理自然的流露,真实的表达。大数据可以使营销人员快速发起营销活动,第一时间测试营销新方法,同时可以第一时间确认理解和追踪消费者的反馈。

大数据营销是基于多平台的大量数据,将大数据技术应用于营销过程的营销方式。大数据营销大大有助于企业的精准营销,提高营销的效率,增强消费者的黏性。从 4P 角度来说,在产品方面,获得消费者关于产品的口碑数据与相应的销售数据能够提供给设计部分以实际有用的数据参考。在促销方面,依托多平台的数据采集以及大数据技术的分析与预测能力,能够使得企业的广告促销更加精准有效,给企业带来更高的投资回报率。从 STP 战略角度来说,大数据也可以应用于细分特定消费者群体,找准目标顾客并且准确地进行市场定位。

大数据营销强调时效性、个性化、关联性和性价比高。收集大数据,就是收集在各个平台的某段时间与空间上,主要包含用户、产品、企业三者关系的结构化以及非结构化的大量信息数据。基于大数据的分析与预测,对于企业管理者洞察新市场与把握经济走向都是极大的支持。

∷ 本章小结

认识、分析市场,以市场为中心,是企业营销的出发点和中心点,是现代企业营销的基础。从广义上讲,认识、分析市场就是要分析企业在生存和发展所要面临的各种环境对企业的影响。市场营销环境包括微观环境和宏观环境。微观环境指与企业紧密相联、直接影响企业营销能力的各种参与者。宏观环境指影响微观环境的一系列巨大的社会力量。

　　管理未来就是管理信息。企业要设计营销信息系统来满足对信息的需要,MIS 是由人、机器和程序组成,它为营销决策者收集、挑选、分析、评估和分配需要的、及时的和准确的信息。所需信息的收集与管理是通过公司的内部报告系统、营销情报系统、营销调研系统和营销分析系统等四方面来进行。

:: 本章关键词

　　市场营销环境　地点营销　营销信息系统　市场调研　市场潜力　市场预测大数据营销

:: 思考题

　　1. 企业从事国内、国际营销活动会受哪些环境因素的影响?

　　2. 市场营销环境的特点是什么?

　　3. 分析市场营销环境的作用是什么?

　　4. 试述营销信息系统的主要内容。

　　5. 试述市场调查的主要内容和方法。

　　6. 市场预测的主要方法是什么?

第 **3** 章

::: **以市场为中心：洞察买者**

开篇案例　时刻以消费者为中心

宝洁公司(Procter & Gamble, P&G)总部位于美国俄亥俄州辛辛那提市,是全球最大的日用消费品公司之一。旗下飘柔、舒肤佳、玉兰油、帮宝适、汰渍、吉列等品牌在各自的产品领域内都处于领先的市场地位。宝洁的成功与其"时刻以消费者为中心"的经营理念是分不开的。

(1) 设立市场研究部。

宝洁 1923 年成立市场研究部,每年在 60 个国家研究 500 万人以上的消费者,每年开展 15 000 个调研项目,每年花费 3.5 亿美元(约 22 亿人民币)用于市场调研,市场研究费用占销售额的 0.4%。目前,宝洁的中国市场研究部拥有了超过 100 人的专业市场研究队伍。宝洁还创立了包括消费者研究和调查访问的质量标准。

(2) 建立"消费者村"来研究购买习惯。

在美国俄亥俄州辛辛那提市郊区工业区里有个超市,面积不大,货架上井井有条地摆放着五颜六色的瓶装及盒装商品。商品的种类并不多,只有一些肥皂、洗发水、护发素、洗衣粉、牙膏等日用品。一辆超市购物车孤零零地呆在一个角落,里面没有导购员,也没有收银台,客人参观后,管理人员马上就将房门锁上。这里并非正常对外营业的门市,而是美国宝洁公司消费者研究机构的一个组成部分,这个消费者研究机构正式名称叫"消费者村",是宝洁公司专门研究消费者购物习惯与消费心理的场所,他们的研究成果将为公司进行产品和服务方面的创新提供重要的参考依据。

据宝洁实验得知,研究消费者最好的场所,一是在商店,一是在家里。因此,宝洁公司根据这一思路设计研究场所。宝洁还斥资 8 000 万美元在中国建立了全球最大的创新中心,2010 年 8 月 19 日,这个宝洁创新中心在顺义成立,在创新中心一层左侧,也设立了名为"消费者之家"的特殊区域,有很多测试的产品都是在针对 5—10 年后才上市的新品。宝洁认为,了解和理解消费者,仅仅做好研究工作或掌握具体的研究技巧是不够的,必须要将消费者置于整个公司及其品牌战略的中心位置。

(3) 继续保持传统的家访式调研,积极探索大数据的分析。

为了更加明晰消费者的需求,宝洁依然要求采取家访的形式调研,根据他们的经验,这是很必要的。"和消费者简单的座谈,他们可能不说真话。例如为了面子而不愿说自己是因为价格贵而不买,他们会说不喜欢这种香型。"而当研发人员切切实实和消费者生活在一起时,许多问题就都一目了然了。

宝洁也和百度共同成立了联合实验室,共同研究消费者数据和行为。百度基于最真实的用户行为数据和多维度研究工具,帮助宝洁进行消费者画像,找到其地域分布、兴趣爱好、媒体接触点等背后隐藏的信息。而这些,也只是宝洁消费者调研中极小的一部分。大部分调研在大楼以外的地方及网络上完成,调研人员的足迹遍布中国大部分城镇、乡村,甚至亚洲其他国家。

(4) 让用户参与到产品的创新中。

2007 年,宝洁创办"联系与发展"英文版网站,宝洁将需要突破的难题放在网站上,寻找合适的合作伙伴,如今中文版也早已经开通,在这个网站上,不仅有合作伙伴,也向很多消费者征集创新的方案。

如今,宝洁中国区已有超过 50％ 的研发项目是通过联系与发展实现的。宝洁甚至将来自这个平台的一些颠覆性的创新产品放在淘宝网上卖,然后再通过搜集信息,与买家们联系,做更精准的消费者调研。

资料来源:根据互联网等多方资料整理而成。

无论是做人还是做势、做事,都要基于懂人。懂人是基础。

明心见性,人心即文化。面对交换,从心出发,交换即交心。知买者之心,才可能让我方采取的对策真正有效,才可能最终赢得交换的成功。彼得·德鲁克说:"社会将能创造财富的资源托付给企业,也是为了满足顾客需求。"理解消费者,与消费者互动,并取得消费者忠诚是企业经营的根本目标和导向,有效的企业战略一定是消费者导向。

3.1　消费者购买行为

营销战是一场心理"占",企业通过努力营销是要在消费者心理占据一个位置,从而有效实现了企业期待的交换。

企业以市场为中心来分析和认识市场，市场中既有非人的因素，也有人的因素。事在人为，重点还是要去把握人的因素。人的因素中包括了许多的不同对象、身份的人，其最基本的对象就是分析和认识买者行为。买者可以是进行个人和家庭消费买者，我们一般称为消费者和消费者市场；买者也可以是指工商企业从事生产、销售等业务活动，以及政府部门和非营利组织为履行职责而购买产品和服务所构成的市场，我们一般称为组织市场。不管是消费者市场的买者还是组织市场的买者，都可以统称为顾客。买者分析的基本出发点是对个人心理的分析，消费者市场和组织市场都是由人构成的，只是他们购买的目的和与自己的关系是不一样的而已。人的行为受人的心理支配，换句话说就是，人有什么样的心理，就会有什么样的行动。所以市场行为分析就是对买者的心理分析和把握。文中对买者的分析主要是指对消费者市场的消费者心理与行为分析。

消费者市场又称最终消费者市场、消费品市场或生活资料市场，是指个人或家庭为满足生活需求而购买或租用商品的市场，它是市场体系的基础，是最终的市场。消费者市场是现代市场营销理论研究的主要对象。

国外营销学者一般把消费者行为分为 5W 和 1H，相对应的就有 6 个 O，从而形成了消费者行为研究的基本框架：

（1）市场需要什么（what）——购买对象（objects）是什么。通过分析消费者希望购买什么，为什么需要这种商品而不是那种商品，研究企业应如何提供适销对路的产品去满足消费者的需求。

（2）为何购买（why）——购买目的（objectives）是什么。通过分析购买动机的形成（生理的、心理因素的共同作用），了解消费者的购买目的，采取相应的营销策略。

（3）购买者是谁（who）——购买者（occupants）和购买组织（organizations）是什么。分析购买者是个人还是组织，购买的产品供谁使用，谁参与了购买，并根据分析制定相应的营销策略。

（4）何时购买（when）——购买时机（occasions）是什么。分析购买者对特定产品的购买时机的要求，把握时机，适时推出产品，如分析自然季节和传统节假日对市场购买的影响程度等。

（5）何处购买（where）——购买地点（outlets）是什么。分析购买者对不同产品的购买地点的要求，如消费品种是方便品，消费者一般要求就近购买，而选购品则要求在商业区去购买，可以一边挑选对比，一边购买，特殊品往往会要求直接到企业或专业商店购买等。

（6）如何购买（how）——购头行为（operations）是什么。分析购买者对购买方式的不同要求，有针对性地提供不同的营销服务。在消费者市场，分析不同的类型消费者的特点，如经济型购买者对性能和廉价的追求，冲动性购买者对情趣和外观的喜好，手头拮据的购买者要求分期付款，工作繁忙的购买者重视购买方便和送货上门等。

企业营销对策的有效关键来自对消费者心理与行为的把握（见图 3.1）。但要真正认识和理解人心就必须建立起系统的认知理念,不然还只是经验之谈或者是"头痛医头,脚痛医脚"的表面功夫。

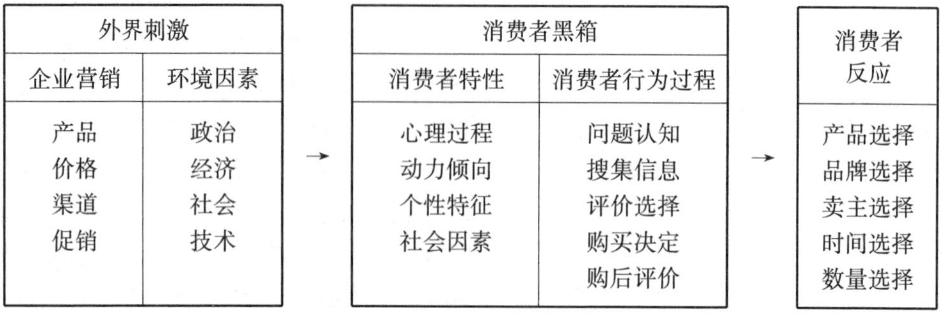

外界刺激		消费者黑箱		消费者反应
企业营销	环境因素	消费者特性	消费者行为过程	
产品 价格 渠道 促销	政治 经济 社会 技术	心理过程 动力倾向 个性特征 社会因素	问题认知 搜集信息 评价选择 购买决定 购后评价	产品选择 品牌选择 卖主选择 时间选择 数量选择

图 3.1　外界刺激与消费者反应模式

认识人心与行为的基本思路是:首先,是要认识影响人心与行为的心理过程。心理过程包括了认知过程、情绪过程和意志过程,认知过程是"因",意志过程是"果",意志过程是心动和行动的过程,被认知决定。营销战是一场心理战,心理战是一场认知之战。其次,是要认识到各人的心理过程不一样是因为人的个性特征不一样。个性特征包括了气质、性格和能力,其中性格是个性中的核心因素。最后,是要认识到影响性格的最重要因素是社会化力量,社会化力量中最基本的影响因素是文化,文化的核心是价值观。

3.1.1　消费者行为的心理过程

心理活动是消费者行为的基础。探讨这一过程所包含的认知过程、情绪过程和意志过程以及其中的感觉、知觉、注意、记忆、学习、联想和思维等心理机能和要素,可以揭示出不同消费者心理现象的共性,及其外部行为的共同心理基础。

1. 认知过程

认知过程是人们认识现象和本质的过程,即意识过程(人的头脑对客观事物的反映),包括感性认识过程和理性认识过程。

(1) 感性认识过程。

感性认识过程是认知的形成阶段,是对事物的表面认识,由感觉和知觉组成。

感觉就是指人脑对直接作用于感觉器官的外界事物的个别属性的反映。"只见森林,不见树木",是事物的表面认识,是认识的开端。感觉包括听觉、视觉、嗅觉、触觉、味觉、第六感、运动觉、平衡觉、机体觉(内脏感觉与饥渴等状态)。

心理学研究表明,人头脑中 85％的信息是通过感觉中的视觉获得的,而 15％的信息是通过包括听觉在内的其他感觉获得的。

知觉就是指根据感觉所获得的资料而做的心理反应,是一种注意到的感觉。知觉与感觉如果同时发生，就被称为感知。

想让他人知觉到自己或者事物，并愿意进一步认知，主要可以通过给他人以下不同的特别感觉来实现，如奇感、美感、新感、动感、喜感、伤感、性感、丑感等。

企业营销首先要影响的就是消费者的感性认识。在给消费者最初的认知中，不能只给消费者感觉到企业产品的信息和形象，关键是要给消费者知觉到企业产品的信息和形象。知觉到就意味着注意到，注意到就会让消费者愿意产生进一步的认知。感觉到广告与知觉到广告是两回事。

品牌营销专家马丁·林斯特龙说："五感协调作用，提升品牌附加值。"以"色"悦人，以"声"动人，以"味"诱人，以"情"感人。

（2）理性认识过程。

理性认识过程是认知的发展阶段，是对事物的深入认识，主要由学习、记忆、想象和思维组成。

由于市场营销环境不断变化，新产品、新品牌不断涌现，消费者的购买行为必须经过多方收集有关信息之后，才能做出购买决策，这本身就是一个学习过程。企业应该提供消费者学习的途径和机会，有助于消费者理性认识的获取。企业营销非常重要的一个目的就是让消费者记住企业的品牌和产品。

消费者在评价商品时，常伴随着想象活动的参加。在消费者形成购买意向，选择和评价商品的各个阶段，都离不开想象。他们会将购买对象与想象所追求的对象相对照，并以二者吻合的程度作为评价商品的依据之一，尤其在买那些满足人们社交需要、尊重需要和自我实现需要的商品时，更是如此。

思维是人脑对客观事物本质特征的间接的和概括的反映。思维过程包括分析、综合、比较、抽象、推理、判断等，是认知过程的最高阶段。

了解人的思维状况是认知人心状况的核心，包括了两个基本方面的了解：思维能力与思维方式。思维能力一般表现为人的智商状况，是能力的核心；思维方式一般表现为人的情商状况，是性格的核心。认知人心最核心的部分是看其思维方式状况，即人对世界及事物的根本看法及为人处世（事）基本原则和方法。

消费者对商品的认识是从表面特征开始，通过分析、综合、比较、抽象、概括和具体化等基本阶段完成的。消费者的思维能力受到其在社会中已经形成的一般思维能力的基础影响，如果消费者的一般思维能力不强，在消费中就会体现出幼稚、轻信和冲动，就容易上当受骗，甚至受到伤害。消费者的思维方式决定了消费者在消费中是更注重理性消费还是感性消费，是更注重勤俭消费还是奢侈消费，是更注重绿色消费还是及时享乐消费等。

通过对消费者认知过程的把握和理解，企业可以从认知方面去分析消费者的心理活动。消费者的消费可以是理性消费也可以是感性消费。感性消费是指消费者重视商品或服务的外观和包装是否能给其感性满足、个性满足及象征意义等。消费者在购买商品时,更加重视消费过程获得精神的愉悦、舒适及优越感。这种消费模式的特征就是消费者凭着感觉、情绪、气氛及象征来购买商品和体会服务。感性消费的标准是喜欢、情感和享受,商品的功能和价格则退居其次。面对这样的消费心理,企业营销中就要偏重于感性营销,即营销中将情感和感官刺激贯穿于其营销活动的全过程。一方面是要研制开发出富有人情味的产品(或服务);另一方面要采用充满人情味的促销手段。

理性消费是指消费者消费过程中重视理性认识的心理特征,消费的标准是商品的功能、价格和实用,讲求分析、比较、不急不躁。面对这样的消费心理,企业营销中就要偏重于理性营销,即营销中将实用和分析贯穿于营销活动的全过程,强调货真价实。一方面是要不断提高质量,另一方面是要给消费者提供分析、比较的依据。

从性别来看,一般女性消费更重感性;男性更重理性。从年龄来看,一般青少年、青年消费更重感性;中年、老年消费更重理性。从价格来看,一般中低价商品更重感性;高价商品更重理性。从品种来看,一般服装、饮食、手表、金银首饰、旅游、娱乐等消费更重感性;电器、交通工具、住房、保险、股票等消费更重理性。

权威营销指的是针对消费者内心中的崇拜心理及权威意识,企业借助权威组织或权威人物(名人、明星等)来影响消费者购买行为的一种营销策略。企业可以通过意见领袖的影响,产生流行或者顺从的购买效果。

不深刻的认知往往停留在表面和感性认识上,人们追求的是感官刺激和外在形象及包装。看清人们的现实认知十分重要,把握认知就是把握人心,就是把握了结果的原因。

2. 情绪过程

情绪就是人在认识事物过程中产生的主观体验。情绪有四种基本形式:快乐、愤怒、悲哀、恐惧。"七情"是指喜、怒、哀、爱、恶、惧、欲。情绪包括积极、消极和双重的情绪。

情绪的状态主要包括:

(1)心境。心境是一种比较持久而微弱的情绪状态,往往在很长时间内影响人的言行。心境就是心情、心态。企业的营销应努力让消费者最终对企业形成一个积极的心境。

(2)热情。热情是一种比较稳定而热烈的情绪状态,比心境反应强烈。企业要焕发和维护消费者的热情。

(3)激情。激情是一种迅速、强烈、短暂的情绪状态。企业应努力避免消费者消极情绪的产生,焕发其积极的激情。

从消费来看,影响情绪的因素可以是购物、娱乐、休闲等场所环境(装饰、色彩、音乐、功能等),也可以是买者对人或事物或商品特定目标的认识及其对目标是否感兴趣,还可以是他人因素的影响,他人的意见或服务也会影响到消费者的情绪状态。

3. 意志过程

意志是指人决定达到某种目的而产生的心理状态,由语言和行动表现出来。意志的特征表现在有明确的目标,有克服干扰和困难的自觉行动,是有选择的行动。

意志过程体现出消费者的心动及行动过程，是整个心理活动的结果。心动了还要进一步让消费者产生购买行动，这样才完成企业一个完整的营销过程。

在购买活动中，消费者的意志表现为一个复杂的作用过程，其中包括作出决定、执行决定和体验执行效果等三个相互联系的阶段。企业要让消费者完成一个完整的意志过程，即首先要让消费者有确定购买的目标，其次是让消费者尽快对目标产生购买行为。

在买方市场上，消费者的购买行动可以迟迟不发生或不完全发生，这可能是因为消费者对产品或服务有很大的选择余地，所以消费者往往会多方比较，持币观望，也可能是消费者在等待企业的促销优惠，也可能是消费者暂时没钱购买。企业这时就需要根据具体的原因采取相应的对策来让消费者尽快产生购买行为。

3.1.2　消费者行为的动力倾向

研究消费者行为的动力倾向实际上是对消费者意志过程的进一步的分析，动力倾向包括了需求与动机。

1. 需求

需求是人行为的最根本动力。满足或引导需求是市场营销的出发点。

（1）需求的类型。

根据需求的起源可以分为生理性需求和社会性需求。生理性需求是指个体为维持生命和延续后代而产生的需要，如进食、饮水、睡眠、运动、排泄、性生活等等。生理性需求是人类最原始、最基本的需要，它是人和动物所共有的，而且往往带有明显的周期性。社会性需求是指人类在社会生活中形成的，为维护社会的存在和发展而产生的需要，如求知、求美、友谊、荣誉、社交等。根据需求的对象可以分为物质需求和精神需求。物质需求是指对与衣、食、住、行有关的物品的需要。精神需求是指认知、审美、交往、道德、创造等方面的需要。

需求是消费行为的基础，没有需求就不会产生相应的消费行为。需求是指针对特定产品或服务具有货币支付能力的欲望或者愿望。需求必须具备两个条件：第一是有支付能力，第二是愿意购买。

（2）需求的特征。

消费者的需求有其共同的趋向性或规律性。具体表现为：

① 多样性。多样性是指消费者由于个性、社会、自然等因素影响而造成的对事物（消费、工作、情感等）千变万化的需要。这是消费者需求的最基本的特征。由于消费者的收入水平、文化程度、职业、性格、年龄、民族、生活习惯等的不同，自然会有多种多样的爱好和兴趣，对于商品和服务的需求也必然千差万别和丰富多彩。

② 共同性。需求既有多样性、差别化的一面，也有共同性的一面。人们都希望能展示自己的优点，如英俊、机智、幽默，掩盖自己的缺点，如肥胖、头皮屑等；人们都希望获得

情感体验和美感经验;人们都希望获得快乐感和安全感;人们都希望逃避惩罚;人们都希望能去爱他人,同时也被别人爱;人们都希望自己能有成就,能有创造力,能有支配力;人们都希望被人了解;人们都希望延缓衰老与死亡等。

③ 层次性。消费需求尽管是多样的,但是有先后程序和高低的,在消费中的这种高低先后程序主要是由消费者的收入、消费者的认识和所处的社会经济环境决定的。一般来说,人的消费需求总是由低层次向高层次逐渐发展和延伸的,即低层次的、最基本的生活需求满足以后,就会发展更高层次的需求。

图 3.2　马斯洛的需求层次论

美国心理学家亚伯拉罕·马斯洛(Abraham H. Maslow)1943 年在其《人类动机理论》一书中将人的需求层次由低向高分为五个层次(参图 3.2):即生理需求、安全需求、情感需求、尊重需求、自我实现的需求。前四种需求是人的基本需要,是因缺乏而产生的,最后一种需求是人的发展需要,是个人存在的价值。

④ 伸缩性。人们的消费需求受外因和内因的影响。内因包括消费者本身需求的特征、程度和货币支付能力等;外因主要是商品的供应、价格、广告宣传、销售服务和他人的实践经验等。两个方面因素都可能对消费者产生促进或抑制作用。这就使消费需求只能是有限地得到满足,表现出一定的伸缩性,即并非只能增加不能减少。在特定的情况下,人们可能为满足某种需求而放弃其他需求。一般地说,基本日常生活必需品的消费需求弹性较小,而非生活必需品或中高档消费品的消费需求的伸缩性较大。

⑤ 互联性。商品的消费需求具有互相联系的特点。如购买钢笔时可能需要同时购买墨水,购买自行车时可能需要同时购买打气筒和修理工具等。香烟店里,也可以同时经销打火机、烟灰缸等。经营互有联系和补充性的商品和服务,不仅会给消费者带来方便,还能扩大商品和服务的销售额。

⑥ 可诱性。消费需求是可以加以诱导、引导和调节的,即可以通过环境的改变或外部诱因的刺激,诱发消费者需求发生变化和转移。企业可以通过卓有成效的营销活动使无需求转变为有需求,使潜在的需求转变为现实的需求,使企业由被动地适应迎合消费者的需求转化为积极地引导、激发和创造消费者的需求。

(3) 潜在需求。潜在需求是指顾客未来一定时间内可能产生的对某种产品或服务具有货币支付能力的需要。潜在需求一般可表现为三种情况:

其一是指顾客有购买愿望,也有愿望的产品,但暂时没有现实购买力,从而造成需求潜在心理,不能马上得以实现的状况。如现在许多消费者对住房、小轿车的消费心理就是这样一种潜在需求。面对这种潜在需求,企业的基本对策是进行及时营销,即通过采取分期付款、信用赊账等方式让消费者先及时消费相关产品或服务，然后在未来的一定时间里付清钱款。

其二是指顾客有购买愿望，也有购买力，但暂时没有愿望的产品或服务的状况。这时顾客对企业的已有产品或服务感到不满足，希望企业能提供出自己愿望的产品或服务。面对这种潜在需求，企业的基本对策是进行调查营销，即对顾客进行市场调查，了解其具体的需求情况，然后来决定是否生产及投放市场。

其三是指顾客暂时没有购买愿望的心理状况，也就是说在企业的某种新产品或新服务没有进入市场之前，顾客并没有意识到自己也需要这种新产品或新服务，而在新产品或新服务进入市场后，经过企业的宣传及引导，顾客才感到对这种产品或服务的需求。这时的企业行为比顾客领先了一步，企业发现的是顾客暂时没有发现的存在他们内心深处的潜在需求，这种需求是被企业先发现并刺激出来的。比如微波炉、随身听等产品，都是企业率先把产品制造出来，再进一步影响、引导消费者的需求，最终让消费者产生了购买行为。面对这种潜在需求，企业的基本对策是进行创造营销，即努力去发现顾客暂时还没有发现的，但却是潜藏在人们内心深处的潜在需求，然后通过刺激和引导去努力满足这种需求的营销策略。

创造营销是一种超前营销，即超顾客意识之前的潜意识营销。创造营销可以使企业从一种市场被动驱向型变为市场主动驱向型，企业从“我跟市场走”变为让“市场跟我走”。对方不知不觉，而我方要先知先觉，达到让消费者意想不到、喜出望外的营销效果。日本企业家柳井正说："我们经营理念的第一条就是满足顾客需求并创造顾客"，"必须让顾客感到惊喜"，"顾客所追求的是他们尚未见过的商品或尚未体验过的服务，这才是顾客真正的心声"。

2. 动机

动机是引起个体活动，维持已引起的活动，并促使活动朝向某一目标进行的内在作用。它选择、发动、指引、维持、强化人的行动。

动机的类型包括生理性动机和心理性动机。生理性动机是由于人的生理上需要而产生的内在直接动力，主要包括饥饿动机、性动机、排泄动机、母爱动机等；心理性动机是由于人的心理上需要而产生的内在直接动力，主要包括成就动机、交往动机、权利（支配）动机、储蓄动机、投资动机等。有需求不一定产生动机（道德、教育等因素），不产生动机，就不会产生行动；有动机也不一定是由原来的需求产生的，但人的绝大多数动机都是原来需求的具体表现。

动机就是行动的机缘和具体理由，有需求不一定有行动，而一旦形成动机，必然导致行动。道德从人性向善引导和限制人的动机，而法律从人性向恶来引导和限制人的动机，道德和法律都是用来管理动机的。动机的形成有全面性、主导性、隐蔽性和冲突性等特征。

消费者具体购买动机主要有：

（1）求实动机。它是指消费者以追求商品或服务的使用价值为主导倾向的购买动机。在这种动机支配下，消费者在选购商品时，特别重视商品的质量、功效，要求一分钱一分货，相对而言，对商品的象征意义、所显示的"个性"、商品的造型与款式等不是特别强调。

（2）求新动机。它是指消费者以追求商品、服务的时尚、新颖、奇特为主导倾向的购买动机。在这种动机支配下，消费者选择产品时，特别注重商品的款式、色泽、流行性、独特性与新颖性，相对而言，产品的耐用性、价格等成为次要的考虑因素。一般而言，在收入水平比较高的人群以及青年群体中，求新的购买动机比较常见。求新心理是创造营销的依据。

（3）求美动机。它是指消费者以追求商品欣赏价值和艺术价值为主要倾向的购买动机。在这种动机支配下，消费者选购商品时特别重视商品的颜色、造型、外观、包装等因素，讲究商品的造型美、装潢美和艺术美。求美动机的核心是讲求赏心悦目，注重商品的美化作用和美化效果，它在受教育程度较高的群体以及从事文化、教育等工作的人群中是比较常见的。

（4）求名动机。它是指消费者以追求名牌、高档商品，借以显示或提高自己的身份、地位而形成的购买动机。当前，在一些高收入层，求名购买动机比较明显。求名动机形成的原因实际上是相当复杂的。购买名牌商品，除了有显示身份、地位、富有和表现自我等作用以外，还隐含着减少购买风险、简化决策程序和节省购买时间等多方面考虑因素。

（5）求廉动机。它是指消费者以追求商品、服务的价格低廉为主导倾向的购买动机。在求廉动机的驱使下，消费者选择商品以价格为第一考虑因素。他们宁肯多花体力和精力，多方面了解、比较产品价格差异，选择价格便宜的产品。相对而言，求廉动机的消费者对商品质量、花色、款式、包装、品牌等不是十分挑剔，而对降价、折让等促销活动怀有较大兴趣。

（6）求便动机。它是指消费者以追求商品购买和使用过程中的省时、便利为主导倾向的购买动机。在求便动机支配下，消费者对时间、效率特别重视，对商品本身则不甚挑剔。他们特别关心能否快速方便地买到商品，讨厌过长的候购时间和过低的销售效率，对购买的商品要求携带方便，便于使用和维修。一般而言，成就感比较高，时间机会成本比较大，时间观念比较强的人，更倾向于持有求便的购买动机。

（7）模仿或从众动机。它是指消费者在购买商品时自觉不自觉地模仿他人的购买行为而形成的购买动机。模仿是一种很普遍的社会现象，其形成的原因多种多样。有出于仰慕和获得认同而产生的模仿；有由于惧怕风险、保守而产生的模仿；有缺乏主见，随大流或随波逐流而产生的模仿。不管缘于何种原由，持模仿动机的消费者，其购买行为受他人影响比较大。一般而言，普通消费者的模仿对象多是社会名流或其所崇拜、仰慕的偶像。电视广告中经常出现某些歌星、影星、体育明星使用某种产品的画面或镜头，目的之一就是要刺激受众的模仿动机，促进产品销售。

(8) 癖好动机。它是指消费者以满足个人特殊兴趣、爱好为主导倾向的购买动机。其核心是为了满足某种嗜好、情趣。具有这种动机的消费者,大多出于生活习惯或个人癖好而购买某些类型的商品。如有些人喜爱养花、养鸟、摄影、集邮,有些人爱好收集古玩、古董、古画,还有人好喝酒、饮茶。在癖好动机支配下,消费者选择商品往往比较理智,比较挑剔,不轻易盲从。

(9) 逆反动机。是作用于个体的同类事物超过了所能接受的限度,而产生的一种有意识的相反心理倾向。买者在从事消费活动时,不断接受来自商品本身、广告以及厂商各种各样的消费刺激的影响,倘若某种刺激持续的时间过长,刺激量过大,超过了消费者所能承受的程度,就会引起相反的心理体验,产生逆反心理。

3. 兴趣

兴趣是指一个人对一定事物积极的认识倾向。兴趣也是一种动机。兴趣的产生和发展是以需要为基础的,有了兴趣的参与,更容易形成动机或强化已经形成的动机。兴趣按内容范围可以分为物质兴趣和精神兴趣;按时间长短可以分为长久兴趣和短暂兴趣;按参与程度可以分为情趣和志趣。情趣是指感情作用于兴趣的结果,是一种爱好;志趣是指意志作用于兴趣的结果,是一种志向。情趣比志趣发生的范围广,志趣比情趣发生的程度要深。

兴趣是积极的引起行为的动力倾向,可以迅速形成动机,或者强化已有的动机。情趣广泛可以导致丰富的情感行动,志趣坚定可以形成长久的理性行动。

买方市场上,兴趣往往是形成购买动机最重要的理由之一。

3.1.3 消费者行为的个性特征

为什么人的心理过程是不一样的呢?因为人的个性不一样。俗话说人一上百,形形色色。个性心理是指一个人所具有的持久而稳定的心理特点。它包括气质、性格、能力等。心理过程是个性心理特征的表现与落实,直接影响着消费者的消费心理活动。

1. 气质

气质是指人先天的与生俱来的典型而稳定的个性心理和行为特征。也就是那些由遗传和生理因素决定的心理和行为特征。典型的气质类型分为胆汁质、多血质、粘液质和抑郁质。多血质(活泼型)的人重感知,敏感,注意力易转移,有热情,喜交流,活泼好动;粘液质(安静型)的人重理性认识,有条理,稳重,安静,行为缓慢;胆汁质(兴奋型)的人重感知,直率,抑制力差,有激情,好冲动,心理反应强烈;抑郁质(抑制型)的人重理性认识,敏感,细致多疑,易伤感,有惰性,行为孤僻。

人先天的气质很难改变,所谓"江山易改,本性难移"。当不同气质特点的人们以消费者的身份出现在商店的时候,也会形成购买过程中不同的个性色彩,并形成各种不同的购买行为。

2. 性格

性格是指一个人对现实的稳定的态度和习惯化的行为方式所表现出来的个性心理特征。性格是在人的生理基础上，通过社会化来逐步形成的，性格的核心是为主体意识所支配的处世原则。性格最能体现一个人的个性差异，在个性中起着核心的作用。性格决定命运，人有什么样的性格，就会有什么样的行动和结果。思维方式和情商都是性格的具体体现。

了解消费者的性格对企业营销有着十分重要的作用，性格体现在消费者各自的消费活动中，从而形成千差万别的消费行为。性格在消费行为中的主要表现为：节俭型：重实用，对价格敏感，不重商品的外观与包装；保守型：刻板、固执，对新事物持怀疑态度；感性型：重感知，讲时尚，联想丰富，标新立异；顺从型：消费随大流，易受暗示，不愿标新立异；慎重型：通常根据经验，进行仔细慎重的比较，不易冲动；挑剔型：常常持怀疑和戒备心理，观察仔细入微。

3. 能力

能力是指人为完成某种活动所必需具备的个性心理特征，包括了先天具有的能力及后天得到的能力。能力主要是从后天的学习和训练中得到。能力从心理过程来看，就可分为认知能力、控制能力和活动能力。

一般的消费者对产品或服务的认知能力是不强的。通过对消费者能力的了解和把握，企业可以采取针对性的对策来影响消费心理和行为。从消费者的认知方面来看，如果面对知识型消费者，企业要多提供专业资料，避免高谈阔论；如果面对略知型消费者，企业要多做介绍，允许消费者进行比较评价；如果面对无知型消费者，企业要诚实、耐心、全面介绍有关商品信息。

3.1.4　消费者行为的社会因素

人的性格是个性的决定力量，而决定人的性格的最重要因素是社会环境因素，正所谓"近朱者赤，近墨者黑"。人的社会化是指人在特定的社会环境中，个体形成适应于该社会的人格，掌握该社会所公认的行为方式。

1. 文化因素

文化是指知识、信仰、艺术、道德、习俗以及包括作为社会成员的个人所获得的其他任何能力、习惯在内的一种综合体。文化系统既是限制人类活动方式的原因，又是人类活动的产物和结果。亚文化是指在主流文化层次之下或某一局部的文化现象，包括民族、地理、区域、宗教等方面的亚文化状态。

人心即文化。文化是最重要的影响人心的社会力量，主要包括了价值观念、风俗习惯、宗教信仰、语言文字、教育水平、美学审美等内容，其中价值观又是文化的核心人们所处的社会角色、阶层、家庭和人际关系其实都是文化的反映和影响的结果。

　　人造性、共有性、约束性、差异性、变化性等是文化的特征。文化因素对消费者行为的影响最难以识别，又是最广泛、最深远、最重要的社会影响因素。

文化（价值观）→认知（性格）→心动（需求）→行动（感受）

　　（1）价值观念。价值观念是人认定事物、辩定是非的一种思维或取向，从而体现出人、事、物一定的价值或作用。社会价值观念是指生活在某一社会环境下的多数人对事物的普遍看法或态度，包括历史所形成的价值观念和现在的价值观念。

　　不同的社会文化背景下，人们的价值观相差很大。消费者对商品的需求和购买行为深受价值观的影响。对于不同价值观的消费者，营销者应采取不同的策略。面对乐于变革、喜欢猎奇、比较激进的消费者，应重点强调产品的新颖和奇特；而对于那些注重传统、喜欢沿袭传统消费方式的消费者，企业在制定促销策略时则应把产品同目标市场的文化传统联系起来。例如在国际市场上，中国传统的福禄寿星或古装仕女的产品装饰适合在一些亚洲国家和地区行销。欧美市场上，给产品加上复活节、圣诞节、狂欢节的装饰，则可能打开销路。

　　势利价值观的大众消费文化可以表现为"享乐主义""贱主义""酷主义""整蛊主义""色主义"等，在这样的消费环境下，人们醉生梦死、纸醉金迷；人们还会自轻自贱、放弃尊严；年轻人追求所谓的酷，这样的酷往往与冒险、尖叫、暴力等联系在一起；恶作剧的"整蛊"概念风行，整蛊短信、整蛊节目、整蛊游戏、整蛊网站等整蛊式样层出不穷；消费者不但消费女色，而且还消费男色，绯闻、偷窥、色情、性爱等消费成为吸引消费者眼球的重要内容。人们所谓的丰富多彩的生活只是消费的丰富，人们的想象是消费的想象，人们的思维也是消费的思维。

　　人文价值观落实到消费心理与行为中，就会形成轻物欲的需求，需求更多会体现出理性实惠的需求，勤俭节约的需求。这种需求起到的作用是"抑商"，对整个社会财富的创造和积累往往起到了抑制的作用。

　　（2）宗教信仰。宗教对一个国家和民族的经济发展和市场状况的影响，在不同国家，不同地区有很大的差别。有些国家和地区，宗教色彩比较淡薄，从事营销可以不过多地考虑宗教方面的影响。但在宗教色彩浓烈的国家和地区，不了解当地的宗教情况，对有关的宗教要求、规定或禁忌不清楚，就可能根本就无法开展营销活动。宗教对人们的生活方式、价值观念、购买商品的选择、购买行为模式等都有深刻的影响，不同的宗教环境会给营销带来不同的机遇或限制，这种影响可以体现在宗教节日上、宗教的要求和禁忌上。世界上主要的宗教派别包括了基督教、佛教和伊斯兰教等。

　　（3）风俗习惯。风俗习惯是指一个国家或地区或民族约定俗成的规定、图腾和禁忌。反映在地域（如气候、地形、城乡等）、居住（如吊脚楼、蒙古包等）、婚嫁（如迎亲、放鞭炮等）、生育（如办满月酒、发红蛋等）、文娱（如看电影、戏剧等）、节日（如中秋节、春节等）、禁忌（数字、颜色、图案、动物、植物等）等方面。风俗习惯是人们在长期的经济与社会活动中所形成的一种约定、惯例、图腾和禁忌,它表现出独特的心理特征、道德伦理、行为方式和消费习惯。例如新疆人爱吃羊肉,爱尔兰人不食咸牛肉和土豆,意大利人忌讳菊花,日本人忌用荷花等等。从事市场营销必须研究了解目标市场消费者的禁忌、习俗、避讳、信仰、伦理等,它也是企业进行市场营销的重要市场背景。

(4)教育水平。教育水平的高低直接影响人们的消费行为和消费结构。企业所在地区的教育水平也在一定程度上制约着企业的营销活动。一般来说,受教育水平高的消费者对产品的内在质量、外观形象以及服务有着较高的要求。而教育水平低的消费者往往要求更多的实物样品和通俗易懂的产品介绍。教育水平较低的人群,购买产品的理性程度相对低,对新产品的接受能力比较弱。而教育水平较高的地区正好相反。

(5)美学审美。美学即关于美和审美体验的观念,是文化的重要组成部分,包括各类文学艺术中以不同形式表现的美,如音乐美、绘画美、形体美、舞蹈美、戏剧美、文学形象美等。美学一方面有共性,另一方面又极具个性,不同国家、不同民族、不同地区、不同阶层、性别的人都有不同的审美观。这种审美主要体现在企业营销方面主要包括设计、色彩、音乐、品牌命名等方面。某些商品的主要功能不在于物质方面,而在于美化生活、陶冶性情,提高文化修养和需要。在精神文化等领域有较高追求的消费者,往往宁可舍弃物质方面的享受,而对各种满足精神需要的产品或服务以更多关注。消费行为归根到底不外乎维护每个社会成员的身心健康和不断追求生活的日趋完善。人们在市场上挑选购买商品的过程,实际上也是一次审美活动。消费者个人的审美活动表面上属于个人行为,实质上反映了一个时代和社会人们的审美观念和审美趋势。

(6)语言文字。语言文字是各文化要素中区别最明显的一个要素。它不仅与其他文化要素相联系,而且从一个方面反映了文化的类别和价值。在做国际营销中,要了解一个国家的文化状况,分析其社会文化环境,就要通晓该国的语言文字,这样才能做好营销工作。每种语言文字都代表一种文化,一种历史传统。掌握一个国家和地区、民族的语言文字,是深刻理解其文化特色与内涵所必须的。

企业通过对一个国家、地区、民族的文化的认识和把握,就可以更有针对性地开展相应的营销活动。文化营销是指传递特定的文化来实施营销活动的过程。企业在了解一个国家、一个地区的价值观念、宗教信仰和风俗习惯等文化内容的基础上,针对目标市场的文化环境而采取的一系列文化适应、引导或创新策略。

文化营销把产品作为文化的载体,文化需要被物化,通过市场交换进入消费者的意识,它在一定程度上反映了消费者对物质和精神追求的各种文化要素。文化营销可以从三个层面来开展活动:一是产品或服务层面,主要表现为产品或服务的构思、设计、造型、装潢、包装、商标、款式等;二是品牌文化层面,主要表现为品牌是否具有丰富的文化内涵;三是企业文化层面,主要表现为将优秀的企业文化传播给社会,树立良好的企业形象,包括了企业的价值观、企业使命、企业愿景等内容。文化营销的实质是有意识的发现、甄别、培养或创造某种价值观念,从而达到企业的营销目标。

文化营销是构筑核心竞争力的重要因素。核心能力是指本企业所持有的,而其他企业不具备的技术、服务、管理等方面的能力。文化营销在于借助发掘和塑造企业内部和外部认同的价值观来推动企业营销的成功。企业的价值观是一个企业在长期的生产经营中实践产生的,是长期的较全面的价值观念体系,为特定的企业所专有。因此,将企业的这种价值观看成企业核心竞争能力的重要组成部分,是企业通过文化营销树立独特的核心竞争能力重要的经营步骤。

文化营销中既可以传播企业文化,也可以利用当地文化,进行本地化营销。西门子家电在 2013 年制作了"红包贺卡"向消费者拜年,巧妙的是红包里还有一枚一元硬币,寓意"一元复始,万象更新"的文化内涵,可谓尽得中国传统文化之精髓。

知识营销就是通过有效的传播方法和合适的传播渠道,将企业所拥有的对用户有价值的知识传递给潜在用户,包括产品知识、专业研究成果、经营理念、管理思想和企业文化等等。知识营销最基本的核心点就是:要让用户在消费的同时学到新的知识。

用知识来推动营销,需要提高营销活动策划中的知识含量,重视和强调知识的纽带作用,帮助消费者获取某一方面的知识,甚至直接就是企业提供产品或服务的认知知识。其中,教育培训行业是最常利用这一手段来进行营销的。

2. 社会角色

角色是指个人在社会和团体中的身份、地位。角色是周围人对一个人的要求,是指一个人在各种不同场合中应起的作用。每一个角色都伴随着一种地位。

一个人有性别、年龄、职业、家庭等不同角色,会发生角色冲突。角色可根据个人所处的环境和形势变化而变化。对于角色的规定,许多是人心甘情愿去做,而并非出自虚假。当然,角色也让人戴上了面具,人往往只在生活的后台(家庭、亲人中间)才显示自己的真面目。

从消费方面来分析,每个人都担当着不同的社会角色,并有其相应的地位。每一个角色及其相应的地位都不同程度地影响其购买行为。主要可以从性别角色、年龄角色和职业角色来分析人的心理:

(1)性别。男性的一般社会角色要求是勇敢、大度、果断、幽默、理性、有事业心。其消费特点是理智、实用、求名、快速。女性的社会角色要求一般则是贤惠、温柔、细腻、活泼、大方、顾家,其消费特点是感性(求美、求新、个性)、细心、从众(他人和促销影响)和关注子女。

(2)年龄。对少年儿童的社会角色要求一般是要活泼、可爱、有好奇心,其消费特点是易受广告影响、模仿力强、品牌忠诚;对青年人的社会角色要求一般是要热情、求知、独立、敢于冒险,其消费特点是追求时尚、求美、快速、消费大方;对中年人的社会角色要求一般是要求理智、成熟、有成就,其消费特点是讲求实用、有计划、慎重;对老年人的社会角色要求一般是要求稳重、平和、识体,其消费特点是讲求实用、保健、品牌忠诚。

(3)职业。职业对消费的影响是显而易见的,蓝领工人与公司经理的消费就有很大的差异。营销人员应设法找出那些对其产品有非同一般需求兴趣的职业群体。为了某一特定的职业群体的需要,公司甚至可以专门为他们设计产品。

3. 社会阶层

社会阶层是指社会中按等级排列的具有相对同质性和持久性的群体,每一阶层的成员具有类似的价值观、兴趣爱好和行为方式。具体地说,社会阶层有以下特点:一是相同社会阶层中人的行为要比两个不同社会阶层中人的行为更为相近;二是人们以所处的社会阶层来判断一个人的地位;三是某人所处的社会阶层是由职业、收入、财产、教育和价值取向等多种变量而不是由其中的一种变量决定的;四是个人可以改变自己所处的社会阶层。这种改变的幅度随各社会阶层森严程度的不同而各异。正因为社会阶层具有这样的特点,因此,市场营销者可以通过对社会阶层的识别来进行市场细分,从中选择目标市场,并进行恰当的市场营销策略安排。

企业在营销过程中要多了解不同阶层的消费特点和态度,提供不同档次的商品或服务,进行不同风格的宣传,满足不同消费者的现实需要和潜在需要。

4. 社会家庭

家庭一般是由两个或两个以上由于血缘、婚姻或收养关系而生活在一起的成员组成的社会基本单位。家庭的主要种类包括核心家庭(由夫妻与子女组成的家庭)、扩展家庭(由夫妻与子女及父母组成的家庭)、夫妻家庭(只有夫妇两人组成的家庭)、混合家庭(夫妇与他们以前子女组成的家庭)。一个人一般要经历两个家庭,一个是父母的家庭,一个是自己的家庭。

家庭有生命周期,家庭生命周期是指家庭随着成员年龄逐步增长而经历的各个生活阶段。国外研究人员将家庭生命周期分为单身阶段、新婚阶段、满巢阶段、空巢阶段和孤独阶段这样几个阶段。不同家庭生命周期的阶段,因为特点和人员构成都不一样,所以其家庭的消费重点和内容就有很大的区别。

(1) 单身阶段。年轻的单身者他们要么在大学念书,要么刚跨出校门开始工作。随着结婚年龄的推迟,这一群体的数量正在增加。虽然收入不高,但由于没有其他方面的负担,所以他们通常拥有较多的可自由支配收入。收入的大部分用于支付房租,购买个人护理用品、基本的家用器具,和用于交通、度假等方面。这一群体比较关心时尚,喜欢娱乐和休闲。

(2) 新婚阶段。这一阶段始于新婚夫妇正式组建家庭,止于他们的第一个孩子出生。为了形成共同的生活方式,双方均需要作很多调整。一方面,共同的决策和分担家庭责任,对新婚夫妇是一种全新的体验,另一方面还会遇到很多以前未曾遇到和从未考虑过的问题,如购买家庭保险,进行家庭储蓄等等。他们是剧院门票、昂贵服装、高档家具、餐馆饮食、奢侈度假等产品和服务的重要市场,因此对营销者颇有吸引力。

(3) 满巢阶段。满巢阶段进一步可以分为三个部分:

① 满巢 I。这一阶段通常是指由年幼小孩(6 岁以下小孩)和年轻夫妇组成的家庭。

第一个孩子的出生常常会给家庭生活方式和消费方式带来很多变化。在西方，夫妻中的一方通常是女方会停止工作，在家照看孩子，因此家庭收入会减少。然而，孩子的出生确实带来很多新的需要，从而使家庭负担有所增加。家庭需要购买婴儿食品、婴儿服装、玩具等很多与小孩有关的产品。同时，在度假、用餐和家居布置等方面均要考虑小孩的需要。

②满巢 II。此阶段的家庭最小的孩子已超过 6 岁，多在小学或中学念书。这时期孩子在学习方面的需要大大增加。在西方国家，因为孩子不用由大人在家里照看，夫妻中原来专门在家看护孩子的一方也已重新工作，这样，家庭经济状况得到改善。

③满巢 III。通常是指年纪较大的夫妇和他们仍未完全独立的孩子所组成的家庭。此阶段的小孩中有的已经工作，家庭财务压力相对减轻。由于户主及其配偶双双工作，加上孩子也不时能给予一些小的补贴，所以家庭经济状况不错。通常，处于此阶段的家庭会更新一些大件商品。

（4）空巢阶段。空巢阶段始于小孩不再依赖父母，也不与父母同住，这一阶段延续的时间也比较长。很多父母可以做他们以前想做，但由于孩子的牵累而无法做的一些事情，如继续接受教育、培养新的嗜好、夫妻出外旅游等等。人生的这一阶段，也许是经济上和时间上最宽裕的时期，夫妻不仅可以频繁地外出度假，而且还会买一些高档的物品。

在空巢的后期，户主到了退休年龄，经济收入随之减少。由于大多数人是在身体很好的情况下退休，而且退休后可用的时间特别多，所以不少人开始追求新的爱好和兴趣，如出外旅游、参加老年人俱乐部等等。

（5）孤独阶段。当夫妻中的一方过世时，家庭进入解体阶段。如果在世的一方身体尚好，有工作或有足够的储蓄，并有朋友和亲戚的支持和关照，家庭生活的调整就比较容易。由于收入来源减少，此时在世的一方，过上了一种更加节俭的生活方式。而且，这样的家庭会有一些特殊的需要，如更多的社会关爱和照看。

一般而言，家庭消费决策过程中至少涉及以下五种角色：

（1）倡议者。提议购买某种产品或使其他家庭成员对某种产品产生购买兴趣的人。

（2）影响者。为购买提供评价标准和确定哪些产品或品牌适合这些标准之类信息，从而影响产品挑选的人。

（3）决策者。有权决定购买什么及何时购买的家庭成员。

（4）购买者。实际进行购买的家庭成员，购买者与决策者可能不同。例如，青少年可能会授权决定购买何种汽车甚至何时购买，但是，父母才是实际与经销商进行议价并付款的人。

（5）使用者。在家庭中实际消费或使用由他们自己或其他家庭成员所购产品的人。

在一般的家庭中，夫妻是日常商品购买的主要决策者。不同的家庭中，夫妻各自在商品的购买决策中的影响作用是有很大的差别的，一般会有丈夫决策型、妻子决策型、夫妻决策型、自主决策型等四种类型。

企业在市场营销过程中要了解家庭的购买角色，有效促销，要了解家庭生命周期不同阶段的消费特点，细分经营，要了解家庭消费决策类型，灵活采取不同的营销策略。

5. 人际关系

人际关系是指人们为了彼此传达思想，交换意见，表达情感、需要等目的，运用语言与符号来实现的沟通。人际的交往可以帮助人们实现信息沟通、心理保健、认识自我、协调帮助等功能。人际交往的因素包括有空间因素、性格因素、互补因素、仪表因素、年龄因素、能力因素等。

企业应灵活利用影响消费者的人际关系因素，进行针对性的营销。

(1) 企业首先要了解相关群体，把握人与人之间的交往影响关系。

所谓相关群体，就是指向往或与个人有交往，能够影响个人态度和行为的人员，一般包括主要相关群体、次要相关群体、向往相关群体、厌恶相关群体。其中，主要相关群体是指与某人关系密切，经常接触的人，如父母、子女、朋友等；次要相关群体是指与某人关系不密切，不经常接触的人，这些人可以是认识的，也可以是不认识的，如一个单位里的许多人；向往相关群体是指推崇、向往的一些个人，如名人、明星等；厌恶相关群体是指讨厌、反感的一些个人。

相关群体分为直接相关群体和间接相关群体。直接相关群体是某人所属的群体与其有直接关系的群体，如以上的主要相关群体和次要相关群体；间接相关群体是指某人基本不能直接接触的群体，但又受其影响，如向往的相关群体和厌恶的相关群体中的名人、明星等。

(2) 企业营销要了解从众行为，要善于运用相应的营销策略来影响人们的心理和行为。

从众行为是指个体在群体(团体或个体因素)的影响和压力下，改变个人的意见而与多数人取得一致的认识和行为，求同心理构成从众行为的心理基础。实际的群体压力可以导致从众，想象的群体优势也会对人的行为造成压力。比如，我们在家里可以试穿新买的奇异服装，但在决定是否把它穿出去时，则要考虑大多数人的反应。

消费者在很多购买决策上，会表现出从众倾向。比如，购物时喜欢到人多的商店；在品牌选择时，偏向那些市场占有率高的品牌；在选择旅游点时，偏向热点城市和热点线路。

(3) 企业营销还要善于创造流行。

创造流行是指在一定时期内出现一种为一个团体、阶层的许多人都接受和使用的商品式样或服务，从而形成一种社会时尚。流行的特征就是周期性地改变其形式并能被人们接受。流行是社会现象，时髦不一定流行，模仿一般是指个人行为。

企业要找到能在相当程度上影响他人消费态度和行为的人，即意见领袖。意见领袖是对相关群体有影响的人。企业可以通过意见领袖来影响消费者的行为。这样的意见领袖一般包括：

① 专业意见领袖。是指在各自领域拥有令人信服的学识、技术的一类人。医生、律师、营养学家等均是各自领域的专家。专家所具有的丰富知识和经验，使其在介绍、推荐

产品与服务时较一般人更具权威性，从而产生专家所特有的公信力和影响力。当然，在运用专家效应时，一方面应注意法律的限制，如有的国家不允许医生为药品作证词广告；另一方面，应避免公众对专家的公正性、客观性产生质疑。

② 名人意见领袖。是指在各自领域（影、视、歌、体育界）受到人们普遍关注、赏识、崇拜的有名气的人。名人或公众人物如影视明星、歌星、体育明星，作为参照群体对公众尤其是对崇拜他们的受众具有巨大的影响力和感召力。对很多人来说，名人代表了一种理想化的生活模式。正因为如此，企业花巨额费用聘请名人来促销其产品。研究发现，用名人作支持的广告较不用名人的广告评价更正面和积极，这一点在青少年群体上体现得更为明显。运用名人效应的方式多种多样。如可以用名人作为产品或公司代言人，即将名人与产品或公司联系起来，使其在媒体上频频亮相；也可以用名人作证词广告，即在广告中引述广告产品或服务的优点和长处，或介绍其使用该产品或服务的体验；还可以采用将名人的名字使用于产品或包装上等。

③ 顾客意见领袖。是指见多识广、购买迅速、有号召力的一类人。运用满意顾客的证词证言来宣传企业的产品，是广告中常用的方法之一。由于出现在荧屏上或画面上的证人或代言人是和潜在顾客一样的普通消费者，这会使受众感到亲近，从而使广告诉求更容易引起共鸣。像宝洁公司、北京大宝化妆品公司都曾运用过"普通人"证词广告，效果还是不错的。还有一些公司在电视广告中展示普通消费者或普通家庭如何用广告中的产品解决其遇到的问题，如何从产品的消费中获得乐趣等等。由于这类广告贴近消费者，反映了消费者的现实生活，因此，它们可能更容易获得认可。

④ 经理意见领袖。自 20 世纪 70 年代以来，越来越多的企业在广告中用公司总裁或总经理作代言人。例如，格力公司的董明珠就为公司代言，获得了很大成功。

3.1.5　消费者购买决策过程

消费者购买决策随其购买决策类型的不同而变化，较为复杂和花钱多的决策往往凝结着购买者的反复权衡和众多人的参与决策。

1. 消费者的购买决策类型

美国学者阿萨尔（Henry Assael）根据参与者的介入程度和品牌间的差异程度，可将消费者购买行为分为四种：

表 3.1　购买决策类型

品牌差异程度	消费者的购买介入程度	
	高	低
大	复杂型购买行为	变换型购买行为
小	协调型购买行为	习惯型购买行为

（1）习惯型购买行为。出现在消费者介入程度不高，品牌差异小的情况下。对于价格低廉、经常购买、品牌差异小的产品，消费者不需要花时间进行选择，也不需要经过收集信息、评价产品特点等复杂过程，因而，其购买行为最简单。消费者只是被动地接收信息，出于熟悉而购买，并不一定是因为特别偏爱某一品牌，而是出于习惯。比如醋这个产品，这是一种价格低廉、品牌间差异不大的商品，消费者购买它时，大多不会关心品牌，而是靠多次购买和多次使用而形成的习惯去选定某一品牌。

针对这种习惯性购买行为，营销者要特别注意给消费者留下深刻印象，企业的广告要强调本产品的主要特点，要以鲜明的视觉标志、巧妙的形象构思赢得消费者对本企业产品的青睐。为此，企业的广告要加强重复性、反复性，以加深消费者对产品的熟悉程度。

（2）变换型购买行为。这种购买行为出现在消费者介入程度不高，但品牌差异大的情况下。有些产品品牌差异明显，但消费者并不愿花费长时间来选择和估价，而是不断变换所购产品的品牌。这样做并不是因为对产品不满意，而是为了寻求多样化。比如购买饼干，他们上次买的是巧克力夹心，而这次想购买奶油夹心。这种品种的更换并非对上次购买饼干的不满意，而只是想换换口味。

针对这种寻求多样化购买行为，营销者可采用销售促进和占据有利货架位置等办法，保障供应，鼓励消费者多样购买。一家企业也可以提供多样化的产品来满足消费者对产多样化需求。

（3）协调型购买行为。这种购买行为出现在消费者介入程度高，品牌差异小的情况下。有些产品品牌差异不大，消费者不经常购买，而购买时又有一定的风险，所以，消费者一般要比较、看货，只要价格公道、购买方便、机会合适，消费者就会决定购买。购买以后，消费者也许会感到有些不协调或不够满意，在使用过程中，会了解更多情况，并寻求种种理由来减轻、化解这种不协调，以证明自己的购买决定是正确的。经过由不协调到协调的过程，消费者会有一定的心理变化。

针对这种购买行为，营销者应注意运用价格策略和有效人员宣传，向消费者提供有关产品评价的理性信息，使其在购买后相信自己做了正确的决定。

（4）复杂型购买行为。出现在消费者介入程度高，品牌差异大的情况下。当消费者购买一件贵重的、不常买的、有风险的而且又非常有意义的产品时，由于产品品牌差异大，消费者对产品缺乏了解，因而需要有一个学习过程，广泛了解产品性能、特点，从而对产品产生某种看法，最后决定购买。

针对这种复杂性购买行为，营销者应采取有效措施帮助消费者了解产品性能及其相对重要性，并详细介绍产品优势及其给购买者带来的利益，耐心促成消费者的最终选择。

2. 消费者购买决策过程

完整的消费者购买决策过程一般都由五个阶段构成。

图 3.3　消费者购买决策过程

（1）问题认知。

问题认知是指消费者意识到的理想状态与实际状态存在差距，从而需要采取进一步的行动。问题认知是消费者决策过程的第一步。实际状态是指消费者对他或她当前的感受及处境的认知；理想状态是指消费者当前想达到或感受的状态；问题认知是消费者的理想状态与实际状态之间的差距达到一定程度并足以激发消费决策过程的结果。

购买过程开始于消费者确认面对的问题或需要，这个需要可以由内在和外在的刺激所触发。内在刺激，比如人的生理需要，包括了饥饿、性欲等，上升到某一阶段就会成为一种驱动力。外在刺激，比如一个人可能因为羡慕别人买了某品牌的汽车而激发起自己的购买欲望。

营销者所能做的就是能识别引起消费者某种需要的环境和刺激因素，如何加强对消费者的刺激，以激起消费者对产生问题认知和需求。

（2）搜集信息。

一般来讲，问题认知后就要想办法去解决问题，这就需要搜集必要的信息。信息搜集主要是搜集品牌信息、产品属性信息、评价信息和体验信息等。信息的来源可以从消费者内部及外部以下五个方面来获得：

① 记忆来源，是消费者内部信息，过去积累、个人经验及低介入度学习形成的记忆；

② 个人来源，从家庭、亲友、邻居、同事等个人交往中获得信息；

③ 营销来源，广告、推销人员、商品包装、产品说明书等提供的信息；

④ 独立来源，从杂志、消费者组织、政府机构等获得的信息；

⑤ 经验来源，消费者从自己亲自接触、试用、使用商品的过程中得到的信息。

针对这个阶段，企业营销的关键是要能掌握消费者在搜集信息时会求助于哪些信息源，并能通过这些信息源向消费者施加影响力。互联网的出现正以某种尚未为我们全面了解的方式改变着信息的搜集，营销者们必须维护好精心设计的网站。此外，越来越多的公司正把互联网当做一种广告媒体来使用。

（3）评价选择。

消费者意识到问题之后，就开始寻求不同的解决方案。在搜集与此有关的信息的过程之中和之后，他们评价备选对象，并选择最可能解决问题的方案。消费者的选择有时是基于简单的选择规则，如"买可以买到的最便宜的品牌"。有时他们所运用的规则是相当复杂，包括多个步骤和过程。

消费者对搜集到的信息中的各种产品的评价主要从以下几个方面进行：

① 首先分析产品属性。产品属性即产品能够满足消费者需要的特性。消费者一般

将某一种产品看成是一系列属性的集合。营销者应分析本企业产品应具备哪些属性，以及不同类型的消费者分别对哪些属性感兴趣，以便进行市场细分，对不同需求的消费者提供具有不同属性的产品，既满足顾客的需求，又最大限度地减少因生产不必要的属性所造成的资金、劳动力和时间的耗费。

②　其次建立属性等级。即消费者对产品有关属性所赋予的不同的重要性权数。营销者应更多地关心属性权重分配，而不是属性特色。

③　再次确定品牌信念。消费者会根据各品牌的属性及各属性的参数，建立起对各个品牌的不同信念，比如确认哪种品牌在哪一属性上占优势，哪一属性相对较差。

④　最后形成"理想产品"。消费者评价的结果，往往会相对地选择出自己的"理想产品"，它可能不十全十美，但却是相对最好的选择。

在评价选择过程中，消费者常常要考虑多种因素。因此，营销者如果能够搞清楚消费者评估诸因素的不同重要性，通过营销手段强化消费者看重的因素，弱化次要因素和消极因素，就可能更多地取得消费者的青睐。

（4）购买决定。

购买决定涉及到这样几个问题。有购买风险吗？在哪里购买？用何种方式购买？

产品购买涉及产品使用后达不到预期效果的风险。产品失灵会带来很高的成本或损失。消费者购买主要面临着生理风险、金钱风险、功能风险、心理风险等。

消费者减少购买风险的方法主要有：多收集信息，咨询专家；选择名牌或熟悉的商品；去信誉良好的商店购买；选择同类中较贵的商品；少量购买可分割的商品；运用遗憾最小化决策规则。

营销者在这时就要努力降低消费者的购买风险，促成消费者产生购买行为。营销者可以通过介绍产品知识，增强消费教育，让消费者明明白白消费；可以制定合理价格策略，让消费者实实惠惠消费；可以抓好产品质量，宣传名实相符，让消费者安安心心消费；可以努力营造良好的消费环境和舆论环境，让消费者大大方方消费。

在购买意图和决定购买之间，还有两种因素会起作用，一是他人的态度，二是意外情况。例如，消费者正准备买烟时，妻子会说，你最近经常咳嗽，消费者可能就不购买了。也可能正好在这个时候，他突然接到一个电话要及时赶去某个地方而终止了购买等。

（5）购后评价。

购后评价活动包括了购买后冲突、产品使用方式和产品处置。

消费者购买以后，可能获得满足，这将鼓励他今后重复购买或向别人推荐该产品。如果不满意，则会尽量减少不和谐感，因为人的存在着一种在自己的意见、知识和价值观之间建立协调性、一致性或和谐性的驱使力。具有不和谐感的消费者可以通过放弃不用、退货、诉诸法律、四处抱怨等做法来发泄心中的不满，减少不和谐感。

购买者对其购买活动的满意感（S），是其产品期望（E）和该产品性能（P）的函数：$S = f(E, P)$。若 $E = P$，则消费者会满意；若 $E > P$，则消费者不满意；若 $E < P$，则

消费者会非常满意。

3. 网络时代的消费者购买模式

近几年,我国互联网产业呈现蓬勃发展态势,网民数量不断增长,互联网与经济社会深度融合的基础更加坚实。随着中国经济转型发展跨入"消费升级"全新时代,电商零售经历了高速的增长。无论是绝对值指标(网络零售交易额)或是相对值指标(实物商品网上零售额占社会消费品零售额比例)都有明显的增长。根据统计局公布的数据,2017 年我国网络零售市场交易规模达到 7.2 万亿元,同比增长 32.2%,增速较上年提升 6%,社会销售品零售总额中实物商品网上零售额的占比从 2015 年的 10.8%上升到 2017 年的 15%。

以网络购物为典型代表的电商模式对消费者和企业都产生了巨大影响。对于消费者来说,相较于传统销售渠道,电商模式能够提供不受时间和空间限制、更加便捷的购买体验,扩大了可供消费者选择的品类范围,便于消费者挑选出更物美价廉的产品。对于企业来说,电商模式能有效减少商品流通环节,控制中间流通成本。此外,消费者行为还可通过互联网和信息技术实现数据化和可视化,帮助企业更好地分析和满足消费者需求。

传统的消费者购买模式为所谓的"AIDMA 模式",消费者的购买行为仍属于传统的个体决策行为。具体的行为表现为:注意(Attention):使用大量媒体来引发消费者的注意;兴趣(Interest):消费者对某个品牌的某个产品产生兴趣;欲望(Desire):消费者产生欲望购买;记忆(Memory):消费者记住该品牌,并筹划购买行动;行动(Action):进行购买,使用。

随着 web 2.0 的兴起,网络时代的到来,消费者获取信息更加便捷快速,同时社交网站、论坛 BBS 的流行,使得"分享"成为了购买使用后的一个新兴行为。此时的购买模式变为"AISAS"模式:注意(Attention):使用各种新旧媒体引发消费者的注意;兴趣(Interest):消费者对某个品牌的某个产品产生兴趣;搜集(Search):消费者利用网络搜集产品信息;行动(Action):进行购买,使用;分享(Share):分享购买心得。

3.2　组织者购买行为

企业的市场营销对象不仅包括广大消费者,也包括各类组织机构,这些组织机构组成了购买原材料、零部件、机器设备、消耗品和企业服务的庞大市场。

3.2.1　组织市场的构成

1. 组织市场的含义

组织市场是工商企业为从事生产、销售等业务活动以及政府部门和非营利组织为履行职责而购买产品和服务所构成的市场。就买者而言,消费者市场是个人市场,组织市场是法人市场,组织市场包含着生产者市场、中间商市场、非营利组织市场和政府市场。从组织市场的个人而言,其心理活动的基本要素和消费者市场是一样的,只是组织市场更多地是从一种组织角度去考虑购买,其和个人的消费关系并不密切,所以在考虑组织市场营销时的买者,就有其特殊性的一面,也可能会相对更复杂一些,要面对的买者往往是几个人的共同决定,所以接触面可能会更广一些。

2. 组织市场的特征

组织市场与消费者市场相比有其独特的特征:

(1) 组织市场上购买者的数量少,购买规模大。在组织市场上,购买者绝大多数都是单位,因此,购买者的数目必然比消费者市场少得多,但购买者的规模必然大得多。

(2) 组织市场上的购买者在地理区域上较为集中。

(3) 组织市场需求是派生需求,需求波动大。即购买者对产业用品的需求,归根结底是从消费者对消费品的需求引申出来的,企业购买生产资料是为了用来作为劳动对象和劳动资料以便生产出消费资料,因此消费者市场的变化直接影响组织市场的需求。有时消费者需求只增减 10%,就能使下期产业购买者需求出现 200% 的增减,这种现象在西方经济学中被称为"加速原理"。

(4) 组织市场需求缺乏弹性。在组织市场上,购买者对产业用品和劳务的需求受价格变动的影响不大。这是因为生产者不能在短期内对其生产方法有很大的改变。

(5) 谈判和投标。组织市场在购买和出售商品时,谈判是双方交涉中最重要的部分。政府购买设备多采用投标方式以保证公平公正。

(6) 专业人员购买。由于组织市场用品的技术性强,其采购一般都由经过训练的具有专门知识的专业人员负责,参与决策的人员也比消费者市场多,决策过程更为规范,通常是由若干技术专家和最高管理层组成采购委员会领导采购工作。

(7) 直接购买。组织市场的购买者大多向生产者直接采购所需产业用品,而不通过中间商采购,这是因为购买者数量有限而且属于大规模购买,直接购买的成本显然低得多。同时,组织市场的售前售后都需要由生产者提供技术服务。

(8) 供需双方关系密切。组织市场的购买者需要有源源不断的货源,供应商需要有长期稳定的销路,每一方对另一方都具有重要的意义,因此供需双方互相保持着密切的关系。有些买主常常在产品的花色品种、技术规格、质量、交货、服务项目等方面提出特殊要求,供应商应经常与买方沟通,详细了解其需求并尽最大努力予以满足。

(9) 租赁。组织市场往往通过租赁方式取得所需产品。对于机器设备、车辆等昂贵产品,许多企业无力购买或需要融资购买,采用租赁的方式可以节约成本。

3. 网络时代组织购买的变化

在组织购买的过程中,组织利用互联网及其技术,采用以下几种方式来实现组织的网络购买行为。

（1）与主要的供应商建立直接的外网链接。例如，可以在公司网站上直接创建网购账号，使公司的员工可以通过这个网购账号直接购买。

（2）成立采购联盟。对同一原材料有共同需求的多个企业可以共建一个网站，利用自身的采购规模与供应商进行博弈从而获得一个较低的采购价格。此外，这些采购方也可以进行信息与数据的共享。

（3）加入第三方网站的交易平台。这种交易模式是将各个行业中相近的交易过程集中到一个场所，为企业的采购方和供应方提供一个交易的机会，如阿里巴巴网站。

3.2.2 生产者市场

组织市场中，生产者市场的购买行为具有典型的意义。

1. 生产者市场的含义

生产者市场是重要的组织市场，它是由那些购买各种生产资料（包括劳务），供自己进一步制造、提供产品及劳动力以销售给其他购买者的生产者组成的市场。生产者市场的标准是：购买者是企业；购买的产品作为生产资料加以使用。

生产者市场购买的产品就是生产资料。生产资料一般分为劳动对象和劳动资料两类。劳动资料又可分为劳动工具和劳动设施两类。随着经济的发展，人们认识到还有另一类生产资料，即生产性劳务。这些劳务主要有维修、运输、检测、仓储、保险、广告、审计等服务内容。

2. 影响生产者市场购买决策的主要因素

在做购买决策时，购买者会受到一系列因素的影响，其中主要包括以下几个方面的内容：

（1）环境因素。环境因素包括消费者市场的需求、经济前景、利率走势、技术发展变化、原料供应情况、市场竞争、政治法律等情况，这些因素的变化均会直接影响企业采购的决定。

（2）组织因素。企业的目标和政策、组织结构、系统等会影响企业组织对采购部门的看法以及会影响购买者的购买决策和购买行为。

（3）人际因素。企业的采购中心由担任不同职位的人员组成，这些参与者在企业中的地位、职权、说服力以及他们之间的关系是有所不同的，因此人际关系会影响采购结果。

（4）个人因素。即各个参与者的性格、受教育程度、偏好等会影响各个参与者对要采购的产业用品和供应商的感觉、看法，从而影响购买决策和购买行为。

3. 生产者的购买决策过程

组织市场购买过程与消费者市场购买过程有相似之处，但也有许多不同。可以说没有统一的方式支配生产者市场的实际购买过程，这里只是归纳了一般情况下的较为完整

的购买过程,这一过程可以分为八个阶段:

(1) 提出需求。当企业在经营中发现某个问题,有人提出可以通过购买某种产品或服务来解决时,采购过程就开始了。

(2) 确定需求。确定产品的可靠性、耐用性、价格等方面的要求和权重。

(3) 描述需求。进一步说明所需项目的特点、规格和数量,并形成书面材料,作为采购的依据。

(4) 寻找供应商。通过不同的方式去查找供应商,从中选出较为理想的备选供应商。

(5) 分析供应商。向备选供应商发函,请他们尽快寄来产品说明书、价格表等资料,以便进一步了解供应商的实际情况。

(6) 选择供应商。买方企业通过对供应商的分析对比,最终选出最具吸引力的供应商。当然,买方企业往往不会仅依赖一个供应商,卖方企业为了争取较大的市场份额则会提供更加优惠的条件。

(7) 签订合同。买方选择好供应商后,就正式发出订单,订单上写明所需产品的规格、数量、价格、交货时间、服务等事项。

(8) 评价反馈。产品购买后,采购部门与使用部门要保持联系,了解该产品使用情况,满意程度,并考察供应商的履约情况,以便决定今后对各家供应商的态度。

4. 生产者市场的购买决策者

所有参与购买决策过程的人员构成采购组织的决策单位,西方营销学者称之为采购中心。企业采购中心通常包括下列成员:

(1) 发起者,即提出和要求购买的人员,他们可能是组织内的使用者或其他人;

(2) 使用者,即具体使用欲购买的某种产业用品的人员;

(3) 影响者,即影响购买决策的人员,他们常协助确定产品规格并提供方案评价的情报信息,企业的技术人员是最主要的影响者;

(4) 决定者,指有权决定产品要求和供应商的人;

(5) 批准者,指有权批准决定者或购买者所提购买方案的人;

(6) 采购者,即企业中有选择供应商并安排采购条件的正式职权的人员;

(7) 信息控制者,即在企业外部和内部能控制市场信息流向的人员。如企业的采购代理商、接线员、接待人员等。

5. 生产者市场的购买类型

如果生产者决定购买,其购买可分为直接重购、修正重购和新购三种类型。

(1) 直接重购,是指生产者按照常规采购那些他们一直在采购的产品,只是购买数量及供货单方面可能要略作调整。直接重购是最简单、最常规的模式。

(2) 修正重购,是指生产者的需求未变,但由于某些原因,要求购买质量更好、规格更合适的产品,或是价格、服务、交货条件更合适的产品的购买现象。

（3）新购，是指生产者初次购买某种产品或服务，或者生产者为增加新的生产项目或为了技术改造等原因而第一次购买某种产品的现象。

3.2.3 中间商市场

中间商处于生产者和消费者之间，专门从事商品流通，供应商应当把中间商视为顾客的采购代理人而不是自己的销售代理人，帮助他们为顾客提供更好的服务。

1. 含义

中间商市场是由那些购买商品用于转卖或出租以获取利润的个人和机构所组成的市场，中间商主要包括批发商和零售商两大类。影响中间商购买行为的主要因素有：企业种类与规模、决策方式、个人因素、环境因素。

中间商的购买决策过程一般包括：认知问题、寻求供应者、接受和分析供应商报价、谈判与正式订购、购后评价与行为。

2. 中间商购买行为决策

一般而言，中间商必须作出如下购买决策：经营什么花色品种或货色（货色是中间商拟供应市场的产品和服务的组合，它决定中间商在市场上的位置）；向哪些供应商采购货物；按照什么价格和条件购买。其中，货色决策是最基本、最主要的购买决策，因为它会影响中间商的供应商组合、市场营销组合和顾客组合。中间商可采取的货色策略主要有：单一组合（即只经销某一生产厂家的某类产品）；深度组合（即经销许多厂家所生产的同类产品）；广度组合（即经销多种系列的相关产品）；混杂组合（即经销多种系列彼此无关的产品）。

中间商购买过程的参与者一般包括商品经理、采购委员会和分店经理等。

3. 中间商购买风格

中间商的购买决策也受到环境因素、组织因素、人际因素和个人因素的影响。而采购者个人的购买风格也是一个不可忽视的影响因素。

（1）忠实的采购者，忠实于同一供应商，不轻易更换供应商。供应商应分析使采购者保持忠实的原因，采取有效措施使现有的忠实者继续保持忠实，将其他采购者转变为忠实者。

（2）随机的采购者（机会采购者），总是选择那些符合交易条件并有助于实现企业长远利益的供应商。供应商应考虑如何提供更有吸引力的交易条件并与其发展互利合作关系。

（3）最佳交易采购者，总是选择与在某一时点能提供最佳交易条件的供应商成交。供应商应密切关注竞争者的动向和市场需求的变化，及时调整营销策略和交易条件，与竞争者相比能向购买者提供更多的利益。

（4）创造性的采购者，总是向供应商提出自己的条件并要求按这些条件成交。供应商应认真考虑采购者提出的条件,在不损害自身利益的情况下,对一些条件可以接受。但对于那些不能接受或不能完全接受的条件,则应通过协商的方式予以解决。

(5) 索取回扣的采购者(追求广告支持的采购者),把获得广告补贴作为每笔交易的一个组成分,甚至是首要目标的采购者。这类采购者重视产品购进后的销售状况,希望供应商给予广告支持,以扩大影响,刺激需求。这种要求符合买卖双方的利益,在力所能及或合理的限度内,供应商可考虑给予满足。

(6) 价格型的采购者,总是不间断地讨价还价,要求供应商作出额外的价格上的让步。供应商应通过谈判打消对方的不切实际的想法。

(7) 质量型的采购者,他们只挑选提供质量最好的产品供应商并与之达成交易。供应商应保证产品质量,满足采购者对产品质量的要求。

(8) 琐碎型的采购者,购买批量不大,但品种繁多。供应商应提供周到细致的服务,不厌其烦,使之满意。

3.2.4　非营利组织市场

1. 含义

非营利组织市场泛指具有稳定的组织形式和固定的成员,不属于政府结构和私人企业而独立运作,发挥特定社会功能,不以获取利润为目的,而以推进社会公益为宗旨的事业机构与民间团体,包括学校、慈善机构、宗教机构、合作团体、社区组织、市民俱乐部及其他许多组织。从非营利组织的构成、目的来看,具有合法性、民间性、公益性、自治性等特征。

2. 购买特点

(1) 限定总额。非营利组织的采购金额是既定的,不能随意突破。所以其购买会受到较多的控制,缺乏灵活性和自主性。

(2) 价格低廉。因为经费不宽裕,所以在采购中往往是要求价格低廉。

(3) 保证质量。非营利组织购买商品不是为了转卖,也不是使成本最小化,而是维持组织运行和履行组织职能,所购商品的质量和性能必须保证实现这一目的。

(4) 程序复杂。非营利组织的购买过程的参与者也不少,购买的审批程序也较为复杂。

3. 购买方式

非营利组织的购买方式包括公开招标选购、议价合约选购和日常性购买。

(1) 公开招标选购。非营利组织的采购部门通过传播媒体发布广告或发出信函,说明拟采购的商品的名称、规格、数量和有关要求,邀请供应商在规定的期限里投标。招标单位在规定的日期开标,一般选择报价最低且其他方面符合要求的供应商作为中标单位。采用这种方式,非营利组织往往处于主动地位,供应商之间会形成激烈的竞争。

（2）议价合约选购。即非营利组织的采购部门和若干的供应商就某一采购项目的价格和有关交易条件展开谈判，然后与符合要求的供应商签订合同。这种方式适合于复杂的工程项目，因为它们涉及重大的研究开发经费和风险。

（3）日常性购买。即非营利组织为了维持日常办公和组织运行的需要而进行的采购。这类采购金额较少，一般是即时交货和付款。

非营利组织的营销联盟是近年来非营利组织营销管理中出现的一个较为普遍的现象。联盟行为的主要形式有：与交易相关联的公益推广活动、共同主题营销，及核发许可证方式的营销。

团体采购将成为非营利组织采购的一个重要的发展趋势。团体采购就是指几家甚至几十家机构组成一个联合采购单位或委托专门的采购组织进行组织购买品的采购。团体采购的特点是：能获得低价、质优的产品和服务；削减管理费用；采购专业化、规范化；讨价还价能力强。

3.2.5 政府市场

1. 含义

政府市场（government market）是指由那些为履行政府主要职能而采购或租货物的各级政府机构所组成的市场。政府采购是一种特殊的组织采购行为，其必须按照法定的范围和程序进行，具有行政性、社会性、法制性、广泛性等特点。

政府采购的范围极其广泛，又称**公共采购**（public procurement），是指各级政府为了开展日常政务活动或为公众提供服务，在财政的监督下，以法定的方式、方法和程序，通过公开招标、公平竞争，由财政部门以直接向供应商付款的方式，从国内外市场上为政府部门或所属团体购买货物、工程和劳务的行为。其实质是市场竞争机制与财政支出管理的有机结合，其主要特点就是对政府采购行为进行法制化的管理。

政府采购对供应商具有巨大的吸引力，因为政府采购往往体现出稳定、信用度高、回报高、采购量大、公平竞争和有利于提高企业竞争力等特点，而且会倾向于保护民族产业。

2. 构成

各个国家、各级政府一般都设有采购组织，一般分为两类：

（1）行政部门的购买组织，如各级政府的部门。这些机构采购经费的来源主要是财政拨款，拨款不增加，采购经费就不可能增加。

（2）军事部门的购买组织。在我国，国防部负责重要的军事装备的采购和分配，总后勤部负责采购和分配一般军需品。

3. 影响购买行为的因素

政府市场与生产者市场和中间商市场一样，也要受到环境因素、组织因素、人际因素

和个人因素的影响,但是在以下几个方面有所不同:

(1) 受到社会公众的监督。虽然各国的政治经济制度不同,但是在政府采购工作都受到各方面的监督。这些监督包括有国家的权力机构、行政和预算机构、新闻界、社会团体和公民等。

(2) 受到国际、国内政治形势的影响。如在国家安全受到威胁或出于某种原因发动对外战争时,军备开支就会增大;而和平时期用于建设和社会福利方面的开支就大。

(3) 受到国际、国内经济形势的影响。经济不景气时政府会缩减开支,而经济景气时政府就会增加开支。

4. 政府购买方式

与其他非营利组织一样,政府购买方式由公开招标选购、议价合约选购和日常性采购三种构成,其中以公开招标为主要方式。对于公开招标的方式,政府要制定文件说明对所需产品的要求和对供应商能力和信誉的要求。议价合约的方式通常发生在复杂的购买项目中,往往涉及巨大的研究开发费用与风险。

由于政府支出受到公众的关注,为了确保采购的公开性和公正性,政府采购组织会要求供应商准备大量的说明产品质量和性能的书面文件,决策过程可能会涉及繁多的规定制度、程序和时间,因而会受到一些供应商的抱怨。政府采购也比较重视价格,供应商应该努力降低价格来取得投标的成功。

政府采购主要会涉及五个方面的机构和人员:采购人;采购代理机构;供应商;采购相关人员;政府采购监督管理部门。

:: 本章小结

分析市场,以市场为中心,其最重要和最基础的分析就是对买者的认识和分析。买者可以是进行个人和家庭消费买者,我们一般称为消费者和消费者市场;买者也可以是指工商企业从事生产、销售等业务活动以及政府部门和非盈利组织为履行职责而购买产品和服务所构成的市场,我们一般称为组织市场。买者行为受心理的影响和支配,营销战就是一场心理战,企业营销就是要满足顾客需求,并最终让顾客产生购买行为。

消费者市场由为满足个人生活需要而购买商品的所有个人和家庭组成,是为个人提供最后的直接消费品的市场。要比较全面地认识和理解人的心理活动和行为特征,可以从四个方面来进行有效的把握:从影响消费者行为的心理活动过程来分析;从影响消费者行为的动力心理特征来分析;从影响消费者行为的个性心理特征来分析;从影响消费者行为的社会心理因素来分析。

组织市场是指各类企业、各级政府部门、各种机构形成的对企业产品和劳务需求的总和。它可分为四种类型,即生产者市场、中间商市场和非营利性组织及政府市场。影响组织机构市场购买者购买决策的主要因素有环境因素、组织因素、人际因素、个人因素等。

∷ **本章关键词**

消费者需求　潜在需求　动机　价值观念　文化营销　知识营销　社会阶层
相关群体　意见领袖　组织市场　生产者市场　中间商市场　非营利组织市场　政府
市场

∷ **思考题**

1. 试分析价值观念在消费中的体现及其对企业营销的启发。
2. 试分析企业进行文化营销时的主要内容。
3. 需求的特点是什么？对企业营销有何启示？
4. 如何理解潜在需求？对企业营销有何启示？
5. 消费动机的主要表现形式有哪些？
6. 试述消费者的购买决策过程。
7. 组织市场的特征是什么？企业面对组织市场应该如何做营销？

第 4 章

:::

创造顾客价值

　　eBay 创立于 1995 年 9 月,是全球最大拍卖网站,同时也是全球最大的电子商务公司之一。对于 eBay 这样的网上贸易公司来说,他们最重要的事情就是想方设法来吸引并保留客户。作为一家纯粹的网上公司,eBay 不生产任何东西,没有任何存货并且也不提供实际的运输。它像一个股票交易市场一样,只是为买方和卖方提供了一个交流的地方,同时给卖方设定了规则并收取一定的费用。像大多数网上公司一样,eBay 致力于实现两大关系密切的目标:吸引新的客户,并让他们自始至终地支持自己。

　　这家公司主要通过四种方式来实现第一个目标:与 AOL 等其他网上服务公司进行联合销售,并举行推广活动(主要通过电台)。第二个目标客户忠诚就比较复杂了。eBay 在客户支持方面进行了大量投资,以确保能迅速地回复客户的电子邮件和电话。为了指导其客户服务和新产品开发,这家公司利用大量的工具来测试客户的满意度。该公司每个月向客户发出调查表并仔细地监视它的公共信息板(以及非附属的拍卖板)以查看客户有何抱怨。这家公司与一批名为"Voices"的重要购买者以及一批"重量级出售者"进行商议。eBay 通过网站来研究以客户为中心的公司和个人行为,同时,它还接受所有用户意见箱中的意见。

　　该组织的所有部门都应对相关的意见和建议作出回应。例如,当一个客户对 eBay 的客户服务部有意见时(无论客户服务部是何时对客户的要求作出回答的,他都必须评价这个回答),这个部门就必须作出适当的调整。同样地,产品销售组负责对产品调查和其他客户意见作出回应。当 eBay 最近重新组织其商品类别时,它第一步就是集中用户对新类别的建议,然后利用这些建议来重新设计结构。现在这家公司收到了客户发出的成千上万条有关新设计的评论。

此外,为了获得客户的支持,eBay 不断增加网上商品的数量和种类。收购是实现这一目标的方法之一。这家公司近来收购了著名的汽车网站 Kruse、德国拍卖网站 Alando,以及能帮助 eBay 进入高级艺术品领域的网站 Butterfield。为了向客户提供更多的付款选择,这家公司还收购了一家网上付款服务公司 BillPoint。2014 年 2 月 20 日,eBay 宣布收购 3D 虚拟试衣公司 PhiSix。这些都提升了消费者的购物体验,并为顾客创造了更多价值。

2017 年 6 月 6 日,"2017 年 BrandZ 最具价值全球品牌 100 强"公布,eBay 名列第 86 位。
资料来源:根据互联网等多方资料整理而成。

要实现交换,就要为对方创造价值。价值包括了许多群体的价值(如为国家、组织等)和人的价值(包括了一切与交换有关的直接对象人和间接对象人)。事在人为,要实现交换归根结底是要为相关的人创造价值。有没有价值最终是被对方决定的。

助人等于助己,"利人实利己之根基"。作为经营哲学,市场营销把顾客放在核心位置;而作为业务功能,它包括各种为了传递顾客价值而从事的商业活动。只要是顾客价值取向的战略逻辑,就可以支撑专业化或者多元化的成功,因为不是专业化或者多元化取得成功,而是顾客价值取得成功。创造顾客价值一般取决于产品、服务、形象及总成本等基本因素。

4.1 创造顾客价值

从企业营销来看,其营利的最终对象就是顾客,所以说,尽管企业在营销过程中要为许多不同身份的人创造价值,但最基础、最中心的对象是为顾客创造价值。以市场为中心最基本的体现就是要以顾客为中心,只有为顾客创造了价值,并为顾客所接受、喜爱,企业才能最终营利和赢得顾客。所以菲利普·科特勒说企业营销要"创造顾客价值、顾客满意和顾客忠诚"。

对于企业而言,只有把顾客价值作为自己的战略思维,才能真正具有竞争力,才能够回到经营的根本目的上,顾客价值决定经营价值。营销的起点与终点都是为顾客创造价值。

4.1.1 顾客认知价值

一个以顾客为中心的企业并非只是制造产品,更需要构建顾客价值和顾客关系。市场营销的本质就是为顾客创造价值,创造顾客能认知的价值。菲利普·科特勒提出了**顾客认知价值**(customer perceived value, CPV),也被称为顾客让渡价值或顾客感知价值,是指潜在顾客评估一个产品或服务或其他选择方案整体所得利益与所付成本之差,是整体顾客利益与整体顾客成本之间的差额。**整体顾客利益**(total customer benefit)是指顾客购买某一产品与服务所期望获得的一组利益,它包括产品利益、服务利益、人员利益和形象利益等。**整体顾客成本**(total customer cost)是指顾客对为购买某一产品所耗费的时间、精力、心理以及所支付的货币资金等成本的认知,包括货币成本、时间成本、精力成本和心理成本等。

由于顾客在购买产品时,总希望把有关成本包括货币、时间、精力和心理等降到最低限度,而同时又希望从中获得更多的实际利益,以使自己的需要得到最大限度的满足,因此,顾客在选购产品时,往往从利益与成本两个方面进行比较分析,从中选择出价值最高、成本最低,即顾客认知价值最大的产品作为优先选购的对象。

企业为在竞争中战胜对手,吸引更多的潜在顾客,就必须向顾客提供比竞争对手具有更多顾客认知价值的产品,这样,才能使自己的产品为消费者所注意,进而购买本企业的产品。为此,企业可从两个方面改进自己的工作:一是通过改进产品、服务、人员与形象,提高产品的总利益;二是通过降低生产与销售成本,减少顾客购买产品的时间、精力和心理的耗费,从而降低货币与非货币成本。

1. 整体顾客利益

使顾客获得更大顾客认知价值的途径之一是增加顾客购买的总利益。整体顾客利益由产品利益、服务利益、人员利益和形象利益构成,其中每一项利益因素的变化均对总利益产生影响。

(1) 产品利益。产品利益是由产品的功能、特性、品质、品种与式样等所产生的利益。它是顾客需要的中心内容,也是顾客选购产品的首要因素,因而在一般情况下,它是决定顾客整体利益大小的主要因素。

(2) 服务利益。服务利益是指伴随产品实体的出售,企业向顾客提供的各种附加服务,包括产品介绍、送货、安装、调试、维修、技术培训、产品保证等所产生的利益。服务利益是构成顾客整体利益的重要因素之一。

(3) 人员利益。人员利益是指企业员工的经营思想、知识水平、业务能力、工作效益与质量、经营作风、应变能力等所产生的价值。企业员工直接决定着企业为顾客提供的产品与服务的质量,决定着顾客整体利益的大小。

(4) 形象利益。形象利益是指企业及其产品在社会公众中形成的总体形象所产生的价值,包括企业的产品、技术、质量、包装、商标、工作场所等所构成的有形形象所产生的价值,公司及其员工的职业道德行为、经营行为、服务态度、作风等行为形象所产生的价值,以及企业的价值观念、管理哲学等理念形象所产生的价值等。

2. 整体顾客成本

使顾客获得更大顾客认知价值的途径之二,是降低顾客购买的整体成本。整体顾客成本不仅包括货币成本,而且还包括时间成本、精力成本、心理成本等非货币成本。一般情况下,顾客购买产品时首先要考虑货币成本的大小,因此,货币成本是构成整体顾客成本大小的主要和基本因素。在货币成本相同的情况下,顾客在购买时还要考虑所花费的时间、精力及心理因素等,因此这些支出也是构成整体顾客成本的重要因素。

(1) 货币成本。就是顾客购买产品或服务需要支付的货币价格,其构成整体顾客成本中最基础的部分。顾客往往首先是看一个产品或服务的价格高低,由此来衡量自己要支付的成本。

(2) 时间成本。在整体顾客利益与其他成本一定的情况下,时间成本越低,顾客购买的总成本越小,从而顾客认知价值越大。如以服务企业为例,顾客在消费餐馆、旅馆、银行等服务行业所提供的服务时,常常需要等候一段时间才能进入正式购买或消费阶段,特别是在营业高峰期更是如此。在服务质量相同的情况下,顾客等候购买该项服务的时间越长,所花费的时间成本越大,购买的总成本就会越大。同时,等候时间越长,越容易引起顾客对企业的不满意感,从而中途放弃购买的可能性亦会增大。

(3) 精力成本。精力成本是指顾客购买产品时,在精神、体力方面的耗费与支出。精神与体力成本越小,顾客为购买产品所支出的总成本就越低,从而顾客认知价值越大,因为消费者在购买过程的各个阶段,均需付出一定的精神与体力。如对于结构性能比较复杂、装卸搬运不太方便的机械类、电气类产品,如果企业能为顾客提供良好的售后服务,如送货上门、安装调试、定期维修、供应零配件等,就会减少顾客为此所耗费的精神和体力,从而降低精神与体力成本。

(4) 心理成本。心理成本是指顾客购买产品时心理的担心、心理的愉悦状态及如果产品产生问题后心理的不安等因素。

顾客认知价值是基于顾客对不同的选择上的所获得的整体利益与所支付的整体成本之间的差(见图 4.1)。顾客得到利益,也要有所支出。营销人员能够通过提高产品或服务的经济性、功能性或情感性的利益,减少一种或多种成本支出的组合来提高顾客获得的产品或服务的价值。

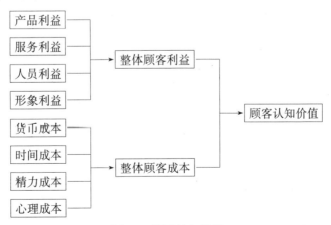

图 4.1 顾客认知价值

4.1.2 顾客终身价值

菲利普·科特勒说:"本质上说,营销是一门吸引和维系盈利顾客的艺术。"然而,每个企业都会在某些顾客上损失金钱。著名的 20/80 法则认为,在顶部的 20% 顾客创造了公司 80% 以上的利润。在某些情况下,这一法则更为极端:20% 最有价值的顾客(按人均算)创造 150%—300% 的利润。而 10%—20% 最没有价值的顾客会把利润降低 50%—200%。中间 60%—70% 顾客持平。企业最大的顾客并不必然会为企业带来最大利润。最大的顾客常常需要提供相当程度的服务和最大的折扣优惠。最小的顾客虽然支付产品的全价,接受最少的服务,但其所产生的交易成本却会降低公司的获利。中等顾客受到良好的服务,支付的价格也接近全价,在很多情况下,他们带来最大的利润。

企业要追求长期的顾客获利能力必须了解顾客终身价值的概念。**顾客终身价值**(customer lifetime value, CLV)是某个顾客终身购买产品的预期总利润的净现值。计算公式是将公司预期收入减去吸引、销售和服务顾客的预期成本,再以一个适当的折现率(10%—20% 之间,大小取决于资金成本和对风险的态度)进行换算。一个产品或服务的终身价值能加总到数万美元甚至数十万美元。

顾客终身价值为顾客投资计划提供了一个正式的量化分析框架,并且帮助营销人员采用长期的分析视角。可是,应用终身价值概念的一个挑战就是相对成本和收益的可靠估算。使用终身价值概念的营销人员也需要小心,不要忘记短期营销活动、品牌构建活动等都可以增加顾客忠诚度。

4.2 培育顾客关系

顾客价值最大化意味着要建立长期的顾客关系。现在,许多企业正从浪费性的大众营销(mass marketing)转变基于建立强大的顾客关系而设计的精准营销。今天的经济是依靠商业信息支持的。信息具有更容易地实现差异化、定制化、个性化,以及以惊人的速度通过网络传播的优势。

4.2.1 客户关系管理

1. 概念

客户关系管理(customer relationship management,CRM)是近些年来在企业管理和营销界非常流行的一个术语,是一种旨在改善公司与客户之间关系的新型经营机制、管理模式和技术。具体地说,客户关系管理就是把"以客户为中心"的经营理念贯彻到公司经营管理的每一个环节,借助数据库、数据挖掘技术及关系分析技术等先进的信息技术,对客户信息进行深入分析,细分客户,在充分了解客户需求的基础上,高效率地向客户提供度身定制的产品和服务,从而最大限度地满足客户个性化的需求,提高客户的满意度和忠诚度,获得和保留更多有价值的客户,建立长期的盈利性关系。

菲利普·科特勒说:"客户关系管理使得公司可以通过有效地利用客户个人信息来提供卓越的实时顾客服务。由于他们知道每个有价值的顾客信息,公司就可以将产品、服务、项目、信息和媒体定制化。客户关系管理很重要,因为公司获利的主要动力在于以顾客为基础的总体价值。"

大客户,也称重点客户、关键客户、VIP 客户,是市场上卖方认为具有战略意义的客户,经常被挑选出来并给予特别关注。大客户管理是为了集中企业的资源优势,从战略上重视大客户,深入掌握、熟悉客户的需求和发展的需要,有计划、有步骤地开发、培育和维护对企业的生存和发展有重要战略意义的大客户,为大客户提供优秀的产品或服务解决方案,建立和维护好持续的客户关系,帮助企业建立和确保竞争优势。同时,通过大客户管理,解决采用何种方法将有限的资源(人、时间、费用)充分投放到大客户上,从而进一步提高企业在每一领域的市场份额和项目签约成功率,改善整体利润结构。

维护大客户的基本思路是先交情后交易,先给利让利后得利,先义后利。开发大客户的基本思路是提供整体解决方案,一般过程是:

(1) 把客户的流程搞清楚。

(2) 客户的问题就是切入点和机遇。

(3) 把客户的某些功能替代掉。

(4) 嵌到客户价值链中去,提供专家式的服务和整体的解决方案,成为不可替代的一个环节。客户见证和转介绍是开发客户的最好方式。

(5) 不要贪多,少而精,集中精力和减少成本。

(6) 找到决策者、找到有价值的客户。

2. 一对一营销

一对一营销是实现客户关系管理的一种方法,包括四个步骤:

(1) 确定你的潜在顾客和当前顾客。从所有销售渠道和顾客接触点收集各种信息,建立、维持以及开发一个丰富的顾客数据信息库。

(2) 根据顾客需要和顾客对公司的价值来划分顾客。将更多的精力均衡地花费在最有价值的顾客群(most valuable customers,MVCs)上。

(3) 加强与个别顾客互动,了解他们的个体需要,建立更加紧密的关系。通过人性化的方式与顾客沟通以提供定制化的产品或服务。

(4) 为每一个顾客定制产品、服务和信息。通过公司联系中心和网站来推动公司与顾客的交流。

一对一营销并不适用于所有企业。当企业通常需要收集到大量顾客信息,运营大量能够交叉销售的或经营定期替换或更新的商品时,以及销售高价值的产品时,一对一营销才能真正地发挥它的作用。

客户关系管理意味着营销者必须集中管理他们的顾客和产品。同时,他们也并不想和每一个顾客建立关系。从根本上说,营销包括吸引、保持和发展可盈利的顾客。

3. 流程及内容

客户关系管理是现代管理科学与信息技术结合的产物,是以业务操作、客户信息和数据分析为主要内容的软硬件系统集成。网络技术应用于企业使客户关系管理如虎添翼。CRM 应用支持客户关系生命周期中的相应业务流程如下:

(1)营销:通过数据库挖掘、战役管理及线索发布,寻找潜在客户及获取新客户;

(2)销售:通过有效的销售流程完成业务循环,在此基础上形成相关的知识管理、接触管理及预测管理等;

(3)电子交易:在互联网时代,整个销售过程应该做到无缝衔接,应该做到迅速、便捷及低成本;

(4)服务:处理售后服务及支持问题,使用复杂的呼叫中心应用或者是基于 Web 的客户自助服务产品。

吸引顾客参与成为客户关系管理的新思路。当今的数字技术、移动通信及社交媒体的发展,从根本上改变了人与人之间的联系方式。这些变化也显著地影响着企业及品牌如何与顾客建立联系。顾客参与营销(customer engagement marketing)不仅仅是向顾客营销品牌,其目标是使品牌成为顾客谈话和生活的重要组成部分。顾客参与营销的关键是找到合适的方式加入顾客的社交谈话,引入有趣和重要的品牌信息。

消费者生成的营销(consumer-generated marketing)主要体现在消费者在博客、视频分享网站、社交媒体和其他数字论坛中自发地交换信息和看法。企业也更多地邀请消费者参与形成产品和品牌信息的过程,并承担更积极的角色。

客户关系管理的所有思想最后必须在应用软件上得到实现,通过 CRM 软件的实施建立企业的客户关系管理系统。不同厂商的 CRM 软件功能可能会有一些差别,但是基本内容大致相同,包括客户管理、联系人管理、时间管理、潜在客户管理、销售管理、电话营销和电话销售、营销管理、客户服务等。另外还包括呼叫中心、客户伙伴关系管理、知识管理、商业智能、电子商务等。

4. 目的

客户关系管理的结果就是要维护住客户,保留住客户。有思想的公司把笼统的顾客变成了客户。顾客可以没有名字,而客户则必须有名字。顾客是公司提供服务的一部分群体,或是某个较大的细分市场中的一部分,而客户则是在个别基础上提供服务的对象。顾客可由公司任何一名员工来提供服务,而客户则由公司某位特定的专业人员来提供服务。维护和保留老客户非常重要,因为获得一个新客户所需要的成本,是保持已有客户成本的 5 倍。建立长期客户关系的关键是创造卓越的顾客认知价值和顾客满意。满意的顾客更有可能成为忠诚的顾客,而忠诚的顾客则给公司带来更大的市场份额。

客户关系管理的目的是产生高的顾客资产。**顾客资产**(customer equity)是指公司所有顾客生命价值的总和。很明显,顾客越忠诚,公司的顾客资产就越高。客户关系管理意味着保持和发展顾客的重要性。客户关系管理是以长期为导向进行的,拥有顾客的时间越长,拥有的顾客资产就越大。

4.2.2 后营销管理

1. 概念

后营销管理(after-marketing management)就是在企业销售商品或服务后,以维持现有顾客为目标所进行的一系列营销活动。后营销管理活动显得更温和、更有效,它是以"维持性"(retention)为基本特征,包括建立顾客信息库、拜访顾客、满意情况调查、建立企业与顾客交往渠道(投诉与建议制度)、佯装顾客、答谢顾客等活动。企业要了解顾客购买后的态度,进行后营销管理。

顾客购买行为发生后,会产生以下三种态度:

(1)肯定态度。符合期望,甚至大喜过望。企业要维持和发展消费者这种态度。而维持和发展消费者的肯定态度,应该从消费者满意和提供更多的顾客认知价值及后营销管理方面来做相应的事情。保留顾客有两个途径:其一是设置高的转换壁垒,如较高的资金成本、较高的搜寻成本,老顾客折扣的丧失等;其二是提供高的顾客满意,企业经营是一个顾客满足过程,而不是一个产品生产过程。

(2)无所谓。不过如此,不出所料。企业要变这种态度为肯定的态度。

(3)否定态度。顾客感到企业的产品或服务名不副实,大失所望,产生不协调心理。顾客在否定后会做这样一些行为:抱怨、上诉、抵制、攻击或妥协。企业要努力改变顾客这种态度。

图 4.2 总结了顾客的购后行为。

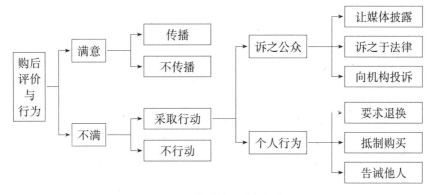

图 4.2 购后的评价与行为

2. 后营销管理与传统营销管理的区别

后营销管理与传统营销管理的区别在于两者的营销观念不同。传统的营销管理强调"企业向顾客卖商品",后营销管理强调"企业向顾客买忠诚"。传统的营销管理在观念上强调"向顾客卖商品",主要通过主动出击、声势浩大的"征服性"营销活动来争取更多的新客户,以期抢占更多的市场份额,而后营销管理在观念上更强调"向顾客买忠诚",为将"顾客满意度"提升为"顾客忠诚度"采取一系列维持性营销活动,通过赢得现有客户的心,培养对企业高度忠诚的长期甚至终身客户,也就是在竞争日益激烈的市场中牢牢握住现有的顾客,有效地维持和扩大属于自身的市场份额。

传统的营销管理强调"价格战",后营销管理强调"服务战""价值战"。传统的营销活动特别强调价格竞争,市场竞争就是价格竞争。然而,企业之间过度的价格竞争往往会使竞争双方两败俱伤,不仅造成企业因价格大跌、无法盈利而大伤元气,还会造成国内外用户对商品的不信任心理,不利于扩张经营。而以"价值"为核心的后营销管理更强调商品的"服务附加值",即服务不仅仅是一种劳动,更是一种价值创造的过程。同时,消费者对企业的评价、对自身获得价值多少的判断也从"价格"标准转向"价值"标准。

传统的营销管理面临"高风险",后营销管理创造"低成本、低风险、高绩效"的综合效应。以"征服性"为主要特征的一般营销活动的目标在于争取新顾客,这必然要求企业"出名",为了"出名",企业必须投入大量资金开展一系列的广告宣传和促销活动,虽然这一强大的"征服市场"的工具给企业带来增长的机会,但由于市场和消费者的高度不可预测性,使企业存在着极大的风险,一旦市场决策失误,企业很容易得不偿失,甚至陷入财务危机和市场萎缩并存的困境。维持老客户比争取新客户更容易、成本更低、效果更佳、可预见性更强,可以以较低的营销成本、较高的营销效率创造出良好的企业经营绩效。可见,后营销管理可以降低企业的经营风险。

3. 后营销管理实施

后营销管理时代的顾客服务战略不能只就事论事,将工作重点放在弥补企业过错上,而应系统全面地掌握顾客的购买倾向和实际要求,一些美国营销专家建议企业执行"5A"战略。

(1) 认识顾客(acquainting)。企业与顾客从"素昧平生"到"久仰大名"再到"相亲相爱",绝对需要一个全面的认识过程。尤其对企业而言,研究顾客群的购买行为和消费习惯是相当必要的,企业绝对没有必要留住所有的顾客,但应不遗余力挽留住具有较高价值的顾客是企业的共识,它关系到公司在未来一个时期内的利润水平。

(2) 欣赏顾客(appreciating)。即使是名牌企业,也千万不要忘记对顾客的光临和消费表示感激与欣赏。顾客在众多供应商中作出选择,给企业提供了机会,这种"赏识"是企业修来的"福份"。但"水能载舟,亦能覆舟",今天被顾客看中的优势,明天也许就消失或落后了,顾客是理性的,企业必须加倍努力来适应顾客的变化。

(3) 答谢顾客(acknowledging)。通过答谢(尤其是函谢),让顾客知道他们正受到企业的重视,是维系企业与顾客感情的绝好手段,顾客也许更在意这种精神上的满足。千万不要以为这很费精力。这点投入对于顾客给公司带来的利润的确是微不足道的。

（4）分析顾客(analyzing)。顾客的任何有关企业的言论和行为,哪怕只是一次少量的购买行为,也会对企业产生极有价值的信息。

（5）为顾客满意而行动(acting)。顾客对企业服务的抱怨源于两种原因:服务传送系统失误和顾客需求反应不佳。前者又具体分为服务政策失误、延迟服务、维修失误、标价错误、包装错误、产品缺陷、缺货、错误服务等;后者包括员工反应不佳、错误承认、记账错误、服务态度不佳、未反应、窘境及欺骗等。企业要想使顾客完全满意,必须在上述方面的失误寻求有效改进,以增加顾客对企业的信任感和忠诚度。

4.2.3 数据库营销

1. 概念

所谓**数据库营销**(database marketing),是指建立、维系与使用顾客数据库与其他数据库(产品、供应商、零售商数据库)的过程,以达到联系、处理与建立顾客关系的目的。它是随着时代的进步,科学技术的发展,数据库技术和市场营销有机结合后形成的。数据库的建立和分析,可以帮助企业准确了解用户信息,确定企业目标市场,同时使企业营销工作更具有针对性,从而提高企业营销效率。没有数据库营销,企业的营销工作就会仅仅停留在理论上,而不是根植于客观实际上,因为没有数据库,企业对市场的了解往往是概念性的,而不是实证性的。

顾客数据库(customer database)是将现有的、可接近的与可接触的个别顾客或潜在顾客的众多信息,以组织化的方式收集汇总成一个系统,以实现一些营销的目的,如产生顾客信息、挑选顾客信息、执行产品或服务的销售、维系关系等。顾客数据库包含许多由顾客交易、注册信息、电话询问,以及与每个顾客的接触记录等所累积而来的信息。一个理想的顾客数据库还应该包括顾客的过去购买信息、人口统计信息(年龄、收入、家庭成员、生日)、心理信息(活动、兴趣、观点)、媒体信息(喜欢的媒体)以及其他有用的信息。

一个理想的商业数据库应当包括企业顾客的过去购买记录,过去购买的数量、价格、利润;采购团队成员的名单(包括他们的年龄、生日、爱好和喜欢的食品);现有合约的内容,在顾客业务中供应商的份额;竞争的供应商名录;在销售与服务方面顾客对其竞争优势与劣势的评估;以及相关的采购实务、模式和政策。

与传统营销方式相比,数据库营销有明显的特点与优势,具体表现为:可以帮助企业准确找到目标消费者群;数据库营销帮助企业判定消费者和目标消费群的消费标准并准确定位;利用分析技术提出针对性强的稳定消费者群的营销计划;选择合适的营销媒体;运用数据库与消费者建立紧密关系;挖掘潜在顾客;巩固与提高顾客忠诚;跟踪服务。

2. 数据库营销管理

通常企业可以从五个方面使用数据库,并对数据库进行营销管理:

（1）确定潜在顾客。许多公司通过产品和服务的广告来增进销量。广告中一般会提供顾客回应的方式,如企业反馈卡或免费电话号码。公司从顾客反馈中建立数据库。公司就可以在这个数据库中进行筛选,确认哪些是最佳的潜在顾客,然后向他们发函、打电话或登门联系,努力把他们转变成真正的顾客。

（2）决定哪些顾客应当收到一份特别的产品或服务。一般的公司会对其产品或服务执行销售及交叉销售的活动。

（3）强化顾客忠诚。公司通过记住顾客的偏好、发放适当的礼物、读物、折扣赠券等等,培养顾客的兴趣和热情。

（4）恢复顾客购买行为。公司可以安装自动邮寄程序（自动营销）,给顾客寄送生日贺卡或周年纪念卡、圣诞购物提示或淡季促销活动等信息。该数据库可以帮助公司及时提供吸引人的产品或服务。

（5）避免重大顾客失误。公司可能由于没有很好地利用数据库而犯一系列错误。例如,某银行向一个未按期支付抵押贷款的顾客收取滞纳金,但银行忽略了这位顾客所掌管的公司是该银行的大客户,于是这位大客户可能就会断绝与这家银行的往来。

3. 数据库营销障碍

在描述了数据库营销的优点之后,也必须说明它的缺点。数据库营销有四个问题而使公司无法有效地执行顾客关系管理。

首先,建立和维护一个数据库需要电脑硬件、数据库软件、分析程序、通信联接和专业人员方面进行巨大的投资。收集准确的资料,尤其是收集所有公司同单个客户互动时点的信息是很困难的。在以下情形中是不值得建立数据库的:公司的产品在顾客一生中只会购买一次（例如贵的钢琴）;顾客不具备品牌忠诚度（有许多顾客摇摆的例子）;单位的销售微乎其微（例如棒棒糖）;信息的收集成本过高。

第二个问题是很难让公司的每个员工都以顾客为导向和利用现有信息。员工发现从事传统的营销要比顾客关系营销容易得多。有效的数据库营销需要管理和培训员工、经销商和供应商。

第三个问题是并不是所有顾客都想和公司建立关系,他们甚至不满公司收集了那么多他们的个人信息。营销人员必须关注顾客对于顾客隐私和安全的态度。

第四个问题是在顾客关系管理背后的假设并不一定总是正确。例如,在为忠诚顾客服务的时候可能成本并不小。购买量大的顾客经常都清楚他们对于公司的价值,并以此为资本来要求更多的服务或价格折扣。忠诚顾客可能对公司的期望和要求更高。如果忠诚顾客得知公司有对其索取原价或更高价格的企图会非常愤怒;当他们得知其他顾客享受某些优惠时,他们也会不满意。

数据库营销应用较多的公司是面对生产者市场的营销人员和服务提供商（如旅馆、

银行、航空和保险、信用卡、电话公司),这些行业比较容易收集大量的顾客数据。采用大量的交叉销售的公司,以及那些拥有高度差异化需要与高价值顾客的公司,都是最适合在数据库营销上有所投资的公司。

4.2.4　顾客满意

1. 概念

保持顾客的关键是**顾客满意**(consumer satisfaction,CS)。满意是指一个人对一个产品或服务的可感知的效果与他的期望值相比较后,所形成的愉悦或失望的感觉状态。一个高度满意的顾客会:长时间地保持对企业的忠诚度;当企业推出新产品或提升现有产品时,会积极购买;称赞和宣传企业及其产品;忽视竞争品牌及其广告宣传;降低价格敏感性和讨价还价的可能性;向企业提供产品或服务改进的建议等。

顾客满意度要素主要包括产品、企业文化、销售活动及售后服务。

2. 实施顾客满意战略

推行顾客满意战略首先在于鼓励顾客不断地发出信号。这需要企业为顾客创造表达意愿的便利。例如饭店客房里放置宾客留言簿;美国通用电气公司(GE)和宝洁公司(P&G)都设立了“公司热线电话”,希望顾客能打电话给公司提出他们的建议、质疑或抱怨。但事实上,由于各种各样的原因,95%的不满意顾客并不说出他们的抱怨,许多人只是停止购买企业的产品,因此企业必须创造条件,使顾客能方便地表达其感受。

其次,企业对顾客发出的信号,特别是顾客的抱怨,要作出迅速的反应。国外一项调研结果表明,在所有表达了抱怨的顾客中,如果其抱怨得到了解决,有54%—70%的顾客会再次与企业发生商业关系。如果其抱怨得到了迅速解决,则这一比例会上升到令人震惊的95%。而曾经抱怨和只得到恶劣解决的顾客平均会向5个人讲述他的遭遇。正是因为如此,IBM要求每一位销售人员在其失去一个客户时要写出一份详细报告,并提出改正的所有步骤。从解决市场交换的信息不对称角度来看,追求“顾客满意”的过程就是不断了解、执行和反馈顾客信息的过程,通过顾客的动态信号,使信息不对称趋于对称。

最后,必须让顾客感到惊喜。以超出顾客想象的形式将顾客需要的东西提供给顾客,使顾客达到最大的满意。

4.2.5　顾客忠诚

1. 概念

顾客忠诚(customer loyalty,CL)之所以受到企业高度重视,是因为忠诚的顾客会重复购买。有关顾客忠诚的理论最早可以追溯到1947年由美国学者塞利弗和肯切尔在研究社会判断理论时提出的“涉入理论”。该理论后来在营销学中被应用于研究消费者行为,其主要贡献是区分了品牌忠诚和品牌惰性:在顾客行为低涉入情况下重复购买同一品牌的现象被称为品牌惰性;顾客行为高涉入情况下的重复购买被称为品牌忠诚。品牌惰性之所以不能称为品牌忠诚,是因为低涉入顾客只是出于方便省事而进行习惯性购买,而不像品牌忠诚那样对其认同的品牌具有强烈的偏好。顾客忠诚的前提是顾客满意,而顾客满意的关键条件是顾客需求的满足。

顾客忠诚是指顾客对某一企业、某一品牌的产品或服务的认同和信赖,这往往是不断重复的购买行为,它是顾客满意不断强化的结果。顾客忠诚一般可以分为四个层次:认知性忠诚、情感性忠诚、意向性忠诚、行为性忠诚。这四个层次既是一个递进过程,又是一个反作用过程。

建立顾客忠诚意味着提高"顾客占有率",即顾客购买的本公司的产品在顾客购买同类产品中所占的比例。顾客占有率才是企业持续成长的关键,顾客占有率越高,顾客越忠诚。顾客忠诚度的衡量的主要标准是:顾客重复购买次数、购买挑选的时间、对价格的敏感程度、对竞争产品的态度,及顾客对产品万一有质量事故的宽容度等。

顾客忠诚的结果是会重复购买,对竞争者的产品或服务漠不关心,积极向他人推荐该产品或服务。所以企业要采取积极有效的措施,进行忠诚营销,实现顾客忠诚。

2. 实施顾客忠诚战略

(1) 让企业与顾客互动,倾听顾客的意见是至关重要的。一些企业建立了一套持续运作机制让高层经理持续知晓顾客的回应。理解顾客的想法也同样重要。企业通过了解各种顾客的个人需求和爱好,将企业的服务和沟通个性化、私人化,来强化顾客关系。

(2) 设立俱乐部会员项目。俱乐部会员项目(club membership programs)可以对每个购买某产品或服务的人开放,也可以面向特定群体或愿意支付少量费用的顾客。尽管开放型俱乐部更适于建立数据库以及从竞争对手那里吸引顾客,有限制条件的俱乐部会对建立长期忠诚度更为有效。会费与会员条件的限制可以防止哪些贪图公司产品短期利益的顾客加入。这些俱乐部能够吸引并维系那些给公司带来大宗业务的顾客。

(3) 给大量和经常购买产品和服务的顾客提供奖励。使用这种方法,有助于建立高顾客终身价值、顾客的长期忠诚度和创造交叉销售机会。

(4) 交叉销售是提高顾客占有率最好的方法之一。交叉销售指的是把其他的供给物卖给一种产品的现有顾客,从而获得更多的生意,是企业水平战略联盟的体现。如日本三洋公司和海尔公司相互同意在各自的本地市场中替对方分销产品。

(5) 顾客惊喜可以更好地促进顾客忠诚的产生。顾客惊喜是指企业提供给顾客的产品和服务超出了顾客的预期和想象,因而让顾客感到意外的大喜过望。能不断创造惊喜的企业,自然成为顾客喜爱的目标,因为这样的企业让顾客感到了真正地为顾客所想,而且是想到了顾客没有想到但又的确需要的东西,这对顾客忠诚产生了极大的促进作用。

(6) 深度营销。就是以企业和顾客之间的深度沟通、认同为目标,从关心人的显性需求转向关心人的隐性需求的一种新型的、互动的、更加人性化的营销新模式、新观念。

它要求让顾客参与企业的营销管理,给顾客提供无限的关怀,与顾客建立长期的合作性伙伴关系,通过大量的人性化的沟通工作,使自己的产品品牌产生润物细无声的效果,保持顾客长久的品牌忠诚。深度营销强调将人文关怀的情感体现到从产品设计到产品销售的整个过程之中,乃至产品生命周期的各个阶段。

(7)让顾客没有选择。从现实和理性的角度来看,顾客忠诚更多是体现在顾客是在没有选择余地的情况下最忠诚,顾客如果还有选择的余地,他就不会永久的忠诚。所以,一方面,一个企业要想做到让顾客忠诚,就必须要认真研究自己的竞争对手,永远比自己的竞争对手好"一点点"。另一方面,企业最好能进入顾客的价值链中去。如向顾客提供某种特定的设备或电脑联接,以帮助客户管理他们的订单、账单、存货等,由于这涉及高昂的资金成本、搜寻成本以及可能失去忠诚顾客所获得的折扣,顾客就不会轻易转向购买其他公司的产品,这样才会让顾客没有了选择的余地,让顾客的忠诚不得不落在本企业的身上。

:: 本章小结

市场营销的本质就是为顾客创造价值。

顾客认知价值是指潜在顾客评估一个产品或服务或其他选择方案整体所得利益与所付成本之差,即整体顾客利益与整体顾客成本之间的差额。顾客终身价值是某个顾客终身购买产品的预期总利润的净现值。

顾客价值最大化意味着要建立长期的顾客关系。客户关系管理使得公司可以通过有效地利用客户个人信息来提供卓越的实时顾客服务。后营销管理就是在企业销售商品或服务后,以维持现有顾客为目标所进行的一系列营销活动。所谓数据库营销,是指建立、维系与使用顾客数据库与其他数据库的过程,以达到联系、处理与建立顾客关系的目的。

保持顾客的关键是顾客满意。顾客忠诚是指顾客对某一企业、某一品牌的产品或服务的认同和信赖,往往是不断重复的购买行为,它是顾客满意不断强化的结果。

:: 本章关键词

价值链　顾客认知价值　顾客终身价值　客户关系管理　顾客资产　后营销管理数据库营销　顾客满意　顾客忠诚　交叉销售　深度营销

:: 思考题

1. 顾客认知价值的内容和意义是什么?
2. 客户关系管理的目的是什么?
3. 数据库营销对企业有何意义?
4. 企业应如何进行有效的后营销管理?
5. 如何做好让顾客满意和忠诚的工作?

第二篇　选择营销价值

上兵伐谋，其次伐交，其次伐兵，其下攻城。

——孙子

运筹帷幄之中，决胜千里之外。

——刘邦

不谋万世者，不足谋一时；不谋全局者，不足谋一域。

——陈澹然

少则得，多则惑。

——老子

《孙子兵法》曰："故善战者，求之于势，不责于人，故能择人而任势。任势者，其战人也。如转木石，木石之性，安则静，危则动，方则止，圆则行。故善战人之势，如转圆石于千仞之山者，势也。"这段话深刻地告知了知势、借势、求势、造势的重要性。势包括了大势、中势与小势。知大势就是指知天时，知天时是指知自然气候、时间时机和时势（政治、经济、社会、技术等因素），大势所趋，顺大势；知中势就是指知地利，知地利是指知所处的地理位置、地形地貌等有何特点和优势；知小势就是指知人和，知人和主要是指知我方和对方的人心状况，竞争者状况等。当天时与地利对做相似事情的许多组织和人都是一样时，就更要强调人和的重要性。"天时不如地利，地利不如人和。"势是布局，布局得当则可顺势而为，势不可挡，势决定执行力的强弱。最高管理者做势，中层管理者至少要懂势，然后才能懂事，管理具体执行者去做事。"势事如意"，事被势决定。

经营是筹划和营造。经营是布局、战略和谋略，是谋势，"运筹帷幄之中，决胜千里之外"表现出全局性、长远性和系统性的特点。经营战略是在认识和理解市场（全局）基础上的布局，一切重要的经营问题都取决于战略是否正确。战略也是一种省略，化繁就简，大道至简。经营是选择对的事做，是战略思维和谋略；管理是把事做对，是具体落实和执行。

赢自经营，运筹帷幄，选配定谋略。系统的经营之道首先体现在选择上，其次体现在配置上。选择大于努力。选择不对，努力白费，选择决定结果。战略选择是经营的首要决策，包括了选择方向性和选择主动权两个方面，具体需要解决的六个基本问题：成什么？做什么？做给谁？凭什么？商业模式是什么？竞争优势是什么？配置需要解决四个基本问题是：产品、价格、渠道和物流的策略及配置问题。以上经营十问构成了经营的关键谋略，上兵伐谋。

战略营销大师特劳特强调战略制定要自下而上，而不是自上而下，他说："战略应源于实际可行的战术，营销战术导出企业战略。"其实，战略应该是源于市场，是具体的对象决定了战略,这才是真正意义上的自下而上的战略。从这个意义上讲,战略还是先于战术的,但战略被市场决定,而不是自以为是。

企业选择战略包括了一般的企业战略选择、竞争战略选择、目标战略选择、定位战略选择和品牌战略选择等。其中目标战略选择与定位战略选择合起来也被称为STP战略(segmentation 细分、targeting 目标、positioning 定位)。竞争战略选择意味着企业面对的基本对象不仅仅只是顾客,而且还有竞争对手。定位战略是确定交换理由的战略。迈克尔·波特认为,战略就是创建一个价值独特的定位。杰克·特劳特也说:"所谓战略就是创造一种独特、有利的定位,涉及不同的运营活动。"品牌战略是对STP战略和竞争优势的进一步落实,通过打造品牌,让对方慕名而来,双方都能获得名利双收的结果。

日本企业家松下幸之助说:"经营能力是促进销售的关键""经营能力低下的企业,即使拥有优秀的人才,也很难有好的业绩""经营能力是企业的灵魂"。柳井正说:"所谓经营者就是取得成果的人""必须将公司的使命和成果相结合,这才是经营的原则"。

中国管理学者陈春花认为,经营的基本元素只有四个:顾客价值、合理成本、有效规模、深具人性关怀的盈利。对于战略、营销、产品、价值链、服务、品牌本质的认识,都是基于对这四个基本元素的理解。经营级别战略是为竞争做的,主要体现在营销上。企业级别战略是为了成长,即发展战略。

好的结局(销售)被好的布局(经营)决定,而好的布局被准确认知全局(现实)决定。全局意识和布局意识构成了人的势念和格局,格局决定结局。

第 5 章
企业战略选择

开篇案例　欢乐的迪士尼

华特·迪士尼公司(Walt Disney Company，TWDC)，简称迪士尼，是世界上第二大传媒娱乐企业，1923 年由华特·迪士尼与兄长洛伊·迪士尼创立。总部设在美国伯班克，主要业务包括娱乐节目制作、主题公园、玩具、图书、电子游戏和传媒网络。其产业链涉及以下方面。

(1) 影视产业。

影视产业类型繁多，生产各种影片、动画片、电视节目、录制和商演舞台剧等。其产量大，每年出产 50 多部故事片，而且发行、出售量大，重播经典。其特点为全球化与本土化结合、不断创新、精湛的制作技术、轰炸式宣传。

(2) 迪士尼乐园。

迪士尼乐园是基于迪士尼动漫影片而发展为旅游、娱乐的游乐园，并带动与乐园相关联的一系列消费服务部门，不断扩展业务，使收入"滚雪球"似地以膨胀，是迪士尼公司的主体。"体验式营销"是迪士尼乐园的生存之道，"创造欢乐"则是其主题。所以迪士尼乐园第一次把观众在电影里和卡通片里看到的虚拟世界变成了可有、可玩、可感的现实世界，除了包括若干主题公园外，公司还提供餐饮、销售旅游纪念品，经营度假村、交通运输和其他服务行业。

(3) 迪士尼消费品。

特许经营扩大了迪士尼公司盈利销售渠道，如今全球有 4 000 多个拥有迪士尼特许经营的商家，迪士尼每年的特许经营额达到 10 多亿美元。如米老鼠一经问世，就有许多厂商同迪士尼联系，请求允许使用米老鼠形象,现在以米老鼠为形象的产品深受"老鼠帮"们喜爱。除特许经营外,迪士尼还开发了诸多衍生消费品,主要包括影视节目开发制作的音像带、VCD/DVD/CD 产品、旅游产品、玩具、纪念品、书籍等相关产品、影视代表场景及相应的旅游景点的开发等。

(4)迪士尼的网络媒体。

迪士尼的网络媒体主要包括迪士尼—ABC 电视集团、迪士尼广播电台、ESPN 公司等,目前是迪士尼最大的收入来源,占其总收入的 41.95%。

迪士尼商业盈利模式采用的是"轮次收入"模式:第一轮收入是迪士尼的电影和动画大片的票房;第二轮收入来自这些已公映的电影的拷贝销售和录像带发行所获得的利润;第三轮收入依靠在主题公园增添新的电影或动画角色吸引游客前来,并使其乐于为这种大银幕与现实世界完美结合的奇妙感受付钞票;第四轮收入是特许经营和品牌授权的产品。此外,迪士尼一直在不断收购最强势的媒体,借助电视媒体的力量扩大迪士尼产品的影响力,环环紧扣地运作起品牌价值链。

迪士尼先生首先明确定义了公司的使命和经营理念:即通过主题公园的娱乐形式,给游客以欢乐。通过主题公园的形式,迪士尼致力提供高品质、高标准和高质量的娱乐服务。同时,公司还提供餐饮、销售旅游纪念品,经营度假宾馆、交通运输和其他服务支持行业。靠着"在娱乐之中学习知识"的诀窍,迪斯尼成为名留青史的企业巨头,开创并主宰了一个全新的卡通世界。迪斯尼的与众不同之处在于它生产的是精神产品、无形产品、文化产品和娱乐产品,目的是为孩子和家长提供娱乐,创造人间的欢乐童话。

资料来源:根据互联网等多方资料整理而成。

战略(strategic)的本义是对战争全局的谋划和指导。要想获得一时一域的成功,就需要有长远全面的战略眼光,这长远全面的战略眼光就是经营之道。企业战略是指企业为了适应未来环境的变化,寻求长期生存和稳定发展而制订的总体性和长远性的谋划。战略本质上就是一种选择,尤其是选择不做什么。战略有全局性、长远性、系统性、纲领性、竞争性、风险性等特征。

在战略上一定要在今天为未来做一些投入,战略是朝着趋势的方向上走,是对未来的选择。借用美国著名冰球运动员克瑞斯汀的一句名言"我滑向球要去的地方,而不是球在的地方",做战略就是滑向球要去的地方,而不是球在的地方。

企业战略是企业层和业务层的管理战略。广义上的企业战略包括了使命、业务、增长、目标顾客、定位、品牌、商业模式和竞争优势等内容。企业战略要考虑的基本因素是:使命、业务、增长和商业模式。本章主要论述企业战略的基本因素。

战略营销大师里斯曾说:"如果你有了正确的战略,即使战术上犯了许多错误,你仍能成功。如果你采取的是一个错误的战略,你即使是一个战术天才也仍会失败。"战略营销大师特劳特也说:"成功就是要找到正确的战略。""战略是一致性的经营方向。战略决定产品规划,战略指导企业如何进行内外的沟通,战略引导组织工作的重心。""战略就是让你的产品与众不同,形成核心竞争力。对受众而言,就是鲜明地建立品牌。"

5.1 确定使命陈述

使命陈述(mission statement)包括:企业存在的理由,通常是指使命;关于某种预期状态的陈述,通常称为愿景;核心价值观与行为标准,用来指导和塑造企业员工的行为;主要目标和目的。使命陈述是对组织目的的表述,即组织在大环境中想要完成的事情,清晰的使命陈述能够起到"看不见的手"的作用,指引组织中的人员行动。

5.1.1 确定企业使命

1. 使命

使命是一种责任,一种担当,一种引领,一种道德,一种交情,还是一种格局。组织和个人应该十分清楚地知道,唯有负责任地为对方谋福祉,才能在对方自由选择的情况下获得交换的成功。使命从大处讲,就是救国救民;从小处讲,就是帮助别人,总之就是为社会和公众做贡献。使命一定是为了对方,而且是善意的。市场营销的基本理念就要求我方成为有使命感的组织和个人,并且要使命必达。

企业使命是指企业在社会进步和社会经济发展中所应担当的角色和责任,是指企业的根本性质和存在的理由,说明企业的经营领域、经营思想,为企业目标的确立与战略的制定提供依据。彼得·德鲁克认为,有效领导的基础是对组织的使命进行全面思考,并且要清晰明确地定义和建立组织使命。管理就是界定组织的使命,并激励和组织人力资源去实现这个使命。企业使命决定企业战略,决定企业存在的价值,使命说明了企业为什么而活着,其不可替代性体现在什么地方。一个企业能做多大,和它的使命密切相关。

企业使命不在内部,而在外部,在顾客和公众的身上。日本企业家柳井正说:"对公司而言最重要的就是使命感""长久得到社会认可的优秀公司都是扎扎实实地遵循着公司的使命感进行经营的""把公司使命作为一切经营活动的核心"。

有远见的和想象力的公司所设定的目标远不止赚钱。美国西南航空公司认为自己不只是提供航空旅行,而是提供全面的顾客服务。其使命是:"西南航空致力于提供充满温暖、友好、自尊和企业精神的最优质的服务。"亚马逊公司希望"把网上购物变成最快捷、最便利、最愉悦的购物体验——让亚马逊成为你在网上能够找到你需要的任何东西的地方"。迪士尼公司的使命是"让人们愉快"。沃尔玛公司的使命是"给普通人机会,让他们能和富人买到同样的东西"。腾讯公司的使命是"通过互联网服务提升人类生活品质"。

2. 愿景

企业愿景是指企业要达到的理想目标,描述了某种期望实现的状态,通常用非常大胆的语言说明企业想要实现的目标。企业愿景是在企业内部,是企业自己要达到的目标。腾讯公司的企业愿景就是成为"最受尊敬的互联网企业"。

企业愿景的实现通过企业使命的实现来获得,也就是说只有实现了对外部的使命,才能实现内部的愿景。使命成就愿景。我为人人,人人为我。

3. 价值观

企业价值观表明企业的管理层和员工应当如何行动,他们应当怎么做业务,他们希望建立什么样的组织来帮助企业实现使命。由于价值观决定企业内部人员的行为,它通常被视为企业文化的基石。美国华盛顿大学商学院的战略管理专家希尔等在《战略管理》一书中就说:"企业文化是一系列控制员工在实现企业使命和目标时工作行为的价值、规范和标准。"企业文化是竞争优势的重要来源,企业的竞争优势要依靠高效率的员工队伍,而这又是企业文化价值观的直接产物。价值观表现在企业内部,就是指如何对待自己的员工。对待员工的价值观包括:企业管理层有义务保证员工获得同其能力相符的报酬;员工应当相信,只要努力工作,他们就不会失去工作;员工有权要求公平对待而且必须相信自己能够得到公平对待;如果感受到不公平对待,员工必须有申诉的途径。

彼得·德鲁克说:"组织与人一样必须拥有价值观。要在组织中发挥应有的作用,个人的价值观必须与组织的价值观保持一致。个人与组织的价值观不必完全一样,但是,必须足够地接近,这样才能和谐共处。否则,个人不仅会遭到挫折,而且也不会创造出优异的成绩。"

5.1.2　确定主要目标

在完成了企业使命、愿景以及关键价值观的陈述之后,战略管理的下一项工作就是明确主要目标。因为对于某项任务的执行,确定的目标可以是不一样的。目标一般包括利润率、销售增长率、市场份额、投资回报率、风险的分散、创新和声誉等。其中,目标应该是经过量化的、有明确的时间范围的具体目标。企业目标往往是表现为一个以多种目标而构成的目标体系,该目标体系的形成应该贯彻以下原则:

1. 层次化原则

企业目标体系的层次化首先表现为构成目标体系的各个目标中应当有主次,突出重点。如在不同目标市场销售额的增长速度就必须有利于从总体上提高企业的市场占有率。具体来说,是应当更重视新市场的开发和新市场的销售增长速度;同时只要有利于市场占有率的提高,企业的利润增长程度可以暂时放慢一些等等。企业目标体系的层次化还表现为企业的总目标应当进行分解,可将其层层分解为能被各个职能部门和企业员工具体执行的分目标或子目标。

2. 数量化原则

企业的目标反映了企业执行其生产或经营任务的期望水平和期望效果,应当是可以被衡量的,所以企业的目标应当数量化。与此同时,对于各目标市场销售额的增长和企业利润的实现也应当有相应的期望指标。这样就能根据企业目标制定出生产和经营计划,并对计划执行的全过程加以有效的控制。好的企业目标应当提供评估绩效的方法。

3. 现实性原则

企业选择的生产或经营目标必须切实可行,必须经过努力能够实现。这就要求目标的确定不能只从主观意愿出发,而必须充分考虑客观环境的各种约束条件;同时还应当从企业的现实基础出发。如目前企业的确市场地位是处于第四位,企业将自己的目标确定为经过一段时间的努力,使企业的市场地位跃居为第二位,甚至第一位,可能并不为过;但是如果企业目前的市场地位还进不了前十名,在短期内就想使企业的市场地位跃居榜首,恐怕就不太现实了。但是现实的目标并不等于保守的目标,应当是经过一定的努力才可能达到的,这样才能使企业得以不断地发展和前进。

4. 协调性原则

在一个目标体系中,诸目标间应当保持协调一致,应当追求最佳的综合效益,而不是某一单个目标的最优化。如企业若企图以“最低的销售费用获得最高的销售增长率”,或“在实现最高利润的同时,占据最大的市场份额”,实际上是完全做不到的。根据系统管理的原理,在系统综合效益最优的情况下,各部分的个别效益只能是“次优”的,所以在确立企业生产和经营目标体系时,必须考虑各具体目标之间的协调。特别是一些可能相互矛盾的目标,如短期效益和长期效益、稳定和发展、挖掘老市场和开发新市场、增加赢利和扩大市场份额等,企业在确定目标体系时都必须权衡抉择,有取有舍,这样才能保证企业综合效益的最优化。

一个好的企业使命及目标应具备的三个基本特点:(1)集中在有限的目标上(才能在管理者面临重大决策时,提供明确的指导);(2)强调企业的价值观;(3)明确企业要参与的主要竞争范围(行业范围、产品与应用范围、能力范围、市场细分范围、地理范围等)。

5.2 市场环境分析

环境的变化可能给企业带来可以利用的市场机会,也可能给企业造成严重的环境威胁。

分析市场环境就是分析天时、地利、人和的状况,是一个知天、知地、知人的过程。企业通过经常了解和深入分析当前环境各方面不断变化的情况,才能根据自身的优势与劣势制定出正确的经营战略。

营销的成败,就取决于是否在恰当的时间做了恰当的事情。因此,里斯强调说:"在营销中如同在生活中,时机就是一切。"

营销环境的经典分析方法有 SWOT 分析法和 PEST 分析法(Political 政治、Econmomic 经济、Social 社会、Technological 技术)。经过对 PEST 模型的拓展,将法律(Legal)、自然环境(Natural Environmental)、人口统计(Demographic)等因素归纳起来,就形成了 PEST-LED 模型。

5.2.1　机会与威胁分析

1. 环境机会的分析

企业的**营销机会**(marketing opportunity)是指购买者存在需求和兴趣的领域,而且企业又具有较高的概率能够满足这些需求并获得利润。如新领域、新技术、新材料、新服务等带来的机会,主要考虑其潜在的吸引力(盈利性)和成功的可能性(企业优势)。

市场机会主要有三个来源:第一个来源就是提供某种供应短缺的产品,这在经营中往往不需要是营销技巧;第二个来源是使用新的或更好的方法向顾客提供现有的产品或服务;第三个来源就是向顾客提供崭新的产品或服务。

2. 环境威胁的分析

环境威胁(environmental threat)是指一种不利的发展趋势所形成的挑战,如新政策、经济状况、消费者、成本、技术、竞争等带来的威胁。一般着眼于两个方面:一是分析威胁的潜在严重性即影响程度;二是分析威胁出现的可能性,即出现的概率。

3. 环境分析的结果

在进行了环境机会和环境威胁的分析后,会出现四种分析结果,企业在环境分析与评价的基础上,应对机会与威胁水平不等的各种业务分别采取不同的对策参见图 5.1。

	成　功　概　率	
	高	低
市场吸引力　高	理想业务	风险业务
市场吸引力　低	成熟业务	麻烦业务

图 5.1　业务风险评价矩阵

(1) 理想业务,是机会多,很少有严重威胁的业务。可以开发或维持。

(2) 风险业务,是机会与威胁都多的业务。可以谨慎开发或竞争。

(3) 成熟业务,是机会与威胁都少的业务。可以维持或开辟新业务。

(4) 麻烦业务,是机会少,威胁多的业务。应该退出或不进入。

5.2.2　SWOT 分析法

SWOT 分析(strengths weaknesses opportunities and threats analysis)，即对公司内部的优势和劣势，外部的机会和威胁进行全面分析，可以监视外部环境和内部环境。此分析法是在 20 世纪 80 年代由美国管理学教授韦里克提出来的，又称为态势分析法，已被广泛运用在企业的战略制定、竞争对手分析和营销环境分析中。

1. SWOT 分析

SW 是指对组织内部资源条件的分析。企业的 SW（内部的优势、劣势）一般表现为企业在资金、技术设备、员工素质、产品、市场占有率、管理技能等单项和综合方面。

OT 是指对组织外部环境的分析。企业的 OT（外部的机会、威胁）主要表现为政府的支持、高新技术的应用、良好的购买者和供应者关系等机会，及竞争对手市场增长率，购买者、供应者讨价还价能力增强，技术老化等威胁。

从根本上说，SWOT 分析是选择商业模式和完善商业模式的方法论。

2. 分析结果

管理者一般会构成如图 5.2 的 SWOT 矩阵，然后对矩阵中的不同区域赋予不同的分析意义，进而形成四种内外匹配的战略。

	优　势(S)	劣　势(W)
机会(O)	SO 战略	WO 战略
威胁(T)	ST 战略	WT 战略

图 5.2　SWOT 矩阵

（1）SO 战略，是扩张型战略。即以企业的优势去把握与之相应的市场机会，积极扩张，去取得更大的优势。

（2）ST 战略，是多元化战略。即以企业的优势去面对可能出现的市场风险，进行多元化经营来分散风险。

（3）WO 战略，是转型发展战略。面对某些市场机会，企业可能不具有相应的竞争优势。但如果机会的吸引力足够大，企业可以依然去把握。

（4）WT 战略，是防守型战略。企业要高度重视在发展中所可能发生的各种风险，并注意到在面对风险时自己所存在的不足之处，从而能使企业在事先就做好充分的应对准备。

5.3 确定经营业务

　　企业必须通过其所经营的各项具体业务去实现其使命和目标,这也直接影响着企业的资源配置。在一般情况下,具有一定规模的企业往往会将其资源投放在几种不同的业务上,以形成自己的业务组合。因为这样就可能有效地避免市场风险,并能保持企业有稳定的利润增长源。

5.3.1　选择经营业务

　　做什么生意来实现企业的愿景和目标是企业最现实的问题。

　　美国管理咨询专家拉姆·查兰在其《CEO 说》一书中说,赚钱的生意必须具备三个基本部分:现金的产出、资产收益率(利润率和周转率的结合),以及增长。一个真正的生意人对于其中的每一个部分都有深刻的了解,并且清楚地知道它们之间的关系。把消费者加进赚钱的三个基本要素——现金的产出、资产收益率,以及增长之中,就将得出任何生意的中心或者核心。

　　现金的产出、资产收益率、增长,以及消费者,商业中任何其他的东西都能归结到这个核心。我们的生意是否在产出现金? 是否获得了一个很好的资产收益率? 我们是否留住了顾客? 这个生意是否在增长中? 如果对这些问题的答案都是肯定的,那么直觉就会告诉你,你的生意运行得很好。相反,如果答案是否定的,那么即使是一家很大的综合公司,最终也必将变得举步维艰。

　　现金的产出是衡量赚钱能力的非常重要的指标之一。一个机敏的商人需要知道:他的生意是否产出了足够的现金? 什么是产出现金的源泉? 现金又是怎样被使用的? 任何一个不会思考这些问题、也说不出答案的商人都将注定失败。现金的产出,指的是在给定的一段时间里现金的流入总量和流出总量之间的差值。现金流入的来源包括产品的销售、以现金支付的服务,以及以前以赊账方式实现的销售的支付等;而现金流出的方式则包括工资的支付、缴税,以及支付给供货商的现金等。

　　周转得越快,收益率也就越高。事实上,资产收益率就是利润率乘以资产周转率。这是商业的一个普遍定理,可以简单地表达如下:收益率－利润率 × 周转率。也就是:$R=M \times V$。虽然不是金融学术语,但 $R=M \times V$ 是一个非常有用的商业工具,非常值得记住。这个公式的结果 R 以百分数的形式表达。那些最好的公司的税后资产收益率都大于 10%。

　　很多人都把注意力集中在利润率上,而忽视了周转率。其实,那些成功的 CEO 们与许许多多其他管理人员的不同之处就在于:他们能够同时考虑利润率和周转率。这种双重关注就是商业才智的核心。

增长必须要创造利益,而且要可持续,增长必须要伴随着利润率和周转率的提高,现金产出能力的增长也需要保持同步。

怎样才能对企业所经营的各项业务进行准确地评价,并适时地作出调整呢? 最著名的方法包括了波士顿矩阵法和通用电器公司法。

1. 波士顿矩阵

一般来说,企业都会有一个或几个经营业务,如何对这些业务进行投资组合分析是企业管理者在战略制定时要重点考虑的问题。这些业务可以称作是**战略业务单位**(strategic business unit,SBU)。

投资组合分析法中最常用的方法是波士顿矩阵分析法,它是美国波士顿咨询公司(Boston Consulting Group,BCG)在 1960 年时提出的一种产品结构分析的方法。这种方法是把企业生产经营的全部产品或业务的组合作为一个整体进行分析,常常用来分析企业相关经营业务之间现金流量的平衡问题。通过这种方法,企业可以找到企业资源的产生单位和这些资源的最佳使用单位。下面就来具体介绍一下波士顿矩阵,其矩阵图参见图 5.3:

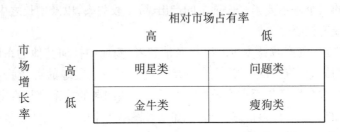

图 5.3　波士顿矩阵

在图 5.3 中,矩阵的横轴表示企业在行业中的相对市场占有率(也称为相对市场份额)地位,是指企业某项业务的市场占有率与这个市场中最大的竞争对手的市场占有率之比。相对市场占有率的分界线划分出高和低两个区域。某项产品或业务的相对市场占有率多,表示其竞争地位强,在市场中处于领先地位;反之,则表示其竞争地位弱,在市场中处于从属地位。相对市场占有率是市场占有率的一部分。市场占有率(也称为市场份额)概念还包括了绝对市场占有率。绝对市场占有率(也称为绝对市场份额)是指企业某项业务的市场占有率与这个市场中行业所有的竞争对手的市场占有率之比。

纵轴表示市场增长率,是指企业所在的行业某项业务的市场销售额增长的百分比。这一增长率表示每一经营业务所在市场的相对吸引力。在分析中,通常用 10% 的增长率作为增长高低的界限。最近两年平均增长率超过 10% 的是高增长业务,低于 10% 的为低增长业务。具体分析如下:

（1）高增长/强竞争地位的"明星"业务。这类业务处于迅速增长的市场,具有很大的市场份额。在企业的全部业务中,"明星"业务在增长和盈利上有着极好的长期机会,但它们是企业资源的主要消费者,需要大量的投资。为了保护或扩展明星业务在增长的市场中占据主导地位,企业应在短期内优先供给它们所需要的资源和资金,支持它们继续发展。

（2）低增长/强竞争地位的"金牛"业务。这类业务处于成熟的低增长市场中,市场地位有利,盈利率很高,本身不需要投资,反而能为企业提供大量资金,用以支持其他业务的发展,所以企业要尽快榨取,这类业务是企业正在赚钱的业务。

（3）高增长/弱竞争地位的"问题"业务。这类业务通常处于最差的现金流状态。一方面,所在行业市场增长率极高,企业需要大量的投资支持其生产经营活动;另一方面,竞争中的市场份额较低,能够生成的资金较少。因此,企业对于"问题"业务的投资需要进一步分析,判断使其转移到"明星"业务所需要的投资量,分析其未来是否盈利,研究是否值得投资。

（4）低增长/弱竞争地位的"瘦狗"业务。这类业务处于饱和的市场当中,竞争激烈,可获利润极小,不能成为企业主要资金的来源。如果这类业务还能自我维持,则应缩小经营范围,加强内部管理。如果这类业务已彻底失败,企业应当及时采取措施,清理业务或退出经营领域。

通过波士顿矩阵的分析,企业一般应该发展明星产品,维持金牛产品,转化问题产品,淘汰瘦狗产品。在 SBU 的分析中,企业的产品组合相对更强调市场占有率的重要性。

2. 通用电器公司法

通用电器公司法首先由通用公司构思,也称为"多因素投资组合"矩阵,其目的在于修正波士顿矩阵的一些不足。公司从市场吸引力和竞争能力两个方面来评估每个战略经营单位的现状和前景。

市场吸引力的大小,取决于市场大小、年市场成长率、历史的利润率、政府管制、技术变动速率、与供应商建立伙伴关系的潜力等因素;竞争能力的强弱,由该单位的市场占有率、产品质量、品牌是否自有、公司形象、服务设施、分销能力等决定。

对每个因素分别进行等级评分（最低为 1 分,最高为 5 分）,并依据其权数计算加权值,加权累计得出该单位的市场吸引力及竞争能力的总分。依据市场吸引力的大、中、小,有关战略经营单位竞争能力的强、中、弱,多因素投资组合矩阵分为九个区域,组成了三种战略地带:

（1）绿色地带:这个地带的市场吸引力和经营单位的竞争能力最为有利,一般"开绿灯",采取增加资源投入和发展、扩大的战略。

（2）黄色地带:这地带的市场吸引力和经营单位的竞争能力,总的来说中等。一般对这个地带经营单位"开黄灯",即维持原投入水平和市场占有率。

（3）红色地带：这里市场吸引力偏小，经营单位竞争能力偏弱。因此多选择"开红灯"，采用收割或放弃战略。

5.3.2　制定增长战略

从企业发展的角度来看，任何成功的企业都应当经历长短不一增长型战略实施期，因为从本质上说只有增长型战略才能不断地扩大企业规模，使企业从竞争力弱小的小企业发展成为实力雄厚的大企业。企业战略的核心是如何进一步的增长。

制定增长战略首先是在公司现有的业务各领域里寻找未来的发展机会（密集型增长机会）；第二，建立或收购与目前业务相关的业务（一体化增长计划）；第三，增加与公司目前业务无关的、富有吸引力的业务（多样化增长机会）。

1. 密集化增长

密集化增长机会是指一个特定市场的全部潜力尚未达到极限时存在的市场机会。这意味着企业仍可以在现有的生产、经营范围内求得发展，在企业现有的业务领域里寻找未来发展机会。

（1）市场渗透战略。企业应该首先考虑在现有市场上，现有产品是否能够获得更多的市场占有率。企业可以通过采取更加积极有效的市场营销措施，如通过增加销售网点，调整价格、加强广告宣传等措施，努力让现有产品在现有市场再能得到更多的市场份额。其具体的形式包括：鼓励现有顾客多买；尽力将竞争者的顾客吸引到自己的产品上来；尽力说服没买的消费者来购买。

（2）市场开发战略。指企业通过努力开拓新市场来扩大现有产品的销售，从而实现企业业务的增长。现有产品开发一些新市场主要是采取发展新的销售区域来实现。

（3）产品开发战略。指企业通过向现有市场通过多种改型变异产品，如增加花色品种、增加价格档次、改进包装、增加服务等措施来为其现有的市场发展若干有潜在利益的新产品。

（4）多样化战略。是指企业考虑是否存在为新市场开发新产品的机会。

密集型增长战略可以用安索夫矩阵（Ansoff Matrix）来表达，安索夫矩阵（由安索夫在 1957 年提出）虽然简单却提供了有用的分析工具，因为它代表了企业企图增进收入或获利的四种选择（见图 5.4）。

	现有产品	新产品
现有市场	市场渗透战略	产品开发战略
新市场	市场开发战略	多样化战略

图 5.4　产品—市场方阵：安索夫矩阵

2. 一体化增长

一体化增长是指一个企业把自己的营销活动伸展到供、产、销不同环节而使自身得到的发展机会,企业往往利用这种市场机实行不同程度的一体化经营,建立或收买与目前公司业务有关的业务。包括进行后向一体化战略(与供应商);前向一体化战略(与中间商);水平一体化战略(与竞争者),从而增强自身的整体竞争实力,扩大规模,提高效率,增加盈利。

(1) 后向一体化。收购、兼并上游供应商,拥有或控制供应系统。企业产品在市场上拥有明显的优势,可以继续扩大生产,打开销售,但是由于协作供应企业的材料,外购供应跟不上或成本过高,影响企业的进一步发展。在这种情况下,企业可以依靠自己的力量,扩大经营规模,由自己来生产材料或配套零部件,也可以向后兼并供应商或与供应商合资兴办企业等,组合联合体,统一规划和发展。

(2) 前向一体化。收购、兼并企业下游的厂商、中间商等。典型的有制造商、批发商自办销售渠道。或制造商将其业务范围向前延伸,如从制造小型柴油发动机到直接生产拖拉机等,生产原材料或半成品的企业,决定由企业自己制造成品或与成品企业合并,组建经济联合体,以促进企业的不断成长和发展。

(3) 水平一体化。收购、兼并同类处于同一生产经营阶段的企业,以促进企业实现更高程度的规模经济和迅速发展的一种战略。

水平一体化是横向一体化,通过收购同类企业达到规模扩张,这在规模经济性明显的产业中,可以使企业获取充分的规模经济,从而大大降低成本,取得竞争优势。同时,通过收购往往可以获取被收购企业的技术专利、品牌名称等无形资产。横向一体化是一种收购企业的竞争对手的增长战略。后向一体化和前向一体化是纵向一体化,其最显著的特征就是构成了产业链,打通了上下游的关系,形成了产供销的一条龙整体经营。

3. 多元化增长

多元化(多样化、多角化)的市场机会存在于一家企业例行的经营范围之外,通常是增加与企业目前业务无关的富有吸引力的业务。多元化增长战略主要有三种:

(1) 同心多元化战略。开发与企业现有产品线技术或营销有协同关系的新产品。技术关系多样化这是指以现有事业领域中的研究技术或生产技术为基础,开发异质产品。由于这种多样化利用了研究开发能力的相似性、原材料的共同性、设备的类似性,能够获得技术上的相乘效果,因而有利于大量生产,在产品质量、生产成本方面也有竞争力。同心多样化是以现有市场对象为基础,打入不同的产品。同心多样化往往利用共同的销售渠道、共同的顾客、共同的促销方法,共同的企业形象和知名度,因而具有销售相乘的效果。

(2) 水平多元化战略。即开发某种能满足现有顾客需要的新产品,其与现有技术关系不大,但有较强的市场关联性。如企业做农药与化肥都是满足相同市场的需求。各种产品之间的用途越是不同,多样化的效果越是明显。但是,在技术多样化的情况下,一般来说销售渠道和促销方式是不同的，这对于企业的竞争是不利的。这种战略比较适合原有产品信誉高、市场广且发展潜力还很大的企业。

（3）综合多元化战略。开发与企业现有产品、技术或市场毫无关联的新业务。这是从与现有的事业领域没有明显关系的产品、市场中寻求成长机会的策略，即企业所开拓的新事业与原有的产品、市场毫无相关之处，所需要的技术、经营方法、销售渠道等必须重新取得。

制定增长战略意味着企业规模的扩大，经营品类和品种的增多，这时企业特别要注意的是不能盲目扩张，对经营业务的范围和数量要有清醒的认知。

4. 业务专业化与市场多元化

制定增长战略要解决的问题包括业务的对与错的问题及业务的多与少的问题。

老子的《道德经》里说："少则得，多则惑。""知足不辱，知止不殆，可以长久。"孔子也说："知止而后有定，定而后能静，静而后能安，安而后能虑，虑而后能得。"知道不该做什么比知道自己能做什么显得更为重要。战略思维就是选择不做什么。许多人都认为自己能做许多事情，结果就会头脑发热，盲目行动。而管理者的智慧其实是体现在知道自己不应该去做什么，这样就会集中精力去做深做透自己的那一两项事情，不再会受到外界各种各样的诱惑，最终成就大事。

业务专业化产生聚焦经营，聚焦经营的公司可以通过市场多元化把核心业务蕴含的潜力最大化发挥，而不会醉心于业务多元化。市场多元化有纵向和横向两种发展方向：纵向是覆盖更多的顾客，在一个市场区域内，通过推出多品牌的相似业务产品满足消费者的不同细分需求；横向是覆盖更多的地区，即进行全球化经营。聚焦经营不一定必须自始至终围绕着某一个产品，也可以是一系列产品，但业务相似，可让其核心业务得到强化。如箭牌口香糖，就有绿箭、黄箭、白箭、劲浪和益达等品牌，各有不同的定位。在欧洲许多国家中，箭牌占据了超过 80% 的口香糖市场份额，在美国则为 50%，在中国也超过了 70%。

业务的多样化的扩张往往会拖累原来的主营业务和核心业务，其结果是得不偿失，最终导致业务多样化的失败。力量分散的大公司敌不过将力量集中于一点的专业对手，通过多元化分散风险的童话是不可靠的。管理大师彼得·德鲁克说："卓有成效如果有什么秘诀的话，那就是善于集中精力。卓有成效的管理者总是把重要的事情放在前面先做，而且一次只做好一件事。"

营销战略大师里斯和特劳特在他们的定位理论里指出多元化本身无可厚非，它是企业成长和保持竞争优势的必由之路，但它不能破坏定位，而应加强和发展定位，即聚焦于核心业务、集中经营。在他们的名著《22 条商规》里的延伸定律就说："多便是少。产品越多，市场越大，阵线越长，赚的钱反而越少。'向各个方向全速出击'似乎是各公司的竞争口号。什么时候他们才会懂得品牌延伸最终导致被淘汰出局的恶果呢？少便是多。今天，你若想成功，就必须集中精力，以便在顾客心智中巩固自己的地位。"

与业务不相关的并购往往只会削弱公司的核心业务。从长远看,这些业务是不可能在与那些专业对手的交锋中占据上风的。因此,即使是强大的通用电气也在收缩。杰克·韦尔奇说:"只有在各自市场上排在第一或第二位的业务才能在竞争日益激烈的全球市场上获胜。那些没有希望获胜的业务就需要整顿、关闭或卖掉。"郭士纳在其《谁说大象不能跳舞》中也说:"回顾我在 IBM 的经历,毫无疑问我们获得的成功中有很大部分应当归功于我们没有做的那些事情。"

公司级别的战略中除了增长型战略外,还主要有稳定性战略、紧缩型战略和国际化战略。稳定型战略是保持目前的企业战略目标及定位,不希望承担改变战略带来的风险。紧缩型战略是企业因为资源、技术、竞争等不同原因,在有必要时退出某些业务的战略行为。紧缩型战略一般是短期的,因此,紧缩型战略也是一种以退为进的战略。国际化战略是面对国际市场,企业充分利用在国内和其他国家拥有的竞争优势,弥补本身的劣势,在两国、多国甚至全球范围内从事经营活动,追求最大限度的国际比较优势的战略行为。

5.4　确定商业模式

商业模式已经成为挂在创业者和风险投资者嘴边的一个名词,有一个好的商业模式,成功就好像有了一半的保证。商业模式简单地说就是公司通过什么途径或方式来赚钱的模式,所以也可以称为赚钱模式或赢利模式。商业模式是一个比较新的名词,尽管它第一次出现在 20 世纪 50 年代,但直到 20 世纪 90 年代才开始被广泛使用和传播。商业模式是构成企业战略的重要组成部分,是企业一系列战略、策略得以实施的关键。

5.4.1　商业模式

1. 内涵

一般来说,商业模式就是管理者将企业所实行的一组战略编织成具有内在一致性的整体以获得竞争优势和实现卓越绩效的理念。商业模式决定着如何将公司的各项战略和投资协调一致以实现超越平均水平的赢利能力和利润增长。**商业模式**(business model)是管理者运用战略构造价值链的方法,目的是创建为实现效率、品质、创新和顾客响应所必需的独特竞争力,支持企业的低成本或差异化定位,进而实现竞争优势和卓越的赢利能力。常见的商业模式主要包括了或技术或资源垄断或价格或服务等模式。

以沃尔玛公司为例,它的主要战略目标是成为成本最低的、提供大量普通商品选择的零售商。沃尔玛的商业模式是在大面积的自助式卖场中提供大量普通商品,沃尔玛公司的战略有力地支持了这一商业模式，帮助企业实现了战略目标。例如，为了降低成本，沃尔玛竭力控制商店内装饰和设备的投资。增加销售和降低成本的主要手段之一是加快库存周转，这是通过对物流和信息系统的战略性投资而实现的。沃尔玛在流程方面的创新方面投入巨资以提高信息系统和物流系统的效能，这样就以一种完全不同的方式做到了对顾客低价格商品需求的快速反应。

商业模式包括了企业下列的所有活动：选择顾客；定义产品和实现差异化；为顾客创造价值；获得和保留顾客；配置企业的资源；生产产品和服务；在市场上交付产品和服务；组织企业内部的活动；实现和保持高水平的赢利能力；在长期中发展业务等。

经营模式一般解释是指企业根据企业的经营宗旨，为实现企业所确认的价值定位所采取某一方式的总称，其中包括企业为实现价值定位所规定的业务范围、企业在产业链的位置，以及在这样的定位下实现价值的方式和方法。经营模式包含在商业模式中，从盈利角度看，也可以视为同一个概念。

一个企业在确定自己的商业模式时，首先要研究竞争对手的商业模式，特别是行业内数一数二的竞争对手的商业模式。机会可能就在竞争对手商业模式的缺陷中。

2. 链模式

好的商业模式的关键是构成链，即形成链模式。企业竞争不是某个环节的竞争，而是链与链之间的竞争。链模式第一是要结成链，包括战略整合、战略联盟、战略外包。第二是要共享链，形成共享利益、共有利益、持久利益。链主要包括价值链、产业价值链、供应链、关系链和利益链等。企业从内部去把握优势，修炼内在的价值链，从外部去利用资源和整合资源，建立起外部的关系链，内外兼修，取得主动权。

价值链（value chain）概念由哈佛商学院教授迈克尔·波特 1985 年在《竞争优势》一书中提出。他认为，每一个企业都是用来进行设计、生产、营销、交货以及对产品起辅助作用的各种活动的集合。所有这些活动可以用一个价值链表示出来。价值链主要包括九项相互关联的战略活动：五项基础活动和四项辅助活动。

基础活动包括企业产品的材料供应（内部物流）、进行加工并生产出最终产品（生产运营）、将其运出企业（外部物流）、上市销售（市场营销）和提供服务（售后服务）这一系列依次进行的活动。辅助活动包括采购管理、技术开发、人力资源管理和企业基础设施与组织建设。企业的基础设施涵盖了企业的一般管理成本、计划、财务和会计、法律和政府政策等。

价值链的各个环节相互关联、相互影响，是企业的内部链。一个环节经营管理的好坏会影响其他环节的成本和效益。逐一研究这些活动，可以知道一个企业的竞争优势源自何方，因为每一项活动都与企业最终创造的竞争优势有关，价值链是构建企业竞争优势的基石。价值链最终是为顾客创造价值，成败优劣主要取决于顾客需求。

菲利普·科特勒说，企业要超越其自身的价值链，进入供应商、分销商、最终顾客的价值链中去寻求合作，形成**价值交付网络**（value-delivery network）或称为**供应链**（supply chain),从中获得竞争优势。供应链管理就是要加强同供应链上所有伙伴之间的联系,把这些伙伴看成价值让渡的伙伴。现在独立成长的公司已经没有了,企业要么在别人的价值链里,要么自己建网,形成更大的价值链,企业已经不是一个组织在战斗。在整个链中,企业应该争当"链主",这样才更具有主动权。

产业链是产业经济学中的一个概念,是各个产业部门之间基于一定的技术经济关联,并依据特定的逻辑关系和时空布局关系客观形成的链条式关联关系形态。

按照迈克尔·波特的逻辑,每个企业都处在产业链中的某一环节,一个企业要赢得和维持竞争优势不仅取决于其内部价值链,而且还取决于在一个更大的价值系统(即产业价值链)中,一个企业的价值链同其供应商、销售商以及顾客价值链之间的联接。企业的这种关系反映了产业结构的价值链体系。对应于波特的价值链定义,产业链企业在竞争中所执行的一系列经济活动仅从价值的角度来界定,称为**产业价值链**(industrial value chain)。这种产业价值链上企业的集聚向上延伸到原材料和零部件及配套服务的供应商,向下延伸到产品的营销网络和顾客。

产业价值链即指一个企业抓关键环节,利用自己拥有的资源,打通一条产业链的模式。产供销构成一个完整的产业链,链上的各家企业密切合作、相互支持,由多方构成"我方",齐心合力,共同面对要实现交换的对方。未来的竞争就是一个企业参与的产业链和另一个企业参与的产业链之间的竞争。企业要么自己打造一个产业价值链,要么就参与进入一个产业价值链中去,只有这样才会得到持续增长的发展。

产业价值链的存在,是以产业内部的分工和协作为前提的。没有分工,就无法区分相应的各个价值增值环节,也就没有价值链的存在。产业价值链中的企业不但能使创新符合需求而且能实现快速创新,并且与上下游环节协同,快速地将技术创新转换为产品,并快速有效地推向市场,进而转化为企业的竞争优势,使得整条产业价值链及其各环节企业处于有利地位,真正实现多赢的局面。

产业价值链涉及整个产、供、销的资源整合问题。资源的整合包括了自然资源、社会资源、客户(主要指相对于企业的供应商、生产商、经销商等)资源和行业内存量资源的全方位的整合。

(1) 外部资源整合。产业价值链的整合和形成是对外部相关资源的整合,形成外部价值链,体现管理中的经济学的理念,因为经济学就是对资源的有效整合与配置。

资源整合需要有效的资源运作来进行。企业可以进行资源运作的关键在于企业自己有独特的优势,它可以体现在品牌、技术、自然资源、服务等方面。海尔总裁张瑞敏说:"你手中有别人需要的资源,你就可以利用别人的资源。"

(2) 内部资源发掘。企业内部价值链就是企业在外部资源整合中所具有的内部竞争优势,这种竞争优势可以通过分析企业所拥有的资源和能力来确定。

资源(resources)是企业所拥有的、能够为顾客创造价值的资本的、财务的、实物的、社会的、人力的、技术的和组织的要素禀赋。企业资源可以分为两种:无形资源和有形资源。有形资源是实物的，如土地、建筑、工厂、设备、存货和资金。无形资源是非实物存在，它由企业和员工创造，例如品牌、商誉以及通过经验掌握的知识和企业的知识产权，包括专利、版权和商标。企业的资源越是难以模仿和专有化，越有可能成为独特的竞争力。

能力（capability）指的是企业协调各种资源并将其投入生产性用途的技能。这些技能隐藏于组织的规章制度、路径和程序中间，即企业作出决策和管理内部流程实现企业目标的风格或行为方式。

企业拥有什么样的资源和能力，就决定了企业能进行什么样的资源运作和整合。一个优秀的企业会拥有独特的竞争力，这样它就比较容易构建产业价值链，并成为产业价值链中的链主。

利益链是指从事某项事物所能联系上的各方在活动中能得到的利益、好处或者成绩。利益链从广义解释就包括了一切有联系的各方，包括了企业的价值链和产业价值链各方，也包括了不属于企业和产业价值链上的其他各方，比如政府、社会团体、民间组织及有关个人等。利益链从狭义来说，就是除了产业价值链外的其他各方的利益、好处或者成绩。

利益不但是产业价值链形成的基础，也是产业价值链以外与一些利益团体和个人形成链的基础。利益链可以和有关的产业链以外的组织、团体结成，也可以和有关的产业链以外的个人结成。

由于利益链一般会被认为是个贬义词，所以利益链也可以由"可持续的共赢发展"来表达。比如企业与政府的关系，企业完全可以为政府排忧解难，为政府解决一些就业问题或者环保问题，而企业也由此得到了政府的大力支持和帮助，从而帮助企业取得更大的社会效益和经济效益。

现代商业模式是一个"链模式"。这种商业模式是基于企业价值链、产业价值链、供应链和利益链的模式，是通过分析企业价值链，确定自己拥有的资源，并利用自己的优势资源去进行资源整合和运作，进而形成有效的产业价值链、供应链和利益链的模式，最终实现多方利益交换。

5.4.2　战略整合

产业价值链商业模式之一的战略整合会起到扩大企业业务及竞争能力与优势的作用。战略整合就是企业通过采取收购和合并的措施，使得企业及企业间的关系更加牢固，供应链更加长远和广泛，从而从整体上、规模上提高企业的竞争能力和盈利能力的商业模式。整合应当以收购的潜在战略优势资源为中心，例如，分享营销、制造、采购、研发、财务和管理资源；整合还应当伴随着消除重复的设施和功能；此外，还应当出售任何被收购企业中不必要的业务。

1. 水平整合

水平整合(水平一体化)是收购产业竞争对手或与产业竞争对手合并的过程,旨在取得来自大规模和大范围的竞争优势。收购是一家企业使用其资本资源,如股票、债券或现金去购买另外一家企业。合并是对等双方协议共同投入它们的营运来创立一个新的实体。水平整合可以带来产品差异化和低成本的优势,如果它还能将企业成功的商业模式复制到本产业中新的细分市场上,则将拥有很大的战略价值。例如,在零售产业中,沃尔玛公司将低成本/低价格的零售商业模式导入价格更低的仓储式市场。它还扩大了自己的产品类别,进入了超市业务和全国性的沃尔玛超级商店连锁,销售食品杂货。它通过在其他国家收购超级市场连锁店,将自己的商业模式在全球进行复制。

虽然水平整合有着明显的效益,但是,这种战略也存在若干缺陷和局限。许多合并和收购并没有创造出价值,甚至有许多实际上是破坏了价值。不少合并和收购往往不能生产出预期收益的原因在于合并后因企业文化差异极大所产生的问题;恶意收购也会带来企业中管理人员的更替。水平整合战略的另一种局限在于,它可能引起企业与负责执行反托拉斯法律的政府机构的冲突。

2. 垂直整合

在垂直整合活动中,企业进入新的产业来支持"核心产业"的商业模式,后者是企业竞争优势和赢利能力的主要来源。原理在于垂直整合可以令企业进入能够增加其核心产品价值的产业,这意味着提高产品差异化和降低成本结构。

一家企业通过垂直整合来扩张它的营运,或者向后进入为该企业的产品生产零部件的产业(后向垂直整合),或者向前进入使用或分销该企业产品的产业(前向垂直整合)。为了进入某一产业,它可以自行建立运营体系和价值链,也可收购或合并产业中已有的企业。

实行垂直整合战略的四个主要论据是:(1)使企业能够建立起防范竞争对手进入的壁垒;(2)促进对增强效率的专用资产投资;(3)保护产品品质;(4)改善作业调度。

垂直整合也有其缺点。其中最主要的有:(1)成本增加;(2)技术迅速变化的威胁;(3)需求不可预测性的威胁。这些缺点意味着垂直整合的效益并不总是像原先预计的那样重大,当垂直整合不仅不能增加赢利能力,而且实际上可能减少赢利能力时,企业应该进行垂直去整合,退出产业价值链上的相邻产业。

5.4.3　战略联盟

战略联盟(strategic alliances)是在不同产业间管理价值链、加强企业核心商业模式的方法。战略联盟就是两上或两个以上的企业或跨国公司为了达到共同的战略目标而采取的相互合作、共担风险、共享利益的联合行动。战略联盟不仅为巨型跨国公司采用,作为一种企业经营战略,它同样适用于小规模经营的企业。

1. 联盟形式

（1）合资。由两家或两家以上的企业共同出资、共担风险、共享收益而形成企业。合作各方将各自的优势资源投入合资企业，从而使其发挥单独一家企业所不能发挥的效益。

（2）研发协议。为了某种新产品或新技术，合作各方鉴定一个联发协议。汇集各方的优势，大大提高了成功的可能性，加快了开发速度，各方共担开发费用，降低了各方开发费用与风险。

（3）定牌生产。如果一方有知名品牌但生产力不足，另一方则有剩余生产能力，则另一方可以为对方定牌生产。此时，一方可充分利用闲置生产能力，谋取一定利益；对于拥有品牌的一方，还可以降低投资或购并所生产的风险。

（4）特许经营。通过特许的方式组成战略联盟，其中一方具有重要无形资产，可以与其他各方签署特许协议，允许其使用自身品牌、专利或专用技术，从而形成一种战略联盟。拥有方不仅可获取收益，并可利用规模优势加强无形资产的维护，受许可方当然利于扩大销售、谋取收益。

（5）相互持股。合作各方为加强相互联系而持有对方一定数量的股份。这种战略联盟中各方的关系相对更加紧密，而双方的人员、资产无须全并。当然，组建战略联盟一定要慎重选择合作伙伴，并建立合理的组织关系，合作各方加强沟通。

（6）合作营销。合作营销是指两个或两个以上相互独立的企业为增强企业竞争能力，实现企业营销战略目标，而在营销主要因素上开展一系列互利合作的营销活动方式。在知识经济时代，合作营销被越来越多的企业所采用，如 IBM 与三菱在办公自动化设备领域的联合，波音公司和欧洲空中客车公司在飞机制造技术方面的合作，杜邦公司和分销商建立分销规划等。在新的营销环境下，企业积极寻找各种合作营销之道，不断加强与其价值链上的顾客和供应商以至于竞争对手的合作，形成利益共享、风险共担的战略合作伙伴或战略联盟，把各种分散的技术和管理优势组合成一种新的、更加强宏大的协同优势，使各企业在资金筹集、技术开发、技术使用、产品更新换代、市场销售等方面共同受惠。

2. 合作营销

合作营销的理论渊源可以追溯到 1996 年，艾德勒教授在《哈佛商业评论》上发表了题为《共生营销》的文章，文中提出了共生营销的概念。所谓共生营销，即由两个或两个以上的企业联合开发一个营销机会。这实际上就是合作营销理论的雏形。

合作营销的内容主要包括：

（1）产品或服务合作，包括：一个公司许可另一公司生产产品，进行许可证贸易；两个或两个以上公司共同营销他们的补充产品；两个公司合作设计、制造和营销一个新产品。

（2）促销合作，一个公司同意为另一公司的产品或服务促销。

（3）后勤合作，一个公司为另一公司的产品提供后勤（储存、运输）服务。

（4）价格合作，几家公司加入特定的价格合作，如旅馆与旅行社共同推出价格折扣。

合作已逐渐成为目前企业国际营销的基本策略，它可以打破贸易壁垒，分担开发费用和固定资产投资、降低风险。随着产品生命周期的日益缩短，研究与开发费用的不断上升，国际贸易保护主义的抬头，企业与企业之间的合作已涉及越来越多的产品领域。

合作营销有纵向合作，横向合作和混合合作三种类型。

（1）纵向合作营销，是企业把供应商、分销商和顾客纳入自己的市场营销渠道系统，企业通过与供应商、分销商在营销思想上的整合，共同面向市场寻找调动消费者购买积极性的因素，达到刺激消费者购买的目的，从而实现企业、供应商、分销商、顾客几方共赢的结果。

（2）横向合作营销，是两个或两个以上的同类企业间的营销合作，这种营销合作可使参与者共享资源、共担风险，快捷、低成本地提高企业的市场支配力，取得竞争优势。合作形式包括共同开发、共同销售、特许经营、共享互补性设施等资源，联合生产、联合服务。

（3）混合合作营销，是企业间在纵向和横向两方面均开发营销合作活动。如企业既加强和相关企业间的技术开发，又和供应商、经销商结盟，增强企业的长期竞争优势。

跨界营销是指根据不同行业、不同产品、不同偏好的消费者之间所拥有的共性和联系，把一些原本毫不相干的元素进行融合、互相渗透，进而彰显出一种新的生活态度与审美方式，并赢得目标消费者的好感，使得跨界合作的品牌都能够得到利益的营销。随着市场竞争的日益加剧，行业与行业的相互渗透相互融会，已经很难对一个企业或者一个品牌清楚地界定它的"属性"。**"跨界"**（crossover）现在已经成为国际最潮流的字眼，已代表一种新的生活态度和审美方式的融合。可以建立跨界关系的不同品牌，一定是互补性而非竞争性品牌。这里所说的互补，并非功能上的互补，而是用户体验上的互补。

跨界营销的最终目的是达成销售，只有让双方品牌在有曝光率的同时促进销量才有意义。

3. 水平战略联盟

企业的水平战略联盟是指满足同一类顾客的不同需求的不同组织间的战略联盟。交叉销售就是这种战略的一种方式。用这种思路去找市场、做市场，营销的机会是非常多的。比如饲料企业可以和动物防疫部门建立起战略联盟，这样往往就会把客户"拴住"。一方面扩大了客户需求，另一方面又使客户省心，而且更加离不开这样的供给和服务。让客户越来越不操心自己的事情，客户就会对企业越来越忠诚。

5.4.4　战略外包

战略联盟和一体化战略（垂直整合）是在不同产业间管理价值链、加强企业核心商业模式的方法。然而,正如市场上存在着低成本部件供应商一样,今天市场上还存在许多专业化公司,它们能够完成企业本身价值链活动的某一部分,从而提高企业的差别化优势或降低其成本结构。

1. 内涵

战略外包是将企业价值链活动中的一项某几项或一些企业职能交给一家技能和知识只专注于某一活动的独立的专业企业的决策。外包的业务可以是一个完整的职能,例如制造职能,也可以是业务职能中的一项活动。当企业决定外包其价值上的某一活动时,它是在选择专注于较少的价值创造活动以加强其商业模式。许多企业明显倾向把"非核心的"或"非战略性的"活动(也就是不构成企业独特竞争力或竞争优势的活动)外包出去。

战略外包并不局限于制造业务,许多其他企业活动也可外包出去。长期以来,微软公司一直把其客户技术支持的营运整个外包给独立的企业。企业从事战略外包是因为它们认为这样做能够更好地实行其商业模式,由此提高赢利能力。通常战略外包过程的第一步是识别出构成该企业竞争优势基础的价值创造活动。其思路是把完成这些任务的工作保留在企业内部,然后对其余的活动进行考察,看看从事专项活动的一些独立企业能否更有效和高效地完成这些活动,也就是说交给一些能够以较低成本完成那些活动的企业,或者交给能够以导致产品更加差异化的方式完成那些活动的企业。如果那些专业企业能够达到这一要求,就把这些活动外包出去。

一旦实行了外包,该企业与专业企业之间的关系常常构成长期合约关系,双方将充分共享有关合约活动的信息。人们已经造出了"虚拟企业"(virtual corporation)这个术语来描述实行广泛战略外包的企业。

2. 优缺点

战略外包的优势体现在:降低成本结构;在市场上实现更多的产品差异化;专注于能够带来长期竞争优势和赢利能力的核心业务。

战略外包的风险体现在:受到挟制,失去对活动调度的直接控制;信息不灵通,失去重要信息等风险。

企业在决策某项活动外包之前,必须权衡外包的效益与风险,采取适当措施以减少风险并获得收益。

∷ 本章小结

企业战略是企业层管理战略。广义上的企业战略包括了使命、业务、增长、目标顾客、定位、品牌、商业模式和竞争优势等内容。

面对环境对企业营销的影响,企业需通过 SWOT 分析,对企业应该采取的对策进行有效的战略选择。

使命陈述包括了企业存在的理由,通常是指使命。企业必须通过其所经营的各项具体业务去实现其使命和目标,这也直接影响着企业的资源配置。商业模式就是管理者将企业所实行的一组战略编织成具有内在一致性的整体以获得竞争优势和实现卓越绩效的理念。战略整合、战略联盟已经在企业间广泛运用,是链模式的具体表现。战略外包是将企业价值链活动中的一项或某几项或一些企业职能交给一家技能和知识只专注于某一活动的独立专业企业的决策。

:: 本章关键词

营销机会　SWOT 分析法　商业模式　产业链模式　企业资源　战略整合　战略联盟　合作营销　跨界营销　水平战略联盟　战略外包

:: 思考题

1. 试述企业战略管理过程。
2. 试述 SWOT 分析法。
3. 波士顿矩阵法是如何分析产品的?
4. 试述企业的成长战略。
5. 如何理解业务专业化和市场多元化?
6. 如何理解商业模式。
7. 举例说明跨界营销的意义?

第 6 章
竞争战略选择

开篇案例　滴滴与快的之战

2012年3月,国内打车软件的鼻祖摇摇招车上线,随后,滴滴打车、快的打车等软件也陆续推出。仅在一年的时间里市场上就有了40多款打车软件。

2012年8月,成立三个月的杭州快智科技有限公司在杭州推出"快的打车";与此同时,仅仅不到一个月的时间(2012年9月),小桔科技在北京推出了"滴滴打车"。这个时候打车软件还是一个新鲜事物,只有杭州和北京两地的少数人在使用。但这种情形随着两个互联网巨头阿里和腾讯的加入而改变。

2013年4月,快的获得阿里巴巴、经纬创投1000万美金A轮融资,远远超过滴滴来自金沙江创投的300万美金的A轮融资。但是滴滴也不甘示弱,腾讯的加入让这场战争变得势均力敌。2013年4月,腾讯注资滴滴1500万美金,上线仅仅半年多时间,滴滴打车就迎来了B轮融资。

有了互联网巨头作为支撑,二者以迅雷不及掩耳之势席卷全国。2013年6月快的打车开通全国30个城市,并与去哪儿、高德地图、百度地图、支付宝形成战略合作伙伴,为其打车功能提供服务支持;8月,快的打车接入支付宝,成为全国唯一一家可以通过支付宝在线支付全部打车费用的打车APP。与此同时,滴滴打车也遍布全国各地。滴滴打车快的打车两家公司的生意模式、盈利模式完全相同,竞争异常激烈。根据易观国际的数据,截至2014年12月,中国打车软件的用户账户数为1.72亿,其中快的打车的市场份额为56.5%、滴滴打车为43.3%,其他打车软件仅为0.2%基本可以忽略。快的打车覆盖360个城市,滴滴打车覆盖300个城市,此时,从用户数量到影响力来说,都已经无第三者可敌。

由于两个软件背后强大的靠山,这场你死我活的大战成了一场烧钱大战。腾讯方面,乘客只要使用滴滴打车叫车并使用微信支付就可获得10元的补贴,同时司机也可以获得相应补贴;阿里方面称,乘客只要使用快的叫车并使用支付宝在线支付就可以获得11元补贴,司机也有相应补贴。对此,快的打车官方人士称:补贴永远比同行多1元。至此,硝烟弥漫的两大打车软件的价格大战正式拉开了序幕。

这场争斗的背后,实际上是移动支付市场的一种竞争。2013年正是"微信颠覆一切"神话的顶峰,而腾讯也急需打破阿里对移动支付的垄断,实现自己连接线上线下的梦想。而打车服务用户群体与移动支付用户的天然结合,恰巧成为腾讯最佳的发力点。这场大战也加速了乘客使用手机支付打车费的进程,培养出用户移动支付的使用习惯。在腾讯、阿里巴巴的支持下,正成为一场移动支付的"启蒙"战争,为线下支付提供更多场景。截至5月17日,滴滴、快的共补贴超过24亿元,其中滴滴补贴14亿元,快的补贴超过10亿元。

2014年5月17日,快的和滴滴打车同时宣布,将停止对出租车司机和乘客的补贴。然而,这只是大战来临前的平静。四年一度的世界杯来临,没有人愿意错过这个营销的好时机。借着世界杯的火热势头,双方也推出了新的活动。滴滴与500彩票网联合,用户在活动期间都可以在其微信平台和手机客户端中,领取3元红包,用于500彩票网购买体育彩票。针对世界杯,快的则推出世界杯竞彩活动,活动期间,猜中比赛结果将得到打车代金券作为奖励。

然而看似你死我活的滴滴快的之战在2015年情人节有了新的变化,就在2015年2月14日,快的打车与滴滴打车联合发布声明,宣布两家公司将以100%换股的方式正式实现战略合并。这一结果似乎出人意料但又在情理之中,没有永远的敌人只有永远的利益,在共同利益的驱动下两家公司最终实现了合并,滴滴、快的之争也终落下了帷幕。

资料来源:根据互联网等多方资料整理而成。

克劳塞维茨说:"战争是商业竞争的一部分,也是人类利益和活动的冲突。"商业竞争产生更多的新需求和新产品,竞争让企业充满着紧张、担心,也充满着乐趣、激情。在竞争中战胜竞争对手,取得市场上的胜利,这种幸福感因竞争而来,也会因竞争而去。

在一个竞争的市场里,决定你命运的与其说是顾客,不如说是你的竞争对手。需求是交换的根本,但竞争却可以大大刺激需求,拉动需求,丰富需求。没有竞争,就会产生垄断和专制,就限制和约束了需求。

市场导向既要关注顾客,也要关注竞争者,并在两者之间寻求平衡,不能偏废某一方。战略营销专家里斯和特劳特认为,营销是竞争的产物,竞争本质比顾客本质更现实和彻底地揭示了营销要义。

6.1 创造竞争优势

每一家企业都不同避免的要受到**竞争者**(competitor)的威胁和挑战,同时也可能自身就是竞争行列的新加入者,或者是试图改变市场地位而展开竞争攻势的企业。在优胜劣汰的竞争法则面前,市场中的每个企业都是平等的,如何认识竞争和竞争者,如何参与竞争并使自己在市场竞争中处于优势,是企业能否获得营销成功的核心所在。

竞争优势首先是从企业内部的价值链里去寻找,然后从商业模式里去寻找,最后确定自己的竞争战略。

创造**竞争优势**(competitive advantage)是企业分析竞争及竞争者后希望得到的结果,要求企业比竞争对手更多地向目标顾客传递价值和满意。

6.1.1 竞争者分析

竞争者分析首先要识别和评估竞争者,然后选择哪些竞争者可以进攻,哪些竞争者需要回避。

1. 识别竞争者

通常,识别竞争者看起来是企业的一项简单任务。在狭义的层次上,企业可以把竞争者定义为以相似的价格向相同的顾客提供类似的产品和服务的其他企业。所以,可口可乐把百事可乐看作主要的竞争者,而不是百威啤酒或者佳得乐。

但是,企业实际上面对的是更广范围内的竞争者。企业的竞争者一般可以分为四个层次:品牌竞争者、行业竞争者、形式竞争者和意愿竞争者。

(1)品牌竞争者。当其他公司以相似的价格向相同的顾客提供类似产品与服务时,公司将其视为竞争者。例如,被可口可乐公司视为主要竞争者的是价格、档次相似、生产同样可乐产品的百事可乐公司。

(2)行业竞争者。公司可把制造同样或同类产品的公司都广义地视作竞争者。例如,可口可乐公司认为自己在与所有饮料行业竞争者竞争。

描述一个行业的出发点就是要确定有多少销售商在销售同类产品以及产品是否是同质的或是高度差异的。这些特点引发了四种人们熟悉的行业结构类型:

① 完全垄断。完全垄断存在于只有一个公司在 国或一个地区提供一定的产品或服务。该垄断独占可能是由规章法令、专利权、许可证、规模经济或其他因素造成的结果。由于缺少密切替代品,一个追求最大利润的大胆独占者会抬高价格,少做或者不做广告,并提供最低限度的服务,因为在没有密切替代品的情况下,顾客别无选择。

② 寡头垄断。一个行业的结构是少数几个大企业生产从高度差别化到标准化的系统产品。寡头垄断有两种形式:纯粹垄断和差别垄断。纯粹垄断是由几家生产本质上属于同一种类的商品(石油、钢铁等)的公司构成的。公司会发觉它只能按现行价格定价,除非它能使其服务与他人有所差别。如果竞争者在其所提供的服务方面不分上下,那么赢得竞争优势的唯一办法只能是降低成本,可以通过高数量生产来实现。差别垄断由几家生产部分有差别的产品(汽车、相机等)的公司组成。在质量、特性、款式或者服务方面可能出现差别。各竞争者可在其中一种主要产品属性上寻求领先地位,吸引顾客偏爱该属性并为该属性索取溢价。

③ 垄断竞争。垄断竞争的行业由许多能从整体上或部分地区别出它们所提供的产品或服务并使其具有特色的公司所组成。其中许多竞争者趋向针对某些他们能够更好地满足顾客需要的细分市场并获得溢价。

④ 完全竞争。完全竞争的行业是由许多提供相同产品或服务的公司所构成的(如小商品市场)。因为没有差别的基础,所以竞争者的价格将是相同的,在这个市场上不能形成市场领导者。

行业的竞争结构会随着时间的推移而变化。不妨来研讨一下索尼公司发明了随身听的例子。索尼开始是完全独占,但很快有少数几家公司进入该市场,该行业就转化为垄断。随着更多的竞争者提供各种型号的随身听,行业结构进入垄断竞争。

(3) 形式竞争者。公司可以更广泛地把所有制造能提供大类需求相同的公司都作为竞争者。例如,可口可乐公司认为自己不仅与饮料行业的竞争者在竞争,还与其他与吃喝等有关的行业的竞争者(比如食品业等)在竞争。

(4) 意愿竞争者。公司还可进一步更广泛地把所有争取同一顾客的组织都看作竞争者。例如,可口可乐公司可以认为自己在与争取同一顾客的所有行业的竞争者(比如书店)竞争。

前两者所指的竞争者是从行业(或称产业)角度来分析竞争者。**产业**(industry)由一群提供同一产品或同一类别产品的公司所组成,这些产品有密切的替代关系。后两者所指的竞争者是从市场角度来分析竞争者,这时我们把竞争者定义为满足相同的顾客需求的公司。一般来说,企业的主要竞争对手是指品牌竞争者和行业竞争者。

菲利普·科特勒提出,公司一定要避免"竞争者近视症"(competitor myopia),一个公司更有可能被它的潜在竞争者而不是现有的竞争者打败。如多年来,柯达公司一直在胶卷行业占据领导地位,它把富士公司视为该行业的主要竞争对手。但是,近年来,柯达面对的主要竞争对手已经不是来自富士或其他胶卷生产商,而是来自索尼等其他数码相机的制造商,它们的产品根本不用胶卷。

迈克尔·波特在《竞争战略》一书中指出,从竞争的角度可以识别有五种力量决定了一个市场或细分市场的长期内在吸引力。这五种力量是:行业竞争者、潜在进入者、替代产品、购买者和供应商,它的简单模型见图 6.1 所示:

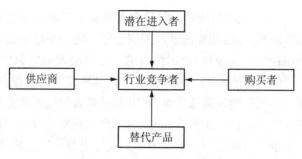

图 6.1　五种竞争力量示意图

　　一是行业竞争者。如果某个细分市场已经有了众多的、强大的或者竞争意识强烈的竞争者,那么该细分市场就会失去吸引力。如果该细分市场处于稳定或者衰退状态,生产能力不断大幅扩大,固定成本过高,撤出市场的壁垒过高,竞争者投资很大,那么情况就会更糟。这些情况常常会导致价格战、广告争夺战、新产品推出,并使公司要参与竞争就必须付出高昂的代价。

　　二是潜在进入者。某个细分市场的吸引力随其进退难易的程度而有所区别。根据行业利润的观点,最有吸引力的细分市场应该是进入的壁垒高、退出的壁垒低。在这样的细分市场里,新的公司很难打入,但经营不善的公司可以安然撤退。如果细分市场进入和退出的壁垒都高,那里的利润的潜力就大,但也往往伴随较大的风险,因为经营不善的公司难以撤退,必须坚持到底。如果细分市场进入和退出的壁垒都较低,公司便可以进退自如,获得的报酬虽然稳定,但不高。最坏的情况是进入细分市场的壁垒较低,而退出的壁垒却很高。于是在经济良好时,大家蜂拥而入;在经济萧条时,却很难退出,其结果是大家都生产能力过剩,利润下降,进退两难。

　　三是替代产品。如果某个细分市场存在着替代产品或者有潜在替代产品,那么该细分市场就失去吸引力。替代产品会限制细分市场内价格和利润的增长。公司应密切注意替代产品的价格趋向,如果在这些替代产品行业中技术有所发展,或者竞争日趋激烈,这个细分市场的价格和利润就可能会下降。

　　四是购买者讨价还价的能力。如果某个细分市场中购买者的讨价还价能力很强或正在加强,该细分市场就没有吸引力。购买者会设法压低价格,对产品质量和服务提出更多要求,并且使竞争者互相斗争,所有这些都会使公司的利润受到损失。如果购买者集中形成组织,或者该产品在购买者的成本中占较大比重,或者产品无法实行差别化,或者顾客的转换成本较低,或者由于购买者的利益较低而对价格敏感,或者顾客能够进行联合,购买者的讨价还价能力就会加强。

　　五是供应商讨价还价能力。如果公司的供应商能够提价或者降低产品和服务的质量,或减少供应数量,那么该公司所在的细分市场就会没有吸引力。如果供应商集中或有组织,或者替代产品少,或者供应产品是重要的投入要素,或转换成本高,或者供应商可以向前实行联合,那么供应商讨价还价能力就会较强大。因此,与供应商建立良好关系和开拓多种供应渠道才是防御上策。

波特模型的前三种力量是指明确的竞争者,竞争不仅普遍存在而且激烈。因为市场的竞争如此激烈,企业只了解顾客是不行的,还必须十分注意和了解竞争对手。成功的公司要设计和操作一个能连续收集竞争者的情报系统。

2. 分析竞争者

公司一旦识别了其主要竞争对手,接下去就必须查明这些竞争者的战略、目标、优势及劣势。竞争者的营销战略以及营销活动的变化,会直接影响到公司的营销。最为明显的是竞争对手的价格、广告宣传、促销手段的变化、新产品的开发、售前售后服务的加强等,都将直接对企业造成威胁。因而,企业必须密切注视竞争者的任何细微变化,并制定出相应的对策。

(1) 竞争者战略。企业最直接的竞争者是那些在相同的目标市场推行相同战略的企业,某特定行业内推行相同战略的一组企业构成一个战略群体。一个公司首先需要辨别与它在竞争的那个战略群体。其次,公司也必须关注其他群体,因为群体与群体之间也存在着对抗。公司必须警惕顾客欲望的变化和竞争者的战略变化,以满足这些新出现的欲望。

(2) 竞争者目标。竞争者的最终目标当然是利润最大化。但往往还会追求其他一些目标,如获利能力、市场占有率、现金流量、成本降低、技术领先、服务领先等,每个企业都有不同的侧重点和目标组合。分析竞争者的目标体系时,应注意竞争者追求的是长远发展还是短期利润;竞争者的目标体系中各子目标的优先顺序;随着环境的发展变化,竞争者的目标体系及各子目标的优先顺序会有何变化。

(3) 竞争者优势与劣势。企业应搜集竞争者业务上的最近的关键数据(包括销量、市场份额、毛利、投资报酬率、现金流量、新投资、设备能力利用等),来分析竞争者的优势和劣势。企业可以通过向顾客、供应商和中间商进行营销调研来了解有关竞争者的优势和劣势。所有这些资源信息可帮助一家公司对在现有市场上向谁挑战作出决策。对于它们的劣势,公司可以针对最成功的竞争者开展定点赶超。

在一般情况下,企业在分析竞争者时,必须注意三个变量:

① 市场份额,它反映竞争者在有关市场上所拥有的销售份额情况。

② 心理份额,指在回答"举出这个行业中你首先想到的一家企业"这一问题时,提名竞争者的顾客在全部调查对象中所占比例。

③ 情感份额,指在回答"举出你喜欢购买其产品的企业"这　问题时,提名竞争者的顾客在全部调查对象中所占比例。

市场份额、心理份额和情感份额三者的关系:在心理份额和情感份额方面稳步上升的企业,最终将获得市场份额和利润的稳步上升。

应该注意的是,如果竞争者对其业务和市场所作的假设已不成立,但其仍按此假设进行经营,这也是它的劣势的体现。

(4)评估竞争者的反应。竞争者的反应模式包括:

① 从容不迫型。指某竞争者对某些特定的攻击行为没有迅速反应或强烈反应。原因可能是认为顾客对自己的忠诚度高,不会转移购买;可能认为该行为不会产生大的效果;可能缺乏作出反应所必需的资金条件等。应弄清竞争者采取这一反应模式的原因。

② 选择型。竞争者只对某些类型的攻击作出反应,而对其他类型的攻击无动于衷。应了解竞争者会在哪些方面作出反应,从而为企业提供最可靠的攻击类型。

③ 凶猛型。竞争者对所有的攻击行为都作出迅速而强烈的反应。

④ 随机型。指对竞争者攻击的反应具有随机性,有无反应和反应强弱无法根据其以往的情况加以预测。许多小公司多为随机型竞争者。

3. 选择竞争者

在选择竞争者时,首先要进行顾客价值分析。顾客价值分析的目的,就是测定顾客在目标细分市场中所要得到的利益和他们对相互竞争的公司所提供的产品的相对价值的认知。通过顾客价值分析,可以提示公司和竞争者之间的相对优势和劣势。

价值分析的主要步骤:(1)识别顾客价值的主要属性;(2)评价不同属性重要性的额定值;(3)对公司和竞争者在不同属性上的性能进行分等重要度评估;(4)与特定的主要竞争者比较,针对每个属性成分研究某一特定细分市场的顾客如何评价企业的绩效;(5)监测不断变化中的顾客特性。

企业在进行顾客价值分析后,可以在以下分类的竞争者中选择攻击或回避对象:

(1)强竞争者和弱竞争者。选择弱竞争者时,扩大市场份额所需的资金和时间都较少,但企业的能力可能难以得到提高。选择强竞争者时,企业必须努力赶超竞争者。强竞争者也有某些劣势,利用其存在的劣势,企业可以证明自身与强竞争者实际上是实力相当者。

(2)近竞争者和远竞争者。大多数公司会与那些与其极度类似的竞争者竞争。因此,雪佛莱汽车要与福特汽车而不是与美洲豹汽车竞争。同时,公司应避免"摧毁"邻近的竞争者。否则,公司可能得到的结果是,虽然消灭了其最近的竞争对手取得了成功,却引来了更难对付的竞争者。

(3)良性竞争者与恶性竞争者。良性竞争者的特点是:遵守行业规则;对行业的增长潜力所提出的设想切合实际;依照与成本的合理关系来定价;喜爱健全的行业;把自己限制于行业的某一部分或细分市场内;推动他人降低成本,提高差异化;接受为它们的市场份额和利润所规定的大致界限。良性竞争者的存在给企业带来的战略利益有:增加竞争优势;改善当前产业结构;协助市场开发;遏制进入。恶性竞争者的特点是:违反规则;企图花钱购买而不是靠自己的努力去赢得市场份额;敢于冒大风险;生产能力过剩但仍继续投资。企业应该明智地支持良性竞争者,攻击恶性竞争者。

4. 设计竞争情报系统

收集竞争者的信息需要花费大量的金钱和时间,这就要求企业设计一个竞争性情报系统。竞争性情报系统首先是要确定哪些是非常重要的集中性信息以及获得这些信息的最佳途径。然后,该系统就会持续不断地从实地(销售人员、渠道、供应商、市场研究公司、行业协会、网站等)和公开发表的数据(政府公开信息、讲话和文章等)中收集信息。接下来,该系统会检查这些信息的可信度,解释信息的含义,并以适当的方式把信息组织起来。最后,它会把关键的信息发送给相关的决策者,并能响应管理者对竞争者信息的查询。

企业要重视对竞争者的分析,但不应将重点过分集中在竞争者身上。企业应在顾客导向和竞争者导向中获得一种恰当的平衡。

基准营销(bench marketing)也被称为标杆营销,是一种向在特定任务中表现卓越的企业学习的艺术。一个普通的企业和世界级的顶尖企业在产品质量、发展速度和产品性价比等方面可能相差十几倍,基准营销的目的就是通过行业内或跨行业的基准学习,复制或改进基准企业的“最佳实践”模式。一个企业应如何识别那些“最佳实践”的基准企业呢？一个良好的开端就是咨询顾客、供应商、分销商、财务分析师、交易相关者甚至是杂志,看看他们眼中谁是最佳实践者。即使是最好的公司,也可以通过基准管理来改善业绩。

6.1.2　基本竞争战略

基于对竞争者的分析,要创造竞争优势,必须找到自己的竞争优势。迈克尔·波特提出了企业有三种基本竞争战略,即全面成本领先战略、差异化战略和聚焦战略。

1. 全面成本领先战略

全面成本领先战略(overall cost leadership strategy)就是使企业的产品在同行业企业中具有成本最低的优势。

实行全面成本领先战略需要企业做到:建立起达到有效规模的生产设施,在取得经验的基础上全力以赴地降低成本,加强成本费用的控制;有较高的相对市场占有率或具有其他优势,如能以合适的价格购买到所需的原材料、产品的设计便于生产制造、相关的产品系列较宽有利于分摊费用等;为主要客户群体提供服务以促进产品的批量销售。

全面成本领先也许是三种通用战略中最清楚明了的。在这种战略的指导下.企业决定成为所在产业中实行低成本生产的厂家。企业经营范围广泛,为多个产业部门服务,甚至可能经营属于其他有关产业的生意。企业的经营面往往对其成本优势举足轻重。成本优势的来源因产业结构不同而异。例如,在电视机方面,取得成本上的领先地位需要有足够规模的显像管生产设施、低成本的设计、自动化组装和有利于分摊研制费用的全球性销售规模。

当成本领先的企业的价格相当于或低于其竞争厂商时,它的低成本地位就会转化为高收益。然而,一个在成本上占领先地位的企业不能忽视使产品别具一格的基础。一旦成本领先的企业的产品在客户眼里不被看作是与其他竞争厂商的产品不相上下或可被接受时,它就要被迫削减价格,使之大大低于竞争厂商的水平以增加销售额,这就可能抵消了它有利的成本地位所带来的好处。

全面成本领先战略适用于大企业,因为前期购置厂房、设备等固定资产投资较大,可能必须承受初始阶段的亏损。

2. 差异化战略

差别化战略(differentiation strategy)是指通过发展企业别具一格的营销活动,争取在产品或服务等方面具有独特性,使顾客产生兴趣而消除价格的可比性,以差别优势产生竞争力的竞争策略。

企业采用差别化战略,利用产品设计,使用功能、外观、包装、品牌、服务、销售方式等途径,来使差别化发挥竞争优势,形成在同行业中别具一格的企业形象和产品形象。企业必须注意在形成自身独特性的同时,与竞争对手的成本比较,争取既保持企业受到市场认可的独特性,又使自己的成本尽可能降低。

3. 聚焦战略

聚焦战略(focus strategy)就是企业集中全部力量为一个或少数几个细分市场服务,通过比经营整个市场的竞争者更好地满足目标顾客的需求来实现差异化。

企业采用聚焦战略(或称集中战略),是利用完善适应自身能力的目标市场营销策略,达到原本并不拥有全面竞争优势的目标市场中的有利地位。一种聚焦战略是实施聚焦成本领先战略,即运用企业特定目标市场上的成本优势,从细分市场上成本领先争取竞争优势;另一种聚焦战略是实施聚焦差异化战略,即着眼于在企业特定目标市场上取得差别化优势,从而满足特定目标市场中顾客需求获取竞争优势。当然,企业聚焦战略也可以同时取得以上两种聚焦战略优势。

迈克尔·波特在《竞争论》中说:"建立有竞争力的企业的惟一方式,便是把重心放在少数核心领域,并予以大量投资,以达到独特的地位。"

聚焦战略也是营销战略专家里斯和特劳特两人特别推崇的战略。里斯在《聚焦法则:企业经营的终极策略》中认为,企业应该通过并购加强自己在已有的领域的市场份额并强化经营焦点,而不应该通过并购搞多元化。特劳特在《什么是战略》中说:"商场如战场,生存和成功之道在于形成核心优势,企业一定要在某方面聚焦,做到最好。"

一个企业没有以三种基本战略之一作为自己的竞争战略,那么这个企业所处的地位会非常不利,它可能失去追求低价格的大客户,也可能必须为从取得低成本优势的企业手中争夺市场而丧失利润,它在那些高利润率的业务领域中又可能无法战胜那些已实现全面差异化的企业或聚焦集中经营的企业。因此,没有明确的竞争战略的企业,必须根据企业的能力和环境条件,尽早作出基本的竞争战略决策。

6.1.3 持续竞争优势

现在市场的竞争,关键是掌握和培育企业开展经营活动所必须的核心资源和能力,即持续的竞争优势。

1. 竞争优势

竞争优势是一种特质。竞争力大或强的才有优势,那么这种优势就是独特的,否则它就不可能有更大或更强的竞争力。一般地说,只要竞争者在某些方面具有某种特质,它就具有某种竞争优势。因此,也可以说,竞争力是一种综合能力,而竞争优势只是某些方面的独特表现。独特竞争力(distinctive competency)是企业相对于竞争对手所独有的、引导企业产品差异化或实现持续低成本结构从而获得竞争优势的力量。

经济学的竞争优势体现在企业外部,在于上游是否掌控资源,下游是否掌控顾客。管理学的竞争优势体现在企业内部,在企业内部相对竞争优势或持续竞争优势上。只有持续的竞争优势才是企业核心竞争力的体现。

2. 持续竞争优势

持续竞争优势是指企业拥有独特产品、核心技术或者独特营销模式,且不易被模仿和取代的优势,即指是否具有核心竞争力。相对竞争优势是指相对于的其他组织或人,获得暂时的、容易被模仿和取代的优势。只有拥有持续竞争优势,企业才能具有真正的核心竞争力。

拥有稀缺的资源、专利的技术、独特的产品或服务,以及拥有强势品牌都可以构成企业的核心竞争力。优秀的企业文化也可以是一个企业的核心能力。

耐克公司自己并不生产鞋子,因为亚洲国家在制鞋业务上有很强的竞争力。不过,耐克公司在鞋的设计和品牌方面却培育出强大的优势,这两项构成了耐克公司的核心能力。

持续竞争优势能给企业带来持续的超越竞争对手的能力。对于一个企业而言,成为市场领导者并不意味着什么,最关键的是需要有一个明确而清晰的战略,这个战略所能回答的问题就是企业持续成长的根源。企业的持续成长是衡量一个企业能力的根本标准,保持企业成长的条件只有一个,那就是顾客价值成长。

6.2 竞争地位战略

企业在市场上的竞争地位一般就是由其市场占有率决定的。在选定的目标市场上,竞争者之间的资源不尽相同,规模不一,它们所处的和追求的市场地位也不会相同。实力雄厚的企业力求成为市场领导者或挑战者地位,其他企业则只好成为市场追随者或补缺者的地位。一般来说,企业竞争地位战略的确定是由企业在市场中的绝对市场占有率决定的。绝对市场占有率在40%左右,该企业往往就是这个市场的领导者;绝对市场占有率在30%左右,该企业往往是这个市场的挑战者;绝对市场占有率在20%左右,该企业往往是这个市场的追随者;绝对市场占有率在10%左右,该企业则是这个市场的补缺者。竞争者之间不同的市场地位决定了不同的竞争战略,这些战略通常不是应用于整个企业,而是应用于企业在某个特定行业中的特定地位。如微软、宝洁、迪士尼这样的大公司可能在某些市场是领导者,而在某些市场是挑战者或补缺者。

6.2.1　市场领导者战略

市场领导者(market leader)是在相关产品市场中占有最大市场份额的企业。市场领导者在价格变化、新产品引进、分销覆盖和促销强度上,对其他企业起着领导作用。可能受到赞赏或尊敬,即使没有受到赞赏或尊敬,但其他企业也都承认它的统治地位。如可口可乐、微软等公司,都是全世界这个行业里的领导者。竞争者把市场领导者作为挑战、模仿和回避的对象。

领导者可以通过以下三种措施中的任何一种来努力维持市场第一的地位。

1. 防御战略

市场领导者应该采取什么措施保护自己的市场地位呢？它必须防止或者纠正可能给竞争者造成攻击机会的自身的弱点;它必须总是能够实现自己的价值承诺;其产品的价格必须与顾客对该品牌的认知价值相一致;必须坚持不懈地努力与高价值的顾客保持紧密的关系。领导者应该"填补空白点"以防止竞争者切入。但是有力进攻才应是最好的防御战略,对竞争者进攻最好的反应是持续不断地创新。领导者不会满足于事物的既有状态,而是在新产品、顾客服务、分销效果和成本降低等方面走在行业的前面。它持续不断地提高自身的竞争效果和为顾客创造价值。

里斯和特劳特在其《营销战》一书中就防御战讲了三条原则:第一,只有市场领先者才应该考虑进行防御;第二,最好的防御策略是进攻自我的勇气;第三,要时刻准备阻止竞争者的强大营销攻势。

保护市场份额(市场占有率)的企业竞争思路体现在防御战略中,可以从以下两个方面去做:

(1) 以静制动。公司在不改变产品的基础上,通过降价、扩大渠道、增加公关和促销力度等措施来进行防御。这种防御从短期来看有很好的效果,只要领导者有足够的实力,就能让竞争对手受到更大的打击。

(2) 以动制胜。企业通过进攻防御(创新、开发新的产品项目和产品线)和收缩防御(进行战略性的计划撤退,缩减产品项目和产品线)等积极的防御措施来应付面临的竞争,保护自己的市场占有率。进攻才是最好的防御。克劳塞维茨在其《战争论》一书中说:"防御这种作战形式绝不是单纯的盾牌,而是由巧妙的打击组成的盾牌。"既有积极的进攻防御,又敢于否定自己的产品,收缩防御体现出的是一种进攻自我的勇气。

英特尔公司每隔一段时间就推出更先进、速度更快的 CPU 芯片,其性能与价格同现有产品相比都占有绝对的优势,从而不断地冲击顾客头脑中的信念,取代原有的部分,以此巩固自己的霸主地位。

2. 扩大市场总需求

当整体市场扩大的时候,市场领导者往往是其中最大的受益者。扩大市场总需求可以从以下三个方面来获得:

(1) 寻找新的使用者。说服那些尚未使用本企业产品的人开始使用,是市场渗透战略的运用,如香水在女性中不断寻找新的顾客;在新的人口细分市场找到用户,如生产男士用的香水;让原来使用竞争者品牌的顾客转变为使用本企业的品牌;寻找尚未使用本企业产品的地区,开发新的地理市场(地理扩展战略)。

(2) 发现和推广产品的新用途。营销者可以通过发现并推广产品的新用途来进一步扩大市场总需求。例如,口香糖不再仅仅是儿童吹泡泡游戏,而且对成人治疗疾病也有帮助:治疗龋齿、接种疫苗、治愈耳朵感染和缓解溃疡。口香糖从一种黏性的糖果变得有医用价值,这促进了销售量的上涨。

(3) 促使使用者增加使用。增加使用率;增加每次使用量;增加使用场所。例如:洗发水的制造商鼓励消费者每次洗发时使用更多的洗发水;把牙膏的口开大一些是许多人津津乐道的营销范例,这样就在无形中增加了牙膏的使用量;法国米其林轮胎公司一直设法鼓励车主每年驾驶更多的里程,以增加更换轮胎的次数。为此,该公司构想出一种用三星系统评价法国餐馆的办法,它宣称许多最佳餐馆都设在法国南部,引导人们去法国南部度周末。米其林公司还出版了配有地图和沿途风景的旅游指南,进一步吸引游客。

3. 提高市场份额

市场领导者也可以通过进一步增加市场份额而成长。在很多市场中,微小的市场份额的增长意味着销售量的巨额增加。研究已经表明,在一般情况下,利润会随着市场份额的增加而提高。正因为有这些研究成果,很多公司寻求通过提高市场份额而增加利润。例如,通用电气就宣布它力争成为所在行业的第一名或第二名,否则它就会退出该行业。通用电气剥离了它的计算机、空调、小器械和电视业务,因为它们不能取得所在行业中的数一数二的地位。

追求提高市场份额时要考虑以下三个因素:

(1) 引起反垄断行动的可能性。微软公司和英特尔公司就是最好的例子,这两家公司都因市场领导地位及其做法而面临严密的监视。

(2) 成本。许多产品往往有这种现象,当市场份额持续增加而未超出某一限度时,企业利润会随着市场份额的提高而提高。但当市场份额超出某一限度仍然继续增加时，经营成本增加速度就会大于利润的增加速度，企业利润会随着市场份额的提高而降低，主要原因是用于提高市场份额的费用增加。高市场占有率要导致高利润应具备的条件是：单位成本随着市场份额的增加而减少；提供一个优质产品的收益的增加超过提供较高质量所花费的成本。

（3）营销组合策略。如果企业实行了错误的营销组合策略，则市场份额的提高反而会造成利润的下降。

（4）增长的市场份额对实际质量和感知质量的影响。过多的顾客会使得企业资源紧张，影响产品价值和服务传递。美国在线（American Online）就曾经历过这种成长期阵痛，当时其顾客群的扩张导致系统中断，访问出现问题。消费者会推断"更大并非更好"，并猜想公司成长会导致质量衰退。如果"排他性"是一种关键的品牌利益，那么现有顾客就可能会排挤增加的新顾客。

6.2.2 市场挑战者战略

市场挑战者（market challenger）是在行业中名列第二三位甚至排名更低的企业，但它们能向行业主导者或其他企业发动进攻，以获取更多、更大的市场份额。大多数市场挑战者的战略目标是为了提高市场占有率。进攻对象可以是市场领导者、实力相当者，或地方性小企业。

攻击市场领导者风险大，潜在利益也大。当市场领导者在其目标市场的服务效果较差而令顾客不满或对某个较大的细分市场未给予足够关注时，采用这一战略带来的利益更为显著；攻击实力相当者要考察实力相当者是否满足了消费者的需求，是否具有产品创新能力，若在这些方面存在缺陷，就可作为攻击对象；攻击地方性小企业则可以选择那些规模较小、经营不善、资金缺乏的企业。

1. 正面进攻

是指集中力量向对手的优势部位发起攻击，而不是向他的弱点攻击，其结果取决于谁有更大的实力和持久力。在这种情况下，进攻者必须在产品、渠道、广告、价格等主要方面大大超过对手，才有可能成功。正面进攻的胜负取决于双方力量的对比。正面进攻的另一种措施是投入大量研究与开发经费，使产品成本降低，从而以降低价格的手段向对手发动进攻，这是持续实行正面进攻战略最有效的基础之一。

里斯和特劳特在其《营销战》一书中就正面进攻讲了三条原则：第一，进攻考虑的重点应该是领导者在市场中的强势部分；第二，要找到领导者强势中的弱点，并攻击此弱点；第三，在尽可能狭窄的阵地上发动进攻。

找到领导者强势中的弱点是不容易的，而且找到了弱点也应该是让领导者不能复制与反击。20世纪80年代汉堡王提出"烤而不炸"的口号，广告强调，用火烤肉的汉堡比炸肉的味道更好。这让麦当劳模仿不来,它没法把炸锅全都扔出去,那样太费钱了,于是麦当劳的律师迅速提起诉讼,要求取消这些广告。这更加唤醒了公众的注意力,把活动向成功更推进了一把:汉堡王的销量飞升,消费者对汉堡王的评价大为改善,而对麦当劳的好感在降低。

从狭窄防线深度渗透,是有军事头脑的人的制胜法宝。进攻方应尽可能专注于单一产品,这样就会用上兵力原则,达到局部优势。只有突破防线后,才可以横向扩展,占领阵地。若是一下子在非常广阔的阵地上投入多种产品,发动全面进攻,必然会遭到挫败,并且还会损失得更多。

2. 侧翼进攻

侧翼进攻是营销战中最具创新性的方法。在战争中,出其不意是必不可少的制胜原则之一。它是在对手没有充分准备的时间和地点进行的。相反,如果你向对手的优势发起攻击,即使你的资源比对手多出几倍并有坚强的意志,成功的可能性依旧不高。所以,军事史上最大的胜利几乎都不是通过正面进攻取得的。

在企业营销中,里斯和特劳特说:"我们将侧翼进攻定义为开发一种具有显著差别的新产品。"在他们的《营销战》一书中就侧翼进攻也讲了三条原则:第一,一次好的侧翼进攻行动应该在无人竞争的地区展开;第二,战术奇袭应该成为计划里的一个重要组成部分;第三,追击同进攻本身一样重要。

侧翼进攻具体可以从以下四个方面来贯彻:

(1)细分。在企业竞争中,侧翼进攻就是集中优势力量攻击对手的弱点,发现空白市场和薄弱市场。有时可采取"声东击西"的战略,佯攻正面,实际攻击侧面或背面。这又可分为两种情况:一种是地理性侧翼进攻,即在全国或全世界寻找对手力量薄弱地区;另一种是细分性侧翼进攻,即寻找领先企业尚未为之服务的细分市场,分化市场,开发新品类,并在这些细分市场上迅速填空补缺。如日本的节能汽车的概念使得日本车能在欧美汽车市场占有一席之地。

迂回战略是一种侧翼进攻,迂回战略提供了三种方针:多样化发展不相关产品;多样化发展新的地理市场;跃进式发展新技术来排挤现有产品。

(2)奇袭。从本质上讲,侧翼战是一种奇袭。克劳塞维茨说:"秘密和迅速是出敌不意的两个因素。"相对来说,正面进攻和防御战的特征和方向性是可以预见的,最成功的侧翼进攻则完全没有预见性。奇袭的程度越强,迫使领先者做出反应和设防的时间就越长,还会削弱对手的士气,让其人员一时瞠目结舌,在总部发出指示之前,茫然不知所措。

(3)追击。如果侧翼进攻行动开始取得成功,就必须乘胜追击,直到获得完全的胜利。也就是说,侧翼战要求有一个雄伟的目标,否则注定会失败。克劳塞维茨说:"如果没有追击,胜利就不会有很好的效果。"你的第一目标应该是建立主导的市场份额,除此之外,没有任何其他目标值得你停止对已经取得的成果加以巩固。

(4)巩固。不能给对手以喘息之机。纵观军事史与商业史,重大战役先胜后负的原因,都由于指挥官不能充分利用以极大的时间和资源为代价而取得的既有突破或优势。强化成功,弱化失败,不要让自己陷入忽视成功的进攻而努力去完善不成功的进攻的陷阱。如一个公司有 5 种产品,其中有 3 种领先,2 种落后,公司的管理层常常把更多注意力放在落后产品上,销售计划的重点是保护公司避免失败,大量的金钱和时间用于弥补错误策略造成的损失中,而忽视了对领先产品的胜利成果加以巩固。

3. 包围进攻

进攻者比对手具有资源优势,包围涉及敌人的前方、边线和后方,包围能足够快地击破对手的抵抗意志时,才有战略意义。包围进攻是一个全方位、大规模的进攻战略,挑战者拥有优于对手的资源,并确信围堵计划的完成足以打垮对手时,可采用这种战略。

里斯和特劳特认为,从长远看,任何市场都将变为两匹马的竞争。在市场的早期阶段,第三位、第四位也具有吸引力。因为产品销量在不断增长,新的消费者在不断地进入市场,他们不了解哪些产品居于领先地位,往往购买他们感兴趣的产品,而这些产品可能正是处于第三、第四位的产品。但随着市场的成熟,最终将形成两强相争的局面。如饮料是可口可乐和百事可乐,汽车是通用和福特,快餐业是麦当劳和汉堡大王等。在两强相争的格局中,领先品牌的市场占有率将减少,而第二位产品的市场占有率将增加。

6.2.3 市场跟随者战略

市场跟随者(market follower)是在市场中处于次要地位的企业,它们与市场挑战者不同,宁愿追随或模仿市场领导者,向市场提供与领导者产品相似的东西。但这并不是说市场跟随者缺乏战略。一个市场追随者必须清楚如何保留现有顾客和如何赢得相当份额的新顾客。每个跟随者都试图在选址、服务或者财务等方面为其目标市场创建独特性优势。跟随者必须时刻保持低廉的制造成本、优质的产品和服务质量,因为它通常都是挑战者攻击的首要目标。当挑战者有所行动时,跟随者必须准备随时进入新的市场。跟随者需要设计一条成长路线,但前提是这条路不会带来竞争性报复。跟随者会有四种类型:伪造者、克隆者、模仿者、改良者。其中伪造者是要受到法律谴责和打击的对象。

市场跟随者的一般的竞争战略有:

1. 及时跟随战略

在产品的导入期、成长期及时跟进。在产品、广告、分销等各个方面尽可能地模仿市场领导者,成为克隆者和模仿者。这种策略的运用一定要"赶早",不然就会没有了市场的机会。当然要避免成为伪造者,山寨者。

2. 距离跟随战略

距离可以体现在产品的某些方面模仿市场领导者,在其他一些方面(如广告、包装、价格等方面)则有所不同。也可以改变市场领导者的产品并经常改进它们,在产品的品种、质量、外观、包装、品牌、服务等方面有差别。还可选择销往其他不同市场,以避免与市场领导者的直接冲突。

改良者会对领导者的产品进行调整或者改良。他们可能会选择在不同的市场销售产品,但往往很可能成长为未来的挑战者,正如许多日本公司过改良领导产品去别处发展壮大。

美国学者库普斯和莱布兰德通过对美国和加拿大的 1 600 家企业的调查研究提出,一个企业要想在市场竞争中取胜,最好的方法是创造性地模仿市场领导者。创造性模仿的系统方法是"参照"。所谓参照是指企业将其产品、服务和其他业务活动与自己最强的竞争者或某一方面的领先者进行连续对比测量的程序,其目的是发现自己的优势和不足或寻找领导者领先的原因,以便为企业开发新产品、开展市场营销活动、制定目标和战略提供依据。参照已经成为一种管理技巧,为越来越多的西方大企业所采纳,如施乐、通用汽车、柯达、福特、杜邦等一些大企业还设立了专门从事参照活动的部门。

参照本身所具有的主要优势有:它是一种创造性模仿,建立在其他企业成功或失败的基础之上,因此可以不犯或少犯创新者犯过的错误,从而降低创新的风险;参照既了解被模仿者,也了解自己,做到了知彼知己;参照对于信息的搜集具有更强的目的性和主动性,因此获取的信息比单纯的情报工作搜集到的信息具有更大的价值,而且信息量也可能更多;参照是采用完全合法的手段学习、模仿其他企业,因此更容易得到被参照者的合作。

彼得·德鲁克认为,创造性模仿这个词从字面上看,有很明显的矛盾之处。因为,凡是"创造的"必定是"原创的",如果是模仿品,则肯定不是原创。然而,这个词却很贴切,它描述了一种本质为"模仿"的战略。企业家所做的事情,乃是别人已经做过的事情,但这件事情又具有"创造性"。这是因为运用"创造性模仿"战略的企业家,比最初从事这项创新的人,更了解该项创新的意义。

6.2.4　市场补缺者战略

市场补缺者(market niche)也称为市场利基者,是指那些致力于在一个或很少几个细分市场上开展营销活动以建立相对的竞争优势而避免与大企业竞争的企业。市场补缺者的三个任务包括:善于发现、创造适宜的细分市场;不断地拓展细分市场、进入新的细分市场;保护企业的细分市场。

由于集中经营一个细分市场风险较大,市场补缺者通常选择两个或两个以上的细分市场,在这些细分市场上经营成功后,企业的生存适应性将大为加强。

市场补缺者成功与否的关键在于能否找到理想的小型细分市场,规模较小且大公司不感兴趣的细分市场,称为补缺基点。

理想补缺基点的特征包括:具有足以使企业盈利的规模和购买力;有发展潜力;大企业对其不感兴趣;本企业有为该市场服务的能力和资源;本企业能够靠已经建立的市场

信誉抵御强大竞争对手的攻击。

游击战是市场补缺者生存的主要竞争战略。游击战是主要适用于规模较小力量较弱的企业的一种战略。游击进攻的目的在于以小型的、间断性的进攻干扰对手的士气，以占据长久性的立足点，因为小企业无力发动正面进攻或有效的侧翼进攻。但是，也不能认为游击战只适合于财力不足的小企业，持续不断的游击进攻，也是需要大量投资的。还应指出，如果要想打倒对手，光靠游击战不可能达到目的，还需要发动更强大的攻势。

里斯和特劳特在其《营销战》一书中分析了游击战应该掌握的三条基本原则：第一，找一块细分市场，要小得足以守得住；第二，不管你多么成功，也不要使自己的行为像一个领导者；第三，一旦有失败迹象，随时准备撤退。

1. 独特性

中国有一句老话："宁为鸡首，勿作凤尾。"游击战就是要成为小池塘里的大鱼。由于细分出来的市场太小，大公司对夺取它并不感兴趣，也不值得这么做，因为起码在竞争初期，占领这块细分市场的专家型企业拥有极大优势。这时的数学法则并没有改变，战场规模缩小，使得兵力优势并不倾向于领导者，从而在这一特定市场领域，行业领导者的进攻要突破专家型企业的防御，必然是事倍功半，得不偿失。

独特性是采取游击战略主宰市场的关键。企业通过细分化来找到特定的消费者，往往就能体现出专业化的市场特征，而专业化又往往就是独特性的表现：

最终使用者专业化——专门为某一类型的最终顾客服务；

垂直层面专业化——专门致力于营销渠道的某一层面的生产经营活动；

顾客规模专业化——专门为某一种规模的顾客提供服务；

特定顾客专业化——只为一个或少数几个主要顾客提供服务；

地理区域专业化——只为某一特定区域提供服务；

产品或产品线专业化——只生产某种产品或某一品类产品；

客户订单专业化——专门按客户订单进行生产；

质量和价格专业化——专门生产经营某种质量和价格的产品；

服务项目专业化——专门提供其他企业所没有的一种或几种服务；

销售渠道专业化——专门为某一种销售渠道提供服务。

2. 灵活性

通过灵活、快速多变的策略进行游击战。市场补缺者可以灵活调整自己的经营思路和经营范围，一旦发现经营方面有问题或者没有了市场，就应该及时灵活的调整自己的经营范围、产品线、产品项目等内容，所谓"船小调头快"，使得企业在激烈的市场竞争中能找到自己合适的位置，生存和发展下去。

撤退的反面是挺进，只要发现一个机会，企业就应该迅速行动，填补市场空缺。

游击战主要适用于规模较小、力量较弱的企业。游击进攻的目的在于以小型的、间断性的进攻干扰对手的士气，以占据长久性的立足点，因为小企业无力发动正面进攻或有效的侧翼进攻。但是也不能认为游击战只适合于财力不足的小企业,持续不断的游击进攻,也是需要大量投资的。此外,如果想打倒对手,光靠游击战不可能达到目的,还需要发动更强大的攻势。

里斯和特劳特告诫企业管理者:"比起你自己的规模来,更重要的是你的竞争对手的规模。营销战成功的关键在于,要针对你的竞争对手制定战略战术,而不要针对你自己。"

长尾市场也称为"利基市场"。"利基"(niche)有拾遗补缺或见缝插针的含义。长尾理论是指只要产品的存储和流通的渠道足够大,需求不旺或销量不佳的产品所共同占据的市场份额可和那些少数热销产品所占据的市场份额相匹敌甚至更大,即众多小市场汇聚成可产生与主流相匹敌的市场能量。也就是说,企业的销售量不只是在于传统需求曲线上那个代表"畅销商品"的头部,而且还可以是那条代表"冷门商品"经常为人遗忘的长尾。

长尾理论是网络时代兴起的一种新理论,由于成本和效率的因素,当商品储存、流通、展示的场地和渠道足够宽广,商品生产成本急剧下降以至于个人都可以进行生产,且商品的销售成本急剧降低时,几乎任何以前看似需求极低的产品,只要有卖,都会有人买。这些需求和销量不高的产品所占据的共同市场份额,可以和主流产品的市场份额相当,甚至更大。

长尾理论颠覆了企业一直奉行的"二八定律",过去企业主要关注在 20%的商品上创造 80%收益的客户群,往往会忽略了那些在 80%的商品上创造 20%收益的客户群。但现在,过去的"长尾"可以成为新的利润增长点。中小企业可以运用长尾战略,选择自己擅长的领域与环节,采用专业化经营方式以取得成功。

针对竞争战略理论的缺陷,韩国战略学家钱·金教授和美国战略学家勒妮·莫博涅教授 2005 年提出了蓝海战略理念。"蓝海"相对"红海"而言,目的是摆脱竞争,通过创造和获得新的需求、实施差异化和低成本,获取更高利润率。竞争极端激烈的市场是"红海",而"蓝海"是一个未知的市场空间,没有竞争的领域。企业可以通过价值创新手段得到崭新的市场领域,获得更快的增长和更高的利润。蓝海战略考虑的是如何创造需求,突破竞争。

∷ 本章小结

在优胜劣汰的竞争法则面前,市场中的每个企业都是平等的,如何认识竞争和竞争者,如何参与竞争并使自己在市场竞争中处于优势,是企业能否获得营销成功的核心所在。

创造竞争优势是企业分析竞争及竞争者后希望得到的结果,要求企业比竞争对手更多地向目标顾客传递价值和满意。创造竞争优势首先是要进行竞争者分析,其次是开发竞争战略。

　　进行竞争者分析时,企业需要了解:谁是公司的竞争者? 他们的战略是什么? 他们的目标是什么? 他们的优势与劣势是什么? 他们的反应模式是什么?

　　迈克尔·波特提出了三种基本竞争战略:全面成本领先战略;差异化战略;聚焦战略。三种基本战略都分别存在一定的风险,企业必须认识这些风险,做出正确的战略选择。

　　持续竞争优势是指企业拥有独特产品、核心技术或者独特营销模式,且不易被模仿和取代的优势,是指是否具有核心竞争力。

　　市场占有率决定了企业的竞争地位。实力雄厚的企业力求成为市场领导者或挑战者地位,其他企业则只好成为市场追随者或补缺者的地位。防御战、正面进攻战、侧翼战和游击战是不同竞争地位的企业在竞争中主要运用的战略。

∷ **本章关键词**

　　创造竞争优势　　竞争者　　品牌竞争者　　持续竞争优势　　基准营销　　长尾理论

∷ **思考题**

　　1. 竞争者分析的基本内容是什么?

　　2. 基本的竞争战略有哪些?

　　3. 竞争地位不同导致的不同竞争战略有哪些具体表现?

第 7 章
目标战略选择

:::

开篇案例　屈臣氏的目标市场选择

　　屈臣氏,全称是屈臣氏个人护理用品商店(以下简称屈臣氏),是现阶段亚洲地区最具规模的个人护理用品连锁店,也是目前全球最大的保健及美容产品零售商和香水及化妆品零售商之一。屈臣氏在 1989—1997 年这段时期,同很多中国本土企业一样,其在华的业务发展一度非常吃力,也走了很多弯路。后来经过屈臣氏高层多年的敏锐观察和对市场动向的分析,其完善内部管理,调整发展战略,最终发现在日益同质化竞争的零售行业,如何锁定目标客户群是至关重要的。

　　屈臣氏在调研中发现,亚洲女性会用更多的时间进行逛街购物,她们愿意投入大量时间去寻找更便宜或是更好的产品。这与西方国家的消费习惯明显不同。中国大陆的女性平均在每个店里逗留的时间是 20 分钟,而在欧洲只有 5 分钟左右。这种差异让屈臣氏最终将中国大陆的主要目标市场锁定在 18—40 岁的女性,特别是 18—35 岁、月收入在 6 000 元以上的时尚女性。屈臣氏认为这个年龄段的女性消费者是最富有挑战精神的。她们喜欢用最好的产品,寻求新奇体验,追求时尚,愿意在朋友面前展示自我。她们更愿意用金钱为自己带来大的变革,愿意进行各种新的尝试。而之所以更关注 40 岁以下的消费者,是因为年龄更长一些的女性大多早已有了自己固定的品牌和生活方式了。

　　事实证明,屈臣氏在多年来对于市场的判断是准确的,在广州和上海,即便不是周末时间,也能看到屈臣氏门店内充斥着努力"淘宝"、购买"美丽"的年轻女性。为了让 18—35 岁的这群"上帝们"更享受,屈臣氏在选址方面也颇为讲究。有大量客流的繁华地段是屈臣氏的首选,如街道、商场、机场、车站或写字楼等。

正是从消费者的角度出发，"屈臣氏"似乎总走在别人前面。根据目标客户群，屈臣氏提出了"个人护理"的概念。屈臣氏"个人护理专家"的身份深入人心，以至于人们一提到屈臣氏，便想到"个人护理专家"。

资料来源：根据互联网等多方资料整理而成。

战略选择首先需要解决方向性的问题，当企业在确定了"成什么?"和"做什么?"的方向之后，企业接下去要确定的方向是"做给谁?"。企业需要对市场进行有效的细分，并根据实际情况来确定自己的目标市场。STP 战略（segmentation 细分、targeting 目标、positioning 定位）中的 ST 指的就是如何进行市场细分、精挑细选、确定目标市场的战略过程。

做给谁? 即通过市场细分确定目标市场，找对人。

7.1 市场细分化

在广阔及多样化的市场中，一个企业不可能为所有的顾客服务。然而，企业可以根据消费者不同的需要和欲望将其划分为不同的消费群体或细分市场。之后，企业还需要识别出自己能为之有效服务的细分市场。在作这些营销决策时，企业需要对消费者行为有着深刻的认识和谨慎的战略思考。为了制定最好的营销计划，管理者应该了解使每个细分市场变得独特的因素。

7.1.1 市场细分内涵

1. 含义

市场细分的概念由 20 世纪 50 年代美国市场营销专家温德尔·史密斯（Wendell R. Smith）提出。市场细分理论的产生，被西方营销学家称为"市场营销革命"。

市场细分，就是根据顾客之间需求的差异性，把一个市场整体划分为若干个顾客群体，每一个由需求特点相似顾客组成的群体构成一个细分市场。市场细分的基础是顾客需求的差异性，市场细分的目的是选择和确定目标市场。菲利普·科特勒说："市场细分指将市场划分为较小的顾客群，这些顾客群具有不同的需求、特点或行为，并需要不同的市场营销战略或组合。"

2. 产生过程

市场细分战略的产生和发展经历了以下几个阶段：

（1）大量营销阶段。即大批量生产品种规格单一的产品和通过大众化的渠道推销。在当时的市场环境下，大量营销方式降低了产品成本和价格，使企业获得了丰厚的利润，企业没有必要也不可能重视市场不同需求的研究。

（2）产品差异化营销阶段。即向市场推出许多与竞争者产品相比具有不同质量、外观、性能的品种各异的产品。在这里，企业考虑的仅是自己现有的设计、技术能力而未仔细研究顾客的不同需求。

（3）目标营销阶段。即企业在研究市场和细分市场的基础上，结合自身的资源与优势，选择其中最有吸引力和最能有效地为之提供产品和服务的细分市场作为目标市场，设计与目标市场需求特点相匹配的营销组合等，市场细分战略即由此产生。

需要指出的是，细分市场是有一定客观条件的。只有在市场经济发展到一定阶段，市场上商品供过于求，消费者需求多种多样，企业无法用大批量生产产品的方式或差异化产品策略有效地满足所有消费者需要的时候，细分市场的客观条件才具备。还必须指出的是，细分市场不是根据产品品种、产品系列来进行的，而是从顾客的角度进行划分的，这是根据市场细分的理论基础，即市场细分是根据顾客的需求、动机、购买行为的多元性和差异性来划分的。

细分市场可以通过不同的方式来描述。**偏好细分**（preference segments）就是其中一种方式。当所有消费者具有大致相同的偏好时，我们称之为**同质偏好**（homogeneous preferences），这种市场不存在天然的细分市场。而另一个极端是消费者的偏好具有很大差异，称之为**扩散偏好**（diffused preferences）。如果市场上同时存在几个品牌，他们可能会定位于市场的各个空间，且分别显示出他们的特色，以迎合消费者不同的偏好。最后是**集群偏好**（clustered preferences），此时天然的细分市场是由市场上各种具有相同偏好的群体构成的。

细分市场不仅是一个分解的过程，也是一个聚集的过程。所谓聚集的过程，就是把对某种产品特点最易作出反应的消费者集合成群。这种聚集过程可以依据多种标准连续进行，直到识别出其规模足以实现企业利润目标的某一个消费者群。

随着市场细分的不断发展，更细分、更针对性的细分市场概念也应运而生，微观营销（micromarketing）就是这样的概念。微观营销包括了四个层次：细分营销、利基营销、本地营销和个体营销。

细分营销（segment marketing）企业可以更好地对产品或服务进行设计、定价、宣传和分销，而且也可以更好地对营销计划和营销活动进行调整，从而更好地应对竞争者的营销活动。

利基是指从更为狭窄的角度定义的、寻求独特利益组合的消费者群体。营销者确定利基的方法通常是把细分市场再细分。利基营销基于利基市场的顾客具有一系列独特的需要：他们为了选择最能满足其需要的公司，愿意支付溢价；利基市场具有足够的规模、利润和成长潜力，而且不会吸引其他竞争者的注意力；利基营销者通过专门化来获得一定的经济利益。

本地营销(local marketing)是将营销计划按照本地顾客群体(贸易地区、临近区域，也可以是个性化商店)的需要和欲望来制定。赞同本地营销的观点认为，全国性广告是很不经济的行为，因为它所触及的面太广了，以至于无法满足本地化的需要。

市场细分的最终层次个体营销(individual marketing)是"细分到个人""定制营销"或"一对一营销"。当今的顾客在决定购买什么和如何购买时，已经具有了很大的主动性。他们登录互联网，浏览有关产品与服务的信息和评价，与供应商、用户和产品的批评者进行交谈。在很多情况下，他们还可以设计自己想要的产品。

7.1.2 市场细分作用

市场细分对企业可以产生使营销更具针对性、更个性及企业能获得更多机会等作用。

(1) 有利于发现市场机会。

通过市场细分，可以发现需求被满足的程度及哪些需求仍是潜在需求。中小企业通过市场细分，可以根据自身情况，选择那些大企业不愿经营、相对市场需求较少的细分市场，集中力量满足这些细分市场的需求，从而在整体市场竞争激烈的情况下，在局部市场确立相对竞争优势，取得较好的经济效益，求得生存和发展。

(2) 有利于深入认识细分市场。

通过市场细分和认真地分析各细分市场的特点，能深入地认识细分市场的特点和正确地确定企业的目标市场。通过市场细分，企业可以对每一个细分市场的购买潜力、满足程度、竞争情况等进行分析对比，探索出有利于本企业的市场机会，使企业及时作出投产、移地销售决策或根据本企业的生产技术条件编制新产品开拓计划，进行必要的产品技术储备，掌握产品更新换代的主动权，开拓新市场，以更好适应市场的需要。企业可以集中人、财、物及资源，去争取在局部市场上的优势，争取占领细分市场。

(3) 有利于制定有效的市场营销组合策略。

市场营销组合策略的有效性与企业对目标市场特点的认识密切相关，自然与企业有效的市场细分密切相关。市场细分后的子市场比较具体，比较容易了解消费者的需求，企业可以根据自己经营思想、生产技术和营销力量，确定自己的服务对象，即目标市场。针对着较小的目标市场，便于制定特殊的营销策略。同时，在细分的市场上，信息容易了解和反馈，一旦消费者的需求发生变化，企业可迅速改变营销策略，制定相应的对策，以适应市场需求的变化，提高企业的应变能力和竞争力。

(4) 有利于提升企业的竞争能力。

竞争是企业进行市场细分的催化剂，没有竞争就没有市场细分，市场细分就是面对竞争而产生的。通过市场细分和对细分市场的分析，企业和竞争者在各细分市场上的相对优势和劣势都能得到充分暴露,从而有利于企业选择适当的细分市场,帮助企业扬长避短,取得优势。

7.1.3　市场细分条件

从企业营销的角度看,并非所有的细分市场都有意义,所选择的细分市场必须具备一定的条件和原则,这些条件和原则是企业将其变为目标市场必须要考虑的因素。

(1) 可衡量性。

可衡量性指细分的市场是可以识别和衡量的,即细分出来的市场不仅范围明确,而且对其容量大小也能大致作出判断,表明该细分市场特征的有关数据资料必须是能够加以衡量和推算。如果不可衡量就显得不够精准和量化,对营销对策的影响就显得不够有说服力。

(2) 可实现性。

可实现性即企业所选择的细分市场是否容易进入。根据企业目前的人、财、物和技术等资源条件,看能否通过适当的营销组合策略占领市场。可实现性也指细分出来的市场应是可接近的,企业营销活动能够使产品进入并对顾客施加影响的市场。一方面,有关产品的信息能够通过一定媒体顺利传递给该市场的大多数消费者;另一方面,企业在一定时期内有可能将产品通过一定的分销渠道运送到该市场。否则,该细分市场的价值就不大。

(3) 可盈利性。

可盈利性即细分出来的市场,其容量或规模要大到足以使企业获利。进行市场细分时,企业必须考虑细分市场上顾客的数量,以及他们的购买能力和购买产品的频率。如果细分市场的规模过小,市场容量太小,细分工作烦琐,成本耗费大,获利小,就不值得去细分。

(4) 可区分性。

可区分性指不同的细分市场的特征可清楚地加以区分。各细分市场的消费者对同一市场营销组合方案会有差异性反应,或者说对营销组合方案的变动,不同细分市场会有不同的反应。如果不同细分市场顾客对产品需求差异不大,行为上的同质性远大于其差异性,此时,企业就不必费力对市场进行细分。另一方面,对于细分出来的市场,企业应当分别制定出独立的营销方案。如果无法制定出这样的方案,或其中某几个细分市场对是否采用不同的营销方案不会有大的差异性反应,便不必进行市场细分。

7.1.4　市场细分标准

市场细分的标准可以分为面对消费者市场的标准和面对组织市场的标准。针对消费者市场的细分标准主要包括：

1. 地理因素

细分是将市场划分为不同的地理单位,如国家、州、地区、县、城镇或邻近地区。企业可以在一个、几个或所有区域开展业务,但是要注意地区间的差异。

(1) 按地区细分。如国家、州、地区、县、城镇或邻近地区。在我国,生活在南方和北方的消费者,东部与西部的消费者,甚至相邻的省、市的消费者,对许多新产品的要求都大有差别。

(2) 按消费水平细分。城市、郊区及乡村的情况是不一样的。比如,由于居住环境的差异,城市居民与农村消费者在室内装饰用品的需求上会有不少的差异。

(3) 按城市规模细分。如特大型城市、大城市、中型城市及小城市、县城与乡镇,意味着规模不同的市场。

(4) 按气候条件细分。不同地域的气候条件不同。我国北方高纬度地区冬季寒冷干燥,南方低纬度地区温暖潮湿,消费者对许多产品的要求便大相径庭。处于不同地理位置的消费者,对同一类产品往往呈现出差别较大的需求特征,对企业营销组合的反应也存在较大的差别。地理因素是一种相对静态的变量,但处于同一地理位置者对某一类产品的需求仍然会存在较大的差异。因此,还必须同时依据其他因素进行市场细分。

2. 人口因素

人口因素指各种人口统计因素,如根据年龄、家庭规模、家庭生命周期、性别、社会阶层、收入、职业、受教育程度、宗教、种族、代系和国籍等因素,对市场进行划分。营销人员之所以会如此普遍地使用人口统计变量,一个原因就是消费者的需要和欲望往往都与这些变量密切相关。另外一个原因就是这些变量比较容易测量。

(1) 按年龄细分。消费者的欲望、愿望和能力,会因为年龄不同而发生变化。如青年人对服饰的需求,与老年人的需求差异较大。青年人需要鲜艳、时髦的服装;老年人需要端庄、素雅的服饰。

(2) 按性别细分。许多品牌和产品对男女的需求来说是有很大的区别。汽车制造商过去一直是迎合男性要求设计汽车,现在,随着越来越多的女性参加工作和拥有自己的汽车,这些汽车制造商就研究市场机会,设计了具有吸引女性消费者特点的汽车。

(3) 按职业细分。一个人的职业也会影响其消费模式。工人、农民、军人、教师、学生、职员及干部、企业家等,对同一类商品也会产生不同偏好。比如,农民购买自行车偏好载重自行车,而学生、教师则是喜欢轻型的、样式美观的自行车。

(4) 按收入细分。收入因素是经常用于市场细分的又一标准。消费者通常要"量入为出",依据收入条件作出消费和购买决定。因此,许多企业把市场区分为精品市场和大众市场,高收入者市场、中收入者市场及低收入者市场,或进一步依据人均收入的不同档次细分市场。比如,同是外出旅游,在交通工具以及食宿地点的选择上,高收入者与低收入者会有很大的不同。正因为收入是引起需求差别的一个直接而重要的因素,在诸如服装、化妆品、旅游服务等领域根据收入细分市场相当普遍。

(5) 按民族细分。每个国家都存在不同的民族,每个民族都在漫长的历史发展过程中形成了独特的风俗习惯和文化传统,因而会导致需求的差异性。

(6) 按代系细分。每一代人都会受到其所处时代的深远影响,包括当时的音乐、运动、政策和各种事件。人口统计学家把这些代系群体称之为**同期群**(cohorts)。同期群具有相同的文化、政治和经济经历,具有相似的看法和价值观。营销人员通常会使用同期群中共同体验过的标志和图片作为吸引这一代人的广告。

(7) 按社会阶层细分。社会阶层对个人在汽车、服装、家用设备、休闲活动、阅读习惯、零售等方面的偏好上有着强烈的影响。许多公司为特定的社会阶层设计产品和提供服务。社会阶层的品位也会随着时间的推移而变化。

3. 心理因素

心理因素即按照消费者的心理特征细分市场。按照上述几种标准划分的处于某个集体群体中的消费者对同类产品的需求仍会显示出差异,原因之一是心理因素发挥作用。这些心理因素主要包括:

(1) 按个性细分。俗语说:"人心不同,各如其面",每个人的个性都会有所不同。通常而言,个性会通过自信、自主、支配、顺从、保守、适应等性格特征表现出来。因此,个性可以按这些性格特征进行分类,从而为企业细分市场提供依据。对诸如化妆品、香烟、啤酒、保险之类的产品,企业就可以个性特征为基础进行市场细分。

(2) 按生活方式细分。生活方式是指一个人怎样生活。人们追求的生活方式各不相同,如有的追求新潮时髦,有的追求恬静、简朴;有的追求刺激、冒险,有的追求稳定、安怡。生活方式也是指一个人在生活中所表现出来的活动、兴趣和看法的整体模式。人们追求的生活方式不同,对产品的喜好和追求也就不同,对生活方式就有许多分类方法。在有关心理因素的作用下,人们的生活方式可以分为"传统型""新潮型""奢侈型""活泼型""社交型"等群体。如服装企业,可以为"简朴的妇女""时髦的妇女"和"有男子气的妇女"分别设计不同服装。

(3) 按生活格调细分。活格调是指人们对消费、娱乐等特定习惯和方式的倾向性,追求不同生活格调的消费者对商品的爱好和需求有很大差异。比如为喜欢高雅格调的消费者专门提供符合他们要求的布置或者装饰或者氛围。

4. 行为因素

根据购买者对产品的了解程度、态度、使用情况及反应等将他们划分成不同的群体,被称为**行为细分**(behavioral segmentation)。许多人认为,行为变数能更直接地反映消费者的需求差异,因而成为市场细分的最佳起点。

(1) 按时机细分。时机细分(occasion segmentation)即根据消费者产生购买意图的时机、实际购买的时机和使用产品的时机,把消费者划分为不同的群体。像父亲节、母亲节这样的节日,一直就是商家促销糖果、鲜花、贺卡和小礼品的好机会。为圣诞节这样的假日准备特价商品和促销广告的商家就更多了。

(2) 按追求利益细分。根据消费者对产品追求的不同利益,可将其划分为不同的群体,这是一种很有效的市场细分方法。利益细分(benefit segmentation)要求找出消费者购买商品大类所追求的几种主要利益,追求每种利益的人群特点,及能够提供每种利益的主要品牌。例如,联合利华公司将香皂消费者划分为几个群体,每个群体都追求一种独特的利益组合:保护健康、价格便宜、气味芳香,或是美容效果。

(3) 按使用者状况细分。用户可以划分为从未使用、曾经使用、潜在用户、首次用户、经常用户几种。准妈妈是婴儿用品的潜在使用者,而她们很快就会变成使用者了。

(4) 按使用率细分。依据产品购买、使用或消费的数量因素,将消费者分为少量使用者、中量使用者及大量使用者。大量使用者虽然在消费总人数中所占比重较小,但购买、消费某种产品的比重却很大,并往往具有某种共同的人口及心理方面的特征。以饮用啤酒为例,大量饮用者消费了啤酒总量的80%以上,几乎是少量饮用者消费量的7倍。

(5) 按品牌忠诚度细分。市场还可依据消费者对某一品牌的忠诚状态进行细分。比如,始终不渝地坚持购买某一品牌的坚定的忠诚者,经常在几种固定的品牌中选择的不坚定的忠诚者,以及对任何一种品牌都不忠诚的多变者。每个企业的市场都包含了比例不同的这样三类顾客。依据品牌忠诚度细分市场,可以发现问题,改进营销策略。

(6) 按购买的准备阶段细分。消费者对各种产品了解程度往往因人而异。有的消费者可能对某一产品确有需要,但并不知道该产品的存在;还有的消费者虽已知道产品的存在,但对产品的价值、稳定性等还存在疑虑;另外一些消费者则可能正在考虑购买。针对处于不同购买阶段的消费群体,企业进行市场细分并采用不同的营销策略。

(7) 按态度细分。企业还可根据市场上顾客对产品的热心程度来细分市场。消费者对产品的态度可以分为五类:热衷、积极、不关心、消极和敌视。针对持不同态度的消费群体,企业在广告、促销等方面应当有所不同。

(8) 按转化模型细分。转化模型(conversion model)衡量的是消费者对不同品牌心理承诺的强度和进行品牌转换的开放程度。该模型根据承诺的强度将品牌使用者细分为四类,从低到高排列如下:易转换者、薄情者、中庸者、不易转换者。

许多用来细分消费者市场的标准,同样可用于细分组织市场。如根据地理、追求的利益和使用率等变量加以细分。不过,由于组织市场与消费者市场在购买动机与行为上存在差别,所以,除了运用前述消费者市场细分标准外,还可用一些新的标准来细分组织市场。

(1) 人口统计因素。

企业需要回答以下问题:

行业:购买这种产品的哪些行业是我们的重点?

公司规模:我们的重点是多大规模的公司?

地理位置:我们应把重点放在哪些地区?

在生产者市场中,有的用户购买量很大,而另外一些用户购买量很小。以钢材市场为例,像建筑公司、造船公司、汽车制造公司对钢材需求量很大,动辄数万吨地购买,而一些小的机械加工企业,一年的购买量也不过几吨或几十吨。企业应当根据用户规模大小来细分市场,并根据用户或客户的规模不同,采用不同的营销组合方案。

(2)经营因素。

企业需要回答以下问题:

技术:哪类顾客重视的技术是我们的重点?

使用者及非使用者情况:我们应把重点放在大量、中度、少量使用者,还是非使用者上?

客户能力:我们的重点是需要多种服务的顾客,还是很少几种服务的顾客?

(3)采购方式。

企业需要回答以下问题:

采购职能组织:我们的重点是采购高度集中的公司,还是高度分散的公司?

权力结构:我们的重点是技术人员占主导地位的公司,还是财务人员、抑或营销人员占主导地位的公司?

现有客户关系的性质:我们应把重点放在那些已经建立了良好客户关系的公司,还是去追逐那些最具吸引力的客户?

总采购政策:我们的重点是什么样的客户? 是喜欢租赁、服务合同的,还是喜欢系统采购的,抑或是喜欢招投标的?

采购标准:我们的重点是重视质量的公司,还是重视服务的,抑或是重视价格的?

(4)情境因素。

企业需要回答以下问题:

紧急程度:是否应把重点放在那些交货要求和提供服务需求非常紧迫的公司上?

特别用途:我们是否应把重点放在本公司产品的某些应用上,而不是全部应用?

订单大小:我们的重点是大宗订单,还是小额订单?

产品的最终用途不同是生产者市场细分标准之一。生产者用户购买产品,一般都是供再加工之用,对所购产品通常都有特定的要求。比如,同是钢材用户,有的需要圆钢,有的需要带钢;有的需要普通钢材,有的需要硅钢、钨钢或其他特种钢。企业此时可根据用户要求,将要求大体相同的用户集合成群,并据此设计出不同的营销策略组合。

5. 个性特征

企业需要回答以下问题:

买卖双方的相似性:其员工和价值观都与本公司相似的客户,是否应当是我们的重点?

风险态度:我们的重点是风险偏好型,还是风险规避型的客户?

忠诚度:那些对供货商忠诚度很高的公司,是否应成为我们的重点客户?

7.2 市场目标化

市场细分是为了发现市场机会,更好地确定**目标市场**(target market)。菲利普·科特勒说,目标市场是指公司决定为之服务的,具有共同需求或特点的购买者群体。

7.2.1 目标市场模式

企业在细分市场后,就必须对进入哪些市场和为多少个细分市场服务作出决策。企业可考虑可能的目标市场模式,一共有五种。

(1)密集单一化。

最简单的方式是企业选择一个细分市场集中营销。公司通过集中营销,更加了解本细分市场的需要,并树立起特别的声誉,因此便可在该细分市场建立牢固的市场地位。另外,企业通过生产、销售和促销的专业化分工,也获得了许多经济效益。如果细分市场补缺得当,企业的投资便可获得高报酬。同时,集中营销比一般情况风险更大,个别细分市场可能出现不景气的情况。例如,年轻女士突然不再买运动服装,会使专门生产年轻运动服装的公司收入锐减;而某个竞争者决定进入同一个细分市场,也会使许多公司宁愿在若干个细分市场分散营销。

(2)选择专业化。

采用此法选择若干个细分市场,其中每个细分市场在客观上都有吸引力,并且符合公司的目标和资源。但在各细分市场之间很少有或者根本没有任何联系,然而每个细分市场都有可能赢利。这种多细分市场目标优于单细分市场目标,因为这样可以分散公司的风险。

(3)产品专业化。

集中生产一种产品,企业向各类顾客销售这种产品。例如,显微镜生产商向大学实验室、政府实验室和工商企业实验室销售显微镜。企业准备向不同的顾客群体销售不同种类的显微镜,而不去生产实验室可能需要的其他仪器。企业通过这种战略,往往在产品方面树立起很高的声誉。

(4)市场专业化。

市场专业化是指专门为满足某个顾客群体的各种需要而服务。例如,公司可为大学实验室提供一系列产品,包括显微镜、示波器、化学烧瓶等。

(5)市场覆盖化。

市场覆盖化是指企业想用各种产品满足各种顾客群体的需求。只有大公司才能采用完全市场覆盖战略,例如通用汽车公司(汽车市场)和可口可乐公司(饮料市场)。

7.2.2　目标市场战略

企业确定目标市场的模式不一样,目标市场的营销战略也不一样。有三种目标市场战略可供企业选择:其中,无差异营销战略与差异营销战略都是面对整个市场,而集中营销战略面对局部市场。

1. 无差异营销战略

无差异营销就是指企业将整体市场看作一个大的目标市场,不进行细分,用一种产品、统一的市场营销组合去满足整个市场的需要。无差异营销策略只考虑消费者或用户在需求上的共同点,而不关心他们在需求上的差异性。可口可乐公司在 20 世纪 60 年代以前曾以单一口味的品种、统一的价格和瓶装、同一广告主题将产品面向所有顾客,采取的就是这种策略。

无差异营销(undifferentiated marketing)或**大众营销**(mass marketing)的理论基础是成本的经济性。生产单一产品,可以减少生产与储运成本;无差异的广告宣传和其他促销活动可以节省促销费用;不搞市场细分,可以减少企业在市场调研、产品开发、制定各种营销组合方案等方面的营销投入。这种策略对于需求广泛、市场同质性高且能大量生产、大量销售的产品比较合适。

此战略的缺点是:当多家企业都采用无差异营销战略时,往往会形成整体市场竞争激烈而一些特定顾客群体的需求得不到满足的情况;竞争者的成功的差异化营销可能给企业的低成本优势造成极大的冲击。

此战略一般适用于实力雄厚的大企业。对于大多数产品而言,无差异市场营销策略并不一定合适。首先,消费者需求客观上千差万别并不断变化,一种产品长期为所有消费者和用户所接受非常罕见。其次,当众多企业如法炮制,都采用这一战略时,会造成市场竞争异常激烈,同时在一些小的细分市场上消费者需求得不到满足,这对企业和消费者都是不利的。再次,其易于受到竞争企业的攻击。当其他企业针对不同细分市场提供更有特色的产品和服务时,采用无差异策略的企业可能会发现自己的市场正在遭到蚕食但又无法有效地予以反击。正是由于这些原因,世界上一些曾经长期实行无差异营销策略的大企业最后也被迫改弦更张,转而实行差异性营销战略。被视为实行无差异营销典范的可口可乐公司,面对百事可乐企业的强劲攻势,也不得不改变原来的战略,一方面向非可乐饮料市场进军,另一方面针对顾客的不同需要推出多种类型的新可乐。

2. 差异营销战略

差异营销就是指企业选择若干个细分市场作为目标市场,并根据每个细分市场的特点,分别为它们提供不同的产品,制定不同的营销计划,开展有针对性的营销活动。比如,服装生产企业针对不同性别、不同收入水平的消费者推出不同品牌、不同价格的产品,并采用不同的广告主题来宣传这些产品,就是采用的差异营销战略。

差异营销(differentiated marketing)或**细分营销**(segmented marketing)的优点是:能满足不同消费者的需要,从而扩大企业产品的销售;具有较大的灵活性,有利于降低经营风险。一旦企业在几个细分市场上获得成功,则有助于改善企业的形象,提高市场占有率。

差异营销的缺点是:使生产组织和营销管理复杂化,增加生产成本、管理费用和销售费用;要求企业拥有高素质的营销人员、雄厚的财力和技术力量;可能使企业的资源配置不能有效集中,顾此失彼,甚至在企业内部出现彼此争夺资源的现象,使拳头产品难以形成优势。

差异营销战略一般适用于那些有较强开发能力和营销能力的实力雄厚的大企业。竞争对手采取无差异营销战略,那企业一般可采取差异战略。

企业也可能转向反细分(counter-segmentation)或拓宽顾客基础。反细分市场是将许多过于狭小的市场组合起来,以一种产品广泛用于各类顾客群的战略。例如,强生公司就把一些面对婴儿的洗涤用品和护肤品扩大到成年人市场上。

3. 集中营销战略

集中营销是指企业集中全部力量进入一个或少数几个细分市场,在选定的一个或少数几个细分市场上开展营销活动。实行差异营销战略和无差异营销战略,企业均是以整体市场作为营销目标,试图满足所有消费者在某一方面的需要。而实行**集中营销**(concentrated marketing)战略时,企业不是追求在一个大市场角逐,而是力求在一个或几个子市场占有较大份额。例如,生产空调器的企业不是生产各种型号和款式、面向不同顾客和用户的空调机,而是专门生产安装在汽车内的空调机,又如汽车轮胎制造企业只生产用于换胎业务的轮胎,均是采用此战略。

集中营销战略的指导思想是:与其四处出击收效甚微,不如突破一点取得成功。这一战略特别适合于资源力量有限的中小企业。中小企业由于受财力、技术等方面因素制约,在整体市场可能无力与大企业抗衡,但如果集中资源优势在大企业尚未顾及或尚未建立绝对优势的某个或某几个细分市场进行竞争,则成功的可能性更大。

集中营销战略的优点是:有利于准确把握顾客需求,有针对性地开展营销活动;有利于降低生产成本和营销费用,提高投资收益率。集中营销战略的缺点是:经营风险较大;市场区域相对较小,企业发展受到限制;一旦目标市场突然发生变化,如消费者趣味发生转移,强大竞争对手的进入,或新的更有吸引力的替代品的出现,都可能使企业因没有回旋余地而陷入困境。此战略特别适用于资源力量有限的中小企业。

前述三种目标市场策略各有利弊,企业到底应采取哪一种策略,应综合考虑企业、产品和市场等多方面因素予以决定。

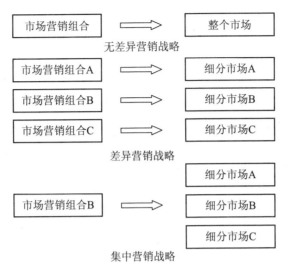

图 7.1　三种可供选择的目标市场战略

7.2.3　评估目标市场

企业在对整体市场进行细分之后,要对各细分市场进行评估,然后根据细分市场的市场潜力、竞争状况、本企业资源条件等多种因素决定把哪一个或哪几个细分市场作为目标市场。一般而言,企业考虑进入什么目标市场时,需考虑以下几方面的因素。

(1) 企业资源或实力。

当企业生产、技术、营销、财务等方面势力很强时,可以考虑采用差异或无差异市场营销战略;当企业资源有限,实力不强时,采用集中营销战略效果可能更好。

(2) 产品的同质性状况。

产品的同质性状况是指在消费者眼里不同企业生产的产品的相似程度。相似程度高,则同质性高,反之,则同质性低。对于大米、食盐、钢铁等产品,尽管每种产品因产地和生产企业的不同会有些品质差别,但消费者可能并不十分看重,此时,竞争将主要集中在价格上,这样的产品适合采用无差异营销战略。对于服装、化妆品、汽车等产品而言,由于在型号、式样、规格等方面存在较大差别,产品选择性强,同质性较低,因而更适合于采用差异或集中营销战略。

(3) 市场同质性。

市场同质性是指各细分市场顾客需求、购买行为等方面的相似程度。市场同质性高,意味着各细分市场相似程度高,不同顾客对同一营销方案的反应大致相同,此时,企业可考虑采取无差异营销战略。反之,则适宜采用差异或集中营销战略。

(4) 产品所处生命周期的不同阶段。

产品处于导入期,同类竞争品不多,竞争不激烈,企业可采用无差异营销策略。当产品进入成长期或成熟期时,同类产品增多,竞争日益激烈,为确立竞争优势,企业可考虑采用差异性营销策略。当产品步入衰退期时,为保持市场地位,延长产品生命周期,全力对付竞争者,可考虑采用集中性营销策略。

(5) 竞争者的数目及营销战略。

当市场上同类产品的竞争者较少,竞争不激烈时,可采用无差异性营销战略。当竞争者多,竞争激烈时,可采用差异营销战略或集中营销战略。

企业选择目标市场策略时,一定要充分考虑竞争者尤其是主要竞争对手的营销战略。如果竞争对手采用差异性营销战略,企业应采用差异或集中营销战略与之抗衡;若竞争者采用无差异战略,则企业可采用无差异或差异战略与之对抗。

(6) 道德选择。

市场目标的选择应该尽量避免消费者的激烈反对。有些消费者坚决反对被打上标签。单身群体可能会拒绝独立的食品包装,因为他们不想要被提醒他们是自己单独去吃的。年长的消费者如果在意自己的年龄,那么他不会接受市场上标有"年长"的产品。

在目标市场选择上,问题不在于向谁推销,而在于怎么样和为什么内容而推销。当营销者企图牺牲目标消费者的利益来获利时,当他们不公平地向弱势消费群体来推销问题产品或采取不当的手段时,争议就产生了。社会责任营销要求市场细分和目标选择不仅要考虑公司的利益,也要考虑整个目标市场的利益。

在评估目标市场时,企业应该还具备的目标市场战略观念是:实施逐个细分市场进入的计划。其含义是:即使企业计划要进入一些细分市场,明智的做法应该是一次进入一个细分市场,并将全盘计划保密。一定不能让竞争者知道本公司下一步将要进入哪个细分市场。遗憾的是,许多企业都没有制定将进入细分市场的顺序和时间安排在内的长期发展计划。在这方面,百事可乐公司做法是个很好的说明。它通过全盘计划向可口可乐公司发动进攻:首先向可口可乐公司的食品杂货市场进攻,接着向可口可乐公司的自动售货机市场进攻,然后再向可口可乐公司的快餐市场进攻等等。日本公司也制定发展目标顺序计划。它们先在市场上找到立足点,比如丰田公司将一种小汽车推上市场,然后再推出更多型号的汽车,其次再增加大型汽车,最后推出豪华型汽车。

7.2.4　国际目标市场

企业营销要进入国际市场,同样需要进行目标市场选择。通过国际市场细分决定进入哪些市场,进入多少个市场。国际市场细分是指企业可以根据一个或者几个变量的组合来细分国际市场。他们可以根据地理位置来细分,如把亚洲国家按地域分为北亚、东亚、南亚和东南亚。地理细分的前提假设是相邻国家会有很多相同的特征和行为。世界市场也可以根据经济因素来进行细分。例如,国家可以根据人口收入水平或整体的经济发展程度来进行分类。国家也可以通过政治或者法律因素来进行细分,如政府的类型和稳定性、对国外公司的接受程度、货币管制政策和官僚程度。这些以地理、经济、政治、文化和其他因素为基础来细分国际市场的前提假定是这些细分市场都包含有国家集群。然而，很多公司采用不同的细分方式——市场间细分(intermarket segmentation)。采用这种方式，把即使分属不同国家，但是有着相似需要和购买行为的消费者也分为同一细分市场。例如，世界的青少年都有很多共同之处：他们学习、逛商店、睡觉。他们所接触的主题也一样：爱情、犯罪、无家可归、工作中的父母。锐步、耐克、斯沃琪都是仅定位于全世界青少年的一些公司。

通过市场细分来对国际市场进行有效的分析和评估。其细分的标准同样包括着地理、文化、人口、行为等方面。对国际市场细分后就是要确定目标市场，而确定了目标市场后，还要做的一件和国内营销不一样事就是要决定如何进入市场，即选择进入目标市场的模式。

企业可以有多种模式进入国外市场，这些模式主要包括：出口进入模式、契约进入模式和投资进入模式。选择特定的进入模式反映出企业在目标市场上想获得什么利益、如何获得这种利益等战略意图。因而，对于进行国际市场营销的企业来说，了解各种进入模式的特点有利于进行正确的选择。

1. 出口进入模式

出口一直被作为企业进入国际市场的重要方式。从宏观角度看，由于出口有利于增加国内就业、增加国家外汇收入、提高本国企业的国际竞争力，因此，出口一直受到各国政府的鼓励。同时，从企业的角度看，为了降低国内竞争所带来的风险和进行自身扩张，各国的企业也都将扩大出口作为进入国际市场的重要方式。

出口可分为间接出口和直接出口两种方式。

(1) 间接出口。间接出口是指企业使用本国的中间商来从事产品的出口。包括国内的出口商、国内的出口代理商、合作结构(由一个代表数家厂商并部分地受其管理和控制的合作机构经营出口业务。如水果生产者常用这一形式)、出口经营公司(负责经营一个公司的出口业务，收取费用)。通过间接出口，企业可以在不增加固定资产投资的前提下开始出口产品，投资少，风险小，而且不影响目前的销售利润。况且企业可借助此方式，逐步积累经验，为以后转化为直接出口奠定基础。

(2) 直接出口。企业自行直接经营其出口业务，包括企业成立国内的出口部、海外销售分支机构、出口销售代表及使用外国的经销商或代理商。开始或扩展出口业务的最好的方法之一就是参加海外贸易展览会。直接出口不使用本国中间商，但可以使用目标国家的中间商来从事产品的出口。在直接出口方式下，企业的一系列重要活动都是由自身完成的，这些活动包括调查目标市场，寻找买主，联系分销商，准备海关文件，安排运输与保险等。直接出口使企业部分或全部控制外国营销规划，可以从目标国市场快捷地获取更多的信息，并针对市场需求制定及修正营销规划。

有了互联网，企业不再需要参加国际商贸展来向国外客户展示他们的产品了。通过在网上进行交流,大大小小的公司都扩展了他们的服务,他们可以吸引国外的顾客,为购买了产品的国外顾客提供支持服务,从国际供应商那里订货,并建立全球范围的品牌知名度。互联网已经成为进行市场调查、为客户提供安全的订货服务,以及跨时区支付的有效手段。寻找免费的贸易和出口信息从来没有像现在这么容易。

2. 契约进入模式

契约进入模式是国际化企业与目标国家的法人单位之间长期的非股权联系,前者向后者转让技术或技能。

(1) 许可证进入模式。国际营销活动的深入发展使得许可证已成为一种被广泛采用的进入模式。在许可证进入模式下,企业在一定时期内向一外国法人单位转让其工业产权,如专利、商标、产品配方、公司名称、商业秘密或其他有价值的无形资产的使用权,获得提成费用或其他补偿。许可证合同的核心就是无形资产使用权的转移。

许可证进入模式是一种低成本的进入模式。其最明显的好处是绕过了进口壁垒,如避过关税与配额制的困扰。当出口由于关税的上升而不再赢利时,当配额制限制出口数量时,制造商可利用许可证模式。当目标国家货币长期贬值时,制造商可由出口模式转向许可合同模式。许可合同的另一个长处是其政治风险比股权投资小。当企业由于风险过高或者资源方面的限制而不愿在目标市场直接投资时,许可证不失为一种好的替代模式。

许可证模式同时也有许多的不利方面。企业不一定拥有外国客户感兴趣的技术、商标、诀窍及公司名称,因而无法采用此模式;这种模式限制了企业对国际目标市场容量的充分利用;它有可能将接受许可的一方培养成强劲的竞争对手;许可方有可能失去对国际目标市场的营销规划和方案的控制;还有可能因为权利、义务问题陷入纠纷、诉讼。鉴于许可证进入模式存在的这些弊端,企业在签订许可证合同时应明确规定双方的权利和义务条款,以保护自身的利益。

(2) 特许经营进入模式。这种模式是指企业(许可方)将商业制度及其他产权诸如专利、商标、包装、产品配方、公司名称、技术诀窍和管理服务等无形资产完整许可给独立的企业或个人(特许方)。被特许方用特许方的无形资产投入经营,遵循特许方制定的方针和程序。作为回报,被特许方除向特许方支付初始费用以外,还定期按照销售额一定的比例支付报酬。

特许经营进入模式与许可证进入模式很相似,所不同的是,特许方要给予被特许方以生产和管理方面的帮助,例如提供设备、帮助培训、融通资金、参与一般管理等,是个系统的、比较完整的许可。特许进入模式的优点和许可证进入模式很相似,在这种模式下,特许方不需太多的资源支出便可快速进入外国市场并获得可观的收益,而且它对被特许方的经营具有一定的控制权。它有权检查被特许方各方面的经营,如果被特许方未能达到协议标准和销售量或损害其产品形象时,特许方有权终止合同。另外,这种模式政治风险较小,且可充分发挥被特许方的积极性,因而它是广受欢迎的一种方式。特许进入模式的缺点是:特许方的盈利有限;特许方很难保证被特许方按合同所约定的质量来提供产品和服务,这使得特许方很难在各个市场上保证一致的品质形象;把被特许方培养成自己未来强劲的竞争对手。

许可证进入方式主要为制造业所采用,而特许经营方式主要由服务业企业实行。**特许连锁店**(franchising)是特许经营的方式,特许店提供完整的品牌概念以及运营系统。相对地,经销商向特许授权者投资,并缴纳一定费用。麦当劳、肯德基都在许多国家运用特许连锁店进行零售业务,并保证他们的营销是与当地文化相联系。

(3) 合同制造进入模式。合同制造进入模式是指企业向外国企业提供零部件由其组装,或向外国企业提供详细的规格标准由其仿制,由企业自身保留营销责任的一种方式。

利用合同制造模式,企业将生产的工作与责任转移给了合同的对方,以将精力主要集中在营销、研发等方面,因而是一种有效的扩展国际市场方式。但这种模式存在如下缺点:一是有可能把合作伙伴培养成潜在的竞争对手;二是有可能失去对产品生产过程的控制;三是有可能因为对方的延期交货导致本企业的营销活动无法按计划进行。

(4) 管理合同进入模式。这种模式是指管理公司以合同形式承担另一公司的一部分或全部管理任务,以提取管理费、一部分利润或以某一特定价格购买该公司的股票作为报酬。这种模式可以保证企业在合营企业中的经营控制权。

管理合同进入模式具有许多优点,企业可以利用管理技巧而不发生现金流出来获取收入,还可以通过管理活动与目标市场国的企业和政府发生接触,为未来的营销活动提供机会。但这种模式的主要缺点是具有阶段性,即一旦合同中约定的任务完成,企业就必须离开东道国,除非又有新的管理合同签订。

3. 直接投资进入模式

随着经济全球化及各国经济开放的发展,越来越多的企业将对外直接投资作为进入外国市场的主要模式。对外投资可分为两种形式:合资经营和独资经营。

(1) 合资经营。它是指与目标国家的企业联合投资,共同经营,共同分享股权及管理权,共担风险。联合投资方式可以是外国公司收购当地企业的部分股权,或当地公司购买外国公司在当地的股权。也可以双方共同出资建立一个新的企业,共享资源,共担风险,按比例分配利润。

合资经营的好处是:投资者可以利用合作伙伴的专门技能和当地的分销网络,从而有利于开拓国际市场;同时还有利于获取当地的市场信息,以对市场变化作出迅速灵活的反应;当地政府易于接受和欢迎这种模式,因为它可以使东道国政府在保持主权的条件下发展经济。但这种模式也存在弊端,例如双方常会就投资决策、市场营销和财务控制等问题发生争端,有碍跨国公司执行全球统一协调的战略。

(2) 独资经营。这是指企业独自到目标国家去投资建厂,进行产销活动。独资经营的标准不一定是100%的公司所有权,主要是拥有完全的管理权与控制权,一般只需拥有 90% 左右的产权便可以。独资经营的方式可以是单纯的装配,也可以是复杂的制造活动。其组建方式可以是收买当地公司,也可以是直接建新厂。

独资经营的好处是:企业可以完全控制整个管理与销售,经营利益完全归其支配;企业可以根据当地市场特点调整营销策略,创造营销优势;可以同当地中间商发生直接联系,争取它们的支持与合作;可降低在目标国家的产品成本,降低产品价格,增加利润。其主要缺陷是:投入资金多,可能遇到较大的政治与经济风险,如货币贬值、外汇管制、政府没收等。

:: 本章小结

企业的业务做给谁,应该如何对目标进行有效的选择,这就是本章要解决的问题。进行有效的目标市场选择,首先需要做的是对市场进行细分。市场细分的基础是顾客需求的差异性,市场细分的目的是选择和确定目标市场。

确定目标市场包括了五种模式的选择及三种目标营销战略选择。如果企业要进入国际目标市场,还需要确定进入国际目标市场的模式。进入国际目标市场的模式包括出口进入、契约进入及直接投资进入等。

:: 本章关键词

市场细分 目标市场 无差异营销 差异营销 集中营销 微观营销 本地营销

:: 思考题

1. 企业市场细分的作用及条件是什么?
2. 消费者市场的主要细分标准有哪些? 具体内容是什么?
3. 选定目标市场的五种模式是什么?
4. 试述目标市场营销战略。
5. 评估目标市场要考虑哪些因素?
6. 试述企业进入国际目标市场的主要模式及具体内容。

第 **8** 章
定位战略选择

:::

开篇案例　我是江小白，生活很简单

江小白，是重庆江小白酒业有限公司旗下江记酒庄酿造生产的一种自然发酵并蒸馏的高粱酒品牌。江小白致力于传统重庆高粱酒的老味新生，以"我是江小白，生活很简单"为品牌理念，坚守"简单包装、精制佳酿"的反奢侈主义产品理念，坚持"简单纯粹，特立独行"的品牌定位，以持续打造"我是江小白"品牌 IP 与用户进行互动沟通，持续推动中国传统美酒佳酿品牌的时尚化和市场国际化。

"简单纯粹"既是江小白的口感特征，也是江小白主张的生活态度。"青春不朽，喝杯小酒"，青春小酒江小白提倡年轻人直面情绪，不回避，不惧怕，做自己。"我是江小白，生活很简单"的品牌主张沿用至今，已经渗透进当代青年生活的方方面面，并繁衍出"面对面约酒""好朋友的酒话会""我有一瓶酒，有话对你说""世界上的另一个我""YOLO 音乐现场""万物生长青年艺术展""看见萌世界青年艺术展""江小白 Just Battle 国际街舞赛事"等文化活动。随着时间的发酵，江小白"简单纯粹"的品牌定位形象已经演变为具备自传播能力的文化 IP，越来越多人愿意借"江小白"来抒发和表达自己，对于这个复杂的世界而言，或许人人都是江小白。

"江边酿造，小曲白酒"，江小白以此得名。"小白"原本是"菜鸟""新手"的意思，现已成为江小白所提倡的一种价值观，寓意追求简单、绿色、环保、低碳生活的都市年轻人。

江小白在《致我们情绪的青春》一文中这样写道："我们捕捉每一个青春个体的丰富情绪，并向你提供一种带有酒精度的神奇饮料，它能放大我们的情绪。它能让我们更幸福、更快乐、更激情、更兄弟、更姐妹，也可能让我们更孤独、更悲伤、更恐惧、更沮丧。我们喜欢的情绪,就让它淋漓尽致,我们回避不了的情绪,就让它来得更猛烈!"小白提倡直面青春的情绪,不回避、不惧怕。"与其让情绪煎熬压抑,不如任其释放。"

随着互联网的普及,朋友之间的正常交流时间正越来越多地被移动社交软件所占据。线上的热络取代不了面对面的沟通。江小白号召放下手机暂别网络,与朋友重新在现实中进行社交,不要让网络完全占据了生活。

资料来源:根据互联网资料整理而成。

定位是营销的精髓,定位的核心理念就是管理的根本。定位能让你抓住机会、创造优势,持之以恒则要靠管理。定位已成为当今世界最重要、使用最广泛且最频繁的战略术语之一。任何东西都可以定位,在各种组织活动、政治谋略、职业成功甚至追求异性,从个人到国家乃至社会生活的方方面面,所有影响他人思想的人类活动形式中,谁都可以运用定位战略在生活中独树一帜、领先一步。定位早已超出企业营销的范畴,上升为普适的的成功之道。

在《韦氏新世界词典》(*Webster's New World Dictionary*)中,战略被解释为规划、指挥大型军事行动的科学,在和敌军正式交锋前调动军队进入最具优势的位置。如果你想占据最具优势的位置,你必须首先研究、明白并掌握这个阵地。在企业战略中,阵地即是顾客和潜在顾客的心智。特劳特说:"战略是一个简单、焦点明确的价值定位。换句话说,战略是买你的产品而不是你竞争对手产品的理由。"战略的核心是定位的选择和确定。

凭什么? 凭什么是卖点也是买点,是购买和交换的理由。定好位! 一个好的定位要有特色,但更重要的是要有价值。

8.1　定位内涵

目标市场确定后,企业就要在目标市场上进行定位了。定位是指企业全面地了解、分析竞争者在目标市场上的位置后,确定自己的产品、品牌、公司如何接近顾客的营销活动。

8.1.1　定位概念

1. 概念

定位(positioning)是在 1969 年,杰克·特劳特在美国《工业营销》杂志发表文章首次提出的概念,由此,"定位"开始对美国乃至全球的商业产生深刻的影响。1980 年,阿尔·里斯(Al Reis)和杰克·特劳特(Jack Trout)合作推出了营销史上划时代的著作——《定位》,这是第一本确立定位理论的专著,至今仍被人们奉为经典。2001 年,"定位"被美国营销学会(AMA)评定为"有史以来对美国营销影响最大的观念"。里斯和特劳特在《定位》一书中对定位进行了这样的定义:"定位是你对潜在顾客的心智所下的功夫,也就是把产品定位在你未来潜在顾客的心智中,其目的是在潜在顾客心智中得到有价值的地位。"

菲利普·科特勒对定位理论也是推崇备至,他说:"定位是指设计企业的产品和形象,以在目标市场的心中占据一个独特的位置。"他认为营销组合是执行定位战略的战术细节的基本手段。定位就是企业根据目标市场上同类产品竞争状况,针对顾客对该类产品某些特征或属性的重视程度,为本企业产品塑造强有力的、与众不同的鲜明个性,并将其形象生动地传递给顾客,求得顾客认同。定位的实质是使本企业与其他企业严格区分开来,使顾客明显感觉和认识到这种差别,从而在顾客心智中占有特殊的位置。定位的结果就是成功地创立以顾客为基础的价值主张,即给出为什么目标市场应该购买这种产品或服务的一个令人信服的理由。

定位的直接解释是确定位置,也可称为市场定位。定位可以是对企业整体形象的定位,最后让顾客对企业有个整体的形象。比如,宝洁公司对顾客而言就有个"优质"形象。定位也可以落实到具体的品牌中去,体现出企业面对不同品牌产品的品牌定位。比如还是宝洁公司,其生产的产品多种多样,但不同的品牌产品有不同的品牌定位。洗发水中,飘柔的品牌定位是"柔顺";海飞丝的品牌定位是"去屑";潘婷的品牌定位是"营养头发"等。

定位的目的是影响顾客心理。就产品而言,产品的特色或个性可以从产品实体上表现出来,如形状、成分、构造、性能等;也可以从消费者心理上反映出来,如豪华、朴素、时髦、典雅等;还可以表现为价格水平、质量水准等。企业在定位过程中,一方面要了解竞争者的产品市场定位,另一方面要研究目标顾客对该产品的各种属性的重视程度,然后选择本企业产品的特色和独特形象,从而确定产品的市场定位。

定位与产品差异化尽管关系密切,但有着本质的区别。定位是通过为自己的产品创立鲜明的个性,从而塑造出独特的市场形象来实现的。一项产品是多个因素的综合反映,包括性能、构造、成分、包装、形状、质量等,定位就是要强化或放大某些因素,从而形成与众不同的独特形象。产品差异化乃是实现定位的手段,但并不是定位的全部内容。市场定位不仅强调产品差异,而且要通过产品差异建立独特的市场形象,赢得顾客的认知。

定位有两种基本定位模式:低价、低质量、广泛分销、高促销;高价、高质量、独家分销、低促销。

在营销传播中,从主张 USP(独特的销售主张)的产品时代到现在的主张定位的定位时代,这样的传播演变过程表明在这个新时代里,创意已不再是传播及广告成功的关键。在定位时代,仅仅是发明或发现某一事物是不够的,企业及产品必须进入潜在顾客的心智并被其接受。

2. 差异化变量

一个企业必须努力寻找能够使它的企业和产品产生差异化的特定方法,做到与众不同,以赢得竞争的优势。**差异化**(differentiation)是指设计一系列有意义的差异,以便使本企业的产品同竞争者产品相区分的行动。差异化变量可以从五个方面为企业提供差异化:

(1) 产品差异化。所谓特色,就是指产品的基本功能的某些增补。产品的差异化可以体现在:

① 性能质量。产品的主要特点在使用中的水平。在产品价格没有超出顾客可接受的程度时,顾客总是愿意以较高的价格购买性能更优良的产品。

② 一致性。指产品的设计和使用与预定标准的吻合程度。购买者希望产品有高度的一致性质量。

③ 耐用性。指产品正常使用情况下的预期使用寿命。对大多数顾客来说,耐用性是非常重要的产品属性。购买者一般对耐用性较长的产品愿意支付更高的价格,但技术更新较快的产品不在此列。

④ 可靠性。指产品在一定时期内不出故障、能正常使用的可能性。购买者一般愿为产品的可靠性支付更高的价格。

⑤ 可维修性。指产品发生故障后维修的难易程度。

⑥ 风格。指产品带给顾客的视觉和感觉效果。

⑦ 设计。指从顾客要求出发,能影响一个产品外观和性能的全部特征的组合。设计特别适用于销售耐用设备、服装、零售服务甚至包装商品。

(2) 服务差异化。服务差异化是指向目标市场提供与竞争者不同的优质服务。服务差异化主要可以体现在:

① 订货方便。指如何使顾客能方便地向公司订货。

② 送货。指产品或服务如何送达顾客,包括速度、准确和文明送货。

③ 安装。为确保产品在预定地点正常使用而必须做的工作。

④ 客户培训。对客户单位的雇员进行培训,以便使他们能正确有效地使用供应商的设备。

⑤ 客户咨询。卖方向买方无偿或有偿地提供有关资料、信息系统和提出建议等服务。

⑤ 维修。指购买企业产品的顾客所能获得的修理服务的水准。

⑥ 其他多种服务。指企业找到许多其他方法来提供各种服务以增加价值。如对老顾客提供更优惠的服务,答谢顾客,拜访顾客等。

(3) 人员差异化。人员差异化是指通过聘用和培训更为优秀的人员以获得差异化优势。人员差异化体现在：

① 称职。企业人员具有所需要的技能和知识。如具备产品知识、市场知识、销售知识和商务礼仪等。

② 谦恭。企业人员要热情友好、尊重别人、体贴周到。

③ 诚实。企业人员可靠。能始终如一、正确无误地提供服务。

④ 负责。企业人员能对顾客的请求和问题迅速作出反应。

⑤ 沟通。企业人员力求理解顾客并清楚地为顾客传达有关信息。善解人意，站在顾客角度思考问题是有效沟通的出发点。

（4）渠道差异化。企业提供与众不同的销售渠道来形成与其他企业的差异。渠道的差异化体现在渠道的覆盖面、专业化和绩效上。如卡特皮勒公司的经销者比竞争者更本地化，一般都受过良好的培训，执行任务十分可靠。如戴尔公司和雅芳公司开发和管理高质量的直接营销渠道而获得差异化等。

（5）形象差异化。形象差异化是指企业通过产品形象的塑造和企业的整体形象塑造而形成的与其他企业不同的形象。形象差异化主要体现在：

① 个性和形象。个性是企业确定它自己使公众容易认识的一种方法。形象是公众对企业的看法。确立有效的产品形象应该注意的三点：第一，它必须传达产品主要优点和定位的信息；第二，它必须通过一种与众不同的途径来传递这一信息，从而使其与竞争产品区别开来；第三，它必须产生感染力，从而触动顾客的心智与认知。

② 标志。一个强烈的形象包括一个或几个识别企业或品牌的标志（logo）。

③ 文字和视听媒体。所选的标志必须通过各种视听媒体来传播企业或品牌的个性和形象。

④ 气氛。一个组织生产或传送其产品或服务的场所也是产生有力形象的途径。如销售地点和生产地点等。

⑤ 事件。企业可以通过由其资助的各类活动来营造某种形象。

有效的差异化应满足这样一些原则：

（1）重要性。该差异化能向相当数量的买主让渡较高价值的利益。

（2）明晰性。该差异化是其他企业所没有的，或者是该公司以一种突出、明晰的方式提供的。

（3）优越性。该差异化明显优于通过其他途径而获得相同的利益。

（4）可沟通性。该差异化是可以沟通的，是买主看得见的。

（5）不易模仿性。该差异化是其竞争者难以模仿的。

（6）可接近性。买主有能力购买该差异化。

（7）盈利性。公司将通过该差异化获得利润。

差异化不仅仅只是一个独特的概念，而是有符合概念的实力和内容的支撑。为概念而概念就会哗众取宠，是名不副实的噱头。

概念营销是指企业将市场需求趋势转化为产品项目开发的同时,利用说服与促销,提供近期的消费走向及其相应的产品信息,引起消费者关注与认同,并唤起消费者对新产品期待的一种营销观念或策略。概念营销着眼于消费者的理性认知与积极情感的结合,通过导入消费新观念来进行产品促销。目的使消费者形成新产品及企业的深刻印象,建立起鲜明的功用概念、特色概念、品牌概念、形象概念、服务概念等,影响顾客心理,增强企业的竞争实力。概念营销要避免的是名不副实的情况发生。

资料 8.1 　　　　　　　　USP 论和品牌形象论

罗瑟·瑞夫斯(Rosser Reeves)于 20 世纪 50 年代末提出了 USP 理论,即"独特的销售主张"(unique selling proposition),奠定了现代广告学的基础。该理论强调产品具体的特殊功效和利益,沟通的着眼点是产品。

全球闻名的奥美广告公司(Ogilvy & Mather)的创始人大卫·奥格威(David Ogilvy)于 1962 年写成了影响数代广告人的经典著作《一个广告人的自白》,书中首次明确提出"品牌形象论",使广告超越了产品的局限。该理论强调广告的目的就是塑造品牌,建立品牌形象,给人以精神和心理的满足。通过艺术、视觉的效果,每一则广告都应该是对品牌形象的长期投资,广告要把品牌的个性坚持到底,保持品牌形象的前后统一。

3. 共同点

共同点是那些对品牌来说并非独特,实际上可能与其他品牌共享的一些联想。这些联想有两类:品类和竞争性。

品类共同点(category points-of-parity)是那些被消费者认为在特定的产品或服务品类中要成为合理且可信的提供物所不可缺少的联想。比如旅行社,除非一家旅行社能够进行机票和旅馆预订,提供旅行套餐的建议并有多种票价支付及送达选择,否则消费者不会承认这是一家真正的旅行社。

竞争性共同点(competitive points-of-parity)是指那些设计用来抵消竞争对手差异点的联想。例如,清扬洗发水的"去屑有营养"来和海飞丝的"去屑"竞争。

4. 定位陈述

为了传达一个公司或品牌的定位,营销计划通常包括一份定位陈述,这份陈述的格式应该是这样:对于目标群体和需求,我们的品牌是什么概念? 它的独特点(与竞争对手)的什么?

例如激浪。对年轻、有活力同时缺乏睡眠时间的软饮料消费者来说,激浪是一种与其他品牌相比更让你精力百倍的软饮料,因为它含有最高限度的咖啡因。喝了激浪,即使你通宵没睡好,也能够保持清醒、精力充沛。

这个定位首先陈述了该产品是某品类的成员(软饮料),然后再表明它与品类中其他产品的差异点(含有更多的咖啡因)。产品的品类成员身份就揭示了它也有其他产品的共同点,但是产品实际上依赖于它的差异点。

8.1.2 定位目的

1. 目的

市场定位并不是对一件产品本身做些什么,而是在潜在消费者的心目中做些什么。也就是说,产品要在潜在消费者的心目中确定一个适当的位置,如品质超群、新颖别致、高档品牌、方便实用等。定位的主要目的就是在市场上,让自己的企业、产品及品牌与竞争者的有所不同,并让顾客认同这样的不同。要做到这一点其实是极不容易的,企业要让顾客从心里记住你、认同你,一般要做以下三个方面的工作:

(1)奇正相生的特点。营销中"正"是指定位要符合现代营销的基本原理,要符合对方的心理需求与期待。所谓"奇"是指定位要确定产品或服务的特色和与众不同,出奇制胜。奇正相生的定位首先要了解市场上竞争者的定位如何,他们要提供的产品或服务有什么特点。其次要了解顾客对某类产品各属性的重视程度。显然,费大力气去宣传那些与顾客关系并不密切的产品是多余的。最后,还得考虑企业自身的条件。有些产品属性,虽然是顾客比较重视的,但如果企业力所不及,也不能成为市场定位的目标。

(2)虚实相间的价值。为顾客创造虚实相间的价值。有差异不是最重要的,有价值才是定位成功的关键。企业营销中的虚实相间指的是在营销中既有理性的诉求,也有感性意义,既有事实,又有象征,从而满足顾客丰富心理需要的营销对策。实是讲求实用、功能、效果、事实等特征,是理性营销的表现;虚则指的是虚构、意义、意境、象征等特征,是感性营销的表现。产品或服务价值的提升往往来自"虚"的营销做得好,困难的创意也往往来自"虚"的营销。"钻石恒久远,一颗永流传"是虚实相间创造价值的典范。

(3)进入心智的形象。企业所确定的定位是企业有效参与市场竞争的优势,但这些优势不会自动地在市场上显示出来。要使这些独特的优势发挥作用,影响顾客的购买决策,需要引发顾客的注意与兴趣,求得顾客的认同。有效的市场定位并不取决于企业是怎么想,关键在于顾客是怎么看,是否能有反应和记得住。

顾客对定位的认知不是一成不变的,所以企业在建立了市场定位和形象后,应该不断地向顾客通过新的论据和观点,及时矫正与定位不一致的种种不足,巩固市场形象,维持和强化顾客对定位的认知和接受。

2. 作用

总的看来,企业的市场定位在两个方面为企业提供了制胜的法宝:

(1)市场定位有利于建立企业及产品的市场特色,是参与现代市场竞争的有力武器。在现代社会中,许多市场都存在严重的供大于求的现象,众多生产同类产品的厂家争夺有限的顾客,市场竞争异常激烈。为了使自己生产经营的产品获得稳定销路,防止被其他厂家的产品所替代,企业必须从各方面树立起一定的市场形象,以期在顾客心目中形成一定的偏爱。

(2) 市场定位是企业制定市场营销组合策略的基础。企业的市场营销组合要受到市场定位的制约,定位提醒人们必须把"一致性"贯穿于"4P"的全过程。定位影响产品、价格、渠道及促销。例如,假设某企业决定生产销售优质低价的产品,那么这样的定位就决定了:产品的质量要高;价格要定得低;分销储运效率要高,保证低价出售仍能获利;促销宣传的内容要突出强调企业产品优价廉的特点,要让目标顾客相信货真价实,低价也能买到好产品。市场定位决定了企业必须设计和发展与之相适应的市场营销组合。

好的定位就像太阳一样照亮你的未来,影子自然就跟在你的身后。菲利普·科特勒在给《定位》写的序言里说:"营销并非是一门静止的科学,相反,它在变化中生存。定位就是最有革命性的变化之一。正因为有了定位,营销界才成为一个生动有趣、令人兴奋和吸引人的竞技场。"

8.1.3 定位内容

一个企业的定位可以从多方面表现出来,主要体现在产品实质定位、服务定位,以及心理定位这三个方面。

1. 产品实质定位

它是定位的核心内容,是指通过产品实体本身来表现产品的特色或个性,如功能、设计、成分、结构、颜色等等,这些特色或个性可以在第一时间内给购买者以感性的认识,也是消费者进行理性认识的关键内容。产品实质定位是买卖双方沟通的最重要介质。如海飞丝的"去屑"功能,沃尔沃的"安全"诉求,金霸王的"经久耐用"等。

2. 服务定位

服务定位是指企业产品的服务或服务企业首先必须准确把握目标顾客对服务质量有哪些希望和要求,并努力使服务的质量达到或超过目标顾客的希望和要求的一种定位过程。服务产品的质量比有形产品更加难以控制,这是由服务本身的特点决定的。因此,产品的服务或服务企业应当更重视服务的质量管理,这就对企业的市场定位在服务上提出了新的要求。如 IBM 就是"服务"象征;DHL 的"全球送达"服务等。

3. 心理定位

心理定位是满足消费者某一方面的心理要求的过程。心理定位是一种感性营销,强调产品或服务能给顾客的一些独特的心理感受,这感受可以是个性的体现,也可以是某种象征或者意义,代表某种生活态度等等。心理评价往往比实际评价高得越多,由此引发的销售势能就越大。如可口可乐的"活力"心理诉求、万宝路的"奔放"心理诉求、迪士尼的"快乐"心理诉求等,都给消费者留下了深刻美好的心理感受。

心理定位会让顾客感受不是在买产品或者服务,而是在购买分门别类的情感。海南养生堂公司的"农夫山泉有点甜"就是一个心理定位的范例。它既没有渲染产品的功效，也没有讲产品的制作过程，而是向顾客传递一种心理的感受。"小时候喝的水的味道"让人回到了那自然纯净的山中；自然、温馨、亲切和美好，当然就会"有点甜"了。

8.1.4 定位步骤

1. 分析潜在的竞争优势

在一个竞争的行业中，企业取得优势的关键是产品、服务、人员、渠道、形象等方面的差异化。明确潜在的竞争优势可以通过这样一些途径来获得：产品的特点和质量、服务措施、顾客的心理感受、顾客能得到的利益、产品的使用场合，以及使用者类型等。

2. 选择独特的有价值的竞争优势

选择时要明确独特性。如七喜汽水的定位是"非可乐"，强调它是不含咖啡因的饮料，与可乐类饮料不同。泰宁诺止痛药的定位是"非阿司匹林的止痛药"，显示药物成分与以往的止痛药有本质的差异。一件仿皮皮衣与一件真正的水貂皮衣的市场定位自然不会一样。

选择时要站在市场角度确定定位，不要贪多，定位应该清晰明确，重点突出。许多营销者认为企业应该只向目标市场强调一个利益点就够了。如海飞丝的去头屑、潘婷的营养头发、飘柔的柔顺头发等。

定位要避免定位模糊、混乱和定位怀疑。

定位模糊是指有些企业发现购买者对产品只有一个模糊的印象。购买者并没有真正地感觉它有什么特别之处，这个品牌在拥挤的市场上就像另一个品牌。一些企业用各种各样的奖来宣传自己，用奖来定位也是定位模糊的体现。

定位混乱是指顾客可能对产品的印象混乱不清。这种混乱可能是由于主题太多所致；也可能是由于产品定位变换太频繁所致。

定位怀疑是指顾客可能发现很难相信该品牌在产品特色、价格或制造商方面的一些宣传。特别是一些不是名牌的企业宣传。

3. 传播独特的竞争优势

明确企业与竞争者相比较存在的潜在竞争优势，从潜在竞争优势中选择真正有开发价值的竞争优势来定位。在明确定位之后，需要通过宣传在市场上把定位告知给顾客。一个持之以恒宣传定位的企业很可能会变得更有名气，并且最能被顾客记住。

企业一旦有了清晰的定位战略，就要把定位有效地结合营销组合向外传播，定位要告知给目标顾客，并在目标顾客心中留下深刻印象且得到广泛认同，所以有效传播定位十分重要，是定位步骤不可缺少的一个组成部分。

里斯和特劳特在《定位》一书中认为，在一个传播已经泛滥的市场上，人的心智作为反抗今天过度传播的防御物，屏蔽、排斥了大部分提供给它的信息。一般而言，人的心智只接受与其以知识和经验相匹配、吻合的信息。在我们传播过度的社会中,唯一应对之法,就是简化的心智。传播的基本原则就是简单、真实、重复和人性化。心智痛恨复杂和混乱,因此进入心智的最佳方法就是简化信息。一些有力的广告都聚焦在一个词上。记住,不要试图将信息和盘托出,要聚焦在一个强有力的差异化概念上,使其植入顾客的心智中。

8.2 定位战略

定位是一种竞争性定位,它反映市场竞争各方的关系,是为企业有效参与市场竞争服务的。定位战略决定了企业在市场竞争中的胜败,里斯和特劳特在《定位》及《22条商规》里,对定位战略进行了具体的、实用的分析。总结起来,基本的定位战略包括了独特定位战略、领先定位战略、对立定位战略和重新定位战略等。

8.2.1 独特定位战略

企业如果无法与竞争对手拥有相同的词或定位,就必须找到一个属于自己的词,必须找到自己独有的特征,并以此为中心展开营销。如果没有任何特性,那么就只能有低的价格。特劳特在《什么是战略》中说:"在大竞争时代,唯一的成功之道就是进入顾客心智。而进入顾客心智的唯一方式,就是做到与众不同。"

1. 唯一定律

企业确定的独特性应该是唯一和专有的。在市场营销中起作用的,只有独特的、大胆的一击,而且,在任何既定条件下,只有特定的某一种行为可以产生实质性的效果。在大多数情况下,你的竞争对手只有一个容易攻破的薄弱环节,正是这个环节,应该成为你全力攻击的焦点。在市场营销中能够奏效的战略与在军事上的战略是相同的:出其不意。

两个公司不可能在潜在顾客心智中拥有同一个字眼。所以企业创造的定位要么就是唯一,要么就是专有。金龙鱼因开创了调和油品类而成为国内食用油的领导品牌,因此金龙鱼成了"调和油"的专有代名词,其他公司很难取代它。

唯一定律也体现出竞争中聚焦定律的内涵,即如果一个公司能在潜在顾客心智中拥有一个代名词,那么这个公司必定会成功。这个词不需要很复杂,也无需去生造。那些简单的、可以直接从字典里查到的最好。

可口可乐按照唯一定律,可以使用"正宗货"的概念同百事可乐竞争。可口可乐公司可以在电视中对"百事一代"说:"好吧,孩子们,我们不会强迫你,但当你们想喝正宗货的时候,我们已为你准备好了。"这很可能是终结"百事一代"的开端。这一战略易行、有力,它利用了可口可乐在顾客心智中拥有的唯一概念:正宗货。

2. 独特的重要性程度

各种产品特性不是生而平等的。对于用户来说,某些特性比其他特性更为重要。那么,你必须努力拥有最为重要的特性。当然,许多的重要性可以根据顾客的想法、地位等的不同而不同。

一般认为,防蛀是牙膏最重要的特性,因此应当拥有它。但专有定律已指出一个简单事实,即某个特性一旦被你的竞争对手占据,便一去而不可得了。你必须转向另一种次要的特性,并在该类产品中占有一席之地。你的任务在于抓住一种特性,并尽量渲染这一特性的价值,进而提高你的市场份额。如黑人牙膏诉求的特性是口气清新;云南白药牙膏诉求的特性是防治牙周炎。

8.2.2 领先定位战略

创造一个能成为"第一"的新领域,这就是领先定位战略。成为第一胜过做得更好。在潜在顾客心智中先入为主,要比让顾客相信你的产品优于该领域的首创品牌容易得多。里斯和特劳特就认为,在任何品类中,领先品牌必然是那些首先进入潜在顾客心智的品牌。

在中国市场上,茅台是第一高档白酒;中华是第一高档香烟;健力宝是第一运动饮料;康师傅是方便面的第一品牌;金龙鱼是第一调和油品牌。

一招领先,就会带来步步领先,只要你善用好第一的优势。有利于第一的首要事实是:人们喜欢第一,对第一总是有着特别的情感和特殊的记忆,这就是所谓先入为主。人们一旦对你留下了第一印象,就很难再改变。后来者虽然可以模仿,但终归是模仿者,在人们的观念里,第一品牌才是正宗货。其次,第一还往往创造了其领导地位。当一个品牌是品类中的唯一品牌时,它肯定是领导品牌(因为还没有其他品牌)。而在顾客的认知里,领导品牌肯定比其他品牌好。每当竞争对手加入时,第一的领导地位使它一开始就处于占优势的位置,它不仅在这个市场拥有更多的市场份额,还可以采取防御这种更有力的竞争战略。

领先定位战略(领先定律)适用于任何产品,任何品牌,任何品类。但在实施领先定位战略时要注意以下两个方面的问题:

1. 顾客认知接受的第一才是真正的第一

营销是一场争夺顾客认知的活动。首先在人们大脑里获得接受地位比首先获取市场或第一个获得盈利重要得多。事实上,有很多第一的确成为先驱者。只有它们的成功才能使后来者拾级而上,把它们当成攀登的垫脚石。

计算机不是 IBM 发明的。最早研制的是斯佩里·兰德公司(Sperry Rand),其著名的 Univac 计算机是当时最先进、最适用于商业用途的计算机。当时计算机还只用于科学研究,然而已经有企业开始购买它用于计账、进行薪资计算等。IBM 加入计算机大战,四年之内就获得了领先地位。在之后的十年里,它的计算机在技术上仍逊于Univac。但 IBM 愿意站在商业的立场上来满足商业的需求,通过大量的营销努力,在客户头脑里获得了第一家计算机生产商的地位。

2. 成为品类里的第一

一旦有了某种产品类别里的领先地位,就可以在今后的许多年里放心地享用领先带来的果实了。

品类(category),这个词最初广泛用于销售管理领域,AC 尼尔森公司对品类的定义是"确定什么产品组成小组和类别",这是基于市场或者销售管理角度的定义。从营销的角度来说,品类就是用概念在原有的产品类别中或在它的旁边开辟一个新的领域,然后命名这个领域,把你开辟的新领域作为一个新品类来经营,把自己的产品作为这个新品类的第一个产品来经营,首先在自己开辟的市场中独占独享。

若不是某类产品中的第一,就应努力去创造一类能使你成为市场"第一"的产品品类。品类创新是市场营销中需求创新,无数的营销事实证明,你花再大的力气都不如你发现一个品类市场来得快,一个新品类市场开拓之际,意味着一个领袖品牌诞生之时。露露牌杏仁露、椰树牌椰汁都是如此。在美国,可口可乐代表可乐,施乐代表复印机,而邦迪(Band-Aid)创可贴代表胶粘绷带,思高(Scotch)则代表透明胶,大多数人只使用这些品类里的领先品牌。

第一总是具有磁性般的吸引力,它能在人们的心智中存活很长时间。即使第一个进入心智的品牌失去龙头地位,它也不会失去和顾客的情感联系。

8.2.3 对立定位战略

对立定位战略就是指针对强大竞争对手开展与其不同的定位战略。强势之中隐藏着弱势,对于任何强大的领先公司,居于第二位的公司也会有机会将其攻破,变其优势为劣势。开展对立定位战略要注意的问题是:

1. 对立就要与领先者不一样

如果想稳居市场第二位并与领导者抗衡,那么就要好好地研究领导者:它强在何处?如何才能使它的强势变为弱势?想成为市场第二,那么你的战略应由第一决定。必须发现领导者强大的本质,然后以与其本质相对立的身份出现在潜在顾客面前。换句话说,就是不要试图变得更好,但要试图变得不同。所以竞争经常在后起之秀与值得信赖的老品牌之间展开。

如果观察某类产品的顾客,你会发现他们中有两种人:一种是希望购买领先品牌产品的顾客,另一种则不想。潜在的第二位品牌就必须要吸引后一个消费群体。可口可乐是一个具有百年历史的老品牌。至今全世界只有七个人知道它的配方,这个配方被锁在亚特兰大的一个保险箱里。根据对立定律,百事可乐要想成功,就得与它对立而行,使自己成为新一代的代表,于是百事的广告语就呼之欲出了:"百事,新一代的选择。"

2. 找到对手的弱点

对立定位要不断宣传竞争对手的弱点,使你的潜在顾客很快就意识到这个问题。但也不要一味地打击你的竞争对手,对立定律是一把双刃剑。

以阿司匹林为例,该药诞生于 1899 年。此后,成百上千项对阿司匹林的药理研究随之陆续展开,其中一些研究的目的在于发现它的副作用。到 1955 年,人们还真发现了它可能导致胃出血的副作用。这一年正值新的扑热息痛类药品泰诺(Tylenol)问世。当人们广泛得知阿司匹林可能会导致胃出血之后,泰诺便很快成为替代品。推销泰诺的广告曾经标榜自己是"为了千万个不宜服用阿司匹林的患者"。今天,泰诺已超过阿司匹林而成为全美国药店销量最大的药品。

有效地攻击竞争对手的弱点必须重视以事实为依据。营销很像一场争夺合法性的斗争,抢先占据某种概念的品牌总是将自己的竞争对手描述为非法的模仿者。

3. 不做第一就做第二

里斯和特劳特在《22 条商规》里关于"二元定律"的章节里说:"从总体和长远的角度看,你会发现市场往往演化成两个大品牌竞争的局面——通常一个是值得信赖的老品牌,另一个则是后起之秀。"一个成熟的行业里,身处第三是很艰难的。

在市场发展的早期阶段,第三或第四位的位置看上去也是很有吸引力的:销量在不断增加,新的、缺乏消费经验的顾客源源不断地进入这个市场。这些顾客并非都清楚哪些品牌是领先者,所以他们会挑选一些看上去很有趣或有吸引力的品牌。通常,这些产品都是第三或第四位的品牌。不过,随着时间的推移,这些顾客对该产品领域会有进一步的了解。基于一种本能的假设,即领先品牌总是更好一些,人们逐渐开始购买领先品牌。

成功的市场营销者只将目标集中于顾客心智阶梯的最高两层。正是这种思想激励着像宝洁这样的公司,使它不断追求进步,成为实力超强的公司,该公司生产的 40 种多种产品中,有 32 种在其同类产品中居于第一位或第二位。

8.2.4　重新定位战略

定位是如何在潜在顾客的心智中实现差异化,从而获得认知优势;而重新定位是如何调整顾客心智中的认知。这些顾客认知可以是关于企业本身的,也可以是关于竞争对手的。重新定位的关键在于为自己建立起更有价值的独特定位。但重新定位不是要改变人们的心智,而是要调整心智中的认知。

重新定位也被称为再定位,通常是指对那些销路少、市场反应差的产品进行二次定位。优点是能摆脱困境,重新获得增长与活力。初次定位后,随着时间的推移,可能是企业决策的失误,也可能是对手有力的反击或出现新的强有力竞争对手,选择与本企业相近的市场位置,致使本企业原来的市场占有率下降造成企业困境的;或者由于顾客需求偏好发生转移,原来喜欢本企业产品的人转而喜欢其他企业的产品,因而市场对本企业产品的需求减少。在这些情况下,企业就需要对其产品进行重新定位。

一般来讲,重新定位是企业为了摆脱经营困境,寻求重新获得竞争力和增长的战略。不过,重新定位也并不一定是因为陷入了困境,相反,可能是由于发现新的产品市场范围引起的。例如,强生公司面对婴儿的日用品在成年人中也开始流行后,这种产品就需要重新定位,可以定位为:"宝宝用好,您用也好。"

在考虑重新定位战略时,应该注意以下两个方面的因素:

1. 原产品在市场里的重新定位

这里的重新定位是以变应变的定位思路,是对原有产品或服务的定位重新进行更有价值的定位。其原因往往就是要么因竞争所迫,要么因顾客要求的变化所致,要么是原定位已经不符合时代的特征或要求。

中国品牌王老吉就是一个典型的案例。"怕上火,喝王老吉。"王老吉终于在2004年红遍中国,为消费者带来了一个全新的饮料品类:凉茶。作为一个区域性功能饮品,王老吉流传海外多年,重新在本土导入饮料业主流。王老吉诞生于1828年,被称为凉茶始祖,在中国广东部分地区留传。100年之后,凉茶已成为当地人日常的保健医药饮品,用来"清热解毒祛暑湿"。在2002年,王老吉想打开全国市场,但当时阻碍其推广的核心问题有二:一是多年来广东"凉茶"概念未能被区域外消费者所认知和接受;二是凉茶作为药饮产品令人态度谨慎,即便罐装改进后依然如故。2003年,在特劳特(中国)品牌战略咨询公司的支持下,为王老吉进行全新的重新定位,将产品定位于"预防上火的饮料"推向全国。强调预防上火,是借助"上火"这个普遍性中医概念,获取全国性人群对凉茶产品与功效的认识和认同。归属饮料品类,是瞄准更广阔的目标人群,而且着力消除人们对药饮大量消费的顾虑。王老吉自此走出广东,随着在全国做大规模的广告活动,王老吉迅速成为全国性强势饮料品牌。

2. 原品牌在新市场里的重新定位

原品牌在新市场里的重新定位是指品牌通过对原有品类的分化,寻找到新的市场目标,并对新市场目标进行重新定位的战略。其原因主要是因为原来的市场失去吸引力或者无法在原有市场上取得优势所致。

1954年,美国菲利普·莫里斯公司(Philip Morris)勇敢地把女人的品牌——万宝路(Marlboro)一举改为男人的品牌,创造了世界最为成功和持久的品牌。

3. 回复的重新定位

企业因为竞争的压力或者被表面的现象所迷惑,其对产品的重新定位不一定都可以取得更好的效果,那么可以考虑的对策是再回到原来的定位中。可口可乐是这方面的典型案例。

1985 年,在与味道更甜的百事可乐的竞争中,可口可乐决定用更甜些的配方取代老配方,号称"新可乐"(New Coke)。可口可乐花费 400 万美元用于市场调研。口味盲测显示,可口可乐的饮用者更喜欢新的、更甜些的配方。但是新可乐的上市激起了全国性的不满。市场调研人员测试了口味,却没有测量消费者与可口可乐的情感依恋。愤怒的信件、正式的抗议书甚至诉讼威胁纷至沓来,都强迫公司保留"真口味"(Real Thing)。10 周后,公司撤回了新可乐,并重新推出其百年老配方"经典可口可乐",给予老配方更强大的市场地位。

:: 本章小结

目标市场范围确定后,企业就要在目标市场上进行定位了。定位就是如何让你在潜在顾客的心智中与众不同。营销战不是产品之战,而是认知之战,定位之战。优秀的定位一定是进入目标顾客心智的定位,定位不同,结果不同。

企业在市场定位过程中,一方面要了解竞争者的定位,另一方面要研究目标顾客对该产品的各种属性的重视程度,然后选择本企业产品的特色和独特形象,从而确定产品的市场定位。市场定位的差异化变量体现在产品差异化、服务差异化、人员差异化、渠道差异化和形象差异化。

定位的内容包括产品实质、服务定位和心理定位。定位的步骤包括:分析潜在的竞争优势;选择独特的有价值的竞争优势;传播独特的竞争优势。

定位战略主要可以通过以下战略的实施来进行:独特定位战略、领先定位战略、对立定位战略、重新定位战略。

:: 本章关键词

定位　差异化　独特定位　领先定位　对立定位　重新定位

:: 思考题

1. 如何理解定位的重要性?
2. 差别化变量包括哪些主要内容?
3. 企业进行定位的内容和步骤是什么?
4. 试述对基本定位战略及其内容的理解。

第 9 章
品牌战略选择

开篇案例　可口可乐的品牌故事

可口可乐公司(Coca-Cola Company)成立于 1892 年,目前总部设在美国佐治亚州亚特兰大,是全球最大的饮料公司,拥有全球 48％市场占有率。可口可乐在 200 多个国家和地区拥有 160 种饮料品牌,包括汽水、运动饮料、乳类饮品、果汁、茶和咖啡。

可口可乐的故事要追溯到 1885 年,美国药剂师约翰·斯蒂斯·彭伯顿退役后为治伤对吗啡上瘾,为了戒瘾,他开始琢磨替代品。1885 年他发明了深色的糖浆称为彭伯顿法国酒可乐,里面含有古柯碱和酒精。1885 年政府发出禁酒令,他不得不尝试发明无酒精的饮料。有一天彭伯顿搅拌好了饮料,发现这种饮料能提神、缓解头痛,他又尝试加入冰块和糖浆,感觉好极了。他想倒第二杯的时候,助手不小心加入了苏打水。这一失误不得了,味道简直好极了。就这样,家喻户晓的可口可乐诞生了。彭伯顿将配方卖给了阿萨·坎德勒,1886 年,可口可乐在亚特兰大的药房首次售卖,售价为 5 美分,第一年卖出 400 多瓶。阿萨在推销可口可乐的过程中意识到,如果只把这种饮料定位于"药用饮料",受众只定位于病人,那么消费者实在是太少。于是他尝试将饮料向大众推广,从此,可口可乐成为人人都能喝的提神饮料。

可口可乐的瓶子最初是直筒形状的,带有一个木塞。从 1900 年开始,为了防止山寨、增加辨识度,可口可乐想设计一种能够让人在黑暗中也能辨别出的可口可乐瓶子。他们的愿望是,"人们在黑暗中摸到就知道他所摸到的那种饮料就是可口可乐,瓶子的样子应该是这样的,即使破碎了,人们一眼也能看出那是什么东西。"1915 年,设计师厄尔·R.迪恩(Earl

R.Dean)设计出了经典可口可乐瓶,他从豆荚中找到灵感,设计出弧形瓶子。因为这个形状的瓶子在传送带上不稳,最终投入生产的瓶子与最初设计略有差异,1920 年成为可口可乐公司的标准瓶子。在过去百年间,可口可乐瓶的设计基本上没有什么改动。无论在世界上什么地方,人们都可以看到他们熟知的这种瓶子,简单地说,可口可乐瓶已经成为一种全球性的文化现象。可口可乐的图案被作为著名《时代》杂志的封面。1960 年,可口可乐公司决定保护这个珍贵的设计,为可口可乐瓶注册了商标,使之成为全球第一个获得专利的瓶子。

除了巧用包装,其命名更是考究。"Coca-Cola"的英文名字,是商品命名的成功典范。尤其是该名字的汉语译音"可口可乐"也是出类拔萃的。它不但与英文的发音、音节较为切合,更突出在含意与产品的特性切合,既易读易记和朗朗上口,又含意美好,使人觉得饮了它既饱口福,又享受人生之乐。

可口可乐已经成为了一个全球化品牌,但是在风靡全球的同时,可口可乐没有固执己见地一味传播、销售美国观念,而是在不同的地区、文化背景、宗教团体和种族中采取分而治之的策略,比如可口可乐公司的广告口号是"无法抓住那种感觉"(Can't beat that feeling),在日本改为"我感受可乐"(I feel cola),在意大利改为"独一无二的感受",在智利又改成了"生活的感觉"(The feeling of life),广告信息始终反映着当地的文化。

作为可口可乐在中国成立的第一家合资企业——北京可口可乐饮料有限公司,其20 年的发展历程,就是可口可乐在中国本土化策略的一个缩影。可口可乐的本土化包括各个方面,从工厂、原料、人员到产品、包装、营销,99% 都是中国的。比如在产品包装上大做本土化文章。无论是春节的阿福、十二生肖、申奥金罐、中国队之足球版,还是春节剪纸等各种具有中国色彩的包装,都让消费者感到可口可乐就是本国的产品,对于增加销量起到了推动作用。可口可乐的聪明让消费者在潜移默化中认同品牌,感受品牌的亲和力。

据统计,可口可乐公司总部以可口可乐为标志的 logo 构成了公司的旗舰商标,另外还有超过 160 个其他的不同品牌在可口可乐公司生产或由他们来销售。其分支机构分布在全球的 200 多个国家中。事实上,公司 70% 的产量和 80% 的利润都来自美国本土以外。

资料来源:根据互联网等多方资料整理而成。

营销战略专家特劳特说:"品牌战略的目的是为产品或公司在你所属的领域建立差异化。"成功定位的品牌都拥有与众不同的概念,它能在消费者大脑里留下清晰、难以磨灭的印象,能帮助消费者花费更少的时间去界定他需要的产品。当人们在产生相关需要时,只需从头脑中的一个位置首先挑出它们并加以考虑就可以了。强势品牌拥有巨大的无形资产,拥有强烈的顾客忠诚。营销战略专家阿尔·里斯说:"你是在用品牌赚钱,而不是用商品赚钱。"品牌战略是企业在现代市场竞争中取得竞争优势的关键因素。透过企业品牌这扇门,顾客就能看到企业的质量、服务和形象,看到企业发展的后劲和持续性。品牌一开始并不是企业的核心竞争力,但当它代表独特的顾客认可的价值,代表了产品或服务的形象,它就成为了核心竞争力的一部分。

品牌战略是对 STP 战略的进一步落实,是对竞争优势的进一步落实。品牌战略既为树名,也为得利,去取得名利双收的营销效果。品牌战略的成功实施,会为企业带来知名度、美誉度和忠诚度。品牌战略意识已经成为了企业经营者的核心战略意识和聚焦点。懂经营的管理者一定是懂得品牌战略的管理者。

9.1 创建品牌资产

品牌不仅仅是名称和符号。品牌代表了消费者对产品及其性能的认知和感受——产品和服务对消费者意味的一切。品牌在市场上的影响力和价值是不同的。一个强有力的品牌具有很高的品牌资产。

9.1.1 品牌概述

品牌(brand)是以某些方式将自己与满足同样需求的其他产品或服务区分开来的产品或服务。美国市场营销协会(American Marketing Association)定义品牌为"一个名称、术语、标志、符号或设计,或者是它们的结合体,以识别某个销售商或某一群销售商的产品或服务,使其与它们的竞争者的产品或服务区别开来"。这些差别可能体现在功能性、理性或有形性方面——与该品牌产品性能有关。它们也可能体现在象征性、感性或无形性方面——与该品牌所代表的观念有关。品牌给企业带来的附加利益,最终源于品牌对顾客的吸引力和感召力。一个优秀的品牌应该既能反映出产品或服务的品类,又能反映出产品或服务的品质和品位。

1. 品牌内涵

品牌可以传达给顾客一组特定的特点、利益和服务,其实质是形象、文化等要素的综合载体,一个品牌能传达出六层内涵:

(1)属性。品牌代表着特定的商品属性,这是品牌最基本的含义。例如,奔驰轿车意味着工艺精湛、制造优质、昂贵、耐用等等。这些属性是奔驰生产经营者广为宣传的重要内涵。多年来奔驰的广告一直强调"全世界无可比拟的工艺精良的汽车";同样是汽车行业的沃尔沃,则强调品牌的"安全、稳定",以此形成品牌属性差距。

(2)利益。品牌不仅代表着一系列属性,而且还体现着某种特定的利益。顾客购买商品实质是购买某种利益,需要属性转化为功能性或情感性利益。因此,"工艺精湛、制造优质"的属性可转化为"安全"这种功能性利益；"昂贵"的属性可转化为"令人羡慕"情感性利益，"耐用"属性又可转化为功能性利益："多年内我不需要买新车"。

（3）价值。品牌体现了生产者的某些价值感。如奔驰代表着高性能、安全、威信等。品牌的价值感客观要求企业营销者必须分辨出对这些价值感兴趣的购买者群体。

（4）文化。品牌还附加和象征着一定的文化。如奔驰品牌蕴含着"有组织、高效率和高品质"的德国文化。

（5）个性。品牌也反映一定的个性。如果品牌是一个人、一种动物或一个物体，那么，不同的品牌会使人们产生不同的品牌个性联想。奔驰会让人想到一位严谨的企业主、一只勇猛的雄狮或一座庄严质朴的宫殿。品牌个性可以看成是一个特定品牌所拥有的一系列人性特色。可口可乐被认为是传统的和正宗的；而百事可乐则代表着年轻和充满活力。

（6）使用者。品牌暗示了购买或使用产品的顾客者类型。我们更愿意看到驾驶奔驰车的是有成就的企业家或高级经理。

一个完整的品牌应包含以上六个方面的内涵。品牌最持久的要素是其价值、文化和个性。世界著名企业的品牌能够在长时间内保证持久的生命力、渗透力和影响力，这与他们在品牌的价值、文化和个性上的设计、管理和投入是分不开的。

2. 品牌特征

从品牌含义中可以看出品牌具备如下几大特征：

（1）非物质性。品牌本身不具有独立的物质实体，是无形的，但它以物质为载体，是通过一系列物质载体来表现自己的。

（2）资产性。品牌是企业一种无形资产。品牌所代表的意义、个性、品质和特征具有某种价值。这种价值是我们看不见，摸不到的，却能为品牌拥有者创造大量的超额利益。

（3）专有性。品牌具有明显的排他专有性。品牌代表一个企业在市场的形象和地位，是企业进入市场的一个通行证，是企业和市场的桥梁和纽带。在某种意义上说，品牌是企业参与市场竞争的法宝和资本。同时品牌属于知识产权的范畴。企业有时通过保密和企业保护法来维护自己的品牌；有时通过在国家有关部门登记注册，申请专利等形式保护自己的品牌权益；有时又借助法律保护并以长期生产经营服务中的信誉取得社会的公认。

（4）竞争性。品牌是企业市场竞争的工具。在产品功能、结构等因素趋于一致的时代里，关键是看谁的品牌过硬。拥有强势品牌的企业，就能在未来竞争中处于有利的位置，留住老顾客，开发出大量潜在消费者，树立起良好的品牌形象，提高市场覆盖率和占有率，赢得了更大的利润和效益。

（5）忠诚性。现代市场竞争从某种意义上说，就是品牌竞争。许多消费者购买的是品牌，而不是产品，他们往往会根据自己消费体验来指导品牌购买，甚至没有他们指定的品牌就不购买。品牌是赢得消费者重复购买、大量购买的关键因素。强势品牌比起一般品牌更是棋高一着。强势品牌可以影响人们的生活态度和观点,甚至可以影响整个社会的风气。

3. 品牌作用

随着消费者的生活变得越来越复杂、繁忙和紧迫,品牌所具有的简化决策以及降低风险的能力就成了无价之宝。品牌的作用既体现出对购买者方面的作用,也体现出对企业的作用。做品牌是顾客与企业双赢的过程。

(1) 对顾客的作用。品牌传递信息;品牌暗示品质的一致性;品牌降低顾客风险;品牌使购买决策更为简单;品牌赋予产品某种地位。

(2) 对企业的作用。品牌有助于促进产品销售,树立企业形象;品牌控制获得溢价;品牌有利于约束企业的不良行为;品牌有助于扩大产品组合;品牌助长渠道伙伴的支持。

品牌忠诚为企业提供了对需求的可预测性和安全性,同时它建立的壁垒使得其他企业难以进入这个市场。忠诚也可理解为顾客支付更高价格的意愿。尽管竞争者可能复制制造流程与产品设计,但是它们还是难以取代品牌经由长年的营销活动和产品经验而在个体和组织心目中留下的持久印象。从这个意义上说,品牌是保障竞争优势的强有力手段。

4. 品牌文化

品牌文化是品牌的精神理念,是企业和消费者共同构建的价值观。品牌文化既不能简单等同于企业文化,也不能简单等同于消费文化,用品牌文化衔接企业和社会。品牌文化在品牌营销中具有重要的作用,主要体现在以下几个方面。

(1) 提升品牌的价值。品牌的构造要从品牌的价值发现入手,在品牌要素的各个方面体现品牌的价值观,用品牌文化提升品牌价值。

(2) 促进与顾客融合。文化沟通是以价值共识为基础,品牌文化的本质是建立有效的顾客品牌关系。品牌要与顾客进行交流,让顾客真正参与到品牌的建设中来,理解品牌,体验品牌,进而喜爱品牌。

(3) 实现品牌个性化。品牌差异化的建立,要从品牌文化入手,在品牌价值的基础上,结合企业特性来发现、塑造品牌个性特征。

(4) 增强企业竞争力。品牌文化就是企业的文化竞争力的最直接的体现,它能帮助企业在市场竞争中建立竞争优势。品牌文化有助于培养顾客的品牌忠诚。

品牌文化由品牌的精神文化、物质文化和行为文化构成。

品牌精神文化是品牌文化的核心,它是有关品牌精神和品牌价值观方面的内容,决定了品牌将成为什么样的品牌。海尔的品牌精神是"真诚到永远";格力的品牌精神是"让世界爱上中国造"等。

品牌物质文化是品牌的表层文化,由产品和品牌的各种物质表现方式等构成。品牌物质文化是品牌理念、价值观、精神面貌的具体反映。尽管它处于品牌文化的最外层,却集中表现了一个品牌在社会中的外在形象。顾客对品牌的认识起初主要来自品牌的物质文化,它是品牌对顾客最直接的影响要素。因此,它是顾客和社会对一个品牌总体评价的起点。

品牌行为文化是品牌营销活动中的文化表现,包括营销行为、传播行为和个人行为等,是品牌价值观、企业理念的动态体现。品牌文化离不开营销活动,离不开传播,离不开企业管理者和员工的个人行为。

5. 品牌国际化

品牌国际化(global branding),又称为品牌的全球化经营,是指将同一品牌主要以相同的名称(标志)、相同的包装、相同或不同的广告策划等,向不同的国家、不同的地区进行延伸扩张,以实现统一化和标准化带来的规模经济效益和低成本运营的一种品牌经营策略。

品牌国际化对企业的发展有重要的意义:品牌国际化可以实现生产与流通的规模经济,降低营销成本,扩大影响范围;可以保持品牌形象的一贯性;在品牌国际化过程中,能最大限度地利用公司资源,迅速在全球展开该品牌的营销活动。

品牌国际化也会遇到一些障碍,主要表现为:

(1) 环境障碍。环境障碍中最应引起企业重视也是最难解决的障碍是法律障碍和文化障碍。文化障碍包括了价值观的障碍、语言的障碍、风俗习惯的障碍及审美观障碍等。

(2) 品牌自身障碍。品牌自身的障碍主要是指品牌的构成要素(品牌名称、标志物、标志色、标志字、标志包装等视觉标志)在国际化时遇到的障碍。品牌自身之所以在国际化时存在障碍,是与世界各国环境性的差异密不可分的。由于某种文字、图案或者标示在不同的国家可能具有不同的含义和认知,因此,某些优秀的品牌元素在国际化时却可能会成为不利的因素。

品牌国际化时,来源国的形象对品牌国际化也有很大的影响。世界品牌实验室研究发现,"国家品牌"对一个企业或产品品牌的贡献率达到了 29.8％。国家品牌形象意味着一旦消费者形成对一个国家产品的总体印象,他就会带着这个印象看这个国家生产的所有产品,并依据这个印象作出取舍的判断。例如,"德国制造"这一品牌就代表了"工艺精良、经久耐用";一提到"日本制造",消费者也会和先进及高品质联系起来;一提到"中国制造",许多西方人会认为这是价廉低质的产品,甚至有时候会和假冒伪劣商品挂钩,但近年来中国的品牌形象已经取得了很大的进步。

9.1.2　品牌资产

品牌资产(brand equity)是赋予产品或服务的附加价值。它反映在消费者有关品牌的想法、感受以及行动方式上,同样它也反映品牌为公司所带来的价格、市场份额以及盈利能力。

品牌资产是对品牌名称的知晓给产品或服务所带来有差别的、正面的影响。顾客愿意为一个特定品牌多支付的程度,就是对品牌价值的一种衡量。一项研究表明,72%的顾客愿意为他们选择的品牌支付高出次优的竞争品牌20%费用;40%的人说他们愿意支付50%的额外费用。可口可乐的品牌忠诚者会多支付50%,沃尔沃的用户会支付40%。

阿尔·里斯说:"品牌价值的定义通常是:与其他相同质量的商品相比,消费者愿意为购买这一品牌而多付出的价格。"

1. 基于顾客的品牌资产

基于顾客的品牌资产(customer-based brand equity)是品牌知识对于顾客对品牌营销的反应所产生的不同影响。与不能被识别相比,当品牌能够被识别时,顾客对产品及其营销方式表现出较多赞许的反应,品牌则具有正面的基于顾客的品牌资产。反之,在同样的环境下,顾客对品牌的营销活动的反应表现出较少赞同,品牌则具有负面的基于顾客的品牌资产。基于顾客的品牌资产有三个关键的构成要素:

(1)品牌资产来源于顾客反应的差异。如果没有任何差异的话,那么从本质上看,该品牌产品只是一种大众化产品。此时的竞争主要围绕价格展开。

(2)反应差异来自顾客所拥有的品牌知识差异。**品牌知识**(brand knowledge)由与该品牌有关的所有想法、感受、印象、体验、信念等组成。尤其是品牌必须与顾客建立强大、积极以及独特的品牌联想(brand association,品牌联想就是指顾客由该品牌所能联想到的一切事物),并形成有意义的品牌形象。如沃尔沃让人联想起安全;海飞丝让人联想起去屑等。

(3)构成品牌资产的消费者不同反应,体现在感知、偏好和行为等与品牌营销所有相关方面。品牌越强大,带来的收益越多。

2. 基于品牌资产的投资

从品牌资产的角度来看,营销人员应该把每年所有用于产品和服务上的营销费用看成是对消费者品牌知识和品牌联想的投资。品牌建设的关键因素是投资的质量,在投资超过某一最小门槛后,数量就不再是必须的了。如果钱花得并不明智,很有可能在品牌建设中超支。

营销投资建立的品牌知识和品牌联想为品牌指明合适的未来方向。根据对品牌的所想所感,消费者决定品牌应该走向何处(以及怎样做),允许(或不允许)任何品牌营销活动或方案。

品牌承诺(brand promise)是营销人员对品牌应该是什么和应该为消费者做些什么的愿景。品牌的真正价值取决于顾客,取决于他们对品牌的知识和联想,对营销活动的反应就是这种知识和联想的结果。

理解顾客品牌知识及联想是极为重要的,顾客的品牌知识与品牌联想是品牌资产的基础,品牌战略管理的任务就是要创造独特的品牌知识与品牌联想,并由此取得更大的利益。

3. 品牌资产评估

根据品牌评估器(brand asset valuator，BAV)的品牌资产模型，品牌资产有五个关键性成分：(1)差异，测量该品牌与其他品牌不同的程度；(2)活力，测量品牌的动力感；(3)关联，测量品牌吸引力的宽度；(4)尊重，测量品牌被关注及受尊重的程度；(5)知识，测量消费者对品牌的熟悉和亲密度。

营销人员应该区分品牌资产与品牌估价(brand valuation)，后者是评估品牌总体财务价值的工作。

进行品牌评估其基本步骤为：

第1步，评估品牌资产的现阶段获利状况。要由专门的独立的评估师、经济师、工程师和其他专家确定品牌所标识的产品年销售收入、成本、税金，确定税后净利。该方法计算的是产品净利而非企业净利，原因在于品牌是用来区别产品的，而不是用来区别企业的。

第2步，确立品牌资产的综合能力指标评价体系。这可以根据评估方法的需要而选定。例如，市价法可以采用的指标包括：市场占有率、品牌的保护情况、品牌的支持情况、品牌的市场特性、品牌本身所表示的趋势感、品牌的国际化力量，以及品牌的寿命。

第3步，估算出品牌资产。估算结果应包括定性结论和定量结论。

第4步，检验测试。任何一项评估结果都可能有偏差，因此为了做到真实有效、公正客观地反映被评资产的价值，在所有评估工作基本完成之后，要进行可信度和效度检验的反馈测试。如果多次计算的结果相近或相同，说明评估信度较高，评估结果较为可靠。

品牌是企业的一种无形资产，这种无形价值体现在产品或服务的质量、技术上，或者体现在品牌的形象上。品牌也许是企业最持久的资产，比特定的产品和设备更持久。

2018年5月，全球最大的传播集团WPP发布了2018 BrandZ全球最具价值品牌百强榜，谷歌以3 021亿美元品牌价值再次夺魁，谷歌、苹果、亚马逊、微软、腾讯、Facebook、Visa、麦当劳、阿里巴巴和AT&T占据了10强席位。中国的腾讯以1 790亿美元位列第5名。

9.1.3　创建品牌资产

企业通过与合适的消费者创建正确的品牌知识结构来建立品牌资产。这个过程依赖于所有与品牌相关的接触点，从营销管理的视角看，品牌资产的驱动因素主要包含以下二个方面：

1. 选择品牌元素

品牌元素(brand elcments)是那些可以识别并区分品牌的特征化设计。大多数强势品牌都使用多重品牌元素。如耐克(NIKE)就有非常独特的让人感觉可以发出"嗖"的一声的标识，以及"Just Do It"的品牌口号，且"Nike"这个名字来源于胜利女神。

选择品牌元素有六个主要的标准。难忘度、意义性和喜爱度是"品牌创建"的要素；转换力、适应性和保护力是"防御性"的，以便在面对机会和限制时，如何使得一个品牌元素中的资产发挥出优势并得到保护。

（1）难忘度。消费者能够轻易地再认和回忆该品牌元素吗？这在购买和消费中都是真实的吗？短的名称，如汰渍、佳洁士都是很难忘的品牌元素。

（2）意义性。对相应的产品类别该品牌元素是否可信且具有暗示性？它是否暗示该产品的成分或者暗示可能使用该品牌的人员属于哪种类型？考虑品牌名称的内在含义，如可口可乐、五粮液等。

（3）喜爱度。品牌元素带来怎样的审美吸引力？在视觉上、言语上或其他方式上，它是令人喜爱的吗？具体的产品名称诸如新奇士（Sunkist）、飘柔就能唤起很多想象。

（4）转换力。品牌元素能够用来推出同类或者不同种类的新产品吗？它能够增加品牌资产使其跨越地理边界和细分市场吗？虽然亚马逊（Amazom.com）最初是在线图书销售商，但它足够明智，没有称"图书就是我们"。因为亚马逊以它是世界上最大的河流而闻名，这个名字表明该网站可以销售广泛品种的商品，这是对公司现在销售多样化产品的一个非常重要的描述符号。

（5）适应性。品牌元素具有怎样的适应性和时新性？可口可乐的品牌名称可以在不同的时代里都有较好的适应性和时新性。

（6）保护力。品牌元素具有怎样的法律保护力？具有怎样的竞争性保护？

如品牌名称那样，口号也是建立品牌资产极为有效的手段。它们能像"挂钩"或者"把手"一样帮助消费者领会品牌是什么，以及什么使得品牌如此特别，概括并表达营销计划的意图。

2. 设计全面营销活动

全面营销要求企业管理者在设计品牌创建营销方案时强调三大重要的新理念：个人化、整合化和内部化。

（1）个人化。互联网的迅速发展为个人化营销提供了良机。营销人员正不断抛弃大众营销的做法。个人化营销（personalizing marketing）要确保品牌和它的营销活动尽可能地与尽可能多的顾客相关，在没有任何两个顾客是完全相同的前提下，这是一项挑战。许可营销（permission marketing），是在得到了消费者的允许之后进行的营销活动，是建立在营销人员不再使用大众多媒体战役的"打扰营销"的假设基础上的，这种方式能够与消费者建立强大关系。许可营销，跟其他个人化概念一样，是假设消费者知道自己想要什么。但是在许多情况下，消费者对此并不明确，模棱两可，甚至有相冲突的偏好。参与式营销（participatory marketing）相对许可营销来说可能更加恰当，因为营销人员和消费者需要一起工作，以解决企业怎样做才能最好地满足顾客。

（2）整合性。整合营销（integration marketing）是要组合并匹配营销活动来最大化个体和整体的效用。要达到这一点，营销人员需要各种不同的营销活动来强化其品牌承诺。如果 IBM 意味着服务,那么这条信息必须在符号、色彩、口号、环境、节事和员工行为中得到表达。

(3)内部化。营销人员必须"说到做到"地去传递品牌承诺。他们要采用一种内部化的视角来确保员工以及营销伙伴意识到并且理解了基本的品牌化理念,以及他们可能会怎样有助于或者伤害到品牌资产。内部品牌化(internal branding)是有助于教育和鼓舞员工的活动和过程。对服务企业和零售商来说,让所有的员工都对品牌及其承诺有着与时俱进的、深刻的理解是非常关键的。对品牌理解不足的经销商会抵消建立强势品牌形象付诸的努力。顾客体验公司传递的品牌承诺时就产生了品牌联结(brand bonding)。顾客与公司员工和公司传播的所有接触都必须是正面的。

3. 建立品牌联想

第三个也是最后一个建立品牌资产的方法,实际上是"借",即将品牌与那些可把意义传递到消费者记忆中的其他信息联系起来,从而创建品牌资产。

品牌联想是当消费者看到某一特定品牌时,从他的记忆中所能被引发的对该品牌的任何想法,包括感觉、经验、评价、品牌定位等。品牌联想必须具备强度、赞誉度、独特性,才能在消费者心中唤起一切美好印象的总和。

强势品牌的一个重要特点就是能引发消费者丰富的联想。如人们一提到海尔品牌,就联想到海尔是中国家电业的老大、质量不错、售后服务好、产品畅销世界等;人们提到麦当劳,就想到欢乐、服务、价值;一提到沃尔玛,就想到天天平价等。

9.2 品牌化战略

菲利普·科特勒说:"品牌化(branding)是赋予产品或者服务以品牌的力量。它的根本就是创建产品之间的差异。品牌化创建了一种心智结构,帮助顾客组织有关产品和服务的知识,在某种程度上明确他们的决策,在这个过程中为企业创造了价值。"品牌真正的注册,是在顾客的大脑中注册。

品牌化战略要成功并且创建品牌价值,就必须使顾客确信在该品类的产品或服务中,品牌之间确实存在着有意义的区别。任何有顾客选择的地方,都能应用品牌化战略。可以品牌化的对象包括一个有形的物品,一种服务,一家商场,一个人物,一个地方,一个组织,甚至一个想法(如言论自由)。

品牌化战略过程一般包括:确定品类、确定品名、品牌定位、品牌品质、品牌品位、品牌发展、品牌传播等八个步骤。

品牌战略管理指针对企业产品或服务的品牌,综合运用企业资源,通过计划、组织、实施、控制来实现企业品牌化战略的管理活动。品牌战略管理的目的在于提升企业品牌的知名度、美誉度,增强品牌的生命力,不断提高客户对企业品牌的忠诚度,从而促进企业产品与服务的销售,增加企业的盈利水平,进而创建品牌资产,并承担更多的社会责任。

品牌成长还需要有一个强有力的竞争对手。确立竞争对手是谁和开创新品类一样重要。任何品类除非有一个竞争对手,否则就很难成功。这种竞争对手甚至可以在公司内部产生并竞争。美国宝洁公司(P&G)是这方面的典型代表,在其公司内部,就展开了品类和品牌间的竞争。

9.2.1　品类战略

品类即需求,是顾客需求在企业营销对策的一个概念。品类之争其实是需求之争,所以品牌化战略首先就是确定如何去满足需求。

通过分化确定品牌品类是品牌战略的第一步。市场营销领域可以被视为不断扩张的产品品类的汪洋大海。在一个大品类里,在一段时间后,就开始分化成几个小市场。

领先地位并不等同于规模。企业如果成不了整体的第一形象,就可以对产品或服务大类进行进一步的分化,分成细化的品类,然后成为这一品类里的第一。创新品类引导需求。

品类战略是指企业通过把握趋势、创新品类、发展品类、主导品类建立强大品牌的观念。品类战略颠覆了传统品牌理论强调以形象代替品牌去传播品牌的误区,为企业创建品牌提供了切实有效的指引。品类战略是定位学派现今最高级的战略方法,是品牌战略的核心,被广泛使用于实战领域。

里斯认为,顾客的行为特征是"以品类来思考,以品牌来表达",因此营销的竞争与其说是品牌之争,不如说是品类之争。根据此发现,里斯重新定位品牌为"代表品类的名字",并指出品牌无法在品类消亡的情况下生存,企业最佳的策略是拯救品类而非品牌。

1. 品类定义

按照国际知名的 AC 尼尔森调研公司的定义,**品类**(category)"确定了什么产品组成小组和类别,与消费者的感知有关,应基于对消费者需求驱动和购买行为的理解"。而家乐福则认为"品类即商品的分类,一个小分类就代表了一种消费者的需求"。还有一种理解就是,品类即商品种类。一个品类是指在顾客眼中一组相关联的和(或)可相互替代的商品和(或)服务。一般情况下品类分为四个品类角色:目标性品类;常规性品类;季节性品类;便利性品类。不同的品类角色意味着不同的品类战略和品类目标。

在打造强势品牌的过程中,没有品类机会,强势品牌就不能确立。顾客首先买的是品类,而不是品牌。品牌是品类所代表的特性的缩写。买一辆有"名望"的汽车的人通常会买奔驰。说"我开奔驰"比说"我开一辆有名望的汽车"要简单、迅速,心理上也更满足。奔驰失去有名望的轿车这个含义的那一天就是奔驰品牌失去大部分价值的一天。

2. 品类分化

品类分化就是需求分化,就是进行市场细分来确定准备进入的品类目标。

如果想打造一个强势新品牌,就应该想办法让产品或服务从原有品类分化出去。换句话说,打造品牌的最佳途径不是追逐现有品类,而是创建一个能进入的新品类。没有一个品牌能涵盖所有分化中的分支。想要涵盖分化中品类的方方面面的品牌几乎肯定会失去主导地位。更佳的战略是定期修剪品牌,这样品牌就在顾客心智中一直代表一个单一概念。分化是在强化而不是在弱化品类。

微软能在短短的 30 年的时间里成为电脑操作系统的强势品牌得益于它在新品类中的第一形象;而英特尔集中精力于微处理器这个品类,第一个推出了微处理器 Intel 4004;万宝路则是通过牛仔形象创建了一个有男子汉气魄的品牌,从而从香烟主流中分化了出来。

如果品类正在分化,那么新品牌就有了机会。品类分化后,市场大小无足轻重,因为市场大小是相对的概念,可能最初市场很小,甚至是零,但随后可能变得很大。像手机这样的正在蓬勃发展的品类必定再次分化,如音乐手机、拍照手机、智能手机等等。

部分品类会消失。不是说品类永远不会消亡,某些品类必定会消亡。如曾经风靡一时的寻呼机、即时成像的宝丽来照相机等。

3. 品类第一

创建一个能第一个加入的新品类,就会增加打造强势品牌的机会。不一定是实际上的第一,只需要创建品牌的第一认知就可以了。当品牌是新品类的第一品牌时,它就被普遍认为是原创者和先锋。当其他品牌侵入你的领域时,它们被普遍认为是模仿品,第一者生存。所以里斯说:"市场营销中真正的问题不是创建品牌。真正的问题是创建品类,然后用新品牌名主导这个品类。"企业首先不是在打造品牌,而是在创建品类。新品类第一的心理障碍是没有市场及利润的不高。

市场营销首先是品类之间的竞争。有更多品类,就有更多品类分化的机会,也就有更多创建新品类和新品牌的机会。一旦错过创建品类的机会,最好就是忘了它,再寻找其他机会。

成为品类而成为强势品牌的例子不胜枚举。比如,亚马逊网站,第一家网上书店;邦迪,第一种粘贴胶带;戴尔,第一家个人电脑直销公司;金霸王,第一种碱性电池;肯德基,第一个鸡肉快餐连锁;斯沃琪,第一块时尚手表;汰渍,第一种洗衣粉等等。

当然,在品类里不是第一,品牌也不是第一的情况下,在新品类里也可以成为第二品牌。第二者生存的观念就是"做领导品牌的对立面"原理,同样可以成为强势品牌。第二品牌不能只是抄袭第一品牌,而应该成为它的对立面,或者在目标顾客上,或者在产品、服务的重点上都可以与第一品牌有所不同。如果在一个品类中两大强势品牌定位恰当,第三个品牌生存的空间就很小。

4. 两个名字

每个产品都需要两个名字,一个是品类名,一个是品牌名。人们通常会先考虑品类名,然后才是品牌名。比如:"我渴了,我想喝功能饮料,我想喝红牛功能饮料。"当然,这个思维过程可能很短,但是许多事实证明品牌名总是在人的思考中最后一个出现。所以企业在打造品牌之前首先要开创一个新品类,并把它命名。比如饮料里的运动饮料、100%的果汁、混合果汁、凉茶等。

　　一般来说,品类和品牌的名字应该选择简单而不是复杂。另外,在没有新品牌的新品类中,成为第一就没有特别的优势。所以,如果品类足够重要,那么最终赢家总是专为品类创建的新品牌,而不是通过延伸来配合新品类的老品牌,新品牌几乎总是击败老品牌。

　　品类名和品牌名锁定在一起时这两样东西就产生了关联。比如,豪华瑞士手表和劳力士就锁定在了一起,时尚手表与斯沃琪就锁定在了一起。

　　品类名与品牌名不要成为一个,因为品类名和品牌名这两个名字服务于两个不同的目的。品类名是个通用名,品牌名是突出个体的专有名。一个名字如何服务于两个目的呢? 顾客的心智把品类作为通用名对待,而把品牌作为专有名对待,所以在营销时,两者都需要认真创建和命名。

　　顾客使用品牌名来代替品类名的最好证据就是品牌名成为通用名的趋势日益明显:舒洁、思高胶带等品牌都代表了品类。当品牌成为通用名之后,这个词在顾客心智中代表了两个不同的东西。正因为这个原因,所以成为通用名的品牌不会失去威力。舒洁主导了纸巾品类;思高主导了透明胶带品类。

　　在消费者心智中发生关键作用的是品类而非品牌,品牌的意义首先在于表达品类。品类是消费者心智中的格子,这个格子其实就是需求。先有品类,再有品牌。品类的确定来自分化。

　　品牌有优劣之分,主导品类的品牌才是真正的强势品牌。而品牌价值的实现在里斯看来就是:"品牌有价值在于一个原因,也只有一个原因,就是主导一个品类。"

5. 品类融合

　　融合的作用就是更加的便利和集中。使一个产品能多种功能集于一身,也是创造了新品类。但在不少情况下,融合并不能真正成为人们的最爱。看起来会在两个领域都很好的东西往往会在两个领域都很差。能变成床的折叠沙发不是更好的床,也不是更好的沙发。但是对某些人来说,这种沙发床很方便。然而大多数人有财力和足够的空间时,会购买单独的沙发和床。洗发水和护发素融合产品不是更好的洗发水也不是更好的护发素,但是它用起来方便。但是大多数人购买单独的洗发水和护发素,因为他们觉得单独的产品更好。融合往往只是营销中的美好心愿,它不能实现赚钱,分化才能赚钱。

　　一个品类总是始于某一个单一的品类,例如计算机。但在一段时间之后,这个类别开始分化成几个小市场,例如,主机、微型计算机、工作站、个人计算机、手提电脑以及手写电脑等。各种分化的品类都有一个分立的、独特的主体,都有其存在的理由,都有其领先品牌,而这些领先品牌都很少与分化之前该类的领先者相同。例如,IBM是计算机主机的领先者,DEC 是微型机的领先者,而 Sun 系统公司则是工作站的领先者,等等。

品类与产业在不断分化而非融合。知识也在向不断分化的方向发展,这是进化规律在人类社会领域的延续,它造就了多姿多彩的大自然,也同样造就了这个种类繁多、优胜劣汰的品类和品牌的世界。

9.2.2 确定品名

名字也是战略,一个好的名字可以大大促进一种产品的成功。然而,找到最好的品牌名是一项艰巨的任务。首先需要认真地评价产品及其利益、目标市场以及拟实施的营销战略。

里斯和特劳特说:"名字就是把品牌挂在潜在客户心智中产品阶梯上的钩子,在定位时代,你能制定的唯一重要的营销决策就是给产品起什么名字。"

(1) 用名字启动定位。

品牌名称是一个信息载体。一个好名字会把相关的想法、预期以及购买建议带入市场,每次有人听到、看到或说起这个名字,定位过程就启动了。经过一段时间,品牌名称及定位就在人们的大脑中拥有了一席之地。

这种命名往往体现出产品的功能性、效果性。比如舒肤佳的中文命名,直接就点出了产品可能给顾客带来的舒服、优质的特点。命名也可以体现在情感性的命名上。如"乐百氏""万家乐"等。金霸王(Duracell)名字让人感觉电池耐用。"Dura"截取自英文单词"durable"(持久的、耐用的),"cell"则表示电池;飘柔的英文名为"Rejoice",是欣喜、高兴之意,但中文名取为"飘柔",与其让人头发柔顺的定位更为相合;而"汰渍"和"奥妙"(OMO)名称和消费者的需要相连,直接传达出某种具体的想法,无疑是符合洗衣粉产品定位与特性的好名字。

伟哥是医药领域的一大革命,但它的命名也是它得以成功的重要因素。伟哥之外的任何名称都不会取得这样的成绩。其英文名"Viagra"有男子气,"Vi"代表着生命力和活力,"agra"代表着控制和掌握,它完全避开了"勃起功能障碍"所代表的种种含义。

(2) 易于发音、识别、记忆和传播。

短名称比较好,但是有时长名字效果也很好。比如"娃哈哈""康师傅",就非常容易发音、识别、记忆和传播。

在品牌命名中要注意的是:不要"霸气"成风,不要"洋气"成风,也不要"流气"成风。

(3) 独特鲜明。

如"全聚德"烤鸭、"555"牌香烟、"李宁"运动服、"云南白药"等。品牌命名既可以用一般性的文字组成,也可以用数字、人名、动植物名、地名、山川湖海等来命名。

(4) 避免禁忌。

考虑到不同国家、不同民族的风俗习惯和特有禁忌。品牌名应该选择幸运名称、颜色和号码。例如:沃尔沃的 164 和 264 型号在中国不受欢迎,因为数字 4 同死亡的"死"谐音。金利来(Goldlion)的最初中文品牌名叫"金狮",在粤语地区就不受欢迎,因为金狮的粤语谐音是"尽输"。

(5) 能够注册并得到法律保护。

如果一个品牌名对现有的品牌名构成侵权,就不能够注册。品牌名一经选定,品牌名就必须得到保护。在国际营销中要考虑符合市场所在国的法律规范,能够获得注册,受到法律保护。

许多企业竭力树立自己的品牌名,希望它能够最终代表整个产品品类。像"达克宁"(治脚气)、"舒洁"面巾纸等取得了成功。但也有一些代表新品类的品牌名成为了其他企业同样可以使用的名称。比如"阿司匹林"(aspirin)、"溜溜球"(yo-yo)、"热水瓶"(thermos)等。

(6) 进行品牌品名和标志的设计。

品牌一般包含着品牌名称和品牌标志。品牌标志由图案、符号、文字、设计单独或组合而成,是一种对品牌的视觉形象设计,是品牌视觉形象中最重要的一部分。如广为人知的耐克的标志设计,就形象地表达了耐克的简约、动感和积极向上的精神。

企业的品牌标志很多是由美术或商业设计的专业人员开发设计的。完整的品牌设计包括对品牌名称和品牌标志两方面的设计。品牌设计布局要合理,品牌中的文字与拼音、文字与图形、中文与外文的搭配要简洁明了、美观大方、构思新颖,要突出视觉吸引力和焦点,以引起人们注意。

标志长期与一个名称联系在起后,该标志就代表这个名称,但仍然是名称保持着品牌的力量。意义存在于一个词语或一些词语中,而不是存在于视觉化的符号中。

品牌的名称和标志往往就代表了企业的形象,是企业的形象设计。形象设计不但涉及名称和设计,而且还有颜色。颜色的运用也是重要的营销策略。

可口可乐和百事可乐的颜色就是红色和蓝色的设计。可乐是一种红褐色液体,因此红色是可乐品牌颜色合乎逻辑的选择。这就是为什么可口可乐 100 多年来一直使用红色的一个原因。

品类与品名一旦产生关联,锁定在一起,才完成了品牌的创建。

品名与品类一般会共存亡。因为如果品类消亡了,也就是需求消亡了,代表了这种需求的名字也就没有了意义。品名如果不能代表品类,品名只是一个代号,没有多大的价值。这也证明了需求才是根本,名是为了利,名本身也可以是满足了一种需求,最终也是利。

9.2.3 品牌定位

品牌定位是指对品牌进行设计,使其在消费者心目中占据一个独特的、有价值的位置的行动。品牌定位是将企业的定位战略落实在品牌中,并将代表产品或形象定位在顾客心目中占有一个独特的位置。要成功地打造一个品牌，品牌定位举足轻重。品牌定位的关键是与消费者的价值需求相一致，既要有特色，更要有价值，而有价值与否由消费者决定。

1. 每一种品牌都有一个独特的定位

如果一家企业的产品与服务都和其他企业相似，那它是不可能成功的。品牌管理中，每个供应物在目标市场的心目中，都必须是吸引人的、有独特的创意。每一个品牌其实就是对定位的进一步的落实和体现。营销者首先需要把品牌和定位相结合，品牌反映出企业的产品或形象定位，从而确定品牌的特色和差别化，并由此在顾客认知中确定一个被顾客接受的有利的位置。

2. 品牌定位的起点是确定品类成员

定位要求定义和传达品牌之间的相似点和差异点。特别是定位的决策要求通过识别目标市场和竞争状况，以及共同理想点和差异点的品牌联想来确定参考框架。定义竞争性参考框架的起点是确定**品类成员**（category membership），即品牌与之竞争的产品或产品集合，以及功能与之相近的替代品。

营销者通常会告知顾客该品牌的品类成员。品牌定位最典型的方法是在确定其差异点之前，告知顾客有关品牌的品类成员。顾客在确定该品牌是否在竞争品牌中占有优势之前，他需要知道产品是什么，以及它有何功能。对新产品来说，最初的广告通常集中于创建品牌意识，后续的广告则以建立品牌形象为目标。

3. 选择品牌定位的差异点和共同点

营销者必须将品牌清晰地定位在目标顾客的心目中。他们可以将品牌定位在三个层次中的任何一个。品牌定位最低层是品牌属性，第二层是品牌利益，最高层是品牌价值。

例如，佳洁士牙膏可以谈论它的革新性成分以及口味。然而，产品属性只能算品牌定位的最低层次，竞争者很容易去模仿这些产品属性。更重要的是，消费者可能对这些产品属性并不感兴趣，他们感兴趣的是它们能为自己带来什么。品牌也可以被更好地定位于产品的利益诉求。佳洁士营销人员可以不再谈论佳洁士的组成部分，而是谈论佳洁士的防蛀和增白功效。最高的品牌定位层次超过了强调产品属性或是产品利益。它们通过强有力的信仰和价值观进行定位。因此，佳洁士牙膏可以既不谈它的产品成分构成，也不谈它的防蛀效果，而是谈论它能给消费者"带来生活中健康美丽的笑容"。

许多成功的品牌必须在更深层次上鼓舞顾客，而触及一种广泛的情感。优秀的品牌都是较少地依赖它们的有形属性，而更多地依赖创造温馨、快乐、激情和兴奋来取得品牌定位的成功。

4. 品牌人格化

品牌人格化是把品牌打造成具有独特魅力和情感诉求的人性化符号，呼应目标消费者心中的潜藏情感，营造身临其境的感受，引导消费者"对号入座"，让品牌在潜移默化中产生黏性。

品牌人格化以虚实相间的定位来锁定消费者。首先,针对细分人群,体现独特的"虚"的品牌定位。比如,耐克"Just Do It"针对年轻人渴望自由的心声,倡导追求自由的品牌定位。其次,进行"实"的品牌定位,让客户产生实在的品牌共鸣。例如,苹果手机上市之初,以其无按钮设计,表现了简易方便的使用功能,立刻与诺基亚、摩托罗拉形成鲜明对比,快速找到了产品与消费者的契合,引起了消费者共鸣。

5. 品牌再定位

也许一种品牌在市场上最初定位是适宜的,但是到后来企业可能不得不对之重新定位。竞争者可能继企业品牌之后推出他的品牌,并削减企业的市场份额。此外,顾客偏好或许转移,使企业品牌的需求减少。品牌再定位也就是企业产品或形象重新定位的体现。

确定品类、品名和定位,就构成了品牌塑造的三个基本要素,三位一体成就品牌。

9.2.4 品牌品质

品牌品质是指品牌的产品或服务质量。质量是品牌创立和发展的根本,品牌的质量直接关系到消费者在消费产品时获得的效用,关系到品牌运营企业对消费者的承诺能否兑现,关系到品牌品质形象的好坏,因而直接影响着品牌在市场中能否存活。品牌品质是一种理智诉求,是给消费者的理性认识。

1. 品质是品牌的生命

高品质的产品保证了企业品牌的塑造和企业形象的树立。高品质的产品可以让顾客满意,并且会通过消费领域的传播和流通范围的展开,迅速扩大影响,赢得更多消费者的关注和青睐,从而逐渐树立起品牌的信誉。

质量是使顾客对企业产品产生信任感和追随度的最理性原因。没有质量,品牌就如"无源之水"。质量是品牌的生命,是市场竞争力的基础,一个成功的品牌,始终是依靠高质量的产品和服务作为支撑。

质量的好坏由企业执行的标准决定。企业执行的可以是国际标准,也可以是国家标准、行业标准甚至企业标准,只要符合标准,就应该没有质量问题。

2. 品质的市场标准

品质的执行标准是用标准化管理来保证品质。品质的市场标准是顾客对产品或服务的要求。品质要达到顾客的完全满意,首先要开发出令顾客满意的产品,其次还要提供令顾客满意的服务,即不断地完善服务系统,最大限度地让顾客感到安心和便利。

顾客对产品和服务的要求包括两个层次,即期望的品质和超过期望值的品质。企业只有超越顾客期望,做出超越顾客期望的产品和服务,才能更快、更持久的达成交换。质量超常、功能超常、服务超过顾客的期望,这是传播品牌美誉度的关键所在。

品质的市场标准与品质的标准化管理一般是一致的,标准化管理一般都能满足品质的市场标准,但品质的市场标准与标准化管理是两回事。

9.2.5　品牌品位

品位是一种文化层次和格调,反映在价值观、艺术性、审美感、品质感及个人素质等方面。品牌品位是指品牌反映出的品牌价值观、艺术性、审美感、品质感及人员素质等方面所在的位置与情况。

1. 品位是文化与价值观

价值观是文化的核心,是品牌价值的精神体现,是品牌品位的基础。价值观的相近或相同是做人做事能取得对方认可的最基础部分。善意、助人、乐观的价值观是高品位的基础,也是品牌能否持续成为顾客喜欢的基础。

2. 品位是格调与艺术感

格调是指做人做事的风格和品格。在品牌中表现出审美的风格与情趣。格调有雅俗及高低之分,格调不仅取决于管理者的思想境界,同时也取决于管理者所能达到的艺术境界,艺术境界可以通过绘画、音乐、文学文字等展现出来。

格调与艺术表现密切相关。企业格调的艺术性反映在企业内外部环境设计、装饰格调、产品品质格调、产品外观格调、包装格调等方面。

3. 品位是修养与礼仪性

修养是指人的为人处世的综合素质,主要通过道德、爱好及礼仪表现出来。修养有高低之分,反映出人的精神境界状况。

礼仪是人们在社会交往活动中,为了相互尊重,在仪容、仪表、仪态、仪式、言谈举止等方面约定俗成的,共同认可的行为规范。礼仪是一个人的思想道德水平、文化修养、交际能力的外在表现,对一个社会来说,礼仪是一个国家社会文明程度、道德风尚和生活习惯的反映。礼仪首先从形式上表现出对他人的尊重和谦让,是品位的外化表现。

企业的修养与礼仪落实在人员的道德水平、艺术品位、文化修养与服务礼仪等方面。

9.2.6　品牌形象

20 世纪 50 年代,广告大师大卫·奥格威首先提出了品牌形象的概念。事实上,从某种意义上来讲,品牌形象随着品牌的产生而产生。

1. 品牌形象是综合形象

品牌形象(brand image)是指企业品牌在市场上、社会公众心中所表现出的个性特征,它体现了公众特别是顾客对品牌的评价与认知。品牌形象包括了品类、品名、定位、品质、品位等因素,是综合形象的体现。

品牌形象可分为内在形象和外在形象,内在形象主要包括产品形象及文化形象;外在形象则包括品牌标识系统形象与品牌在市场、顾客中表现的信誉。

2. 品牌形象设计

品牌形象设计涉及品牌名称和品牌标志的设计,品类及其定位的设计(理念识别和标志语的设计)。

品牌视觉形象必须是统一的,而且还要求稳定,不能随意变动,这是品牌吸引消费者的重要条件之一,其主要表现在以下四方面:一是文字的统一,要求品牌设计确定后的文字是统一的,几十年甚至几百年都不变;二是图形的统一,品牌设计要求图形是统一的,不能常常更换图形,这样才有长久的品牌魅力;三是颜色的统一,品牌设计要求颜色是统一的,即要有象征性,又要有品牌特征和生命力;四是文字、图形、颜色的有机结合使品牌更加耀眼具有立体的视觉效果。

品牌形象设计要结合消费者的心理需求,力图使品牌达到统一、稳定的视觉形象,简洁、易记的特点,良好的情结联想等效果。

logo 设计(与标志设计同义)指的是商品、企业、网站等为自己主题或者活动等设计标志的一种行为。作为具有传媒特性的 logo 为了在最有效的空间内实现所有的视觉识别功能,一般是通过特示图案及特示文字的组合,达到对被标识体的出示、说明、沟通、交流,从而引导受众的兴趣,达到增强美誉、记忆等目的。

logo 已经成为企业形象视觉传达要素的核心,也是企业开展信息传播的主导力量。logo 设计的基本要求是:生动形象、简单易记、心领神会。logo 设计可以形成三个版本:完整版 logo,包括了品名、品类和定位;标准版 logo,包括品名和品类;精简版 logo 就是品名。三个版本根据不同场合及要求,发挥各自的不同作用。

3. 视觉形象像"锤子"

里斯说:"建立一个品牌,你需要一个钉子和一把锤子。语言表达就是那个钉子,而视觉形象就是那把锤子。要建立一个强大的品牌二者缺一不可。"

万宝路品牌就是一个形象的案例,万宝路的牛仔是一个视觉识别,而"阳刚"正是牛仔这把锤子要钉进消费者心智的语言表达。视觉这把锤子只有在遇到尽可能简单、直白、明确的语言表达时,才能发挥最好的作用。

当你的品牌是新品类的第一个品牌时,几乎任何视觉元素都能成为有效的"锤子"。如麦当劳的金色拱门、可口可乐的瓶、奔驰的三叉星、耐克的勾子等。"视觉锤"对高端时尚产品总是特别有效,比如路易威登的"LV"字母的视觉识别。

9.2.7　品牌发展

一个制造商可以在以下品牌所有权形式当中进行选择。产品可以以制造商品牌(manufacturer's brand)推出,就像 IBM 公司用自己的品牌标定产品,进行销售。或者制造商可以把产品销售给经销商,由经销商给产品标定自有品牌(也叫作商店品牌或分销商品牌)。尽管大多数制造商拥有并使用它们自己的品牌名,但是还有一些许可品牌(licensed brand)经销产品。最后,两个企业可以合力对一种产品使用共有品牌(co-brand)。

品牌发展企业可以采用产品线延伸(将现有品牌名延伸到现有的产品类别中的新样式、新规格和新风格的产品上)、品牌延伸(把现有的品牌名延伸到新的品类)、多品牌(在相同的品类中引入新品牌)或新品牌(在新的品类中引入新品牌)。

品牌发展还需要有一个强有力的竞争对手,确立竞争对手是谁和开创新品类一样重要。任何品类除非有一个竞争对手,否则就很难成功。这种竞争对手甚至可以在公司内部产生并竞争。美国宝洁公司(P&G)就是这方面的典型代表,在其公司内部,就展开了品类和品牌间的竞争。

1. 制造商品牌和自有品牌

制造商品牌长期以来统治着零售业。不过近来,越来越多的零售商和批发商树立了它们自有品牌(private brand)或商店品牌(store brand)。在很多行业里,这些自有品牌同制造商品牌展开了激烈竞争。

香港的屈臣氏(Watsons)连锁便利店以它自己的品牌销售瓶装水、拖把、纸巾和其他各式各样的物品。自有品牌很难建立,而且储存和促销的成本较高。然而,自有品牌还是为分销商带来了高额的利润。而且,自有品牌还使分销商能够提供顾客无法从竞争对手那里买到的专有产品,从而提高了商店的客流量和品牌忠诚度。

在所谓的制造商品牌与自有品牌大战当中,零售商们占据了不少优势条件。它们决定着自己进什么货,各种商品放在商品货架的什么位置,在当地广告中突出宣传什么产品。它们向制造商收取上架费(slotting fees)。

零售商对其自有品牌产品定价比制造商品牌要低,因此吸引了大量的价格敏感消费者,尤其是在经济困难时期。并且大部分的购物者相信这些自有品牌产品是由大的制造商生产的。

要对抗自有品牌,制造商必须增加研发投入以推出新品牌、新特色和持续质量改进。必须规划强有力的广告计划以维持高知名度和品牌偏好。必须寻找与主要分销商"合作"的方式,以获得分销经济性和更高的合作绩效。

2. 许可品牌

大多数制造商要花上多年时间和几百万美元树立自己的品牌。不过,一些企业通过许可方式使用其他制造商已经树立的名称或符号、知名人士的名字,或者流行读物或者时髦电影中的角色名。这些企业支付一定的费用,便能够很快获得已经被认可的品牌名称。

服装以及服装配饰的经销商要花费很高的许可费来为自己的产品装点门面,使用知名时装设计师的名字或姓氏是服装业常用的品牌策略。比如古驰(Gucci)或阿玛尼(Armani)。儿童产品的经销商没完没了地把卡通形象的名字用在服装、玩具、文化用品、亚麻织物、玩具娃娃、午餐盒、麦片和其他产品上。这些角色的名字,从经典的诸如迪士尼、史努比、小熊维尼(Winnie the Pooh),到新近的皮卡丘(Pokémon)、小猪佩奇(Peppa Pig)、飞天小女警(Powerpuff Girls)。几乎一半零售玩具的销售额来自给予《蜘蛛侠》《哈利波特》《蝙蝠侠》《指环王》《狮子王》之类的电视节目和电影的产品。近年来,名称和影视角色的许可业发展迅速。在美国和加拿大,许可经营产品每年的销售额已经从1977年的区区40亿美元增长到1987年的550亿美元,而到了21世纪则超过700亿美元。

许可经营当中发展最快的就是公司整体品牌许可,越来越多的营利和非营利组织将自己的名称许可经营以获得额外的收入,提高品牌知晓度。例如,可口可乐在57个国家拥有320个许可证。每年,受许可方认可的可口可乐品牌销售出价值10亿美元的产品。

OEM(original equipment manufacturer,即原设备制造商)是指一个厂家根据另一家厂商的要求,为其生产配件或最终产品的生产和营销组织方式,亦称为定牌生产或授权贴牌生产。品牌拥有者不直接生产产品,而是利用自己掌握的"关键的核心技术",负责设计和开发新产品,控制销售渠道,具体的加工任务交给别的企业去做,承接这一加工任务的制造商就被称为OEM厂商,其生产的产品就是OEM产品。ODM(original design manufacturer,即原设计制造商)是指某些制造商设计出某产品后,在某些情况下可能会被别的企业看中,从而被要求配上后者的品牌名称来进行生产;或者某些制造商通过在产品生产中有一些比较小的设计或改动,从而提升了产品性能或生产效率。OBM(original brand manufacturer,即原品牌制造商)则是指企业的品牌经营,它是比OEM、ODM层次更高的模式。

3. 共有品牌

共有品牌就是将不同公司的两个已有品牌用在同一个产品上。共有品牌的做法有很多好处。由于每个品牌在不同的产品类别分别占有优势,那么整合后的品牌将创造出对消费者更强的吸引力和更大的品牌资产。共有品牌策略还可以使得一个企业将其现有品牌扩展到一个新的产品类别,而如果不通过共有品牌试图单独进入新市场则可能困难重重。中国汽车市场里有比比皆是的共有品牌,比如北京奔驰、一汽大众、吉利沃尔沃等。

共有品牌的做法也有一些局限。要达到这种关系通常需要签署复杂的协议和许可证书。共有品牌的双方必须周密协调它们的广告、销售促进和其他营销活动。最后,如果开始采用共有品牌的策略,那么双方都必须信任对方会精心呵护自己的品牌。

4. 产品线延伸

产品线延伸(line extension)就是当企业在一个给定的产品类别中引进新产品的时候,仍然使用原来的品牌,这些新产品包括新口味、新样式、新色彩、新剂型或新包装规格。例如,海尔在冰箱这一产品品类中提出都以海尔命名的各种不同款式的冰箱产品。

企业可以将产品线延伸作为推出新产品的一种低成本、低风险的方法,来满足消费者多样化的需求。不过,产品线延伸也有风险。品牌名过度延伸,就会使其失去特定的内涵,也会让消费者混淆或者感到不知所措。

产品线延伸战略的另一个风险是,延伸新产品销售量的扩大可能会侵蚀产品线上其他产品的销售。例如,纳贝斯克公司的无花果饼干演变成一个全面产品线水果味饼干,包括越橘味、蓝莓味和苹果味。虽然所有的产品都做得很好,但是原来的无花果饼干现在变得仅仅像是另一种口味。如果能够抢走竞争品牌的销售量,而不是与企业的其他产品同室操戈,那么这样的产品线延伸战略无疑是最成功的。

5. 品牌延伸

品牌延伸(brand extension)就是使用一个成功的品牌来在新产品类别中推出新产品或改进的产品。云南白药就将其受欢迎的白药品牌延伸到新的产品类别中去,如从云南白药膏、云南白药粉、云南白药胶囊、云南白药气雾剂,延伸到云南白药牙膏、云南白药螺旋藻、云南白药橄榄含片等。

品牌延伸使新产品能够迅速被人了解并识别,而且更快为人所接受。此外还能够节省建立一个新品牌所需的高额广告开支。

但品牌延伸战略同时也有其风险。当顾客不再将品牌与特定的或者高度相似的产品联系起来,并越少地想到该品牌时,**品牌稀释**(brand dilution)就发生了。

如果顾客认为企业有了一个不恰当的延伸,他们就会质疑企业品牌的完善性,或对此感到困惑,可能遭受挫折,对他们来说,到底哪个产品才是"对"的? 最坏的延伸情景是不仅延伸产品失败,而且还伤害到母品牌形象,这样就会损害消费者对同一品牌名下的其他产品的态度。品牌延伸最容易被忽视的一个缺点是,公司错失了创建一个拥有独特形象和资产的新品牌机会。

里斯和特劳特对品牌延伸有着十分明确的反对态度。他们认为:多便是少。产品越多,阵线越长,赚的钱反而越少。从短期来看,品牌延伸可以让你成功,但从长期来看,品牌延伸是一个失败的战略,品牌延伸最终将导致被淘汰出局。

营销者将一个新的品牌与既有品牌结合起来,这种品牌延伸也可以称为**副品牌**(subbrand),例如丰田佳美(Toyota Camry)汽车和海尔小神童洗衣机等。给予品牌延伸或副品牌生命的既有品牌是**母品牌**(parent brand)。如果母品牌已经通过品牌延伸与多种产品联系起来了,那么它就可以称为**家族品牌**(family brand)。

里斯对打造副品牌也持反对态度。"你感觉到有必要建立副品牌时,你是在追逐市场,不是在创建品牌。打造副品牌、打造主品牌及打造大品牌并不是消费者推动的概念,它们在绝大多数消费者的心目中没有任何意义。凡是打造品牌所创建的 切,打造副品牌都能将它破坏。"

6. 多品牌

企业经常在同一产品类别当中引入多品牌。多品牌可以设定不同的属性并迎合不同的购买动机,还可以使公司锁定更多的分销商货架空间。多品牌主要是为了体现同一类别产品之间的差异,以适应不同的目标市场和消费心理。使用多品牌其优点是可保证企业的整体信誉不至于受其某种商品声誉的影响;便于消费者识别不同质量、档次的商品;有利于企业的产品向多个目标市场渗透。

多品牌的缺点是促销费用较高,不易形成统一的整体。另外,每个品牌可能只占有很小的市场份额,企业最后可能因为把资源分散在过多的品牌上,却没有树立几个达到高盈利水平的品牌,从而被拖垮。

宝洁公司是多品牌战略运用的典范。宝洁在它的每个产品类别中都销售许多不同的品牌。如在洗发水品类中,就有飘柔、潘婷、海飞丝、沙宣、伊卡璐等多个品牌在一起销售。

五粮液企业也是采用了多品牌的策略,如其有国际性品牌五粮液;全国性品牌五粮春、五粮神、五粮醇、东方龙、尖庄;区域性品牌京酒、圣酒、华西村酒等。

7. 新品牌

新品牌是指企业进入新的品类所树立的一个新品牌。如宝洁公司不但在同一品类里用多品牌,而且在不同品类中也是用不同的新品牌:宝洁公司在洗衣粉品类里有汰渍、碧浪;在化妆品品类里有玉兰油;在牙膏品类里有佳洁士等等。

新品牌主要是为了体现不同类别产品之间的差异。使用新品牌的优点是可保证企业的整体信誉不至于受其某品类的商品声誉的影响,有利于企业的新类别产品向多个目标市场发展。

就像采取多品牌战略一样,设立太多新品牌可能会导致公司将资源摊得太薄,没有利用原有品牌的品牌效应来达到迅速让人知晓的效果。

9.2.8 品牌传播

品牌传播是指企业以品牌的核心价值为原则,在品牌识别的整体框架下通过广告传播、公共关系等传播手段将企业设计的品牌形象传递给目标消费者,以期获得消费者的认知和认同,并在其心目中确定一个企业刻意营造的形象的过程。品牌传播是打造强势品牌、提升企业竞争力的重要一环。

产品推广和品牌推广之间有紧密联系,却是两个不同的过程。相对于产品推广,品牌推广是产品推广的高级阶段。产品推广的最终目的是把产品卖给消费者,所以产品推广的重点是选择合适的表现形式和传播方式,让消费者最大限度地接受产品。品牌推广的最终目的是让消费者接受品牌,把品牌形象卖给消费者。

1. 品牌传播反映品牌形象

品牌传播其实就是通过综合运用整合营销传播手段,将企业的品类、品名、定位、品质和品位传播出去,并希望能被顾客认知、接受和喜爱,通过顾客的品牌联想,有效地建立起丰富、立体的品牌形象。

品牌传播中要把品类与品名锁定在一起,传播品牌定位、品质和品位。品类有时就是定位,比如沃尔沃汽车的特色就是安全,安全车就是一个品类。

品牌定位和品牌品位反映出品牌个性和差别化,在品牌传播中要强化、反复强调这样的差别化,进而在顾客心目中树立起牢固的品牌形象。高露洁牙膏的品牌定位是防止蛀牙的"口腔护理专家";品牌品位是"甜美的微笑,光明的未来";其品牌联想是健康的牙齿和丰富的生活。

2. 品牌传播是要建立品牌知名度、美誉度和忠诚度

品牌战略管理运作要努力促进品牌管理升级:从品牌知名度管理(初级管理层次)到品牌美誉度管理(中级管理层次),再到品牌忠诚度管理(高级管理层次)。这样,企业才能进一步扩大并牢固地占有市场,在品牌竞争中获胜。品牌传播在这方面承担了积极的不可或缺的责任。

品牌传播首先是要建立品牌知名度。品牌知名度即衡量顾客对品牌记忆的强度。高知名度的品牌,具有记忆深刻与印象比较完整的特点,当顾客产生购买此类产品时,是首先想到的几个品牌之一。那些由别人提到名称后,才记起来的则知名度是低级的。广告和公关等活动都是企业提高品牌知名度的方法。由于中国的市场大,靠广告效应有可能迅速吸引到一大批品牌试用者,从而会给企业带来一时的繁荣景象,因此不少企业乐此不疲。但是通过一段时间的大量广告甚至炒作所获得的繁荣局面很难持久,要想获得长久的市场效果,品牌知名度的提高和促销效果必须以促进美誉度,至少以不损害美誉度为前提。

品牌美誉度是顾客在综合自己的使用经验和所接触的多种品牌信息后对某一企业品牌的好感和信任程度,是形成品牌忠诚度的重要因素,它也是企业形象塑造的重要组成部分。相对于品牌知名度来说,美誉度的建立要复杂得多。美誉度的建立必须以卓越的产品质量为基础,企业的品牌形象必须鲜明,而且与顾客的心理认知密不可分。

品牌忠诚度是指顾客对品牌的忠诚使用程度,或说顾客是否忠诚地一贯使用某品牌产品。忠诚度是品牌状态的高级形式,它将影响品牌的市场稳固程度。一个品牌即使有很高的知名度和美誉度,也未必会有忠诚度,可见品牌忠诚度培育的艰辛程度,它需要一个缓慢而持续不断的过程。

3. 品牌传播需要整合营销传播

整合营销传播就是指综合运用各种传播手段(商业广告、人员推销、销售促进、公关活动、直接营销等)进行促销和传播的策略。其信息传播方式的组合是多样的,有视、听、读、看、试用体验或者购后体验的组合,有广告、新闻宣传、公关活动的传播方式组合。这些组合比单一的传播方式效果更丰富、更有感染力、更有说服力。

品牌传播就是以整合营销传播来建立品牌形象。目标顾客的反应分为:品牌知晓、品牌态度、品牌接受、品牌偏好、品牌购买、重复购买、品牌满意和品牌忠诚。相应地,品牌传播效果就包括对这些反应的衡量和测定。

品牌传播成功的一般要遵循的原则是:内容可信、形象一致和与众不同。优秀的品

牌塑造是创造出从理智到心灵的品牌吸引力。传播中强调简单、重复、领先,重点推广品类而非品名。

9.3 打造强势品牌

强势品牌在品牌的知名度、美誉度与忠诚度三个维度上都具有极高指标,是指在行业和品类里数一数二的品牌。例如,宝洁、可口可乐、奔驰等可被视为强势品牌。

名牌是社会公众通过组织及其产品的品质和价值认知而确定的著名品牌。名牌是一种有着很高的社会知名度与强大的影响力的品牌。在品牌的知名度、美誉度与忠诚度三个维度的指标中,名牌首先是有着极大的知名度,其次还应该有着一定的美誉度与忠诚度。名牌不一定就是强势品牌。中国许多知名的手机品牌如酷派、小米、锤子等只能称为名牌,不能称为强势品牌。名牌是品牌发展到强势品牌的一个必经阶段。

打造品牌的最终目的就是让品牌变为品类或品类分化中的强势品牌,这样才能保证企业有持久的顾客美誉度和忠诚度,保证企业的产品或服务有着较高的溢价,并保证企业有持久的较大的市场份额和竞争力。

菲利普·科特勒说:"成功品牌的核心是伟大的产品或服务,配以精心的规划、大量的长期承诺、富有创意的设计和营销执行。强势品牌拥有强烈的消费者忠诚。"

创强势品牌,让对方慕名而来,双方名利双收。阿尔·里斯等营销专家在打造强势品牌方面有精彩的阐述,本书根据其《品牌之源》及《品牌22律》及其他有关品牌的营销著作,总结了打造强势品牌的六大基本法则,即分化法则、信誉法则、收缩法则、词汇法则、连贯法则和公关法则。

9.3.1 分化法则

阿尔·里斯在《品牌之源》一书中指出:商业发展的动力是分化;分化诞生新品类;真正的品牌是某一品类的代表;消费者以品类来思考,以品牌来表达;品类一旦消失,品牌也将消亡;企业创建品牌的正道是把握分化趋势,创新品类创建新品牌,发展品类,壮大品牌,以多品牌驾驭多品类,最终形成品牌大树。

里斯说:"如果你想打造一个强势新品牌,你应该想办法让你的产品或服务从原有品类分化出来。换句话说,打造品牌的最佳途径不是追逐现有品类,而是创建一个你能第一个进入的新品类。打造强势新品牌的方法就是分立并征服。"

1. 打造新品类

分化是创造新品类和新品牌的推动力量。分化的目的就是为了开辟新品类。打造主导性的全球品牌的最佳方法,就是成为一个新品类的开创者。

例如,在饮料领域,可口可乐开创了可乐饮料;七喜开创了非可乐饮料;依云开创了矿泉水饮料;佳得乐开创了运动饮料;红牛开创了能量饮料;酷儿开创了儿童果汁饮料;鲜橙多开创了橙汁饮料;王老吉开创了罐装中药凉茶饮料。

人们在产生需要时,首先考虑的是品类,然后才是品牌。比如:顾客心理首先说:"我渴了,我要喝可乐。"其次才是"我该要哪个牌子的可乐。"这个思维过程可能只用了几毫秒,但这短短的瞬间却形成一个陷阱,因为营销人员只听到顾客说出口的是品牌,他们会忘了品类,直接推销品牌。这是个严重的错误。除非你是该品类的第一,否则你很难抓住顾客的注意力。顾客用品类思考,而用品牌表达。品类就像存在于顾客大脑中的阶梯,而领导品牌位于梯子的顶端,自然容易被顾客用来代表整个品类,这样谈论起来简洁、迅速,且心理上也更满足。成功品牌常常成为品类所代表的特性从而主导了这个品类。

创建一个能加入的新品类,这是一条营销圣经。不一定是实际上的第一,只要创建出品牌是第一的认知就行。

2. 分化需要新品牌

通过分化打造品牌,这是一条通行规律。从战略的角度来看,一个新品牌名称当然可以在人们心目中把自己树立成一个新品类中的领先者。它可以更加强调出在这新品牌背后的人和环境,从而增加媒体的兴趣,促进更多的公共宣传及促销的产生。反之,你在新品类中没有推出新品牌,那么成为第一就没有特别的优势。

新品牌几乎总是击败老品牌。一个使用老品牌的延伸产品,永远都不能阻止一个已经取得了一定公共宣传势头的新品牌。越是革命性的分化,越是需要一个新的品牌名称。只要品类够重要,最终的赢家往往就是专为新品类创建的新品牌,而不会是通过延伸进入新品类的老品牌。凡是想要涵盖分化中的品类的方方面面的品牌,几乎肯定会失去主导地位。分化越发展,就越需要专业品牌。它也要求公司将新事业与旧的已有的事业分拆,作为独立的机构,而且必须指定专门的高层管理者直接负责,作为创新者和企业家为明天而工作。如宝洁公司、强生公司等,几十年来获得持续的成功。

品牌价值的重要表现就是主导一个品类或分化的品类。主导品类的品牌才是真正的强势品牌。打造一个强势品牌机会关键在于有没有分化的思维。

9.3.2 信誉法则

任何品牌成功的关键因素是其诉求的真实性。

里斯说:"无论如何,一个品牌应该有一个诉求,它要越任何其他的诉求。这一诉求将本品牌提升到竞争对手之上,而且使得它比其他的任何说法都更加可信。"

1942 年,可口可乐公司做了一个广告:"可口可乐是独一无二的,它是真正的饮料。"

在 1970 年,人们反复使用"真正的饮料"这个口号。尽管最后的"真正的饮料"广告流行几乎是许多年以前的事了,但这一概念已紧紧地和可口可乐联系在了一起。这就是品牌的信誉度。

1. 信誉度是建立品牌绩效的担保品

当一家企业拥有良好的信誉时,其前景可能会使人们几乎相信其所说的关于自己品牌的任何事。

领先地位是建立品牌信誉的最直接方法。可口可乐、微软、宝洁等都具有信誉,这是因为它们普遍地被认为是各自领域里的领先品牌。所以当你不是领先品牌时,你最好的战略是创造一个自己能取得领先地位的新领域。

2. 品牌信誉度的创建不仅仅只依靠质量

劳力士已经成为世界上最著名、销售最好的高档手表品牌,质量和它的成功有关吗?可能不完全是。劳力士生产高质量的手表吗? 可能是,也许不完全是。

质量,或者更确切地说是对质量的认知,存在于购买者的头脑里。如果想建立一个强大的品牌,就必须在头脑里建立一个强大的质量认知。

质量的概念有着千千万万的拥护者。这种观点认为,打造一个更好品牌的方法就是生产出更高质量的产品。但事实上,在市场中取得成功和在品牌的比较测试中取得成功之间几乎是没有什么联系的,无论是品牌间的口味测试、精确性测试、可靠性测试、耐久力测试,还是任何其他独立的、客观的第三方测试,都是如此。

注重质量并没有错,但还需要其他策略的补充和配合。一个产品的竞争力不但来自质量、定位、外观、包装、服务,还来自专业化和品牌形象塑造等因素。

9.3.3 收缩法则

当企业确定了业务,确定了品类和品牌时,就应该采取聚焦战略,进行收缩经营。收缩焦点后,好事情就会发生,品牌才会更强大。一个强大的品牌设计程序通常是由收缩品种开始的,而不扩展它。

1. 品牌的单一性

品牌是什么? 是企业所拥有的在潜在消费者心目中的单一的看法或概念。代替一块昂贵的瑞士手表,你可以说要一块劳力士;代替一辆安全的小轿车,你可以说要一辆沃尔沃;代替一辆动力澎湃的车,你可以说要一辆宝马。毁灭一个品牌的最容易的方法就是把这个品牌名称用在所有的事物上。

而当企业垄断某一商品时,就会变得特别强大。微软(Microsoft)拥有世界市场上台式电脑操作系统 90% 的份额,英特尔(Intel)拥有世界微处理器市场 80% 的份额,可口可乐拥有世界可乐市场 70% 的份额。而且,为了垄断一个品种,就必须收缩品牌的重点。

绝大多数成功品牌都是那些保持其狭窄业务焦点,然后扩展其产品的品牌,而不是那些设法将其名称扩展至其他产品的品牌。

2. 品牌的力量和它的延伸成反比

许多企业在经营时的重点是短期的。产品线的扩展、品牌的延伸、多种多样的定价,以及一系列复杂的营销策略和技巧都被用来稀释品牌而不是建设品牌。稀释品牌可能会在短期内很容易赚钱,但从长期来看,它会削弱品牌的力量,直到它不再代表任何东西。

营销人员经常运作的品牌项目与人们想要感知的它们的品牌之间是有冲突的。消费者希望品牌的范围比较窄一些,并且通过一个简单的词语区分开来,越简短越好。

里斯说:"扩展产品线在短期内可能会增加销售,但它却和品牌概念背道而驰。如果你想在消费者的心目中建立一个强大的品牌,你就需要收缩你的品牌,而不是扩展它。从长期来看,扩展你的品牌会削弱你的力量,并且弱化你的形象。"

9.3.4　词汇法则

词汇,是品牌建设的关键。当然,在这个视觉化的世界里,事实上还取决于外形、颜色、质量以及尺寸。但这些事实如果离开人类头脑的转换就毫无意义了。头脑通过运用词语赋予了视觉事实以含意。只有当人们的头脑认为某一物体是大的或小的、美的或丑的、暗的或亮的时,才具有真正的意义。对于企业所销售的产品或服务,同样也是如此。产品本身也许具有一些视觉的事实。但是品牌名称及它的联想赋予了产品在消费者心目中的意义。

1. 品牌应当力争在消费者心目中形成一个词语

企业可以忘记产品拥有令人惊奇的各种极好属性的细目清单,企业不能在人们的心中把它们与品牌名称都联系起来。为了进入消费者的心中,企业必须作出牺牲,必须把品牌基点减少到一个单一的想法或特征——一种在品类里还没有其他品牌拥有的特征。沃尔沃(Volvo)代表了安全,联邦快递(Fedex)依靠把它的焦点集中于隔夜送达而获得了成功,因此,它在航空货物用户脑海中拥有了"隔夜送达"这个词。联邦快递成为隔夜送达同义词。

2. 用一个好词汇来命名品牌

企业将要不断制定的最重要的品牌决策就是给产品或服务起一个什么名字。因为从长远的观点来看,对于一个品牌来说,最重要的就是名字。

短期内,一种品牌需要　个赖以生存的独特的创意或概念。在一个新的领域内它需要第一个出现。在消费者心目中,它需要拥有某个词语。但是在长期,这种特有的创意或概念就会渐渐地消失,取而代之的就是你的品牌名称和竞争对手的品牌名称的不同。

3. 词汇的国际化

词汇的用词要具有国际的眼光,既要符合产品本身的特点或品类的特点,又便于传播,符合风俗习惯。

英语已经成为世界上的第二种语言。如果准备在全球市场上创立一个品牌,最好用英语取名字。倒并不一定要用英语单词作名字,最好听起来像。如日本的"索尼"(Sony),中国的"海尔"(Haier)等等。另一方面,在将英文广告译为其他语言时必须要注意符合原意,否则有时后果是非常严重的。比如,"随百事可乐一代一起活跃起来"(Come Alive with the Pepsi Generation),译成中文为"百事可乐使你的祖宗从坟墓中活过来"。当我们鼓励一个品牌要有全球信息时,为了适应不同于英语的其他语言,必须不时作一些变化。

9.3.5　连贯法则

一个品牌的建立绝非一日之功。成功要以几十年的时光来衡量,而非几年。最常会被违反的法则就是连贯法则。

1. 品牌命名和定位的连贯性

市场可能变化,但是,品牌命名和定位不应该变。品牌命名和定位可以轻微地调整一下或者给出一种倾向,但它们基本的特性(一旦这些特性已经深深地植根在人们的意识中)决不应该发生变化。和连贯性结合在一起的限制性(保持数十年而非几年的时间)是建设一个品牌的关键所在。

宝马(BMW)成为最强劲的汽车已有30年了。即使宝马品牌换过三个独立的广告代理商,宝马仍保持着它的定位战略这一事实是很不寻常的。一次代理商的改变常常象征着一个品牌连贯性的结束。

2. 品牌变化应极其小心

在生活中没有什么是绝对的,所以在打造品牌过程中也没有什么永恒是绝对的。每一种规则总有一些例外。而变化法则就是打造品牌规则的最大的例外。

变化发生在消费者的意识里。如果想要变品牌名称或定位,那就把目光盯住在顾客的心智中。在三种情况下,改变品牌是可行的。

(1)品牌形象在消费者的心目中已经弱化或不再存在。这是所有三种情况中最容易的。这时实际上已经没有品牌了,因此,对品牌名称或单位可以想怎么做就怎么做。

(2)试图沿着食物链调整品牌。如果想持续不断地降低品牌的价格,就能够沿着价格阶梯经常调整价格而不伤害品牌。比如,万宝路(Marlboro)就降低了香烟价格,从而获得了更多的市场份额。

(3)品牌正处在缓慢的调整之中,积累到一定的时间,变化终将发生。比如,王老吉凉茶就是从最初的仅仅只是凉茶的概念,通过了多年的积累和时机的把握,一举推出了"阻止上火"的概念,以"怕上火,喝王老吉"的重新品牌定位推向市场,取得了巨大成功。

9.3.6　公关法则

里斯说:"品牌的诞生是由公关促成的,而不是广告。"

广告缺乏可信度,而可信度是打造品牌过程中的关键要素。只有公关能提供让你的品牌进入顾客心智的可信度。借助公关推出品牌和借助广告推出品牌是两件截然不同的事。当你借助公关推出品牌时,你必须改变所有行动。

1. 公关第一

营销中通常总是公式化地把广告口号放在第一位。于是,公关人员被要求通过把公共关系项目转化为传播口号来增援广告。而事实上,首先应从公关的观点来发展品牌战略。里斯等著的《品牌的起源》一书中认为公关的推出过程包括七个步骤。

(1) 透露。新闻函和互联网网站是最好的目标。媒体喜欢讲述将要发生的事情的内部报道,特别是当它是独家媒体时。换言之,就是抢先报道。如果你不把你的新产品或新服务的细节透露给媒体,就浪费了巨大的资源。人们喜欢谈论些什么? 当然是流言、闲话和内幕,媒体也是一样。广告刚好相反,广告通常会保守秘密,直到第一则广告片播出。

(2) 蓄势。公关规划就像是鲜花开放那样缓慢展开。公司必须让公关规划有足够的时间来蓄势。正因为这个原因,公关通常在新产品或新服务的细节最终拍板前几个月就开始启动。

(3) 招纳盟友。如果别人能帮你传递信息,你为何要单独行动呢? 公关规划的缓慢蓄势使得你有足够的时间为你的事业招纳盟友。此外,公关通常会吸引志愿者。以大爆炸方式推出品牌,往往没有充分的时间联合支持者。此外,广告联盟通常会因为谁该为哪块项目付钱的问题而不欢而散。

(4) 从低往高出场。会走路前必须先学会爬,在跑前先学会走路。媒体也是一样的道理。你必须从小媒体开始(可能是在一则新闻通讯中被提及),然后转移到行业出版物;然后你从行业出版物这一级往梯子上方走,转移到一般商业出版物;最终你可能看到你的新产品或新服务被全国广播电视晚间新闻报道。

(5) 调整产品。反馈在公关中是一个重要因素。通过在产品正式上市前发动公关活动,就有充足的时间在产品上市销售前作修正。这是一大优势。

(6) 调整信息。当你推出新产品时,你通常会发现你有一大堆特性可以镀金在品牌上。应该聚焦在哪个特性上呢? 媒体能提供帮助。记者或编辑认为哪个属性最重要? 毕竟,媒体从消费者角度看待新产品。他们的意见不仅对你有帮助,而且可能对预期顾客而言非常具有说服力。他们掌控了顾客的意见,你要冒犯他们就是自冒风险。

(7) 软性推出。新产品或新服务应该在公关规划执行后才推出。换言之,在媒体报道结束后。不能太早,也不能太迟。事实就是这样,在营销中如同在生活中,时机就是一切。在恰当时间用恰当公关推出恰当产品是最佳的组合。

2. 广告第二

品牌一旦诞生,就需要广告来保持健康。公共宣传的作用逐渐消失后,每个品牌迟早都会投入大量的广告费用,以保卫它的地位。首先总是公共宣传,其后才是广告,这是普遍的规律。

通过提高进入成本,广告能使它的竞争者难以开拓出实质性的市场份额。要把广告预算作为一种保险,以防止因为竞争对手的攻击而遭受损失。

广告是一种非常有力的工具,它虽然不能帮助一个刚刚形成的品牌建立领先地位,但可以维持它已经获得的领先地位。一家公司如果想保护它已经建立起来的良好的品牌,就应当毫不犹豫地运用大量的广告宣传,以遏制竞争。

里斯说:"广告不会为自己付出代价,但如果你是品牌领先者,广告就会使你的竞争者为此竞争付出很高的代价。由于许多公司支付不起广告费用,所以这些公司将不会给你带来什么麻烦。相反,它们只是满足于品尝你所支配的巨大馅饼块周围的一些碎屑。"

:: 本章小结

品牌是以某些方式将自己与满足同样需求的其他产品或服务区分开来的产品或服务。这些差别可能体现在功能性、理性或有形性方面,也可能体现在情感性、感性或无形性方面。一个优秀的品牌应该既能反映出产品或服务的品类,又能反映出产品或服务的品质和品位。

品牌战略过程内容主要包括了品类战略、确定品名、品牌定位、品牌品质、品牌品位、品牌形象、品牌发展和品牌传播等八个方面,其目的在于提升企业品牌的知名度、美誉度,并不断提高顾客对企业品牌的忠诚度。

强势品牌在品牌的知名度、美誉度与忠诚度三个维度上都具有极高指标,是指在行业和品类里数一数二的品牌。打造强势品牌的六大主要法则是:分化法则、信誉法则、收缩法则、词汇法则、连贯法则、公关法则。

:: 本章关键词

品牌 品牌文化 品牌国际化 品牌资产 品牌联想 品牌战略管理 品类 品类战略 品牌定位 品牌形象 品牌传播 强势品牌 名牌

:: 思考题

1. 如何全面理解品牌的内涵?

2. 如何创建品牌资产?

3. 试述品牌战略过程及其主要内容。

4. 打造强势品牌的主要法则是什么? 请结合实例来解释。

第三篇　配置营销价值

工欲善其事,必先利其器。君子藏器于身,待时而动。

——孔子

凡战者,以正合,以奇胜。战势不过奇正,奇正之变,不可胜穷也。

——孙子

虚其心,实其腹;弱其智,强其骨。

——老子

　　善于经营不但要善于选择,而且要善于配置。如果配置(组合、调节)能力有问题,那么经营能力还是不够全面。

　　配置营销价值包括了提供价值和传递价值。提供价值包括提供产品及价格,是一个组织整合内部因素进行有效配置的问题;传递价值(交付价值)包括渠道和物流,是一个组织整合内部与外部因素进行有效配置的问题。

　　藏器于身。产品或服务就是待时而动的器,没有这个器,就没有了营销的依据。产品或服务是营销的依据,是企业生命与品牌承载体。产品的竞争力主要表现在质量、外观、包装、服务和品牌上,最终会聚集在品牌上。

　　价值定价。产品或服务的价格之谜来自顾客的认知价值如何。价格以价值为依据,而有价值与否被对方决定,对方的认知价值决定价格。成本导向定价就是以企业为导向的定价法,市场导向定价法则是以顾客或竞争为导向的定价法。

　　渠道为王。商流物流,关系成链,我方不是一个组织在战斗。安排有效的渠道是让"商流"尽快实现。优质的渠道同样能产生无形资产价值。

　　物流是企业产品实体的转移过程,体现出企业的市场反应速度和配送能力。在现代市场营销中,物流就是一个后勤保障体系,后勤保障体系强,就能物畅其流,竞争力也就大大增强。

　　企业的产品、价格、渠道、物流都是围绕企业确定的目标、定位和品牌战略来展开。目标战略、定位战略和品牌战略准确,营销就形成了良好的开端,营销的其他战略与战术的实施效果会事半功倍。反之,则会让营销战略与战术的实施事倍功半,甚至没有效果。

　　产品、价格、渠道、物流策略包括战略与战术两个层面。

第 10 章
产品策略

:::

开篇案例　让世界爱上中国造

对于格力电器来说，"创新"二字也一直是其发展过程的主脉络。董明珠表示："格力现在拥有的自主研发的专利排在全国第 7 位，但是这不是我们终极目标。我们的终极目标并不是第一、第二，而是研发出更多有利于人类生存发展的技术。"

董明珠在《人民日报》发表署名文章指出："质量关乎到两个生命，一个是消费者的生命，一个是企业的生命"。事实上，格力在长达 27 年的发展中，早就树立了"质量先行"的意识。

1995 年，格力建立了行业内独一无二的筛选分厂，对进厂的每一个核心零部件进行检测，合格后方能走上生产线。也正是因为对自己产品质量的信心，格力在行业内率先推出了"整机 6 年免费包修"的承诺，将行业标准再次提高，为消费者提供了更加优质的服务。

唯有以优质产品为消费者打造更加美好的生活，才能赢得市场的认可与信赖。2005 年至今，格力家用空调连续 12 年领跑全球。

但格力的"质量先行"意识并未就此止步，在对大量数据和经验的归纳总结中，格力提炼出了质量四重奏（D-CTFP），将顾客与结果导向的倒逼机制应用到质量管理实践中。以质量四重奏为核心的"T9 全面质量控制模式的构建与实施"理论体系获得由中国质量协会颁发的质量技术奖一等奖。目前，质量四重奏质量技术创新循环方法也在转化为国家标准。

推动制造业迈向高质量发展、共同建设制造强国需要国家层面的政策指导，也需要企业明确自身的责任。用董明珠的话说："这么多年来，格力坚持走自主创新之路,挑战了自己。我们从无到有,从有到领先,这个过程我们一直没有忘记自己的责任,就是与国家同行,中国强大需要我们更多的企业担负起社会责任。只有每一个企业能够走在前面,我们中国才能成为一个制造强国。所以今天我们的追求已经不是简单的一个数量问题,而是一个根本性的问题,就是质量问题。我们要彻底颠覆改变世界对中国制造的认知,唯一的出路就是我们创新出领导世界的先进技术,以及我们对社会的诚信态度"。

2017 年度国际"质量创新奖"(Quality Innovation Award)颁奖大会在西班牙毕尔巴鄂举行,格力凭借"光伏直驱变频空调系统研发及应用"项目再次获得国际质量创新大奖,成为国内家电行业唯一获得该奖项的企业。目前,格力已为全球 22 个国家提供了5 000 多套光伏空调,使用范围已覆盖了中东、北美、东南亚等地区。2018 年 1 月,格力光伏产品落地全球最大的光伏项目美国凤凰世贸中心,将领先的技术带到了这一全球标准最严苛的国家。

资料来源:根据格力官网相关资料整理而成。

产品(包括服务)是企业营销的依据,品牌的基础就是产品,产品是市场提供物的关键因素。质量是产品竞争力的基础因素,外观是产品竞争力的有形展示,包装是产品竞争力的用心打扮,服务是产品竞争力的承诺保障,品牌是产品竞争力的形象识别。产品的有无竞争力最终被顾客决定。菲利普·科特勒说:"产品应该是由谁协助设计?从根本上说,当然是顾客。"

如果说互联网思维是整合和传播的线,那产品思维就是互联网思维依据的点,点加面才能连成更现代、更广泛、更深入和更针对的面,产品思维当然以顾客需求为点,是营销者最终达成交换的依据点和基本点。

10.1　产品整体策略

产品是市场营销组合中最基本的因素,它提供了企业营销的依据。产品既指有形的产品,也指无形的产品。任何企业在制定策略时,首先需要回答的问题是用什么产品来使企业与目标市场发生联系,进而再进行营销组合中的其他三项决策。产品策略是整个营销组合的基石。

产品的整体策略建立在产品的整体概念基础上,是反映一个产品在市场中的竞争力组织部分,它一般可以反映在产品的质量、外观、包装、服务和品牌上。

10.1.1 产品整体概念

1. 产品整体概念

产品(product)是指能够通过交换满足消费者或用户某种需求和欲望的任何有形物品和无形的服务。它既可以是实体产品,如汽车、计算机、衣服等,也可以是无形服务如创意、数字、演讲等纯无形的服务产品,也有快餐、物流等与实体产品结合的服务产品。

在现代市场营销学中,产品整体概念有三层次与五层次之分,产品整体概念的三层次是指产品包括了核心产品层、有形产品层和附加产品层。产品整体概念的五层次是指产品包括了核心产品、形式产品、期望产品、延伸产品和潜在产品等五个层次(见图 10.1),由美国学者西奥多·莱维特在 20 世纪 80 年代提出,五层次产品更完整地表述了产品整体概念的内涵。

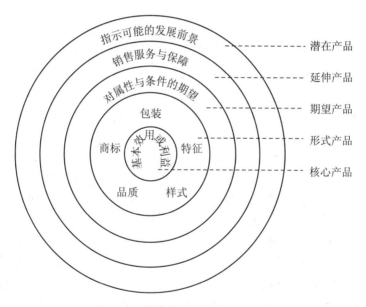

图 10.1 整体产品概念的五个层次

(1) 核心产品。核心产品层是指向顾客提供的产品的基本效用或利益,从形式上说,每一个产品的核心层是提供给顾客的产品实用功能,但从实质上说,每一种产品的实质都是为解决问题而提供的服务。如人们购买计算机不是为了获取一件装有某些电器零部件组装在一起的物品,也不是获得计算的功能,而是为了满足信息处理或娱乐的需求利益。任何产品都必须具有反映顾客核心需求的基本效用或利益,这是形成产品概念的出发点。

(2) 形式产品。形式产品层是指产品的外观形态及其主要特征,借由五个方面的特征加以表现,即品质、式样、特征、商标及包装,是核心产品借以实现的形式,无论是实体产品还是无形服务。如购买计算机时注重的质量、商标的知名度等,又如咨询服务时注重的服务公司环境、人员素质和公司形象等。核心产品和形式产品构成最基本的产品。

(3)期望产品。期望产品层是指消费者在购买该产品时期望得到的与产品密切相关的一整套属性和条件,即消费者对于提供的产品的某些特定要求,是形式产品差异化定位的集中表现和更进一步的需求。如众多的计算机产商提供的家庭用电脑都能满足上网、计算、文字处理等这些一般的期望,所以消费者在选择质量价格大致相同的电脑时,更多地会考虑电脑的期望产品层如绿色环保、是否具有更多的娱乐性或是否使用更便利等。又如"奔驰的舒适、宝马的速度"即是对同质汽车选购时的特定属性的具体需求体现。总的来说,期望产品尚未脱离产品实体层,是形式产品的更进一步的特定需求。

(4)延伸产品。延伸产品层是指顾客购买形式产品和期望产品时,附带获得的各种利益的总和,包括产品说明书、保证、安装、维修、送货、技术培训等。IBM发现消费者购买计算机不只是购买一个计算的工具,而是主要购买解决问题的服务,因此提出"IBM不卖产品,卖的是服务"的口号,作为一个原本以计算机制造为主的企业提出如此服务性质的口号,意义就在于其认为附加产品能把IBM与其他竞争对手区分开。现代竞争并不在于企业能为社会提供什么样的产品,而在于能为产品增加什么延伸价值——如包装、服务、广告、客户咨询、融资、送货和仓储等。在现代竞争市场下,产品实体的作用已经开始下降,延伸产品层将为企业开拓市场增强竞争打开新的局面,企业的产品竞争力将不仅取决于产品本身,更重要的是相关服务。

(5)潜在产品。潜在产品层是指现有产品的可能的演变趋势和前景,是对顾客新的需求的满足延伸。潜在产品指出了它可能的演变,是一种满足顾客潜在需求,给顾客以惊喜的产品。这促使企业不断进行产品的开发与新产品的上市,而计算机的人性化、智能化的要求,这都说明了潜在产品在市场上的实现与应用。同时,潜在产品也说明了产品的整体概念并不是一个封闭性的圆环,而是一个外延在不断扩大和更新的开放式的圆环。

在产品整体概念实践运用中,其层次划分越细,层次的外延越扩展,市场的空间就越大,企业所能创造的价值也就越大。在产品日趋同质化的背景下,如何寻找市场竞争的突破口,增加产品的新价值,成为企业在知识经济市场下的新挑战。因此,熟练掌握和运用产品整体概念,是企业营销的基本能力。

2. 产品分类

产品可以根据有形性分为有形产品和无形服务;可以根据耐用性分为非耐用品、耐用品和服务;也可以根据使用对象的不同(消费者和企业用户)分为消费品和产业用品。

(1)根据产品是否耐用和是否有形分类。将产品分为三种类型:易耗品、耐用品和服务。

① **易耗品**(nondurable goods),具有一种或一些用途的低值易耗品。这类产品消费快,购买频率高。合适的营销策略是:使消费者能在许多地点买到这类产品;低毛利;加

强广告以吸引消费者试用,并促使其形成偏好。

②**耐用品**(durable goods),通常有多种用途,使用时间较长、价值较高的物品。一般需要较多地采用人员推销和服务的形式;应获得较高的利润;需要向购买者提供更多更好的担保条件。

③**服务**(services),服务提供活动、利益和满意等,服务是无形、不可分离、可变和易消失的。一般要求更多的人为控制、供应者信誉和承诺。

(2)消费品分类。消费品可以根据消费的特点区分为便利品、选购品、特殊品和非寻求品四种类型。

①**便利品**(convenience goods),指消费者频繁、就近购买的产品。其购买不花费精力,例如牛奶、肥皂和报纸等,还包括便利店内干洗、自动售货机等服务产品。便利品可以进一步分成为日用品、冲动品以及应急品。日用品是顾客经常购买不断补充稳定使用的产品,如饼干、牙膏等;冲动品是顾客没有经过计划或搜寻而购买的产品,受心理冲动的因素影响,如杂志等;应急品是指紧迫情况下购买的产品,如药品和医院急救服务等。对便利品而言,购买地点、产品暴露度、交易的简便性是主要影响因素。

②**选购品**(shopping goods),指顾客对适用性、质量、价格和式样等基本方面要作认真权衡比较的产品,如家具、服装、汽车等。选购品可以划分为同质选购品和异质选购品。如购买电冰箱、洗衣机等性能接近但价格差异较高的产品即是同质选购品购买;购买家具、健身课程等产品即是异质选购品购买,消费者在购买选购品前往往需要收集信息和服务。

③**特殊品**(specialty goods),指具备独有特征或受消费者重视的独特属性,如品牌标记等,购买者愿意付出高成本购买而得到的产品,如奢侈品消费、特殊式样或名牌的商品汽车、名设计师设计的服装、独特的旅游胜地等。特殊品的消费者清楚自己的需求并为之愿意支付,因此个性化的设计、品牌形象的宣传是主要影响因素。

④**非寻求品**(unsought goods),是那些消费者不知道或通常不会想到要买的产品。如消防灭火器、人寿保险等产品。非寻求品需要广告及人员推销支持。

(3)产业用品分类。**产业用品**(industrial product)是指用于生产过程的产品,可以分成:设备、附属设施、原材料、零部件、易耗品和企业服务。

①**企业设备**(installation),如机器设备、产房等资本投资项目。此类产品需要营销者有专业的背景知识和大型谈判的经验,多为设备制造商直接向用户进行营销。

②**附属设施**(accessory equipment),如工具、小型车床、笔记本电脑等,轻型制造设备和工具以及办公设备等附属设施这种设备不会成为最终产品的组成部分,仅仅起辅助作用。其特点是质量、特色、价格和服务是用户选择时所要考虑的主要因素。

③**原材料**(raw materials),原材料构成材料与构成部件,通常具有标准化的性质。因此价格和供应商的可信性是影响购买的最重要因素。

④**零部件**(component parts),零部件和材料的购买特点是连续不断的购买,营销者一般强调企业与客户形成长期合作关系。

⑤ **易耗品**(supplies)，易耗品是企业生产经营中因为价值低、易损耗等特点而不能作为固定资产的各种劳动资料。产品单价低、订单规模小、潜在客户多。

⑥ **企业服务**(business services)，包括企业购买用于生产和经营的无形产品，如财务服务、法律、管理咨询、技术培训等。企业服务是产业用品中的软性因素，具有无形性。

10.1.2　产品整体策略

1. 质量

在现代竞争性市场环境中，质量是企业成功的基本要素，在产品战略方面没有其他东西比公司的产品质量更为重要。在全球范围内制造与营销同质商品和服务的努力引发了全面质量管理(TQM)的运动。全面质量管理要求公司的所有员工不断地完善产品和作业流程，从而实现客户满意取得更好业绩的目标。

质量(quality)是产品或服务满足规定或潜在需求特性的总和。全面质量是创造价值和顾客满意的关键。全面质量管理(TQM)指：

(1) 适用性，是指产品为满足一定的用途所必须具备的各种性能；

(2) 一致性，产品的设计和使用与预定标准的吻合程度；

(3) 耐用性，是衡量一个产品在自然或重压条件下的预期操作寿命；

(4) 可靠性，是指产品在一定时间里将保持不坏的可能性；

(5) 安全性，是指产品在使用中保证人身安全与健康以及环境免遭危害的能力。

美国在 1987 年设立马尔科姆·鲍德里奇(Malcolm Baldrige)国家质量奖，是美国公司所能获得的最高国家质量奖；欧洲 ISO 组织(International Standardization Organization)的 ISO 9002 规定了质量管理和质量保证的标准(ISO 9001 申请最为复杂、困难，它要求证明企业有能力设计、生产、安装某种产品，并能保证提供相应的全部服务；ISO 9003 只涉及最终控制和检验，多为服务性企业申请；ISO 9004 是关于某种质量体系的管理和实施)，因此，ISO 认证成为进入欧盟市场体系的必备条件之一并因此成为世界上其他国家企业贯彻的标准。

2. 外观

外观(shape)是指产品能够满足顾客的视觉和感觉效果的产品形式，包括产品的式样材料、造型、风格、色彩、重量等因素。

(1) 产品形态和材料，是指产品以何种物理属性出现于市场，即是固态还是液态、气态制成产品，是什么材料制成的产品。

(2) 产品式样和色彩，是产品的款式、造型，色彩配置，它会最直接的外在形象，是吸引住顾客的第一感觉。

(3) 产品体积和重量，是产品的大小、重量，这方面的设计同样会影响顾客对产品的接受和欢迎程度。

（4）产品风格和设计，独特的产品风格和设计是另一种增加顾客价值的方法。设计是比风格更广泛的概念。优秀的设计既能美化产品外观，又能提高产品的有用性。设计开始于对顾客需要的深刻理解，所以产品设计要更多地考虑顾客会如何使用以及如何从产品中获益。

3. 包装

包装（packaging）是指设计并生产容器或包扎物的一系列活动。包装涉及产品的容器和包装材料的设计和生产。包装一般就是指有形的包装物。但包装进一步的理解就还包含着无形包装，无形包装是指把产品包装成某种象征、意义、个性等，如可口可乐就把其产品的无形包装成为快乐、舒爽的象征。无形包装产生无形的价值，在包装上体现出虚实相间的营销策略。

有形包装可以包括多达三个层次。第一层次的包装是指最接近产品的容器，被称为内包装。比如瓶装化妆品的瓶子。第二层次的包装是指保护第一层次包装的材料，也被称为外包装，当产品使用时，它可被丢弃。比如瓶装化妆品的彩色小纸盒，它为产品提供了进一步的保护和保价机会。流行于营销中的"包装是沉默的推销员"通常是指这个层次，有时是指第一个层次。第三层次是指便于产品辨认、储存、堆放、装卸、运输、保护的运输包装。第一、第二层次称为销售包装，第三层次称为运输包装。市场营销中注重研究包装的第一层次和第二层次。

随着科学技术的发展，包装材料、包装技术发生了很大的变化，它在营销中的作用也日益扩大。包装可以保护产品，便于流通，这是包装的最基本的功能；包装促进销售，增加价值和盈利；包装还传递信息。包装是产品整体策略中重要组成部分。

包装决策主要表现在三个方面：规定某产品包装是什么，能起什么作用；进行包装设计和可靠性试验，包括包装物大小、形状、色彩、材料、文字说明、牌子标记、标签等设计，及包装本身质量对保护产品质量的可靠性试验；包装使用策略。其中的包装使用策略有：

（1）类似包装策略。类似包装是指一个企业所有的产品，在包装上采用相同的造型、图案、色彩和特征。采用这种包装好处是：第一，可以节约包装设计费用；第二，可以扩大企业销售声势，增强市场印象；第三，有利于新产品上市。采用这种策略应是同一等级的产品。否则会增加低档产品的包装费用或会削弱优质产品的形象。

（2）组合包装策略。组合包装是指将数种有关联的产品盛放在同一包装内，同时出售的包装。大量实践证明，采用组合包装有以下好处：第一，能增强产品销售量；第二，能降低营销成本；第二，帮助新产品上市；第四，方便消费者购买与使用；第五，促使企业生产经常保持完整的花色品种。

（3）双重用途包装策略。双重用途包装策略是指包装内的产品使用完毕后，原包装仍可当作其他用途的包装。这种包装策略的目的是想通过给予消费者一定的额外利益来扩大商品的销售，也期望通过消费者保存原包装来保留对企业的印象。因而采用此种策略，包装上通常突出企业的牌子和名称。

(4) 差异包装策略。差异包装策略是指企业对不同等级的产品分别采用不同包装。采用此种包装主要是期望发挥隔离作用,保护优质产品、高档产品的声誉。

(5) 附赠品包装策略。这是指在包装物内附有赠品,以诱发消费者重复购买的做法。

(6) 更新(改变)包装策略。这是企业包装策略随着市场需求的变化而改变的做法。

标签(tag)包括了附着在产品上的简单小标牌,也包括构成包装的一部分的复杂图形。标签是包装工作的一部分,有识别和促销的作用。标签可能仅标有品牌名,也可能具有许多信息。标签主要包括制造者或销售者的名称和地址、商品名称、商标、成分、品质特点,包装内商品数量、使用方法及用量、编号、存储应注意的事项、质检号、生产日期和有效期等内容。标签便于产品的识别、分级、说明和促销。

包装决策中要注意不要包装过度,如包装价值超过产品本身的价值,则包装名不副实。美国、加拿大政府对欺骗性包装的界定是:包装内有过多的空位;包装与内装物的体积差异过大;无故夸大包装,非技术上所需要者。日本对包装空位的规定是:包装内空不得超过容器体积的 20%,包装成本不得超过产品价值的 15%。过大、过豪华和"金玉其外,败絮其内"的包装可能会得逞一时,但最终会被消费者识破,失去顾客。

包装设计要遵循:安全的原则;适于运输、保管和陈列的原则;便于携带和使用的原则;美观、突出特色的原则;包装与产品价值和质量水平相匹配的原则;尊重顾客宗教信仰和风俗习惯的原则;符合法律规定、兼顾社会利益的原则。

4. 服务

服务(service)是一方能够向另一方提供的基本上是无形的任何活动或利益,并且不导致任何所有权的产生。它的产生可能与某种有形产品联系在一起,也可能毫无关联。

客户服务是产品战略的另一个要素。企业的市场提供物通常包括一些支持服务,它们是企业整体提供物的很小或者主要的组成部分。在本章的后面部分,将把服务作为产品单独进行讨论。在这里,先讨论产品支持服务。

产品支持服务主要是对有形产品的服务支持,是企业竞争力十分重要的组成部分,包括:

(1) 售前服务,包括提供信息与咨询、提供休息的场所和必要的物品、接受预定与邮购、免费电话设立、提供产品说明书、对使用和维修人员的培训等内容。

(2) 售中服务,包括让顾客试用、销售人员的解说与示范、销售人员帮助挑选与参谋、销售人员服务的热情与真诚等内容。

(3) 售后服务,包括如何交货、送货运输、安装调试、维修、保养、培训、包退、包换、功能配套服务、销售档案、联系与拜访用户、接受投诉等内容。

现在许多企业通过电话、电子邮件、传真、互联网、微信、微博以及语音系统和数据技术的复杂集成,提供以前根本不可能实现的支持服务。

人员的基本素质、态度及礼仪等都可以构成服务特色。超越顾客期望的服务特色会产生意想不到的交换魅力,甚至成为"压倒骆驼的最后一根稻草"。

5. 品牌

品牌(brand)是用以识别某个销售者或某群销售者的产品或服务,并使之与竞争对手的产品或服务区分开来的商业名称及其标志,通常以文字、标记、符号、图案和颜色等要素或这些要素的组合构成。品牌是一个集合概念,一般包括品牌名称(brand name)和品牌标志(brand mark)两部分:品牌名称是品牌中可用语言文字表达出来的部分,如 IBM、戴尔(Dell)、奔驰(Benz)、奥迪(Audi)等;品牌标志是指品牌中可以被认出、易于记忆但一般不能用言语称呼的部分,通常由图案、符号或特殊颜色等构成,如弯勾标志的耐克(Nike)、三叶草标志的阿迪达斯(adidas)等。

企业在政府有关主管部门注册登记以后,就享有使用某个品牌名称或品牌标志的专用权,这个品牌名称或品牌标志受到法律保护,其他任何企业都不得仿效使用。因此,**商标**(trade mark)实际上是一个法律名词,是指已获得专用权并受法律保护的一个品牌或一个品牌的一部分。

驰名商标是指在中国为相关公众广为知晓并享有较高声誉的商标。我国工商行政管理局根据《中华人民共和国商标法》《中华人民共和国商标法实施条例》,制定了《驰名商标认定和保护规定》。该规定于 2003 年 4 月 17 日发布,2003 年 6 月 1 日起施行。驰名商标采用个案认定的方式,认定机构是国家工商行政管理局商标局。

驰名商标在世界范围内的经营使用和法律保护上都享有特权:

(1) 绝对的注册权。它可以不受"注册在先"原则和各国法律某些禁用条款的约束,继续享有商标注册权。

(2) 禁止权。它不仅禁止他人在其指定的相同或近似商品上使用,还将扩大到其他的产品和服务,只要这一使用暗示这些商品或服务与该商标所有人之间存在某种联系,或会对该商标所有人的商标信誉造成不良的影响。

(3) 自动保护权。《保护工业产权巴黎公约》和《与贸易有关的知识产权(包括假冒商品贸易)协议》对驰名商标进行了全面的保护,尤其是对某些世界级高声誉的驰名商标如可口可乐、柯达、松下等更给予了充分的保护,这些商标即使不注册,也可在全部的商品和服务类别上给予自动的保护。

商标是一个法律的概念,而品牌是一个市场的概念。品牌可以传达给顾客一组特定的特点、利益和服务,其实质是形象、文化等要素的综合载体。

产品是品牌的承载体。品牌最后就是品质、外观、包装及服务的集中代表,透过品牌,可以看到企业的一切。

10.1.3　国际产品策略

国际营销的产品必须适应国际市场的需求。无论产品的设计、包装和品牌,都必须符合目标国家和地区的文化、政治、经济发展水平等环境背景。其产品策略有：

（1）产品延伸策略。

产品延伸策略又称为产品标准化策略，是指对现有产品不加任何的变动，直接延伸到国际市场的策略。采取这样的策略可以获得规模效应，可以形成购买的平等共识。但也会产生面对国际市场适应性差，不能满足不同消费需求的情况。

（2）产品适应策略。

产品适应策略也称产品差异化策略，是指对现有产品进行适当的变动，以适应国际市场不同需求的策略。既保留产品核心的部分，又对某些方面进行适应性的改进，这样的产品往往就更针对，更人性化了。如德国的大众汽车公司就是这方面的典型。帕萨特既是德国的，是德国的发动机；又是中国的，外观和配置都进行了一些符合中国人审美观和价值观的改进。

（3）产品开发策略。

这是一种全面开发设计新产品，以适应特定国际目标市场需求的策略。企业在产品的功能、外观、包装、品牌等方面都是针对目标市场进行重新的开发。如肯德基专门为中国人开发的新口味老北京鸡肉卷，就取得了较好的销售效果。

10.2　服务营销策略

经营产品的企业发现越来越难以在实体产品方面实现差异化，它们开始转向实施服务差异化。实际上，许多企业都由于提供卓越的服务而获得了可观的利润。卓越的服务可以是准时送货，更快、更好地回答顾客的咨询或者是更快地处理顾客的投诉。服务是行动，是承诺，是超越顾客的期望。对于服务提供企业而言，它们深知上述优势的重要性，深入了解服务的特性对营销者至关重要，实施服务营销已经成为不论是经营产品企业还是经营服务行业企业的重要理念。

服务是必须行动和真实承诺，是能给顾客意外惊喜和解除后顾之忧。服务与顾客的关联往往是要提供给顾客整体的解决方案，这时的服务是可以增值的，即产生收费的价值，企业服务如果不能增值就没有了意义。

10.2.1　服务分类

政府部门，包括法院、就业服务机构、贷款机构、军事服务部门、警察和消防部门、邮局、管理机关和教育部门在内，都属于服务行业。非营利部门，包括博物馆、慈善团体、教会、大学、基金会和医院在内，也都属于服务行业。许多商业部门，包括中间商（批发公司和零售公司)、航空公司、银行、旅店、保险公司、律师事务所、管理咨询公司、医疗机构、电影公司和房地产公司等,也都属于服务行业。在制造业部门中,许多工人其实也是服务的提供者,如计算机操作人员、会计师和法律顾问等。事实上,他们已经构成了一个"服务工厂",专门向"产品工厂"提供服务。

事实上,现在的实体产品一定需要产品的支持服务,而服务业营销同样需要实体产品的支持。实体和服务已经相互支撑,密不可分。

服务可分为要素性服务和非要素性服务两类。劳动力是要素性的;而运输、保险等属于非要素性的。

在整体的供应物中,服务要素按其所占的比例划分,可以把服务分为以下五种类型:

(1) 纯粹的有形产品。即产品中没有伴随服务内容的,如牙膏、盐等同质需求的产品。

(2) 辅助服务的有形产品。即附有能提高对顾客吸引力的一种或多种服务的有形商品,如汽车销售等,如果没有修理、保养等附带服务,它对消费者是没有吸引力的。

(3) 混合供应物。包括比重相当的产品和服务。如快餐业,麦当劳的不仅仅只是提供食品,同时也提供服务,是有形商品与服务的混合。

(4) 主体服务加辅助产品或服务。由一项主体服务和某些附加的产品或服务组成,如航空客运乘客购买的是运输服务,但在一次航程中也包括了某些如饮料或杂志等有形商品消费,这种有形商品依赖与服务商品而存在。

(5) 纯粹的服务。此类供应物主要是服务。如照顾小孩、精神治疗等。

10.2.2　服务特征

服务具有无形性、同步性、可变性和易逝性等特征。

(1) 无形性。

也称不可感知性。无形性主要指服务提供是非物质产品,顾客在购买之前一般不能感觉到。因此,企业应集中介绍服务所能提供的利益。真正无形的服务很少,需借助有形的实物才可以产生。因此对顾客而言,购买某些产品,只不过因为它们是一些服务的载体,这些载体所承载的服务或者效用才是最重要的。比如,想做整形美容手术的人在做之前是看不见成效的。

服务是一种特殊的无形产品,是一个独立创造价值的部分,往往提供给消费者一种愉悦感、满足感和情感。

(2) 同步性。

同步性也称不可分离性。主要指服务的生产和消费是同时进行的,有时也与销售过程连接在一起,服务的过程是顾客同服务人员广泛接触的过程。服务的供应者往往是以其劳动直接为购买者提供使用价值,生产过程与消费过程同步进行,如照相、理发。这一特征表明,顾客只有而且必须加人到服务的生产过程中,才能享受到服务。而且一个出售劳务的人,在同一时间只能身临其境在一个地点提供直接服务。

(3) 可变性。

可变性主要指服务的构成成分及其质量水平经常变化,很难统一界定。和实行机械化生产的制造业不同,服务是以人为中心的产业,它依赖于谁提供服务以及何时、何地提供服务。由于人存在差异,即使是同一服务,品质难以完全相同;同一人作同样服务,由于时间、地点、环境与心态变化,作业成果也难完全一致。因此,服务的产品设计须特别注意保持应有的品质,力求始终如一,维持高水准,建立顾客信心,树立优质服务形象。

(4) 易逝性。

易逝性也称不可储存性,主要指无形的服务既无法储存,也容易消失。服务的生产与消费同时进行及其无形性,决定了服务具有边生产边消费或边销售边生产的重要特征。服务不能在生产后储存备用,消费者也无法购后储存。如车、船、飞机上和剧院中的空座位,宾馆中的空房间,闲置的服务设施及人员,均为服务业不可补偿的损失。因此,服务要解决的就是需求与供给不平衡的问题。

10.2.3　服务营销策略

服务企业的营销策略与制造企业基本一致,同样需要通过市场分析和细分来确定目标和定位,然而,由于服务不同于有形产品,它们通常需要一些额外的营销方法。

服务营销是指企业通过开展有效无形服务,取得顾客的满意和忠诚来促进交换,最终获取企业长远发展的活动,包括产品支持服务营销和服务业营销。

1. 服务营销组合

随着 20 世纪 70 年代以来服务业的迅速发展,越来越多的证据显示,产品营销组合要素构成并不能完全适用于服务营销,因此,有必要重新调整营销组合以适应服务市场营销的新情况。1981 年美国学者布姆斯和比特纳(Booms and Bitner)在 4P 组合的基础上提出了 7P 营销组合,增加了人(people)、有形展示(physical evidence)和过程(process)这三项元素。7P 也构成了服务营销的基本框架。

(1) 产品(product)。服务产品的概念也遵循产品的整体概念,包括服务的核心层、服务的形式层和服务的附加层。核心服务体现了企业为顾客提供的最基本效用,如航空公司的运输服务、医院的诊疗服务等;服务的形式层表现为环境布置、商品展示、品牌设计等;服务的附加层如定期回访等,用以增加服务的价值或区别于竞争者的服务,有助于实施差异化营销战略。

(2) 定价(price)。由于服务的可变性特征,其质量水平难以统一界定,也难以采用统一标准,加上季节、时间因素的重要性,服务定价因此具有较大的灵活性。而在区别一项服务与另一项服务时,价格是一种重要的识别标志,顾客往往从价格中感受到服务价值的高低。

（3）分销（place）。服务产品一般采取直接销售形式为多，在分销因素中，服务地点至关重要。商店、电影院、餐厅等服务组织，如能坐落于人口密集、人均收入高、交通方便的地段，服务流通的范围较广泛，营业收入和利润也就较高。

（4）促销（promotion）。服务促销包括广告、人员推销、营业推广、直接营销、公共关系等营销沟通方式。其中人员推销更是服务营销最直接、最灵活的促销及沟通方式。人员往往就代表着服务，就代表着企业的形象。

（5）人员（people）。服务人员在顾客心目中实际上是产品的一个重要组成部分，这里的人员指的是为顾客提供服务产品的全部员工。服务是由员工来呈现出来的。服务企业的产品特色，往往体现在服务者的服务形象、服务过程和服务销售形式上。企业可以从三个方面进行管理：第一是重视人员的素质培养，严格甄选、训练、激励和控制；第二是重视服务过程的标准化，加强对服务产品的质量控制，尽可能做到规范化使其服务质量统一；第三是重视顾客与顾客间的关系，根据二八法则，80% 的利润来源与 20% 的顾客贡献，因此，运用关系营销理念，建立长期稳定的客户关系是服务营销的关键之一。松下幸之助说，服务人员在面对顾客时应该"要把顾客当作亲家"。

（6）过程（process）。在营销过程中，服务的提供者不仅要明确要向哪些目标顾客提供服务，提供哪些服务，而且要明确怎样提供目标顾客所需要的服务，也即合理设计服务提供的过程。向顾客提供服务的过程也是一个价值增值的过程。在这个过程中，不同部门都程度不等地为最终更好地满足消费者的需要作出各自的贡献。企业应围绕着以尽可能低的成本向顾客提供尽可能大的价值这一基本宗旨，优化整个价值增值过程，确立自身在市场竞争中的优势。服务业营销服务同样包括了售前服务、售中服务和售后服务。

（7）有形展示（physical evidence）。服务是无形的，但企业可以通过有形因素向消费者展示无形服务的特点、层次等，即服务营销中的有形展示。在服务营销中，有形展示具有十分重要的作用，企业可以对有形展示的三个方面进行管理和设计：一是服务的物质环境，如服务场所的设计及其整洁程度、企业形象标识、服务设备的档次、服务人员的形象等；二是信息沟通，即沟通本企业与外界的所有宣传，如企业对外的广告宣传、外界对本企业服务质量和形象的评论等；三是价格，由于服务的无形性，价格往往具有很强的暗示作用。

服务营销组合的实施同样建立在营销战略的基础上，同样首先要通过对市场信息的了解，进行市场分析。通过市场细分，来发现服务营销的市场机会。通过市场目标的确定，来把握服务市场的营销机会。通过有效的市场定位，使服务产生差别化，从而确定竞争的优势。通过服务品牌战略管理，建立品牌形象。考虑到服务中人员的相对重要性，品牌个性及公司品牌个性也是重要的服务品牌组成部分。品牌个性是消费者所感知的品牌所体现出来的一套个性特征。公司品牌个性是公司所有员工作为整体所具有的人格特征或特质,它所涉及的内容比产品品牌个性的内容更广。公司品牌个性包括独创性(creative)、合作(collaborative)、热烈(passionate)、同情(compassionate)、敏捷(agile)、纪律(disciplined)六个维度。

2. 服务质量

服务质量是企业为使目标顾客满意而提供的最低服务水平,是顾客对企业所提供服务的评价。一般包括服务的可感知性(物品与人员的情况)、可靠性、保证性、反应性和人情味等因素。企业在选择服务水平时,除了考虑以上的因素外,还要考虑经济性。

(1)顾客期望。顾客对服务质量的期望是由过去的感受、口碑和广告宣传等因素共同作用而形成的。在一般情况下,顾客会对感知服务和期望服务进行比较。如果感到服务达不到期望的水平,顾客就会对提供者失去兴趣,感到失望。对于成功的企业而言,它们往往是在供应物中增加了额外的利益,不仅使顾客满意,而且使顾客感到高兴和惊喜。使顾客感到惊喜,就是对顾客期望的一种超越。服务就是要为顾客创造意外的惊喜。

(2)全面服务营销。全面服务营销包括外部营销、内部营销和互动营销三个部分。其中,**外部营销**(external marketing)是指企业为顾客准备服务、进行定价、分销和促销等常规工作;**内部营销**(internal marketing)是指对企业员工的培养和激励工作,使其更好地为顾客提供服务。服务质量的提高取决于服务传递者和传递的质量。因此,服务营销者必须精通互动营销的技能。企业可以通过电话、网络和拜访来实现互动营销。顾客保留也许是衡量服务质量最好的办法,服务企业抓住顾客的能力取决于它如何向顾客持续地传递价值。所以服务企业应该只选那些"关心别人的人",才能真正持续地做好服务,让服务质量稳定。

松下幸之助说:"服务是否到位,决定了人们的满意度,而人们的满意度,又决定了商家所得到的支持率,这与社会的繁荣有着密切的关系。"

10.3 产品组合策略

产品组合策略解决的是企业产品的集团竞争力问题,产品组合确定之后,其他人财物、产供销等方面的工作也就基本确定了。

10.3.1 产品组合内涵

产品组合(product mix)是一个特定销售者售予购买者的一组产品,即企业的业务经营范围,它包括所有产品线和产品项目。产品线是指企业经营的产品功能相同的一组密切相关的产品,产品项目是指产品线中的一个明确的产品单位。产品组合是一个集合概念,具体分析,还包括了产品组合的宽度、产品组合的长度、产品组合的深度和产品组合的关联性。

(1) 产品组合的宽度,即该企业具有多少条不同的产品线。

(2) 产品组合的长度,即它的产品组合中的产品项目总数。

(3) 产品组合的深度,即产品线中的每一产品有多少花色品种。例如,佳洁士牌牙膏有 3 种规格和 2 种配方(普通味和薄荷味),佳洁士牌牙膏的深度就是 6。

(4) 产品组合的关联性,即各条产品线在最终用途、生产条件、分销渠道或者其他方面相互关联的程度高低。

认识产品组合的宽度、长度、深度和关联性,是为了了解每个企业的资源使用情况与产品构成,了解企业是多元化经营战略还是集中化经营战略,从而可以更有效地进行产品的扩展或收缩,有利于企业的有限资源在动态中得到最有效的配置。

10.3.2　产品组合策略

根据产品组合的四种尺度,企业可以采取四种方法发展业务组合:(1)开拓产品组合的宽度,扩展企业的经营领域,实行多样化经营,分散企业投资风险;(2)增加产品组合的长度,使产品线丰满充裕,成为更全面的产品线公司;(3)加强产品组合的深度,占领同类产品的更多细分市场,满足更广泛的市场需求,增强行业竞争力;(4)加强产品组合的关联度,使企业在某一特定的市场领域内加强竞争和赢得良好的声誉。因此,产品组合优化就是企业根据市场需求、竞争形势和企业自身能力对产品组合的宽度、长度、深度和关联度方面作出的决策。

1. 扩大产品组合

扩大产品组合包括开拓产品组合的宽度和加强产品组合的深度。前者指在原产品组合中增加产品线、扩大经营范围;后者指在原有产品线内增加新的产品项目。当企业预测现有产品线的销售额和盈利率在未来可能下降时,就应当考虑在现有产品组合中增加新的产品线,或加强其中有发展潜力的产品线。

2. 缩减产品组合

市场不景气或原料、能源供应紧张时期,缩减产品线反而能使总利润上升,因为剔除那些获利小甚至亏损的产品线或产品项目,企业可集中力量发展获利多的产品线和产品项目。缩减产品组合的目的就是为了集中精力经营利润好且比重高的品种。削减竞争处于劣势的产品项目是因为发现竞争对手在相同的项目中占有很大的优势,企业的项目不断地走下坡路而企业通过努力又无法与之抗衡,这样可以避免无益的投入。

3. 产品线延伸

产品线延伸指全部或部分地改变原有产品的市场定位,具体有向下延伸、向上延伸和双向延伸三种实现方式。

（1）向下延伸。即在高档产品线中增加低档产品项目。实行这一决策需要具备以下市场条件：利用高档名牌产品的声誉，吸引购买力水平较低的顾客慕名购买此产品线中的廉价产品；高档产品销售增长缓慢，企业的资源设备没有得到充分利用，为赢得更多的顾客，将产品线向下伸展；企业最初进入高档产品市场的目的是建立厂牌信誉，然后再进入中、低档市场，以扩大市场占有率和销售增长率；补充企业的产品线空白。实行这种战略也有一定的风险，如处理不慎，会影响企业原有产品特别是名牌产品的市场形象，还必须辅之以一套相应的营销组合策略，如对销售系统的重新设置等。所有这些将大大增加企业的营销费用开支。

（2）向上延伸。是在原有的产品线内增加高档产品项目。这种战略适用于：高档产品市场具有较大的潜在成长率和较高利润率的吸引；企业的技术设备和营销能力已具备加入高档产品市场的条件；企业要重新进行产品线定位。采用这一策略也要承担一定的风险，要改变产品在顾客心目中的地位是相当困难的，如处理不慎，还会影响原有产品的市场声誉。

（3）双向延伸。即原定位于中档产品市场的企业掌握了市场优势以后，向产品线的上下两个方向延伸。

一个企业产品组合越多，就意味着产品线和产品项目越多，顾客对此类产品的选择余地也就越大。有选择好，选择愈多愈好，这几乎成了人们生活中的常识。但是选项越多反而可能造成负面结果，过多选项会使人们陷入游移不定、自责后悔的怪圈。所以企业在做产品组合时应该求精，并能突出重点，推出拳头产品线和拳头产品项目。

10.4　产品生命周期

每一种产品都要经历由盛到衰的演变过程，企业在经营过程中经常面临两个重要决策：一是要了解产品在各个生命周期的特定阶段应采取什么营销策略；二是寻找能为企业的长远发展提供获利机遇的新产品。为做好这两项工作，必须深入理解产品生命周期，运用生命周期理论来更好地维护产品、开发产品。

10.4.1　产品生命周期概念

1957 年美国学者波兹等人根据销售量随着时间的延伸发生由少到多，趋于饱和，转而减少，直至从市场消失的变化规律，提出了产品生命周期概念，并把产品生命周期定义为产品进入市场销售到退出市场销售所经历的全部过程。

产品经研制开发投放市场后，其销售额和利润都会随时间的推移，经历一个由弱到强、由盛而衰的发展变化,直至最后被市场淘汰的过程,这个过程被称为产品**生命周期**(product life cycle,PLC),见图 10.2。与产品使用生命周期概念不同,前者是根据观察销售量 Q 或利润 R 随着时间 T 的变化而呈现出一个由低到高、再从高到低的一个 S 形曲线轨迹而判断各阶段,而后者是依据产品的质量等物理属性来判断使用磨耗的各阶段。

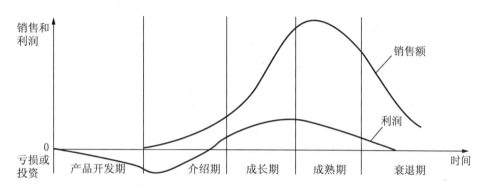

图 10.2　产品生命周期各阶段的销售额和利润

根据科特勒和阿姆斯特朗的《市场营销原理》介绍,产品生命周期包括五个不同的阶段,产品的销售额和利润在各个阶段呈现不同的变化趋势。

(1) 开发期(或研发期,product development stage)。在开发期,新产品尚处于研发阶段,无销售,只有投资,呈先增加后减少之态。该阶段的主要营销目标是努力开发和研究市场。

(2) 介绍期(或导入期,introduction stage)。在介绍期,新产品刚上市,销售增长缓慢,由于宣传费用高,企业得不到利润,反而可能亏损。该阶段主要营销目标是扩大产品知名度,吸引消费者试用。

(3) 成长期(或增长期,growth stage)。在成长期,产品被市场迅速接受,销售快速增长,利润显著上升,往往是利润最高的时期。该阶段主要营销目标是提高市场占有率。

(4) 成熟期(maturity stage)。在成熟期,产品已被大部分潜在购买者所接受,销售继续增长但速度开始减慢;市场竞争最激烈,为了应付竞争,营销费用增加,因而利润持平甚至开始下降。该阶段主要营销目标是维持现有市场占有率。

(5) 衰退期(decline stage)。衰退期即销售明显下降、利润日益减少的时期。该阶段主要营销目标是榨取产品的最后价值。

以上各阶段通常很难规定明确的界限,一般是根据销售曲线的显著变化之处来划分。不同产品的生命周期的长短,以及各阶段的时间长短均有不同。

国际产品生命周期是指当某些产品的销售在一个国家衰退时,它可能在另一个国家的销售会上升。后期采用的国家最终会比早期采用的国家生产成本低,并成为领先者和把该产品向其他国家输出。该周期分四个阶段:第一阶段是国内公司生产和出口,这时产品新颖;第二阶段是外国生产开始,原生产企业往往以合资或许可证贸易生产和销售;第三阶段是外国产品开始在出口市场上竞争,外国的制造商向其他国家出口产品;第四阶段是进口竞争开始,外国制造商开始向原生产出口国出口这种产品,出口国的制造商在国内市场的销售额最终会下降。

10.4.2 产品生命周期范围

在营销中,产品生命周期常与种类、形式、品牌、型号款式连在一起。当不同含义的产品与产品生命周期概念联系在一起时,使产品生命周期有不同状态。

(1) 产品种类。

产品种类具有最长的生命周期。许多产品种类的销售中成熟阶段是无限期的。如打印机、报纸、咖啡、电话等。

(2) 产品形式。

产品形式比产品种类更能准确地体现标准的产品生命周期的历史。因此,研究产品形式的生命周期最有规律,掌握它对于指导企业营销有重要意义,如手动打印机。

(3) 产品品牌。

产品品牌显示了最不规则的产品生命周期历史。如可口可乐历经百年依然不失辉煌,而我国 20 世纪 80 年代红极一时的水仙、金星、小霸王等到 20 世纪 90 年代中后期已经淡出消费者记忆。

(4) 产品型号。

产品型号或款式等显示了最短的产品生命周期历史。新型号的诞生一般也就是原有型号的退出。

10.4.3 产品生命周期策略

产品生命周期策略一般是指导入期、成长期、成熟期与衰退期策略。

1. 导入期

新产品刚推向市场时,销售量增长缓慢,企业生产能力尚未全部形成,生产流程和工艺尚未磨合熟练,消费者对其不熟悉或根本不知晓。此阶段的基本战略是突出"快"字,基本思路是尽快让产品进入成长期。

(1) 快速掠取,即以高价格和高促销推出新产品。实行高价格是为了在每一单位销售额中获取最大的利润,高促销费用是为了引起目标市场的注意,加快市场渗透。成功地实施这一策略,可以赚取较大的利润,尽快收回新产品开发的投资。实施该战略的市场条件是:市场上有较大的需求潜力;目标顾客具有求新心理,急于购买新产品,并愿意为此付出高价；企业面临潜在竞争者的威胁，需要及早树立名牌。

（2）缓慢掠取，即以高价格和低促销费用推出新产品。高价格和低促销水平结合可以使企业获得更多利润。实施该战略的市场条件是：市场规模相对较小，竞争威胁不大；市场上大多数用户对该产品没有过多疑虑；适当的高价能被市场接受。

（3）快速渗透，即以低价格和高促销费用推出新产品。目的在于先发制人，以最快的速度打入市场，该战略可以给企业带来最快的市场渗透率和最高的市场占有率。实施这一战略的条件是：产品市场容量很大；潜在消费者对产品不了解，且对价格十分敏感；潜在竞争比较激烈；产品的单位制造成本可随生产规模和销售量的扩大迅速下降。

（4）缓慢渗透，即企业以低价格和低促销费用推出新产品。低价是为了促使市场迅速地接受新产品，低促销费用则可以实现更多的净利。企业坚信该市场需求价格弹性较高，而促销弹性较小。实施这一战略的基本条件是：市场容量较大；潜在顾客易于或已经了解此项新产品且对价格十分敏感；有相当的潜在竞争者准备加入竞争行列。

2. 成长期

如果新产品被市场接受，那么销售会持续攀升。早期采用者会继续购买，其他采购者也开始购买。由于赢利机会的吸引力，竞争者会进入市场，他们会推出具有新特点的产品。在此期间，企业不但要继续开拓市场，还要接受消费者的选择，因此企业的基本策略是突出"好"字，基本思路是发展和壮大自己，并力求获得领先优势。

（1）细分市场，扩展市场容量。由于消费者需求的多样性，一般的市场都显示出一定的异质性。因此企业的单一产品不可能满足所有用户的需求。这时企业应进一步细分市场，利用首创效应，使企业的产品成为该细分市场消费者的首选。

（2）改进产品，开发新的功能。除了主动去发现和创造市场，从而推出相应的产品外，企业还可以通过消费者的购后反应，发现问题，及时改进，以技术或新产品更新来保持领先。

（3）建立品牌形象，加强促销力度。在成长期，要避免高速增长时的"半途夭折"，从介绍期的建立知名度转向建立美誉度，因此，在消费者心目中建立良好品牌形象，增加产品特色的宣传，培养顾客的品牌忠诚度，为企业的长期发展奠定基础，消费者从购买产品转变为购买品牌。

在成长阶段要协调好高市场占有率和高利润率之间的矛盾，提高市场占有率势必降低价格增加营销费用，而这又使得利润降低，这个矛盾看似无法调和，但可以通过品牌来协调，建立具有知名度的品牌，利用名牌的溢出价值获得高的市场利润，同时又不失去高的市场占有率。

3. 成熟期

成熟期又可进一步细分为三个阶段。一是成长成熟期。此时期各销售渠道基本呈饱和状态，增长率缓慢上升，还有少数后续的购买者继续进入市场。二是稳定成熟期。由于市场饱和，消费平稳，产品销售稳定，销售增长率一般只与购买者人数成比例，如无新购买者则增长率停滞或下降。三是衰退成熟期。销售水平显著下降,原有用户的兴趣已开始转向其他产品和替代品。全行业产品出现过剩,竞争加剧,一些缺乏竞争能力的企业将渐渐被取代,新加入的竞争者较少。竞争者之间各有自己特定的目标顾客,市场份额变动不大,突破比较困难。此阶段的基本战略应突出一个"优"字,思路是避免消极防御,采取积极进攻战略,延长产品生命周期中的成熟期。成熟期的营销战略有三种选择:

(1)市场改良战略,也称市场多元化策略,即开发新市场,寻求新用户。

(2)产品改良战略,也称为"产品再推出",是指改进产品的品质或服务后再投放市场。

(3)营销组合改良战略,是指通过改变定价、销售渠道及促销方式来延长产品成熟期。

4. 衰退期

大多数产品的销售会走向衰退。销售衰退的原因主要有:技术进步、消费者偏好的变化、竞争的加剧等。处于衰退期的商品,不仅会给企业带来利润损失,而且还会引起成本、费用的增加。因此,此阶段的基本战略应突出一个"转"字,思路是一方面积极培育新产品的成长使其稳步进入成熟期,另一方面有计划地将老产品逐步淘汰。

产品生命周期理论还可以给经营的启发是:要根据产品生命周期规律,建立超前营销的意识。这里的超前营销就是以超前的观点来预先确定本企业的产品的生命周期,本企业的产品生命周期要比这类产品的平均生命周期应该结束得早,目的是为了尽快推出新产品进入市场,所以企业要进行"产品的战略性计划撤退。"

10.4.4 产品生命周期异型

产品生命周期在理论上是一条光滑的 S 形曲线,但在实践中并不如此,并非所有的产品其生命周期都呈 S 形曲线和有明显的四个阶段。在典型曲线之外,还存在着变形的产品生命周期。

1. 前期变异型

前期变异型态的产品生命周期曲线,在导入期或成长期与典型产品生命周期曲线有明显的差异。这种变异包括下列几种情况:(1)产品越过导入阶段,直接进入成长阶段;(2)产品越过成长阶段,直接进入成熟阶段;(3)产品进入导入阶段后徘徊不前;(4)产品进入导入阶段不久就夭折了。

2. 中期变异型

中期变异型的产品生命周期曲线,在成熟期与典型产品的生命周期曲线有明显的差异。

(1)循环—再循环型。产品销售进入成熟期末期或衰退期初期时,由于企业投入大量促销费用后引发消费者的重复需要,销售量再一次回升的特殊形态,见图 10.3。此类型的原因在于企业在有品牌忠诚的基础上周期性的进行促销活动,如可口可乐能保持长久的销售量即是这种类型的表现。

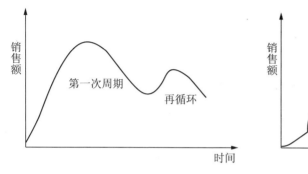

图 10.3　循环—再循环型

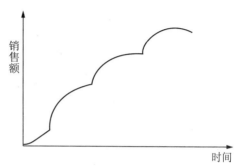

图 10.4　多循环型

（2）多循环型。也称为"波浪型"或"贝"型,是指产品销售量在成熟期呈现连续的增长,此类型的原因在于企业开发了新产品或新用途,或是开发了新的市场,造成销售量一波一波地上升,见图 10.4。如杜邦公司的尼龙产品,不断为其运用在新的产品上,从而扩大了市场销售。

（3）非连续循环型。指的是大多数的时髦商品,这些产品一上市即马上由介绍期进入成熟期,成长期很短,但一旦进入成熟期后不能保持长时间的市场地位,迅速跌入衰退期并从市场上消失,企业无意也无力延长,见图 10.5。因为时髦流行商品的周期性很强,企业可以在下一个周期再开始新的一轮生命周期。

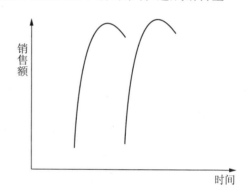

图 10.5　非连续循环型

3. 后期变异型

自 20 世纪 70 年代以来,很多企业把产品生命周期奉为万能钥匙。但往往出现一个问题,即当产品的销售数量出现下滑时就想当然地认为进入衰退期了,而不思考是何种原因使得产品销售出现下滑的原因。这就是"产品生命周期陷阱"的由来,这是把产品生命周期理论工具化导致的。在此情况下,企业需要慎重作出决定,对于产品本身没有问题,只是竞争等原因造成的衰退,也不应采取盲目的撤退决定,应采取各种方式尽可能利用原产品的价值。如欧洲汽车厂商"美洲虎"在经历了漫长无望的衰退后,以 16 亿英镑的价格把品牌卖给了福特公司,但由于该品牌在欧洲具有良好的声誉和人缘,在福特的精心打理下,重新恢复了昔日的成绩。

10.5 新产品开发

在激烈的竞争中,企业生存和成长的关键就在于不断创造新产品。创新是使企业得以永续经营的唯一途径。每一个企业都应该把开发新产品看成关系企业生死存亡的战略重点。

10.5.1 新产品内涵

市场营销学中的新产品涵义比科技领域中的新产品范围更为广泛,它是从市场和企业两个角度来进行判断的。只要在功能或形态上得到改进或与原有产品产生差异,并为顾客带来新的利益,即视为新产品,产品整体概念的任何一层发生变化即认为新产品的出现。在某个市场上第一次出现的产品可以称为新产品,而对于某个企业来说是第一次生产销售的产品也称为新产品。菲利普·科特勒说:"新产品是指企业新开发的产品、改进或调整的产品,以及新品牌。"具体而言,营销学中的新产品包括以下三种基本类型。

（1）全新产品。

全新产品是指包含全新的技术发明,对整个人类文明和人类生活方式产生深刻影响,消费者接受过程一般比较缓慢的新产品。比如,20 世纪 60 年代大型计算机的出现代表了一种全新的产品。

（2）改良产品。

改良产品是指在原产品基础上,经过技术、用途、形状等改进过的产品。

① 更新换代的新产品。包含部分新技术,在原有产品基础上改进其品质,用来替代原有产品,消费者接受起来十分迅速的新产品。比如,微软公司的视窗操作系统(从 Windows 95 到 Windows XP)一直在不断更新。

② 用途改良的新产品。原来的产品经过用途改良,增加了功能和效用的产品。如手机不但可以通话,而且还可以摄像和上网。

③ 形态改良的新产品。产品在外观设计、包装等方面比原有产品有所改进,消费者更容易接受的新产品。如服装的新款式的开发。

（3）仿效产品。

仿效产品指市场上已有销售的,本企业进行仿制的产品,也即本企业的新产品。

推出仿效新产品时,企业一要注意该产品的生命周期所处的阶段,二是要注意不要变成假冒产品或者是侵犯别人受法律保护的专利产品。

10.5.2　新产品扩散

人们对新产品的采用过程,客观上存在着一定的规律性。美国市场营销学者罗吉斯调查了数百人接受新产品的实例,总结归纳出人们接受新产品的程序和一般规律,认为消费者接受新产品一般表现为以下五个重要阶段:认知、兴趣、评价、试用、正式采用。

在新产品的市场扩散过程中,由于社会地位、消费心理、产品价值观、个人性格等多种因素的影响制约,不同顾客对新产品的反应会有很大的差异。可以分为五类顾客:

(1)创新采用者。也称为"消费先驱",通常富有个性,冒险,性格活跃,消费行为很少听取他人意见,经济宽裕,社会地位较高,受过高等教育,易受广告等促销手段的影响,是企业投放新产品时的极好目标。此类消费者约占 2.5%。

(2)早期采用者。这类顾客一般较为年轻,富于探索精神,对新事物比较敏感并有较强的适应性,经济状况良好,对早期采用新产品具有自豪感。这类消费者对广告及其他渠道传播的新产品信息少有成见,促销媒体对他们有较大的影响力,但与创新者比较,持较为谨慎的态度。此类消费者约占 13.5%。

(3)早期大众。这部分消费者一般较少保守思想,接受过一定的教育,有较好的工作环境和固定的收入;对社会中有影响的人物、特别是自己所崇拜的"舆论领袖"的消费行为具有较强的模仿心理;不甘落后于潮流,但由于特定的经济地位所限,购买高档产品时持非常谨慎的态度。他们经常是在征询了早期采用者的意见之后才采纳新产品。研究他们的心理状态、消费习惯,对提高产品的市场份额具有很重要的意义。此类消费者约占 34%。

(4)晚期大众。指较晚地跟上消费潮流的人。他们的工作岗位、受教育水平及收入状况往往比早期大众略差,对新事物、新环境多持怀疑态度或观望态度。往往在产品成熟阶段才加入购买。此类消费者约占 34%。

(5)落后的购买者。这些人受传统思想束缚很深,思想非常保守,怀疑任何变化,对新事物、新变化多持反对态度,固守传统消费行为方式,在产品进入成熟期后期以至衰退期才能接受。此类消费者约占 16%。

10.5.3　新产品开发

新产品开发是一个复杂的过程。一般程序包括:构思产生、构思筛选、概念开发与测试、营销战略制定、商业分析、产品开发、营销测试、商业化八个阶段。

1. 构思产生

开发新产品始于构思产生(idea generation)。所谓构思,是指为满足某种市场需要而提出的设想。企业的新产品构思必须与企业的经营范围、目标、策略和企业自身的资源状况相吻合。新产品构思的主要来源是企业内部的技术人员与业务人员、顾客意见，竞争者产品也可以为企业改良现有产品或开发新产品提供思路。此外，随着垂直营销系统的广泛实施，生产企业与上游供应商和下游经销商的合作日益密切，他们可为生产企业提供关于新材料、新技术和市场动态方面的最新信息。最后，新产品构思还来自展销会、杂志、科研机构等其他途径。

2. 构思筛选

新产品构思是符合本企业目标的大量关于新产品的笼统设想，必须经筛选才能进入下一阶段。筛选时需避免两种偏向：一是误舍，即放弃好的构思；二是误取，即采纳不好的构思。这两种偏向都是因为没有对构思进行认真分析、筛选所致。多数公司要求主管人员将新产品构思写成正式报告，接受新产品委员会的审查。其中要描述产品、目标市场和竞争情况，并对市场规模、产品价格、开发时间和成本、制造成本、投资回收率做初步估算，并由委员会根据一些标准进行评估。

3. 概念开发与测试

经过筛选后的新产品构思，需要进一步形成产品概念。这里还需明确产品构思、产品概念和产品形象三者的区别。产品构思是企业从技术角度认为自己可以向市场提供的一种产品构想。与之不同，产品概念（product concept）是指企业从消费者的角度对这种创意所作的详尽描述。而产品形象（product image）则是消费者对某种现实产品或潜在产品所形成的特定形象。

显然，同一个产品构思可以转化为多个产品概念，因此需要经过审慎的测试来选定合适的概念。测试可通过对目标顾客进行问卷调查来进行。根据问卷调查结果提供的答案，企业可以确定最受顾客欢迎的产品概念，从而也是企业应当选择的产品概念。

4. 营销战略制定

企业选择了最佳的产品概念之后，必须制订把这种产品引入市场的初步市场营销计划，并在未来的发展阶段不断完善。初拟的营销计划包括三个部分：

（1）描述目标市场的规模、结构，消费者的购买行为，产品的市场定位，以及短期（如三个月）的销售量、市场占有率、利润率预期等；（2）概述产品预期价格、渠道，及第一年的营销预算；（3）分别阐述较长期（如 3—5 年）的销售额和投资收益率，以及不同时期的市场营销组合等。

5. 商业分析

对选出的产品概念进行实际产品开发与生产以前，需要进行商业分析（business analysis）。商业分析试图估计该产品真正投产后的成本、在未来市场上可能的销售量和销售价格，从而预测该产品的利润水平，估算销售利润率及该项投资的投资收益率。只有这些指标符合企业的既定目标，该产品概念才具有商业可行性。这种商业分析不仅需要在这一阶段进行，而且在新产品开发的整个过程中还要根据市场的变化不断进行。

6. 产品开发

在这一阶段,新产品由抽象的概念转变为可触摸的物质实体。经过商业分析,可行的产品概念和构思被确定,据此研制新产品模型或样本,为下一步真正投放市场做准备。在此阶段之前,新产品开发主要涉及产品设计、营销、财务等职能部门。此时生产部门开始介入,进行新产品的试制。生产经理重点考虑的是产品概念中包含的特性能否在实际生产中实现,生产成本能否被控制在预算之内,然后据此对产品构思略作修正。

样品制成以后,首先要在实验室和现场对其性能、成分等进行一系列的测试和技术鉴定。然后进行消费者测试,即将样品展示给消费者,请他们就产品性能提出意见,并且了解他们愿意为此支付的价格水平,确定新产品赢利的可能性。最后,新产品研制与开发部门要将样品向董事会展示并说明,以使董事会同意为此投资,便于大规模生产。

7. 营销测试

在就新产品模型或样品进行多次消费者调查后,企业便可生产小批量新产品,把产品和营销方案(包括定位、品牌、包装、定价、分销、广告等)在典型的消费者环境中推出,以观察市场反应,这一步骤被称为营销测试(test marketing)。

对市场反应的测试主要包括对顾客的试用率、再购率、正式采用率和购买频率四个指标,即顾客中有多少人首次试用了该产品?其中又有多少人再次购买该产品?他们当中有多少人成为该产品的正式用户?他们的购买频率是多少?试销也有助于企业了解中间商对经营该产品的态度,有多少中间商愿意经营该产品?他们需要跟企业订立什么样的条款(如折扣、退货保证等)?他们把产品摆放在什么样的货架位置?通过试销,企业还可以获得市场潜量、产品定位、分销渠道、广告宣传、价格、包装等方面的信息,为企业修正其营销方案提供依据。

测试的方法因产品性质而异,消费品的营销测试方法包括模拟试销法、控制试销法和标准试销法。模拟试销法是在一个模拟市场上,选择一些有代表性的顾客参加试销。控制试销法指通过专门的市场调研公司进行市场试销,他们控制着若干商店并和许多有代表性的顾客保持着固定联系。企业只需说明商店的规模、数目、地理位置,调研公司就会把产品送到试销店,并安排货架位置、陈列方法、陈列点的促销活动,还可根据企业的意见制定价格。标准试销法是在全面推出该产品可能面对的类似情形下测试新产品,即将新产品在实际市场上推出。企业选定少数几个有代表性的城市。在这些城市,公司的销售队伍努力说服中间商协助开展试销,并取得良好的货架位置。同时,公司将采用类似向全国推销的方法,展开全面的广告和促销活动。

产业市场一般不可能像消费品那样先制造样品再投放市场观察销售反应。工业品制造商需要采用其他方法来研究新产品的市场反应。常用的方法有使用试销法和陈列试销法。使用试销法是指企业的营销人员选择一些同意在一段时间内使用新产品的潜在顾客,由技术人员观察顾客对产品的使用。技术人员可能发现一些预料之外的安全和维护方面的问题,还可以提出有关用户培训和服务的建议。最后请顾客表明其购买意图以及对新产品的意见。陈列试销法指在贸易展览会上展示新产品,展览会能够吸引大量潜在购买者前来对多同类商品进行比较、选择,从而使企业能观察到他们对各种产品特性和价格水平的反应,以及对本企业产品表现出的购买兴趣等。该方法的缺点是把新产品暴露给竞争者。新的工业品还可在分销商的陈列室内进行试销,并摆放在其他竞争性产品旁边,以便观察购买者的反应。

8. 商业化

商业化(commercialization)是新产品成功的最后一步,也是关键的一步。营销测试为企业管理者提供的信息决定了产品是否能正式投放市场。如果试销成功后决定大量生产上市,企业将面临一笔巨大的投资。从建立工厂、购买设备、采购原料,到招聘职员、人员培训、制作广告、开展促销等活动,都会使新产品在上市的第一年里耗费巨资。为了使新产品成功上市,企业需要对上市的投放市场的时机、区域、目前市场的选择和最初的营销组合等方面作出慎重决策。

新产品开发不仅仅是按部就班地完成这一系列步骤。企业必须采取一套整体的方法来管理这一过程。成功的新产品开发要求以顾客为中心、以团队为基础、系统化的努力。新产品开发过程应该是整体性和系统化,而不是局部分割和杂乱无章。否则,很少有新的产品构思能够产生,而且许多好的构思也会破碎和夭折。为了避免这些问题,企业可以建立一个创新管理系统来收集、审查、评估和管理新产品构思。

∷ 本章小结

产品是市场营销组合中最基本的因素,它提供了企业营销的依据。产品是指有形的产品,也是指无形的产品。任何企业在制定策略时,首先需要回答的问题是用什么产品来使企业与目标市场发生联系,进而再进行营销组合中的其他三项决策。产品的整体策略是建立在产品的整体概念基础上的,一般可以反映在产品的质量、外观、品牌、包装和服务上。

产品组合策略解决的是企业产品的组合竞争力问题,产品组合确定之后,其他人财物、产供销等方面的工作也就基本确定了。产品组合是一个集合概念,具体分析,还有产品组合的宽度、产品组合的长度、产品组合的深度和产品组合的关联性。

产品生命周期是指从产品投放市场到最后被市场淘汰所经过的整个时间过程。产品生命周期一般包括四个阶段:导入期、成长期、成熟期和衰退期。

新产品开发的一般程序包括:构思产生、构思筛选、概念开发与测试、营销战略制定、商业分析、产品开发、营销测试、商业化等八个阶段。

∷ 本章关键词

产品 商标 包装 标签 服务 服务质量 服务营销 产品组合 产品线
产品项目 产品生命周期 新产品

∷ 思考题

1. 何谓产品整体概念? 产品整体策略包括哪些内容?

2. 什么是产品组合? 产品组合的宽度、长度、深度和关联度对企业营销活动的意义是什么?

3. 服务的特征是什么?

4. 试述服务营销策略内容。

5. 试述产品生命周期策略内容。

6. 新产品有哪几种类型?

7. 新产品开发的一般程序是什么?

第 11 章
定价策略

开篇案例　宜家的反向定价

　　宜家集团(IKEA)1943年创建于瑞典,已成为全球最大的家具家居用品企业,销售主要包括座椅/沙发系列、办公用品、卧室系列、厨房系列、照明系列、纺织品、炊具系列、房屋储藏系列、儿童产品系列等约10 000余种产品。宜家家居在全球28个国家和地区拥有329个商场,其中在中国大陆有20家。追根溯源,宜家的成功首先得益于其独特的逆向战略定位,其核心就是"低价"和"有限服务"。

　　1953年,宜家创始人英格瓦·坎普拉德放弃了所有的其他行业,比如自来水笔和圣诞卡等,专门从事低价位的家具经营。但是当时的瑞典国内家具业市场几乎被制造商卡特尔和零售商卡特尔所垄断,两个家具巨头相互间的供货合同实质上排除了任何竞争对手进入的可能,也就是说,游戏规则已经被设定好。坎普拉德放弃了正面交锋,而选择"反其道而行":以家具制造商的身份直接卖家具给消费者,同时又以零售商身份直接向独立生产厂家采购家具。

　　在接下来的岁月里,坎普拉德把这种"反其道而行"的策略不断发扬光大。1955年,宜家开始设计自己的家具。1956年,宜家推出平板包装,这成为宜家低价位的关键因素。1958年,第一家宜家商场在瑞典阿姆霍特开业。1963年起,宜家开始进军海外市场。1965年,自选概念诞生……

　　宜家"反其道而行"的策略完美地体现在它"从价格标签开始设计"的独特定价方法上。看看宜家贩卖的热狗吧,才3块钱人民币,而在其他地方,类似的产品差不多要10块。这只小小的热狗完满地体现出了宜家的"热狗原理":不仅仅是价格比别家的低,而且还要比别人低很多。为了达到这一点,不同于一般家具厂商先设计制造产品再根据产品成本定价的方法,宜家的研发体系采取一种独特的做法:首先确定价格,即设计师在设计产品之前,宜家就已经为该产品设定了比较低的销售价格,然后再反过来寻求能够以该售价以下的成本价提供产品的供应商,从而把低成本与高效率合为一体。这就是宜家的逆向定价法。宜家的目标对象是年轻的家具客户,他们在乎的是价格低廉的时尚家具。这样的定价法使宜家可以把产品价格始终控制在消费者可接受的范围中,也使宜家赢得了众多目标消费者的青睐。

　　资料来源:根据互联网等多方资料整理而成。

　　价格本质上被价值决定,而价值又是被顾客决定,故理解和获得顾客价值是企业定价的关键。在营销组合中,价格是带来收入的唯一要素,其他要素则只产生成本。价格是营销组合中最灵活的要素,与产品、渠道和促销所不同的是,价格可以非常迅速地变化。而且价格能向市场传递所期望的价值定位。有效地设计和实施定价策略要求透彻理解消费者的定价心理,还要求掌握制定、调整和改变价格的系统方法。

11.1 价格因素

　　任何产品或服务都必须具有价格,供需双方才能进行交易。事实上,买卖双方交易是否成功,往往取决于价格的高低。所以,价格是买卖双方完成交易的主要因素。市场营销学与价格学对产品价格研究的角度和目的不问。价格学主要研究价格与价值的货币关系,价格形成的规律,考察价格围绕价值波动的一般趋势,并着重研究产品的理论价格,为国家制定价格政策提供依据;而市场营销学则主要是研究企业定价,企业定价或调价时也遵循价值规律,主要是考察消费者对产品价格的反应、市场供求与竞争以及国家政策等因素前提下,灵活并适时地运用定价战略与战术,制定或调整产品价格,配合其他营销活动,实现企业目标。

　　狭义上说,**价格**(price)是为产品或服务收取的货币总额。广义上说,价格是顾客为获得、拥有或服务的利益而支付的价值。长期以来,价格一直是影响购买决策的重要因素。

　　德鲁克说:"价格只代表了一部分价值,其他还包括关于品质的总体考虑:产品是否持久耐用、制造商的地位等。有时候,高价本身实际上正代表了某种价值——例如名贵的香水、昂贵的毛皮或华丽的礼服。"菲利普·科特勒说:"作为企业整体价值主张的一部分,价格在创造顾客价值和建立顾客关系中发挥着关键的作用。"

定价是一种科学和艺术相结合的活动,需要考虑一系列影响定价的因素,而且定价会引起购买者、渠道成员、竞争者等各方面的反应,这些反应常有相当大的不确定性,使得价格决策变得很复杂。

11.1.1 价值因素

产品价格是否合适,最终由顾客决定,所以定价策略必须以顾客价值为基础。

1. 顾客价值

当顾客购买产品,他们交换有价值的东西(价格)以获得另一种有价值的东西(拥有或使用产品的利益)。有效的顾客导向定价包括理解顾客认知价值,并设定获得这一价值的价格。价格决策始于对顾客需求和价值认知的分析,制定的价格符合顾客的认知价值。重要的是切记好价值并不等于低价格,关键是看顾客是否认同了价值。

2. 基于顾客价值的定价

基于价值的定价方法将顾客对产品价值的观念(而不是销售者的成本)作为定价的关键。这种定价方法意味着营销人员不能设计完一个产品和营销组合,然后再制定价格,而要在制定营销组合的同时,就要考虑价格因素和其他营销组合要素。

比较基于成本的定价方法和基于价值的定价方法,其区别主要体现在:基于成本的定价方法属于产品驱动型。企业设计出自认为是好的产品,核算出该产品的总成本,然后制定价格来弥补成本和获取利润,是一个从产品→成本→价格→价值→顾客的过程。

而基于价值的定价方法则恰恰相反,其方法属于顾客驱动型。企业首先根据顾客对产品价值的观念设定目标价格,目标价值和价格推动产品设计和成本核算决策。因此定价始于分析顾客的需求和产品的价值观念,而价格是为了匹配顾客的价值观念。是一个从顾客→价值→价格→成本→产品的过程。通用电气公司的杰克·韦尔奇说过:"如果不能以最有竞争力的价格销售最优质的产品,那么你将必定出局。维系顾客的最好方法是不断地挖掘出让消费者少付多得的方法。"

11.1.2 成本因素

从顾客角度看,价格的本质是一种成本。商品价格构成的四个要素为:生产成本、流通费用、国家税金和企业利润。价格是产品价值的货币表现,以货币来表示产品或服务的价值就称为该产品或服务的价格。产品成本是价格的最低限度。营销者应认真分析公司产品的全部成本,以便尽可能地将成本分摊到某一个产品中去。成本是价格的下限,而需求分析的结果在很大程度上为产品或服务的价格确定了上限。

1. 成本分类

（1）**总成本**（total costs，TC）是指一定水平下的固定成本和不变成本的总和。

（2）**固定成本**（fixed cost，FC）指支付给各种固定生产要素的费用，如购买机器设备、建设厂房的开支，借贷利息等。这些费用在一定时期和一定的生产能力范围内不随产量的变化而变化，并且通常在产品生产过程中就得支付。

（3）**变动成本**（variable cost，VC）指支付给各种变动生产要素的费用，如购买原材料及电力消耗费用和工人工资等。变动成本是直接随产量的变化而变化的成本，常常在实际生产过程开始后才需支付。

（4）**边际成本**（marginal cost，MC）是指产品在原有数量基础上增加或减少一个单位所用起的总成本的变动量。如果针对增加产品数量而言，边际成本又被称为新增成本。

（5）**机会成本**（opportunity costs）所指的是，当企业将资产投入某一用途后，丧失了作为其他最佳用途的收益，这就构成了将它投入到该用途的机会成本。机会成本不在财务报告中出现，但它与定价相关。

2. 国际市场的价格成本

国际市场价格成本构成主要包括：生产成本、代理商佣金、出口税费、运输费用、保险费、银行费用、进口关税、汇率风险成本、进口国内部费用（运输、储存、中间商佣金、加工费、管理费）等。所以，不论公司如何对其国际产品进行定价，其产品在国外的价格总会比国内的高。而互联网的发展就大大降低了全球的价格差异，因为这时的顾客可以知道全球的价格状况，寻找到价格最低的经销商，从而迫使公司采用更为标准化的国际定价。

11.1.3　需求因素

经济学中的供求规律说明在多数情况下，价格与需求量呈反比，即价格越高，需求量越小。企业制定价格时要充分考虑需求弹性因素，需求弹性是指因价格和收入等因素而引起的需求的相应变动率，一般分为需求的收入弹性、价格弹性和交叉弹性，对于理解市场价格的形成和制定价格具有重要意义。

1. 需求收入弹性

需求收入弹性指因收入变动而引起需求相应的变动率。需求收入弹性大的产品，一般包括耐用消费品、高档食品、娱乐支出等，这类产品在消费者货币收入增加时会导致对它们需求量的大幅度增加；需求收入弹性小的产品，一般包括生活的必需品，这类产品在消费者货币收入增加时导致对它们需求量的增加幅度比较小。

2. 需求的价格弹性

不同产品的市场需求量对价格变动的反应不同，也就是弹性大小不同。不同产品的需求弹性系数不同，在现实生活中，需求的价格弹性主要包括缺乏弹性（inelastic）和具有弹性(elastic)两种情况(见图 11.1)。

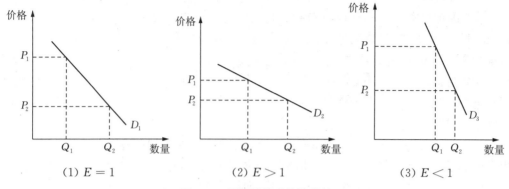

图 11.1　不同的需求价格弹性

需求的价格弹性公式如下：

$$E = \frac{\dfrac{Q_2 - Q_1}{Q_1}}{\dfrac{P_2 - P_1}{P_1}}$$

其中，E 为需求弹性系数；P 为价格；Q 为需求量。

(1) $E=1$。反映需求量与价格等比例变化。对于这类商品，价格的上升(下降)会引起需求量等比例地减少(增加)，也就是说价格的变动与需求量的变动是相适应的。因此，价格变动对销售收入影响不大。定价时，可选择实现预期盈利率的价格或选择通行的市场价格，同时把其他市场营销策略作为提高盈利率的手段。

(2) $E>1$。反映需求量的相应变化大于价格自身变动。对于这类商品，价格的上升(下降)会引起需求量较大幅度的减少(增加)，称为需求价格弹性大或富于弹性的需求。定价时，应通过降低价格，薄利多销达到增加盈利的目的。反之，提价时务求谨慎以防需求量发生锐减，影响企业收入。

(3) $E<1$。反映需求量的相应变化小于价格自身变动。对于这类商品，价格的上升(下降)仅会引起需求量较小程度的减少(增加)，称为需求价格弹性小或缺乏弹性的需求。定价时，较高水平的价格往往会增加盈利，低价会对需求量刺激效果不大，薄利不能多销，反而会降低收入水平。

3. 需求交叉弹性

需求的交叉价格弹性指具有互补或替代关系的某种产品价格的变动，引起与其相关的产品需求相应发生变动的程度。商品之间存在着相关性，一种产品价格的变动往往会影响其他产品销售量的变化。这种相关性主要有两种：一是商品之间互为补充，组合在一起共同满足消费者某种需要的互补关系，需求交叉弹性为负值，表明当产品 A 的价格上涨时,产品 B 的需求量会下降;二是产品之间由于使用价值相同或相似而可以相互替代或部分替代的替代关系,需求交叉弹性为正值,表明一旦产品 A 的价格上涨,则产品 B 的需求量必然增加。

一般而言,在消费者实际收入不变的情况下,具有替代关系的产品之间,某个商品价格的变化将使其替代产品的需求量出现相应的变动(一般是同方向的变动);具有互补关系的产品之间,当某产品价格发生变动,其互补产品的需求量会同该产品的需求量发生相一致的变化。

11.1.4　其他因素

在制定价格时,公司还必须考虑其他的外部环境因素。

1. 竞争因素

激烈的市场竞争中,价格往往是一种重要的竞争手段,企业必须了解竞争者所提供的产品的质量和价格,考虑比竞争对手更为有利的定价策略。在产品的最高价格和最低价格的幅度内,企业能把产品价格定多高,往往取决于竞争者同种产品的价格水平。

评价竞争者的定价策略时,企业应该思考以下几个问题。首先,企业与竞争者相比,谁的产品或服务提供更多的顾客价值? 如果顾客对企业的产品或服务有更高的感知价值,企业就可以制定更高的价格。如果顾客感到竞争者的产品或服务价值高,企业就只能制定较低的价格,或改变消费者的感知价值,使其相信高价的合理性。

其次,企业目前面临的竞争者有多强? 它们的定价策略是什么? 如果市场中的竞争者定价高于所递送的价值且规模较小的话,企业可能以低价将较弱的竞争者驱逐出场。如果市场有规模较大的低价竞争者,企业会瞄准未被满足的市场缝隙,以高的价格提供价值增值的产品。

最后公司应该思考:竞争环境如何影响顾客的价格敏感度? 例如,如果顾客在竞争性产品之间找不到差异的话,他们的价格敏感度会提高,从而选择成本最低的产品。顾客在购买之前,对竞争性产品及其价格了解得越多,价格敏感度也越高。如今,消费者可以便捷地比较各种产品和价格,评价不同产品或服务的价值,决定自己愿意支付的价格。因此,只要能够轻易地更换供应商,顾客将具有更高的价格敏度。

对于竞争者的价格,企业应该以什么原则指导自己的价格决策? 就是给予顾客高于价格的价值。

2. 政府调控和法律法规

在一些特别是关系着国计民生的产品中,政府对价格的宏观调控起着举足轻重的作用。例如,在一些重要的农产品(如粮食)供大于求的情况下,为了防止价格急剧下跌,"谷贱伤农",政府就会制定最低限价,以保护农产品生产者的利益;而对于一些消费者必需的日常生活用品,若因一时供不应求,或处于垄断状态,在价格不断攀升的情况下,政府就可能会推出最高限价,以保护消费者的利益,使消费者的基本生活需要能得到满足;有时政府部门也会对一些产品提出参考性指导价格,以设法引导生产与需求,对市场起到一定的调节作用。

价格的指定要考虑外部的法律环境因素,主要是价格法、反不正当竞争法等,保证企业获得"正当""正常"的利益,防止出现价格垄断、价格歧视、低价倾销恶意竞争等不当现象。如我国的《价格法》第十四条第一款规定,经营者不得"相互串通,操纵市场价格,损害其他经营者或消费者的合法权益"等。

3. 经济条件和社会舆论

经济条件对企业的定价有强烈的影响。诸如繁荣或衰退、通货膨胀和利率等经济因素之所以会影响定决策,是因为它们既影响消费者对产品价格和价值的感知,也影响产品的制造成本。

企业还需要考虑社会舆论。舆论风向也可能影响公众对特定产品的需求。比如民族主义情绪对外国企业的产品销售肯定会有负面影响。

在制定价格时,公司的短期销售、市场份额和利润目标要考虑更广泛的社会因素。

11.2　定价方法

合适的价格通常处于极低的无利润价格与极高的无需求价格之间。为了找准价位,企业在定价时应充分考虑三个主要因素,即顾客(customer)的需求、成本(cost)函数,及竞争对手(competitor)的价格,简称为定价中的 3C 因素。顾客对公司产品独有特征的评价是价格的上限,成本是价格的底线,这样形成一个定价的区间。在这个区间内具体定价时,还要考虑竞争对手的价格,作为定价时的参照。

在实践中,企业的定价决策通常包括以下三种具体的定价方法:成本导向定价法、需求导向定价法和竞争导向定价法。

11.2.1　成本导向定价法

成本导向定价法就是以产品的总成本为中心来指定价格,这一类定价法主要包括成本加成定价法和目标利润定价法。

1. 成本加成定价法

成本加成定价法(cost-plus pricing)最基本的定价方法是在成本的基础上加一个加成,所谓的加成,就是企业期望的一定比率的利润。以下说明如何计算单位成本、基于成本的加成,以及基于目标利润的加成的计算方法:

（1）计算单位成本。

单位成本是可变成本与固定成本除以销售量结果之和，其公式为：

$$单位成本 = 可变成本 + \frac{固定成本}{销售量}$$

例如，假设某家制造商生产 A 产品的固定成本为 6 000 000 美元，可变成本为每件产品 15 美元，预计销售量为 1 200 000 件，按照以上公式，每生产一件 A 产品的成本是 20 美元：

$$单位成本 = 15 美元 + \frac{6\,000\,000 美元}{1\,200\,000} = 20 美元$$

（2）基于成本的加成。

如果该制造商只想在成本的基础上获得 20% 的利润，则每个 A 产品的价格应为 24 美元：

$$单价 = 单位成本 \times (1 + 成本的期望利润率) = 20 美元 \times (1 + 20\%) = 24 美元$$

（3）基于目标利润的加成。

如果该制造商要在销售额中获取有 20% 的利润，则每个 A 产品的价格应为 25 美元：

$$单价 = \frac{单位成本}{1 - 转售价的期望利润} = \frac{20}{1 - 20\%} = 25 美元$$

假设制造商以 25 美元的单价将 A 产品卖给零售商，获利 5 美元。零售商还期望在最终转售价的基础上获毛利 50%。按照上述公式加成后，最终的零售价为 50 美元（25 美元 + 50 美元 × 0.5）。

2. 目标利润定价法

目标利润定价法（target profit pricing）的基础是盈亏平衡定价法（breakeven pricing）。在定价时我们应先使用盈亏平衡定价法分析盈亏平衡点，然后再考虑实现一定的目标利润。

（1）计算盈亏平衡点。

为了解量、本、利之间的关系，我们首先可以通过图 11.2 中的盈亏平衡图（breakeven chart）观察不同销售量时总成本和总收益情况。

假设图 11.2 是上述 A 产品的"盈亏平衡图"。在图中，固定成本是 600 万美元，由于固定成本不随产量的变化而变动，所以总成本线是在 600 万美元基础上随着产量的增加而逐渐上升的。总收入线以原点为起点，随着销售的增加而逐渐上升，其斜率的大小取决于产品的价格水平。可见，计算盈亏平衡点便是计算达到盈亏平衡的销售量。

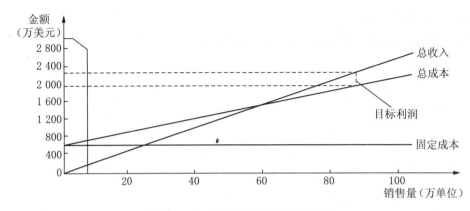

图 11.2　决定目标价格的盈亏平衡图

在此例中,假定单价为 25 美元时,企业至少要销售 60 万单位 A 产品才能实现盈亏平衡,因为这时的总收入恰好等于总成本中的盈亏平衡点。盈亏平衡点的销售量可用下列公式计算:

$$销售量 = \frac{固定成本}{单价 - 可变成本} = \frac{600\ 万美元}{25\ 美元 - 15\ 美元} = 60\ 万单位$$

(2) 计算实现目标利润的价格

如果企业确定目标利润为 200 万美元,为实现这一目标,其产品销售量可用下列公式计算:

$$销售量 = \frac{目标利润 + 固定成本}{单价 - 变动成本} = \frac{200\ 万美元 + 600\ 万美元}{25\ 美元 - 15\ 美元} = 80\ 万单位$$

于是:

企业的总收入 = 单价 × 销售量 = 25 美元 × 80 万 = 2 000 万美元

总成本 = 固定成本 + 变动成本 × 销售量 = 600 万美元 + 15 美元 × 80 万 = 1 800 万美元

这时的总收入为 2 000 万美元,总成本为 1 800 万美元,目标利润达到 200 万美元。如果企业将单价设在高于 25 美元的水平(如 30 美元),在销量略减的情况下仍能达到既定的利润目标。但如果销量下降幅度太大,就不能实现利润目标。目标利润定价法有一个重要缺陷,即企业以估计的销售量来求出销售价格,但问题是价格却是影响销售量的重要因素。所以,这种定价法一般在市场潜量大,需求的价格弹性不大的情况下使用。

3. 边际成本定价法

边际成本定价法(marginal cost pricing)也称为边际贡献法,即仅计算变动成本,忽视固定成本,以预期的边际贡献补偿固定成本并获得收益。边际贡献是指企业每增加一个产品的销售所获得的收入减去边际成本的数值,若边际贡献不足以补偿固定成本,则出现亏损。边际成本定价法基本公式是:

$$单价＝变动成本＋边际贡献$$

以成本加成为代表的成本导向定价法尤其是零售业被广泛地采用,其主要优点是:卖方对自己的成本比对市场需求更了解,成本资料是企业经营管理所需资料中最完备、最容易获得的资料。因此,企业运用成本导向定价法可简便地计算出价格。

但因成本加成法忽视市场需求和竞争,这种定价方法存在一个致命的缺陷。在大多数行业里,很难在产品定价之前确定产品单位成本,这是因为单位成本是随产品的销量而变化的。而且产品成本中有很大一部分"固定成本"需要"分摊"到每一件产品上,"分摊"量的多少取决于销量的大小。销售量则随价格变动而变。因此,单位成本是一个变动指标。

11.2.2　需求导向定价法

市场导向定价法包括了需求导向定价法和竞争导向定价法。需求导向定价的核心是以顾客需求为中心和出发点。在现今,需求导向定价已经成为定价的主流。

1. 认知价值定价法

认知价值定价法(perceived-value pricing)也称为感知价值定价法,是根据购买者对产品价值的认知(理解),而是不是卖方的成本来确定价格的一种定价方法。其关键的特点在于把握顾客对价值的认识,通过非价格变量在购买者心目中确立认知价值。

有两种基于价值的定价方法:高价值定价和价值增值定价。

(1) 高价值定价。高价值定价(good-value pricing)即以合适的价格提供优质产品和良好的服务。在许多情况下,这涉及推出知名品牌的便宜系列。在另一些情况下,高价值定价涉及重新设计现有的品牌,以按既定价格提供更高的质量或者更低的价格提供相同的质量。一些企业甚至以最低的价格提供较低的价值取得成功。

零售业高价值定价的主要形式是天天低价(EDLP)。天天低价指日常的价格很低,但很少或没有临时的价格折扣。相反,高低定价(high-low pricing)指平常收取较高的价格,但是经常选择性地对某些产品暂时低价促销。在零售业中,天天低价之王是沃尔玛,实际上是它定义了这一概念。除了每月少数促销的产品项目,沃尔玛承诺每天都按低价销售。

(2) 价值增值定价。价值增值定价(value-added pricing)是指不为适应竞争而降低价格,但是企业增添了增加价值的属性和服务,以使其产品或服务差异化,支持高于平均水平的价格。

如美国卡特彼勒公司就是使用价值增值概念来制定价格。它通过产品的耐用性、可靠性、优质的服务和零配件的长期保证来增加价值,使其价格虽然高于同行不少但仍然畅销全世界。价值增值定价的关键在于准确地确定市场对所提供价值的认知。为建立准确的认知价值,市场调研是基本程序和保障。

2. 需求差别定价法

需求差别定价法(demand-range pricing),指对同一产品采用两种以上的不同价格。这种价格上的差异并不和成本成比例,而是以顾客、产品式样、地点和时间等条件变化所产生的需求差异作为定价的基本依据,企业针对上述差异,决定在基础价格上加价还是减价。

(1) 不同的产品式样采用不同的定价。企业制定差价时主要根据产品式样的区别对消费者心理的作用来定价。实行这种定价的目的是通过形成局部市场以扩大销售,增加利润。

(2) 不同的顾客采用不同的定价。由于职业、阶层、年龄或地区等的不同,顾客有不同的要求。企业在定价时给予相应的优惠或提高价格,可获得良好的促销效果。如一般的男性买东西不太注重价格,女性则希望以尽可能少的钱买到尽可能多的东西,不管这些东西是否必需。

(3) 不同的时间采取不同的定价。企业在定价时根据某些产品销售季节和时间的不同特点制定不同价格。例如,旅游景点淡季和旺季收费不同,水泥等建筑材料在寒冷地区的冬季需求少,销售价应定得低一些。

(4) 不同的需求场所采用不同的定价。需求场所不同可以制定不同的价格。例如,戏票、球票等票价可因地点和座位不同有所区别,同一罐饮料在超市、饭店、舞厅的价格也是不同的,这样可以满足不同消费者的需求。实行差别定价法的前提是:市场必须是可以细分的,且各个细分市场的需求强度不同;商品不可能从低价市场流向高价市场;高价市场上不可能有竞争者削价竞销;不至于违法,或因此引起顾客的不满。

3. 供求关系导向定价法

供求关系定价法以市场需求状况为企业定价的基本依据,价格是围绕价值上下波动的。供不应求就价高,供过于求就降价。这种方法制定的价格通常最容易得到消费者的认可。

11.2.3　竞争导向定价法

竞争导向定价法以市场竞争状况为定价的基本依据,其定价的出发点是要保持或强化公司在一定市场条件下价格的竞争力,因此这种定价对于企业合理把握自己在竞争中的位置、努力在竞争中求得生存和发展,有着十分重要的意义。**竞争导向定价法**(competition-based pricing)包括随行就市定价法和密封投标定价法。

1. 随行就市定价法

采用随行就市定价法(going-rate pricing)时,企业在很大程度上以竞争对手的价格为定价基础,不太注重自己产品的成本或需求。企业的定价可以等于、高于或低于主要竞争对手的价格。在钢材、造纸、化肥等寡头垄断行业中,公司通常制定相同的价格。小公司会追随市场领导者,当市场领导者变动价格时,它们会随之变动,并不管自己的需求或成本是否发生了变化。

随行就市定价法非常普遍。当成本难以估算或竞争对手的反应难以确定时,公司不妨用这种定价方法。一般认为,市价反映了该行业的集体智慧,既带来合理的利润,又不会破坏行业的协调性。

随行就市定价法一般适用于同质产品定价。而如果没有差异化,一般可以提供更低价的产品,特劳特说:"如果你没有差异化,你就最好有低价。"

2. 密封投标定价法

密封投标定价法(sealed-bid pricing)是人们在参加公开竞标时通常采用的方法。具体的程序是:采购机构(买方)在报刊上登广告或发出函件,说明拟采购商品的品种、规格、数量等具体要求,邀请供应商(卖方)在规定的期限内投标。采购机构在规定的日期内开标,选择报价最低的、最有利的供应商成交,签订采购合同。这种价格是供货公司根据对竞争者报价的估计制定的,而不是按照公司自己的成本费用或市场需求来制定的。供货公司的目的在于赢得合同,所以它的报价常常低于竞争对手的报价。

但是企业的报价也不能低于边际成本,以免企业失去获得一定利润的机会。报价过高虽能增加潜在利润,但会减少取得合同的机会。在竞标过程中,企业可采用概率分布并计算期望值的方法来决策。

成本导向、需求导向和竞争导向三种定价方法分别强调以成本、顾客和竞争者为中心来为公司制订价格。由于三种导向定价方法出发点不同,在实际工作中,常常会出现矛盾,因此,以上三种导向定价法要协调运用,总原则是以保本价格或边际成本为下限,以需求价格为上限,以市场竞争状况为参照系,合理制定产品价格。

11.3　定价策略

制定价格不仅是一门科学,也是一门艺术,需有一套制定价格的策略。菲利普·科特勒提出了六步的价格决定程序:选择定价目标→确定需求→估算成本→分析竞争者价格→选择定价方法→选定最终价格。

定价策略中要认真对待道德风险。道德风险是指经济行为主体不道德地利用信息不对称可能带来的各种危害,是一种行为主体故意的、违背道德规范的行为。如企业虚假宣传、虚假标价、虚假折价、隐蔽价格附加条件、虚构原价、不履行价格承诺等都是价格欺诈的表现。

定价策略的内容主要包括:定价目标策略、新产品定价策略、组合定价策略、价格调整策略和价格变动策略。

11.3.1　定价目标策略

企业的总体目标与具体营销目标为制定定价目标提供了指导,反过来,定价目标又指导着具体定价策略和程序的形成与实施。不同公司的营销目标,或同一公司不同时间的营销目标是多种多样的,但归结起来,通常的目标有下列几种:

(1) 利润目标。

利润是企业经营的主要绩效,反映企业的价值。从企业的营销结果看,利润来自销售收入减去成本的结果。企业设置利润最大化作为目标。利润最大化目标是追求尽可能大的利润,是企业的最佳目标。它表达了一种获取迅速的投资利润率的欲望,是商业冲动的最本质动力。企业的目标将促使他制定高价。企业一般会通过设立目标利润指标来表达利润最大化,目标利润目标是将一种特定的利润水平作为一种目标。

(2) 销售目标。

销售目标追求单位销售量、货币销售额或市场份额,而不是指向利润的指标。有些企业较多关注销售增长而非利润,认为销售增长总会导致更多的利润。企业确信赢得最高的市场占有率之后将享有最低的成本和最高的长期利润,所以企业制定尽可能低的价格来追求市场占有率领先地位。企业也可能追求某一特定的市场占有率。设置这个目标是为了让公司的产品或服务占有一定的市场容量,从而为其竞争提供指导。

(3) 竞争目标。

企业设立在本行业中领导者的价格一致的价格,寻求直接应对竞争者。竞争目标不再强调营销组合中的价格因素,而是注重非价格因素。在与竞争对手相比获得差异方面既方便又有效的工具就是价格,但是,价格也是最容易被竞争对手模仿的要素,尤其在服务行业上,其产品的无形性导致消费者只能在价格上进行比较。因此,企业的竞争目标不能局限于价格表现上,而应该更多地通过非价格因素来体现。

(4) 声誉目标。

声誉目标是属于非直接利润表现的定价目标,企业的形象、组织的声誉、品牌传达的定位等都是企业声誉目标的考虑内容。与企业的产品战略相匹配,适当的声誉目标定价可以起到强化企业形象特征的作用,优质产品或名牌制定高价格,有助于建立高品质和高品位的形象;适当运用低价或折扣,又能帮助企业树立平民形象,拉近与普通消费者的距离。从长期来看,价格制定的最终目标还是落实在形象等非直接价格的指标上。

11.3.2　新产品定价策略

新产品定价是一个十分重要的问题,它对于新产品能否尽快地打开市场、占领市场并获取满意的利润关系重大。新产品上市场的定价要综合考虑企业的战略目标、渠道的成熟程度、产品特点等因素。有三种基本的新产品定价策略：

（1）撇脂定价策略。

撇脂定价（skimming pricing）的撇脂原意是指把牛奶上面的那层奶油撇出，这里是指产品定高价的一种策略，争取在短时间内收回投资，并取得利润。这种策略的优点是：可以利用消费者求新、求异的心理，获取高利润，尽快收回投资；高价有利于提高产品的声望，可以抑制需求的过快增长，使之与自己的生产能力相适应；有利于企业掌握降价的主动权。但它也有缺点：新产品价格过高，不利于开拓市场，而且会很快招来竞争者，高价会被市场竞争冲垮，因而它往往只是一种短期的价格策略。一般说来，当产品具有独特的技术、差异性较大、顾客对价格敏感性小、不易仿制、有专利保护、生产能力不能迅速扩大时，采用这种定价策略效果较佳。

（2）渗透定价策略。

渗透定价（penetration pricing）与撇脂定价正好相反，新产品一投入市场就定低价，以吸引广泛的消费者，用大量生产、廉价销售争取市场，尽快扩大市场占有率。特劳特说："扩大市场份额，增长会随之而来。"这种策略的优点是：低价可刺激销路，使市场尽快扩张，有利于企业占据市场的领先地位；有利于扩大生产规模，降低成本；低价也是阻止潜在竞争对手进入市场的巨大障碍。因而从长期来看，企业仍然可以获得较高的利润。这是一种更具有竞争性和长远性的价格策略。但是，这种策略也有缺点，主要表现在投资回收慢，如果产品并不是预期的那样迅速打开市场，或遇上强有力的竞争对手，就会造成重大损失。一般来说，能尽快实现大批量生产、产品差异小、特点不突出、容易仿制、技术简单、顾客对价格敏感性强的新产品，适宜采用渗透定价策略。

（3）满意定价策略。

满意定价战略是一种介于高价战略与低价战略之间的定价策略。它吸取撇脂定价和渗透定价的优点，采取适中的价格，既保证企业获得一定的初期利润，又能为广大顾客所接受，是一种普遍使用、简便易行的定价策略，适应销售较为稳定的产品。

11.3.3 组合定价策略

产品组合定价是指企业营销的是一组相互关联的产品，对这些产品分别采用不同的价格。这类定价策略主要包括以下几种：

（1）产品线定价。

产品线定价（product line pricing）是指企业必须决定同一条产品线中不同产品项目的价格差距。确定同一产品线中不同产品之间的价格差距，应该考虑不同产品之间的成本差异。更重要的是，应该反映顾客对不同产品属性的感知价值。

（2）备选产品定价。

备选产品定价（optional product pricing）是企业为与主要产品一起出售的选择性产品或附加产品定价。汽车销售常常采用此法。

（3）附属产品定价。

附属产品定价法（captive product pricing）也称为互补品定价法，是企业为必须与主要产品一起使用的产品定价。企业常常为其主要产品低利定价，但在耗材上设定较高利润的价格，比如剃须刀、打印机等。

在服务行业中这样的定价也被称为两段定价策略。服务企业通常在收取顾客一定固定费用后，再根据顾客获得服务的多少，加收另外的可变费用。例如，公园、博物馆、游乐场等场所先收门票然后再通过出售纪念品或其他商品来获得额外收入。

（4）副产品定价。

副产品定价（by-product pricing）是企业为低价值的副产品定价，以弥补处理它们的成本。例如把家具加工过程中的废木料卖掉来弥补成本。

（5）一揽子定价。

一揽子定价（product bundle pricing）是指企业常常将几种产品组合在一起，以低于各单价之和的价格出售。例如，快餐店以汉堡、薯条、饮料组合来以"套餐"价格出售。

11.3.4 价格调整策略

企业经常调整其基础价格，以适应各种顾客差异和不断变化的形势。主要的价格调整策略主要包括：

1. 价格折扣与津贴

公司通常在基本定价之外，因促销的需要为顾客提供一些特别价格，这种办法被称为折扣或折让。以下介绍比较典型的几种折扣或折让方法：

（1）现金折扣。现金折扣（cash discount）是指买方在一定时间内付清购货款项所给予的价格折扣或现金折扣，目的在于鼓励尽早付款，降低公司的收账成本。

（2）数量折扣。数量折扣（quality discount）是鼓励买方购买较多数量所给予的折扣。数量折扣可分为累计与非累计数量折扣。累计数量折扣规定在一定时期内顾客购买产品达到或超过一定数量或金额时，按其总量的多少，给予不同的折扣。这种策略鼓励顾客长期向本企业采购，与顾客建立长期稳定的关系。非累计数量折扣，即顾客一次购买的数量或金额达到一定标准时，给予一定折扣优待。采用这种策略不仅对顾客有利，企业也可以节省销售费用。折扣策略运用时注意折扣起点、折扣率和折扣率的分档三方面的问题。

（3）交易折扣。交易折扣（trade discount）通常是制造商给某些批发商或零售商的一种额外折扣，促使他们愿意执行某种市场营销职能（如推销、储存、服务等）。

（4）季节折扣。季节折扣（seasonal discount）通常是指在业务淡季下所提供的特别折扣。其目的在于使企业的生产和销售在一年四季保持相对稳定。

（5）津贴。津贴（allowance）分为交易式津贴与促销性津贴两种。交易性津贴（以旧换新）发生在消费者买新产品时，将自己用旧的产品卖给厂商作为新产品的减价。例如买新车时，将旧车卖给车商。促销性津贴是为了回报经销商对广告和促销活动的参与而提供的报酬或价格折让。

2. 心理定价策略

采用心理定价（psychological pricing）时，营销者应考虑价格的心理因素而不应只考虑经济因素。

（1）声誉定价。声誉定价（prestige pricing）是指公司利用消费者仰慕名牌产品或名店的声望所产生的某种心理来制定商品价格。质量不易鉴别的产品最适宜采用此法，因为消费者有崇尚名牌的心理，往往以价格判断质量，认为高价代表高质量。

（2）尾数定价。尾数定价法又称奇数定价法（odd-number pricing），即利用消费者以数字认识的某种心理制定尾数价格。使消费者产生价格较便宜的感觉。尾数定价还能使人感到，有尾数的价格是经过认真成本核算的价格，使消费者对定价产生信任感。

美国商业心理学家的研究表明，5 元以下尾数为 9 最受欢迎，5 元以上尾数为 95 更好。但追求高价位形象的产品如轿车、高级服装等，则应采取整数定价，切忌采用尾数定价的方法。

（3）整数定价。整数定价法采用合零凑整的方法，制定整数价格。如将价格定为 1 000 元，而不是 999 元。这样做使价格上升到较高一级档次，借以满足消费者的高消费心理。

（4）招徕定价。一些超级市场和百货商店将某几种商品的价格定得特别低，以招徕顾客前来购买正常价格的商品。采取招徕定价方式时，要注意两个方面。一是特廉价格商品的确定。这种商品既要对顾客有一定的吸引力，又不能价值过高以致大量低价销售会给企业造成较大的损失。二是数量要充足，保证供应。否则没有购买到特价商品的顾客会有一种被愚弄的感觉，会严重损害企业形象。

（5）参考价格。心理定价的另一面是参考价格（reference pricing），即购买者在考察某种特定产品时，心里会想到的价格。企业利用顾客选择商品时对价格进行比较的心理来组合商品，制定价格。购买者可能因为注意到了当前的价格，记起了过去的价格，或者评价当时的购买情境而形成参考价格。企业在制定价格时，可以影响或者利用顾客的参考价格。例如，有的公司把一种产品紧挨着更昂贵的产品陈列，暗示它属于同一档次。百货商店常常在价位不同的多个部门销售女装，消费者会认为摆放高价位服装区的服装质量更好。

3. 细分市场定价策略

企业常常会根据不同的顾客、产品和销售地点，调整其基础价格。在细分市场定价法(segmented pricing)中,公司以两种或更多价格出售某种产品或服务,价格差异并不以成本为基础。细分市场定价有多种形式。顾客细分定价的情况下,不同的顾客为相同的产品或服务支付不同的价格。例如,博物馆对学生和老年人收取较低的门票。

地理定价指根据不同销售地点,即使提供产品的成本一样,也收取不同的价格。例如,剧院为不同的座位收取不同的价格,因为观众偏好特定的位置。

要想让细分市场定价策略有效,必须满足一些条件。市场必须是可以细分的,不同的细分市场必须在需求程度上存在差异。细分市场和关注市场的成本不能超过从差别定价中获得的额外收益。当然,细分市场定价必须是合法的。最重要的是,细分市场定价应该反映消费者感知价值的真实差异。支付高价的顾客必须感到他们多付出的金钱是值得的。同样,企业必须小心,不要怠慢支付低价的顾客。否则,从长期看,差别定价会引起顾客的愤怒和反感。

价格歧视(price discrimination)是指企业在同一时间对同一产品对不同顾客索取不同的价格。它还可以指一家企业的各种产品价格之间的差额大于其生产成本之间的差额。价格歧视存在的基础是不同顾客对同一产品的需求、行为、支付能力以及边际效用的差异。价格歧视是一种普遍现象,在大多数行业里都不同程度的存在。

4. 地理定价策略

依据顾客所在地理位置不同,考虑其运输相关成本的差异,作为产品定价的基础。根据这种定价方法,价格是货物成本加上调整后的运费,常见的有五种地理定价(geographical pricing)策略。

(1) FOB定价。FOB定价法被称为原产地定价法(FOB-origin pricing),意思是产品免费装上运输工具(free on board,即FOB),从那一刻起,货物和责任就都转交给购买者。例如一个上海顾客得到的报价是FOB(纽约),即卖方负责将货运至纽约,并报出一个以纽约为卖点的价格。自纽约起,买方将自费运至上海,且负责货物的损失。FOB在国际贸易中习惯称为"离岸价"或"船上交货价格"。

(2) 统一交货定价。统一交货定价法(uniform-delivered pricing)是指企业向有顾客,不论地点的远近,都收取统一的价格和运费。运费以平均运输成本计算。

(3) 地区定价。地区定价法(zone pricing)是指企业将市场按地理位置划分成几个小区域,针对不同的小区域采取差别价格。一般来说,当运费太高,无法按照相同的运送价格把产品销售到各地的时候,地区定价法是比较合适的。运费数额越高,所划分的小区域就会越多,小区域的范围会越小。反之,如运费较低,小区域数目将会减少,小区域的范围就会放大。

(4) 运费补贴定价法。运费补贴定价法(freight-absorption pricing)是指当卖方急于开拓某一地区市场时,可能会采用免收或部分免收运费的做法来争取生意。此法适用于市场渗透以及竞争日趋激烈的市场。

(5) 基点定价法。基点定价法(basing-point pricing)是指当企业拥有几个生产地的时候,它会以一个主要的生产地作为基点定价,外加由基点送货到目的地的运费后,形成实际价格,而不考虑商品实际装运的城市。比如企业确定工厂 A 是基点,当处于 C 地的购买者向该企业所属的工厂 B 地(非基点)购买产品时,实际的价格则以基点的价格,外加基点 A 到 C 地的运费来构成。一个企业所使用的基点必定是它的重要生产点。只有一个基点的情况被称为"单一基点制";存在两个以上基点的状况被称为"多元基点制"。如果有两个以上的基点,原则上应该从最近的基点起算到购买地的运费。

5. 国际定价策略

随着全球经济一体化的发展,国家间的贸易壁垒逐渐降低,跨国企业间的价格竞争市场化的力度在加强,从事国际市场营销的公司必须在不同国家制定价格。有时公司能够在世界范内收取统一的价格。

国际间标准化的价格策略在市场上逐渐退出,取而代之的是更加差异性的价格策略。价格定位的差异性受到企业的重视,如美国消费者把麦当劳当作大众消费者能支付得起的餐馆,但在我国,人们却把它当作时尚且较高级的餐馆。企业注重顾客对价格的感知,如果某个产品能被察觉到的利益越多,那么其定价也越高。

跨国公司的转移定价活动日益频繁,手段日益丰富,转移定价(transfer pricing)是指跨国公司根据全球营销目标在母公司与子公司之间或者在不同子公司之间转移商品或劳务时使用的一种内部交易价格,目的在于逃避税收和规避风险,主要涉及所得税和关税。

倾销(dumping)表现为一种价格现象,是指企业在国外市场上的定价低于成本或低于其在本国市场的售价。这样的定价往往会给进口国产业造成损害。产品以低于正常价值或公平价值的价格销售、低价销售的行为对进口国产业造成了损害、损害与低价之间存在因果关系构成了倾销的三个判别条件,在 WTO 所倡导的自由贸易环境下,价格决策的空间越来越大,但引发的倾销与反倾销也在上升。

11.3.5　价格变动策略

在制定价格结构和策略之后,企业还必须决定何时主动发起价格变动,或者何时及如何回应由竞争对手发起的价格变动。

1. 发动降价

企业进行降价,其原因主要是:生产能力过剩需扩大销售,通过改进产品、加大促销力度等其他营销方式也难以奏效;在强人竞争者的压力之下,企业的市场占有率下降;企业的成本费用比竞争者低,企图通过削价来掌握市场或提高市场占有率,从而扩大生产和销售,降低成本费用。

顾客对企业降价的反应往往是:这种产品的式样老了,将被新型产品所代替;这种产品有某些缺点,销售不畅;企业财务困难,难以继续经营下去;价格还要进一步下跌;这种产品的质量下降了。

而竞争者对企业降价的对策往往有三种：维持原价；保持价格不变，同时改进产品、服务、沟通等，运用非价格手段来反击；降价。降价如果使销量和产量增加，则成本费用就会下降。

降价策略包括直接降价和间接降价。直接降价即可以直接在所售的产品上或提供的服务上降价；间接降价就是产品或服务原来的价格不变，但企业通过加量或加服务项目等方式来使实际价格降低。

2. 发动提价

提价的原因是：由于通货膨胀、物价上涨，企业的成本费用提高；企业的产品供不应求，不能满足其所有顾客的需要。这些因素都会导致企业提高价格。

对提价的可能反应：这种产品很畅销，不赶快买就买不到了；这种产品很有价值；卖主想尽量取得更多的利润。

竞争者的反应则一般可能是：维持原价或者也提高价格。

提价策略包括：提价应事先让顾客知晓，必须存在一种公正的意义，不要事后才向顾客解释，并善于使用不引人注目的价格策略（如取消折扣、限量供应、减产、增加新品牌或产品、改变原材料和包装、服务收费等）。降低产品质量减少产品特色服务，使价格间接提高。这一策略可保持一定的利润，但会影响企业声誉和形象，失去忠诚的顾客。

:: 本章小结

价格是买卖双方完成交易的主要因素。定价是一种科学和艺术相结合的活动，需要考虑一系列影响定价的因素。这些因素主要包括了顾客感知价值、成本、需求及其其他外部因素。

定价方法主要包括了成本导向定价法、需求导向定价法和竞争导向定价法。

定价策略主要包括了定价目标策略、新产品定价策略、组合定价策略、价格调整策略、价格变动策略等内容。价格的降低和提高都是有原因的，降价和提价都要讲求策略，给顾客以合适的理由。

:: 本章关键词

价格　认知价值定价　需求差别定价　撇脂定价　渗透定价　组合定价　价格歧视　转移价格　倾销

:: 思考题

1. 影响企业的定价因素是什么？
2. 试述成本导向定价的主要方法。

3. 认知价值定价的关键是什么?

4. 需求导向定价包括了哪些内容?

5. 竞争导向定价包括了哪些内容?

6. 试述定价策略的主要内容。

7. 试述对降价和提价的认识。

8. 国际市场营销中的定价要考虑哪些因素?

第 12 章
渠道策略

开篇案例 渠道为王

立白集团起初只是一家名不见经传的小公司,如今已发展成为年销售过百亿、经销网络遍布全国、在洗涤产品领域能与国际巨头一较高下的民族日化行业领军企业。

"渠道就是一切!"这是日化行业的通行法则。"快速消费品产品同质化严重,附加价值低,只能靠规模获取利润,所以在渠道上寸土必争。立白的目标是要把产品送到任何一个有人住的自然村里。"立白集团营销管理学院负责人姜涛说。

立白的渠道分为代理、直营、海外事业和特营四大类:代理,即通过经销商把产品送到零售终端,主要面向批发市场、小商店、小零售店等传统渠道;直营,即直接把产品销往零售终端,主要面向现代渠道,如大超市、大卖场,这将成为立白未来销售渠道的主流;海外事业和特营,主要针对海外市场、网购、团购、药店等渠道。

传统渠道的经销代理模式仍是立白渠道管理中最强势的部分。立白的传统渠道经销商渗透到全国各级行政区域,这正是立白所谓的"农村包围城市"和"渠道下沉"策略。并且立白的经销商只代理立白一家的产品,这是立白独创的"专销商模式"。

立白的经销商不但数量庞大,其对立白的忠诚不贰才是最为业界津津乐道之处。这种忠诚度如何而来? 姜涛表示,让经销商保持忠诚的秘诀是知道经销商需要什么,然后尽量去满足他们的需求。简单地说,就是让经销商不但能赚到钱,还能持续发展。立白一直致力于帮助经销商搭建人才梯队、组建业务团队,帮助其完善公司化运营;不断地为经销商举办各类培训班,提升他们的业务操作能力和管理能力。这里最值得一提的是立白又一开创之举——培养经销商的下一代,帮助客户解决接班问题。立白免费为经销商培养接班人,教授经销商子女成为合格经销商所需的各类知识和技能。针对经销商二代的培训,至今已举办三期。

在互联经济的冲击下,立白也在寻求新的渠道模式。立白集团副总裁、首席发言人许晓东透露,立白在 2012 年成立了一个新渠道部门,专门负责电子商务工作,但许晓东也表示,由于立白的产品单件价格不高,送货成本较高,因此目前还是以传统销售渠道为主。

资料来源:根据互联网多方资料整理而成。

成功的价值创造需要价值传递的成功支持。全面市场营销者越来越从价值网络(value network),即从"链"(价值链、产业链、利益链)的观点来审视商业。价值网络是企业建立的用于收集资源、创造价值及传递产品的合作伙伴和联盟系统。这时,管理者不仅只关注供应商、分销商和顾客,而且考察从原材料、零部件到产成品的整个供应链(supply chain),并分析产品或服务是如何最终到达顾客手中的。企业正在关注他们的供应商的上一级供应商和分销商的下一级顾客,他们在关注消费者的细分市场并考虑用更多的方法去销售、分销和服务于他们的供应品。

渠道为王,关系成链,企业不是一个组织在战斗。企业必须建立和管理一个不断进化和日益复杂的渠道系统和价值网络。

12.1　渠道概述

分销过程是指产品生产出来之后,产品的价值转移过程和产品的实体转移过程,也称为产品的"商流"过程和产品的"物流"过程。产品的价值转移是指产品生产出来之后必须要实现产品和货币的交换,这样产品的价值才能得以体现。"商流"的实现是和渠道策略密切相关,企业的渠道策略就是如何实现"商流"的策略。

12.1.1　渠道内涵

1. 概念

营销渠道(marketing channels)或称**分销渠道**(distribution channels),是指促使产品或服务顺利地被使用或消费的一整套相互依存的组织。

分销渠道也叫"销售渠道"或"通路",简称"渠道"。分销渠道包括商人中间商(因为他们取得所有权)和代理中间商(因为他们帮助转移所有权),此外它还包括处于渠道起点和终点的生产者和最终消费者或用户。但是,它不包括供应商、辅助商。

国际营销的渠道包括了三个环节:第一个环节是卖方的营销总部,它监管着整个渠道,同时也是渠道的一部分。第二个环节是国与国间的渠道,通常是要通过运输把产品运送到国外的边境。第三个环节是国外的国内销售渠道,将产品从其外国输入点送到最终客户的手中。各国间的国内渠道有很大的差异,要灵活区别对待。

2. 功能

分销渠道对产品从生产者转移到消费者的过程中所必须完成的工作加以组织,其目的在于消除产品(或服务)与使用者之间分离的矛盾。因此,渠道的功能在于:

(1) 研究,收集制定计划和进行交换所必需的信息;

(2) 促销,进行关于所供应的物品的说服性沟通;

(3) 接洽,寻找可能的购买者并与之进行沟通;

(4) 配合,使所供应的物品符合购买者需要,包括分类、分等、装配、包装等活动;

(5) 谈判,为了转移所供物品的所有权,就其价格及有关条件达成最后协议;

(6) 物流,组织产品的运输、储存;

(7) 融资,为补偿渠道工作的成本费用而对资金的取得与支出;

(8) 风险承担,承担与渠道工作有关的全部风险;

(9) 信息纽带,对收集的信息如需求订单进行系统化,为顾客和生产商建立信息共享通道;

(10) 服务和增值,产品的销售和消费还需要附加一定的服务,往往是由中间商协助来完成的。

中间商的服务方便了顾客的购买和使用,同时促进了生产商的销售。

3. 意义

企业如果能建立起良好的自己可以控制的渠道,其意义将是深远的。

(1) 渠道是企业最重要的无形资产之一。企业的无形资产包括人、品牌和渠道。渠道一旦成为资产,就可以进行资本运作。经营商品的目的是为了经营资产,经营资产的目的是为了经营资本,而经营资本的目的是为了更好地经营商品。

(2) 渠道是企业最重要和最低廉的融资管道。当然,厂商要想让经销商拿出钱,达到厂商融资的目的,首先应该建立起良好的品牌优势、技术优势和盈利模式。

(3) 渠道对企业经营的产品和服务具有共享性。企业生产的不同产品都可以借助企业已有的渠道迅速进入市场,没有障碍。而且正因为渠道具有共享性,所以渠道也就具有了创新性。

4. 电子商务渠道

电子商务渠道指的是企业借助互联网将产品从生产者转移给顾客的中间环节。企业一般会将产品网上销售与线下实体结合,将传统渠道组织商品销售的功能转变为商品的展示、体验服务、仓储、物流、售后服务,消费者通过线下实体对产品的认知和体验,然后在网上销售终端进行产品的订购,企业将订单分配给区域渠道商,完成商品的销售。

　　未来商业模式离不开线下商业实体。传统商业模式是无法被完全替代的。传统商业模式无法取代网络购物的便捷,网络购物无法替代传统商业模式给消费者带来的实体体验。电子商务与传统商业的结合,才是两者发展的最终形态。

　　电子商务是一种依托现代信息技术和网络技术,集金融电子化、管理信息化、商贸信息网络化为一体,旨在实现物流、资金流与信息流和谐统一的新型贸易方式。与传统商业经营场所不同,电子商务主要通过互联网络实现商务活动,不需要具体的经营场所,只需要在网上开一个店,建立起经营商品的相关信息,即可开始经营,节约了租赁店面和雇佣员工的费用,降低了成本。同时,电子商务还具有广告宣传方便、消费者范围广、没有消费时间、消费区域限制等优点,成为当今各类商品最有效、最经济、最便捷的营销手段。

　　电子商务模式主要有:

　　(1) B2C,即 Business-to-Customer(商家对顾客),而其中文简称为"商对客","商对客"也就是通常说的商业零售,直接面向消费者销售产品和服务。

　　(2) B2B,即 Business-to-Business(商家对商家),是指一个互联网市场领域的一种,是企业对企业之间的营销关系。

　　(3) C2C,即 Customer-to-Customer(顾客对顾客),指个人与个人之间的电子商务。

　　(4) O2O,即 Online-to-Offline(线上对线下),也即将线下商务的机会与互联网结合在一起,让互联网成为线下交易的前台。这样线下服务就可以用线上来揽客,消费者可以用线上来筛选服务,成交也可以在线结算,很快达到规模。该模式最重要的特点是:推广效果可查,每笔交易可跟踪。

　　电子商务渠道的功能一般包括网上谈判功能、订货功能、结算功能、物流配送功能。

　　电子商务渠道的类型一般包括:

　　(1) 网络直接营销渠道。是生产者直接通过网络把产品转移给顾客。生产者可以直接建网站来销售产品,品牌官网是网络直接营销渠道最具代表性的体现;也可以与一些电子商务的服务机构进行合作(如支付宝等),提供直接支付功能;还可以跟一些专业物流公司进行合作,建立有效的物流体系。网络直接营销渠道一般适用于大型商品和生产材料的交易。

　　(2) 网络间接营销渠道。是企业一般通过采用互联网技术的中间商提供网络间接营销渠道,由互联网中间商把商品销售给顾客。著名的网络中间商包括有京东商城、天猫商城、唯品会等等。一般家庭的日用品往往通过网络间接渠道来交易。

12.1.2　渠道选择因素

　　目标市场选择与分销渠道的选择是相互依存的。有利的市场加上有利的渠道,才能使企业获得理想的利润。渠道决策的中心问题,是如何确定到达目标市场的最佳途径。

所以,选择渠道必须充分考虑以下因素的影响:

1. 顾客特性

渠道的选择首先受到顾客人数、地理分布、购买频率、平均购买数量以及对不同促销方式的敏感性等因素的影响。顾客人数较多时,生产者倾向于每一层次都有较多中间商参与的较长渠道。如果顾客常小批量的购买,就需要较长的渠道供货。此外,购买者对不同促销方式的敏感性,也会影响渠道的选择。例如,越来越多的设备采购商喜欢在产品展销会上采购,这使得这种渠道迅速发展。

2. 产品特性

一般而言,工业用品的客户数目少,且在地理上比较集中,因此工业品的分销渠道应短而窄;而消费品的顾客是个人或家庭,数量众多、地理位置分散,所以消费品的渠道宜较长且宽。通常容易腐烂的产品为了避免拖延时间及重复处理,需要直接渠道营销。而那些与其价值相比体积较大的产品,如建筑材料、软性材料等,需要通过生产者到最终用户搬运距离最短、搬运次数最少的渠道。非标准化产品如顾客订制的机器和专业化商业表格,由于不易找到具有该类知识的中间商,通常由企业派出推销员直接销售。需要安装、维修的产品,经常由企业自己或授权独家特许商负责销售和保养,单位价值高的产品,一般多由企业的推销员而不是通过中间商销售。

3. 中间商特性

选择渠道还必须考虑所需执行不同任务的营销中间机构的优点和不足。例如,由制造商代表与顾客接触,花在每一顾客身上的成本较低,但制造商代表对顾客所付出的努力则不如中间商的推销员。一般来讲,中间商在执行运输、广告、储存及接纳顾客等职能方面,以及在信用条件、退货特权、人员训练和进货频率等方面,都有不同的特点和要求。

4. 竞争特性

生产者选择渠道还要考虑竞争者所使用的渠道。有的生产者希望能在与竞争者相同或相近的经销地点与竞争者抗衡。例如食品企业就希望自己的品牌和竞争品牌摆在一起销售。有时,竞争者所使用的渠道又成为一些企业所应避免使用的渠道。例如,手表通常是在专业商店、百货商场销售。但是 20 世纪 70 年代,日本企业推出物美价廉的电子表开发美国市场时,就曾经别出心裁地改变传统的做法:它们向食品、药品连锁和超市、仓储式商场铺货,由此很快打开市场。

5. 企业特性

企业特性主要包括企业的财务能力、营销经验、组织框架的设置等。

企业的财务能力决定了哪些市场营销职能可由自己执行,哪些应交给中间商执行。财务实力薄弱的企业,一般都采用佣金制的分销方法,并且尽量利用愿意并能够分担部分储存、运输以及融资等成本费用的中间商。

企业过去的渠道经验也会影响渠道的选择。曾通过某种特定类型中间商销售产品的企业,会逐渐形成渠道偏好。

6. 环境特性

企业外部因素包括经济环境、人口统计因素、技术环境、法律法规等宏观环境因素。这些环境因素影响企业的营销行为,包括渠道建设。当经济萧条时,生产者都希望采用能使顾客廉价购买的方式将其产品送达市场。这也意味着采用扁平化的渠道会提高产品竞争力。

12.1.3　渠道系统

渠道系统是指企业所采用的营销渠道的整体集合。**传统营销渠道**(conventional marketing channel)由一个(或一组)独立的生产者、批发商和零售商组成。每个成员都是作为一个独立的企业实体追求自己利润的最大化,表现出松散性、无序性、成员的独立性等特点,没有一个渠道成员对于其他成员拥有全部的或者足够的控制权。渠道不是一成不变的,随着市场的发展和信息技术的进步,新的渠道形式和渠道组织不断出现,一些新的渠道系统出现在企业的实践中,目前主要存在垂直、水平、多渠道三种主要组织结构,见图 12.1。

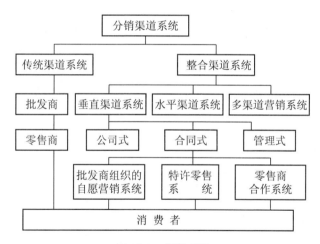

图 12.1　渠道系统

1. 垂直营销系统

垂直营销系统是近年来渠道中最重大的发展之一。**垂直营销系统**(vertical marketing system,VMS)是由生产者、批发商和零售商所组成的一种统一的联合体。一个渠道成员作为渠道领袖拥有其他成员的产权,或者是一种特许经营关系,或者这个渠道成员拥有相当实力,其他成员愿意合作。垂直营销系统可以由生产商支配,也可以由批发商或者零售商支配。垂直营销系统表现出集中性、有序性、成员的计划性等特点。

垂直营销系统有利于控制渠道行动,消除渠道成员为追求各自利益而造成的冲突。它们能够通过其规模、谈判实力和重复服务的减少而获得效益。在消费品销售中,垂直营销系统已经成为一种占主导地位的分销形式,其三种类型是公司式、管理式和契约式。

(1) 公司式垂直营销系统(corporate VMS)。是由同一个所有者名下的相关的生产部门和分销部门组合成的,在同一个企业所有权的控制下是其主要特征。这种通过所有权整合整个渠道系统的方式不仅可以保证整个渠道统一协调,为着共同的利益发展,保持系统的稳定,而且还可以利用规模效应,获得更大的谈判优势。但是统一垂直形式需要较高的资本投资,经营风险很高,系统适应变化的灵活性差,此外,还可能使企业处于和自己的供应商或经销商竞争的尴尬境地。一般而言,在产品生命周期的初期,各种配套产业发展还不成熟的情况下,企业往往采用这种形式。

(2) 管理式垂直营销系统(administered VMS)。由于缺乏所有权的控制,一般由渠道中的某个规模大、实力强的企业出面组织,其主要特征是自愿接受渠道内某企业的管理。这个企业通常在渠道内实力强大,垄断性地占有资源或技术,或有名牌效应等。它可以是制造商(名牌制造商有能力得到强有力的贸易合作和支持),也可以是零售商。

(3) 契约式垂直营销系统(contractual VMS)。由各自独立的企业在不同的生产和分配水平上组成,以契约来统一它们的行动,以求获得比其独立行动时所能得到的更大的经济和销售效果。以契约为基础是其主要特征,这样既获得了公司式垂直营销系统的高度集中的优点,又获得了管理式垂直营销系统的较独立的特点。因此,契约式垂直营销系统近年来获得了很大的发展。契约式垂直营销系统有三种形式:

① 批发商倡办的自愿连锁组织。批发商组织独立的零售商成立自愿连锁组织,帮助它们与大型连锁组织相抗衡,使独立零售的销售活动标准化并获得采购经济的好处。

② 零售商合作组织。零售商可以带头组织一个新的企业实体来开展批发业务和可能的生产活动。成员通过零售商合作组织集中采购,联合进行广告宣传。利润按成员的购买量比例进行分配。非成员零售商也可通过合作组织采购,但不能分享利润。

③ 特许经营组织。在生产分配过程中,特许经营(franchise organization)的渠道成员可能连接几个环节。特许经营是近年来发展最快和最令人感兴趣的零售形式,既有制造商的特许形式,如福特、丰田等的特许生产,或特许经销商销售他们的汽车,也有制造商倡办的批发特许经营系统。可口可乐饮料公司特许各个市场上的装瓶商(批发商)购买该公司的浓缩饮料,然后由装瓶商充碳酸气、装瓶,再把它们出售给本地市场的零售商。特许经营组织在服务业中发展很快,如快餐业、旅馆服务业等。

2. 水平营销系统

水平营销系统(horizontal marketing system),也被称为**共生营销**(symbiotic marketing),它由处于同一层次的两个或两个以上的企业联合开发一个市场。公司间的联合行动可以是暂时性的,如计算机硬件和软件联合销售,电脑制造商联合打印机制造商联合销售,电信营运商联合手机品牌联合销售等;也可以是永久性,可成立一个专门公司,如联想公司刚进入海外市场时,由于缺乏国际市场的开拓经验,因此与中国香港地区某贸易公司结盟,利用其海外市场渠道和经验共同开发,为此成立一家合资公司。

3. 多渠道营销系统

过去,许多企业只向单一市场使用单一渠道进入市场。今天,随着顾客细分市场和可能产生的市场不断增加,越来越多的企业采用多渠道营销。当一个企业利用两个或更多的市场营销途径对一个或更多个顾客分别进行研究时,就出现了**多渠道营销**(multi-channel marketing)。

通过增加更多的渠道,公司可以得到三个重要的好处。首先是增加了市场覆盖面,公司不断增加渠道是为了获得顾客细分市场,而它当前的渠道是没有的;第二是降低渠道成本,公司可以增加能降低向现有顾客销售成本的新渠道(如电话销售而不是人员访问小客户);第三是实行顾客定制化销售,公司可以增加其销售特征更符合顾客要求的渠道。

12.1.4　平台模式

平台模式就是构建多主体共享的商业生态系统、产生网络效应并且实现多主体共赢的一种战略。首先,平台是一种现实或虚拟空间,该空间可以导致或促成双方或多方客户之间的交易。

平台模式下,价值传递成了平台模式的关键与核心。这可从平台模式的发展、演变历史得到推断。从最初的集市、拍卖等开始算起,平台模式的历史已有几千年之久,但其发展缓慢,一直未能成为社会经济的重要角色。直到人类社会进入网络时代,平台模式才得以爆发。而网络对于平台模式的最大作用在于其根本改变了供应商与顾客之间的价值传递模式和效率:传统模式下,供应商既是价值创造者又是价值传递者,这种功能的重叠不符合社会分工趋势,价值传递从中独立出来就成为一种内在要求。平台企业的出现从根本上改变了供应商与顾客之间关于产品或服务的流通模式,使价值传递效率得到了本质的提升。现实经济中,平台企业与传统企业(如电商与实体店)之间的竞争、平台企业与平台企业之间竞争的核心,无不围绕产品或服务传递的效率。苹果 iPod 播放器之所以能一举打败当时的市场老大,根本原因并不在于苹果播放器具有独特外形与高贵音质,而在于苹果搭建了一个有效地把数字音乐传递给音乐爱好者的 iTune 平台,大大提高了价值传递效率。可以说,高效的价值传递功能,是平台模式崛起的关键所在。当今网络社会,谁能把产品或服务更加有效地传递给顾客,谁就最终能在市场竞争中掌握控制权。

平台战略是指连接两个以上的特定群体,为他们提供互动交流机制,满足所有群体的需求,并从中赢利的商业模式。一个成功的平台并非仅是提供渠道和中介服务,精髓在于打造完善、成长潜能强大的"生态圈",平台连接的任意一方的成长都会带动另一方的成长。所谓的平台,就是把多种业务价值链所共有的部分进行优化整合,从而成为这些业务必不可少或最佳选择的一部分,这种由价值链的部分环节构成的价值体就成为了一个平台。基于平台战略而形成的业务结构,可以让企业有效摆脱在多元化和专业化之间的矛盾和游移,形成一种兼具稳固性和扩张性的业务战略。

由于企业在产业链上的位置不同,所形成的平台结构也会有很大差异,大致可分为三类平台结构:技术平台、运营平台和客户平台。平台模式对于用户"边"的定义,要求具有开放性的特质,如苹果的硬件商不属于平台的"边",安卓的却属于"边"。因为苹果的硬件商是由苹果决定的,不是开放的。

平台盈利的前提是平台的生态圈达到一定规模,所以平台还没有规模前就一定要收集用户的信息。平台盈利模式一种是为跨边网络效应所引起的两股强大需求,在它们中间彼此带来满足前设立关键收费关卡(增值服务);另一种是通过数据收集分析,创造多层级的价值。

12.2 渠道策略

渠道策略包括了渠道的长度策略与宽度策略,也包括了渠道管理及其策略。

12.2.1 渠道策略

确定分销渠道策略的第一步是确定与企业整体战略和营销目标相吻合的分销结构,分销结构包括了渠道长度策略与渠道宽度策略。

1. 渠道长度策略

渠道长度是指商品和服务所经过的环节的多少。渠道长度有两种类型:直接营销渠道和间接营销渠道。直接渠道(direct marketing channel)也称"零级渠道",指产品从生产者流向最终消费者或用户的过程中不经过任何中间环节。直接渠道包括厂家直销、人员直销、电话销售、邮寄目录销售、网上销售、自动贩卖机销售等形式。间接营销渠道则是指产品从生产者流向最终消费者或用户的过程中经过的不同性质中间商的环节。间接渠道中有一级渠道、二级渠道、三级渠道、多级渠道之分,见图 12.2。

(1) 直接渠道,也叫"零层渠道",即直接渠道中最简单的一种,直接沟通了生产者和消费者,没有中间商的参与。对于生产者市场等组织市场而言是常见的渠道,对丁消费者市场,这是一种最古老的销售渠道。

(2) 一级渠道,也叫"短渠道",经过一个中间环节的渠道,往往是在制造商与消费者之间有零售商的参与。

（3）二级渠道,生产商把产品售给批发商。由批发商转卖给零售商,最后由零售商销往消费者,是消费者市场中较为普遍的一种渠道;或由批发商中的代理商代为联系零售商,再由零售商购进产品卖给消费者。代理商并不取得产品所有权,它只为买卖双方牵线搭桥,以收取佣金。规模较小的生产者,其销售渠道常有代理商的参与。

（4）三级渠道,生产商经由代理商与批发商发生联系,以此形成一级批发、二级批发,产品再由零售商销往消费者。这种模式在进入国际市场时常会遇到。

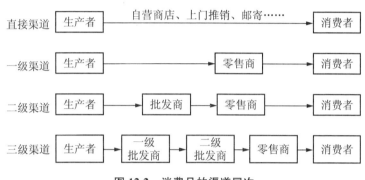

图 12.2　消费品的渠道层次

2. 渠道宽度策略

渠道宽度是指渠道中同一层次同一性质的中间商数目。企业渠道的宽度由产品本身的特点、市场容量的大小和商品需求面的宽窄决定。一般说来,有三种渠道宽度可供企业选择:

（1）密集分销（intensive distribution）,就是采用尽可能多的中间商去覆盖目标市场。运用这种形式分销的一般是价值低,购买频率高的商品。消费品中的便利品（香烟、肥皂、食品）和工业用品中的标准件、通用小工具等适于采用这种分销形式,以便为消费者提供最大的便利,取得最大的市场覆盖率。但是,运用如此多的分销商会造成渠道成本较高,并且也不利于生产商对系统的有效控制。

（2）选择分销（selective distribution）,是介于密集分销和独家分销之间的分销形式,即有条件地选择几家中间商去覆盖目标市场。一般价值较高、购买频率较低的商品,如消费品中的家用电器、家具和许多工业品适用于选择这种形式。与密集分销相比,它降低了费用,并较易于控制,还可以在生产商和中间商之间建立长期关系。与独家分销相比,它市场覆盖面宽,为顾客提供一定的便利。

（3）独家分销（exclusive distribution）,只选用一家中间商,实行独家经营。独家分销是最窄的分销渠道。独家分销可以对中间商实施最有效的控制,提高他们的经营水平,并有利于树立品牌形象,还可以防止假冒伪劣现象。这一形式适用于一些价值高的名优产品。但是这种形式的分销有较高的风险,如果这一家中间商经营不善或有其他意外发生,都会使生产者蒙受损失。独家分销也可以借助连锁分销企业,实现既是独家的,又是密集的分销效果。

12.2.2 渠道管理

当一个企业确立了它的渠道策略后,便进入了渠道的管理工作,主要涉及选择渠道成员、激励渠道成员、解决渠道冲突和更新渠道系统等内容。

1. 选择渠道成员

建立分销渠道的过程中,除了作出有关渠道长度和中间商类型、渠道宽度和中间商数量等决策外,企业需要决定怎样选择中间商(无论是商人批发商、零售商或各种代理商)的问题。中间商选择适当与否,会极大地影响企业分销渠道系统的效率。选择中间商要依据企业规定的一套标准。这套标准首先应该包括基础的要求,如财力、信誉、销售网络、经营管理水平等;其次是适用于企业的产品、市场、渠道设计等方面的特殊标准。以下详述一些重要的因素:

(1)中间商市场覆盖范围。这个范围是指中间商所在地区是否属于企业的目标地理市场。只有当中间商符合这一条件,他才有可能把握该地区社会经济状况,包括该地区人口、经济发展、工商业状况、交通运输等基础设施的情况。同时企业还需了解有关中间商对其所在地区的顾客类型、购买者习性有无深切的了解,能否间接或直接地接触和渗透到目标顾客群。

(2)中间商的实力和能力。中间商的实力包括其经营规模、经营历史、经营现状、销售队伍、公司结构、财务状况和资质、商业信誉等;其管理能力包括其批量订货能力、销售能力、服务能力、运力、储货能力、物流能力以及相关的管理水平。

(3)中间商是否经营竞争对手的产品。一般情况下,企业不选择同时经营竞争对手产品的经销商,但是在企业对产品竞争力有充分把握的情况下例外。

(4)中间商的稳定性。选择中间商时必须考虑渠道寿命问题。当某个中间商退出或者不再经营某种商品时,生产者可能失去该地区的分销渠道。

2. 激励渠道成员

中间商经常存在的问题是:不能重视某些特定品牌的销售;缺乏产品知识;不认真使用供应商的广告资料;忽略了某些顾客;不能准确地保存销售记录,甚至有时遗漏品牌名称。

生产者要对中间商进行有效的经销或代理激励,但要把握好度。激励过分或激励不足都会对生产者产生不利的影响。

激励不足体现在:生产者没有正确地理解中间商时,其价格政策和销售条件可能过于苛刻,这时就会出现激励不足的情况,它会导致销量减少,利润下降。当出现激励不足时,生产者可以采取提高中间商可获取的毛利率、放宽信用条件、改变交易组合等措施或采取其他人为的方法(如开展中间商销售竞赛等)来刺激中间商的销售积极性。

激励过分体现在:生产者给予中间商的优惠条件和奖励超过其与中间商合作所需的条件时,就出现激励过分的情况,其结果是销量提高而利润下降,并且生产者为了维持和提高销量还必须不断加大刺激。

生产者设法激励中间商,通常可以采取以下一些策略来处理好与中间商之间的关系:

(1) 积极激励。生产者采用各种积极手段激励中间商,如较高的毛利、各种奖金、合作性广告补助、陈列津贴、销售竞赛等;有时,则采取一些消极的惩罚手段,如威胁降低毛利、放慢交货,或者终止双方关系等。

(2) 相互配合。生产者要弄清自己在市场覆盖面、产品供应、市场开发、账务要求、技术建议和服务、市场情报等方面,要从经销商那里得到什么,而经销商又有哪些期望。生产者在这些方面希望得到经销商的什么配合,并根据配合的具体情况来确定付酬办法。

(3) 为中间商设计分销规划。这是最先进的联系生产者和中间商的方法,即建立一个有计划的、专业管理的纵向营销系统,把生产者和中间商双方的需要结合起来。生产者在市场营销部门内部设立一个分销规划处,负责确认经销商的需要,制定交易计划及其他各种方案,帮助经销商以最佳方式经营。该部门和经销商合作确定交易目标、存货水平、产品陈列计划、销售训练要求、广告与销售促进计划。

在管理与中间商的关系时,生产商的技巧有很大的不同。**渠道力**(channel power)是改变渠道成员行为,使得他们采取过去未曾采取过的某种行动的能力。这些能力主要包括报酬力、强制力、专家力、法律力、参照力。报酬力即生产商回报某一渠道成员因改变其行为而得到报酬的能力;强制力即生产商惩罚某一渠道成员因没有按照其意愿行为的能力;专家力即生产商拥有中间商认为有价值的知识,使中间商愿意继续与制造商合作;法律力即生产商依据合同规定要求中间商的行为,渠道成员感觉到在通常或既定标准下,有义务接受的法律;参照力即生产者的品牌形象使渠道成员将其合作引以为荣。

3. 解决渠道冲突

当某个渠道成员认为渠道中其他成员的行为妨碍其实现自己的目标时,渠道冲突(channel conflict)就会发生。一个企业的分销体系是由许多独立的企业构建起来的,成员彼此之间的目标和利益不同,就会导致冲突的发生。

(1) 渠道冲突的原因。渠道冲突的原因主要有三种类型:一是生产商和中间商目标不一致引发的目标性冲突,如生产商希望通过低价获得高市场覆盖率,而经销商却注重高价获得高市场利润率。二是渠道成员内利益分配不一致产生的水平性冲突,如经销商跨越原定的地域,到其他地区销售产品的窜货现象。窜货是指经销商置经销协议和制造商长期利益于不顾,进行产品跨地区降价销售。三是渠道调整时导致的结构性冲突,如公司计划在原有的传统分销网络外,增加邮寄和大型超级市场两种渠道,但是传统渠道成员并不甘心让这些新成员享受他们打下来的江山。

需要注意的是,企业管理人员必须分清冲突和竞争的界限,不能混淆。单纯的、健康的竞争是有益的,是渠道成员在追求整体目标过程中的较量,有利于增强整个渠道的竞争力;而冲突往往是在追求彼此的目标的过程中的相互排斥和挤兑,对渠道的稳定极为有害。

(2)渠道冲突的解决。渠道冲突的管理在时间上可以分为两个阶段:渠道关系开始前和渠道关系发生后。渠道成员在渠道关系建立前就应尽可能识别潜在的冲突,从而设法去避免冲突的发生。即使如此一旦关系开始了,仍会有许多未预料到的问题发生。冲突往往是不可避免的,因此企业需要有一套避免和处理渠道冲突的机制和办法。识别和管理冲突是渠道协调的关键。

渠道冲突的解决,企业可以同时采取三方面的措施:一是建立契约机制,包括按照法律条款签署的合同,规定双方权利、义务,必须遵守的一系列规则以及相应的奖惩约定等;二是建立渠道约定和信任,协调渠道统一目标,基于共同的经营目标和经营理念,维系这种关系可以使双方受益;三是综合培养和运用渠道权力,根据实际情况运用奖罚权、专家权、合法权等,同时,增进沟通和理解,建立信任,也能有助于减少机会行为和冲突。

4. 评价和改进渠道

(1)评价渠道。制造商必须定期检查渠道成员的绩效,包括销售定额完成情况、平均存货水平、交货的时间、损毁和丢失货物的处理、企业促销和培训计划的配合度以及顾客服务水平。企业应当认可和奖励有卓越表现、为顾客增加价值的中间商;对于表现欠佳的中间商则应给予协助,必要时进行替换。当渠道成员不能按计划工作,或消费者的购买方式发生变化,或市场扩大、新的竞争者兴起和创新的分销战略出现,或产品生命周期出现变异时,便有必要对渠道进行改进。

(2)改进渠道。企业分销渠道的改进可从三个方面来进行:增加或减少某些渠道成员;增加或减少某些分销渠道;改进整个分销渠道。

现代市场经济条件下,中间商经营形式在不断变化、相互渗透,新的经营形式时常被创造出来,任何生产企业都不应困于传统的渠道结构,不仅在产品上要创新,在渠道策略上也要创新。

渠道的进一步扁平化(少环节)是企业对高速市场需求变化的响应,IT技术为其提供了物质基础,扁平化管理方法为其提供了理论基础,渠道扁平化将是决定渠道结构变革的主要要素。近年来,渠道中现代技术的应用得到开发并迅速发展。从以前的销售点终端的可监测并计算机化的库存控制系统到现在的通过电子数据技术与系统网络连接的便携式计算机的广泛应用,都使得分销渠道中的数据技术应用得到了发展。将渠道成员实时连接在一起的电子数据交换系统的应用,使得信息从零售商的计算机到制造商的计算机可以即时传递,当零售商那里一出现顾客要购买产品的缺货信息时,制造商就马上可以作出生产计划,通过互联网,客户在世界各地进行交互式购物已经成为现实。

生产企业对渠道的管理最好是能控制好中间商。生产企业可以通过管理好库存、服务、和促销而让中间商觉得轻松无事。好的渠道管理就是让你的经销商部分或者彻底丧失其功能,由此他就会越产生依赖,也会越忠诚。

5. 渠道合作关系

渠道成员都希望把权力掌握在自己手中,但是渠道成员之间有着很强的相互依赖性。即使最具影响力的制造商也要依靠经销商来为其代理销售;即使最庞大的零售商也要供货商提供商品才能实现销售。不同于过去购买者和销售者之间存在的对立关系,现在的管理理念强调发展渠道成员间紧密的合伙关系。渠道合伙(channel partnering),或称渠道合作(channel cooperation)是指所有渠道成员共同努力,建立一条服务客户并具有竞争优势的供应链。如果每个渠道成员都希望从其他成员那里获益,渠道间的合伙关系就尤为重要。通过共同协作,零售商、批发商、制造商以及供应商可以加速存货的补充,改善对消费者的服务,并降低整个营销渠道的成本。

企业希望利用全球合作者的情报资源、实物资源、营销资源,以便能更便捷、有效地进入遥远的市场,从中就可以清楚地看出渠道成员间的联盟及合伙关系的作用。渠道成员间的密切合作得益于信息技术的发展,也得益于人们对成本降低的欲望。这些相互之间通力合作的渠道成员能够满足顾客的需求,保证适当的产品以更低的价格适时地出现在货架上,刺激销售,提高收益。

12.3　渠道成员

各种中间商是构成渠道成员的主体。在渠道结构确定后,需要为每个分销环节、功能选择和确定中间商。中间商多种多样,只有了解不同中间商的特性和状况,才能准确地选择中间商,来为生产企业服务。

12.3.1　中间商类型

按照不同的归类方法,可以将营销中介机构分成不同的类型。主要介绍两种分类方法:按所有权转移的归属划分和按商品流通途径中承担的功能角色来划分。

1. 按照所有权转移的归属划分

按照所有权转移的归属,我们可以将营销中介机构分为经销中间商、代理中间商和辅助机构等三大类。

(1)经销中间商。经销中间商是指在商品流通过程中,取得商品所有权,然后再出售商品的营销中介机构,又称经销商,如我们常说的一般批发商,零售商等。此外,还有一种经销中间商称为工业品经销商。他们主要是将工业品或耐用消费品直接出售给顾客的中间商。工业品经销商通常同他们的供应者之间建有持久的关系,并在某个特定的区域内拥有独家经销的权利。

（2）代理中间商。代理中间商是指这样一种中间商，在商品流通过程中，他们参与寻找顾客，有时也代表生产厂商同顾客谈判，但不取得商品的所有权，因此也无需垫付商品资金，他们的报酬一般是按照商品销售量的多少抽取一定比例的佣金。比较常见的代理中间商有企业代理商、销售代理商、采购代理商、佣金代理商和经纪人。代理商的主要任务是接受订单，然后转交给制造商，由后者直接运送货物给客户，客户则直接付款给制造商。

（3）辅助机构。在营销中介机构中，还有这样一种类型的机构——它们既不参与买或卖的谈判，也不取得商品的所有权，只是起到支持产品分配的作用，我们把这类机构称为辅助机构，如配送中心是这类辅助机构中的重要形式之一。此外，辅助机构还包括运输公司、独立仓库、银行和广告代理商等。

2. 按照商品流通渠道中承担的不同角色来划分

如果按照商品流通渠道中承担的不同角色来划分，我们还可以将渠道成员分成经销类和代理类、批发商和零售商、制造商代表、销售代理商和经纪人，见图 12.3。

（1）经销类和代理类。首先可按是否持有实际货物或商品的所有权分成两类中间商：经销商和代理商。经销商是拥有商品的实体和所有权，承担商业风险，靠商品进销差价获取利润的中间商。代理商和经纪人不拥有商品的实体和所有权，不承担商业风险，靠佣金获取利益。

（2）批发商和零售商。接着可将经销商按业务性质分为批发商和零售商。凡是以进一步转卖或加工生产为目的的整批买卖货物或服务的活动，都属于批发交易。专门从事批发交易的组织和个人，称为批发商。作为独立的中间商，批发商将从制造商那里批量采购的商品加工后转售给零售商等中介，或企业最终用户，赚取差价，除去分销成本后获利。批发商拥有其存货的所有权。

零售是将货物或服务售给最终消费者，从而满足生活所需的经济活动。从事零售业务的组织和个人被称为零售商。

（3）制造商代表、销售代理商和经纪人。可将代理商按中间商与生产者和消费者关系的密切程度，分为制造商代表、销售代理商和经纪人/经纪商。这些代理商没有商品的所有权，只是在买卖双方之间起媒介作用，促成交易，从中赚取佣金。

① 制造商代表。制造商代表（sales representatives）通常代表两家或两家以上产品线互相补充的制造商。他们和各制造商就价格政策、地区、订单处理程序、送货服务和商品担保，以及佣金标准等方面，订有书面协议。他们熟悉每个制造商的产品线，并且利用自己广泛的接触面来推销制造商的产品。制造商代表适用于服装、家具和电器产品等产品线。自己没有推销队伍的小厂和若干想利用代理商开辟市场的大制造商，都愿意雇用这种代理商。

② 销售代理商。销售代理商（sales agents）被授予在契约上规定的销售制造商全部产品的权利。销售代理商犹如一个销售部门，对于产品价格、交易条件等有很大的影响

力,一般没有地区限制。

③ 经纪人。经纪人(brokers)一般都专门经营某一方面的业务。经纪人多见于房地产业、证券交易以及保险业务、广告代理业务等。

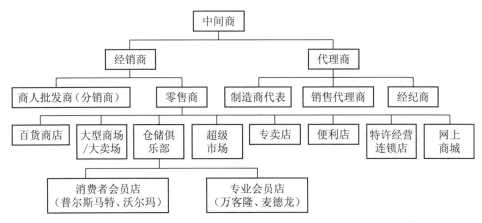

图 12.3　渠道成员不同的角色(中间商类型)

12.3.2　批发商

批发(wholesaling)是指将商品或服务售与那些为了将商品再出售或为企业使用的目的而购买的顾客时所发生的一切活动。批发商一般分为三种类型:独立批发商、代理商和经纪人。

1. 作用

批发商的存在能带来种种效益和作用。

(1) 保障作用。小制造商资金有限,无力发展直接销售组织,而有实力的批发商可以为这些小企业提供销售方面的帮助。

(2) 分工作用。即使制造商有足够的资本,它们宁愿将其资金用来扩展生产,也不愿自营批发业务。

(3) 专门作用。批发商经营批发活动看来更为有效,因为它们经营规模大,与零售商的接触更为广泛,同时具有专门技术。

(4) 集中作用。经营多种产品的零售商常常愿意从一个批发商那里购买各种花色品种的产品,而不愿直接从每一个制造商那儿购买。

2. 职能

(1) 推销和促销。批发商提供推销队伍,使制造商能以较小的成本开支结识许多小顾客,而且批发商的接触面比较广,常能比遥远的制造商更多地得到买方的信任。

（2）整买零卖。批发商买进大量商品，化整为零卖给零售商，为它们节省了费用，提供了方便，适应和社会分工的细化。

（3）存储物流管理。批发商要做物流工作的存货、仓库、运输等工作，并承担风险。

（4）提供信息。批发商作为生产商和零售商之间的中介，可以为它们提供各种有关竞争者、新产品和价格变化等方面的情报。

（5）管理服务。批发商经常帮助零售商改进其经营活动，如培训他们的推销员，帮助商店进行内部布置和商品陈列，以及帮助建立存货控制系统。

批发商面临不断增大的竞争压力、要求更加苛刻的消费者、新兴的技术，以及大型产业、机构和零售商采购者更多的直接购买计划。因此，批发商必须重新审视自己的营销战略。批发商的营销决策一般包括细分市场和目标市场选择、差异化定位，以及营销组合，即产品、价格、分销和促销。

12.3.3　零售商

零售（retailing）是指将商品或服务直接销售给最终消费者，供某个人非商业性使用的过程中所涉及的一切活动。

由于新的零售业态层出不穷，如今的零售店主要包括百货商店、大型商场、超级市场、专卖店、便利店、特许经营连锁店、仓储俱乐部和网上商城等。不同类型的消费者和产品需要的服务数量各异。为了满足这些不同的服务需求，零售商可以提供三种服务级别之一：自助服务、有限服务以及全面服务。

1. 商店式零售

（1）百货商店（department store）。百货商店经营多种产品线，通常有服装、家庭用品和日常用品，每一条产品线都作为一个独立的部门，由专职人员管理，如西尔斯（Sears）。19 世纪中期在法国巴黎开设了全世界最早的百货商店。但现在百货商店的销售量和获利能力大大降低。其原因在于：竞争的激化造成费用增加，售价上升，无力与平价商店竞争；市中心区交通堵塞，停车困难。加之市郊购物中心的兴起，顾客的兴趣转移，给百货商店的经营造成了不少困难。

（2）专业商店（specialty store）。专业零售店的例子有服装店、运动器材商店、面包房、书店等。大多数专业商店都尽力维持生产厂商建议的价格，提供最低限度的顾客服务，但是有些专业商店却重视广泛的顾客服务，尤其是专业商品知识和友好的销售服务。顾客到专业商店购物有两大主要目的：一是商品的花色齐全；二是周到、一流的服务。

（3）超级市场（supermarket）。超级市场是一种大型、廉价、自选式的商场，主要经营食品、杂货以及家用器皿等。自选式的商店首创于美国，1930 年 8 月美国零售商库仑在纽约开设了第一家超级市场，实行薄利多销，取得成功。第二次世界大战后超级市场发展迅速，规模愈来愈大。但是，由于竞争激烈，费用增加，其价格水平已经不再是最低的水平。几种新型的商店,如折扣商店、仓库商店等的兴起,使传统超级市场受到日益增大的威胁。

(4) 便利商店(convenience store)。便利商店相对比较小,位于住宅区附近,经营品种有限且经营周转率高的商品,它营业时间长(通常 24 小时营业),但商品价格相对比较高,随着竞争的加剧,也提供一些如冲印、干洗等服务。便利商店常采取特许经营的模式,有效填补了超级市场的空隙,如日本的便利店 7-11,我国的可的等。

(5) 折扣商店(discount store)。折扣商店出售标准商品,价格低于一般商店,毛利较少,薄利多销,销售量较大。偶然的价格折扣、临时的价格折扣以及低价出售廉价品不属于折扣商店的范畴。真正的折扣商店采用低价来定期销售商品,提供流行的品牌商品,如运动品折扣商店等。

(6) 仓储大卖场(warehouse market)。仓储大卖场是一种无装饰、价格低廉,而服务有限的销货形式,它追求薄利多销。租用郊区的仓库,商品大量存放陈列,顾客选中了商品,就可向销售人员订购。当顾客付清货款并离开时商品已经准备就绪,通常由顾客自己运送。瞄准购买价格适中、有品牌意识的顾客,仓储大卖场谋求价格折扣和即时可得的商品,常采取会员制度。世界上著名的仓库商店有沃尔玛、麦德龙、宜家家居等。

(7) 连锁商店(chain stores)。连锁商店是在一个核心企业或总部的统一领导下,由分散的、经营同类商品或服务的零售商店,通过规范化经营,实现规模效益的联合组织。其特点就是统一形象、统一配送、统一经营、统一价格、统一促销和统一管理。连锁商店起源于 1859 年美国的"太平洋和大西洋茶叶公司",包括以下三种连锁形式:

① 公司连锁。是指两个或两个以上同属一个所有者的连锁。

② 自愿连锁。一个批发商发起,若干零售商参加的组织,从事大规模的统一买卖。

③ 特许连锁。特许人和特许经营人之间的一种契约性联合。特许人通常拥有某种独一无二的产品或服务的经营权,加盟方拥有所有权。

特许经营(franchise)是指特许人(franchisor,如一家制造商、批发商或服务组织)和受许(franchisee)之间的一种契约联合。特许经营组织通常以某种独一无二的产品、服务、商标或者特许人的声誉为基础。

特许经营具有三大特点:一是特许人将自己拥有的商标等给被许可人使用,并向其收取一定的费用;二是被许可人为获得特许经营需支付一笔费用;三是特许人向被特许人提供市场经营体系。工业和知识产权是特许制度的核心。

特许经营对消费者的好处是:及时、就近消费与享受著名产品或服务;获得质量一致,甚至价格一致的产品或服务。

特许经营对特许人的好处是:迅速扩大销售范围,形成规模化经营;有利于创出名牌,增强企业竞争力和实力;可以有效地利用他人的资本及人力资源。

但可能的坏处是:培养了潜在的竞争对手,管理上容易出问题,影响整个公司的声誉。所以,特许人对加盟方的选择要注意加盟方的个人素质、经营能力、财力和资信及地理位置。

特许经营对加盟方的好处是:迅速获得规范经营模式和经验,一步走上正轨;迅速打开市场,拥有知名度;节约开拓市场的资本,降低风险。但不利之处是受制于人和承担风险。所以在考察特许人时要注意对方的真实情况、市场情况和合同内容。

特许人的补偿包括下列要素:最初的开张费;按销售总额收取的特许权使用费;特许人供应的设备装置的出租费;利润分成;有时还包括正规的许可证费,少数特许人还收取管理咨询费。麦当劳快餐店向代营人收 15 万美元开张费,并在代营人的销售额中提取 3% 作为特许费。它还要求新的特许代营人进"汉堡大学"学习如何管理企业,为期一个星期。特许代营人在购买原料、制作和销售产品时,必须遵循一定的操作程序。

(8) 样品目录陈列室(catalog showroom)。样品目录陈列室将商品目录和折扣原则应用于大量可供选择的毛利高、周转快的有品牌商品的销售。它们包括珠宝、电动工具、皮箱、照相机和摄影器材等。这些商店是在 20 世纪 60 年代后期出现的,现已成为零售业中最热门的新方式之一,甚至成为对传统折扣商店的一种威胁。

(9) 销品摩(shopping mall)。销品摩是集购物、休闲、餐饮、文化娱乐、旅游服务于一体的场所(其中有 2—3 个起支撑作用百货商店为主力店),为消费者提供一站式服务。最早起源于 20 世纪 50 年代中期的美国,是美国物质生活高度丰富时期的产物,也是继连锁店、专卖店、折扣店、超市、购物中心之后,在商业领域兴起的新业态,也是以郊区的购物中心为主的典型的美国模式。20 世纪 80 年代以后,销品摩突破传统零售业以销售商品为主的概念,转向以服务消费为主。目前销品摩是欧美国家的主流零售业态。在美国,销品摩已成为占据零售业总额 50% 以上,且具有强大辐射能力的"商业巨无霸"。

与传统的商业模式相比,销品摩的特点包括以下三个方面。一是"大",多在城市边缘,交通便利,占地面积大、绿地大、停车场大和建筑规模大。二是"全",不仅只是对各种商业态和商品的集合,而是通过对他们的整合,使其在同一空间里发挥各自功能的同时,又能相互补充,实现资源共享。此外,其满足了购物、休闲、娱乐等一体化的需求,以体验消费为主线,消费者并不是为了买东西而买,常是在体验、游玩中进行消费。三是以高购买力为基础,且外部购物环境良好,这是销品摩能得于存在的经济和社会基础。

(10) 网络零售。网络销售指交易双方以互联网为媒介进行的商品交易活动,即通过互联网进行的信息的组织和传递,实现有形商品和无形商品所有权的转移或服务的消费。买卖双方通过电子商务(线上)应用实现交易信息的查询(信息流)、交易(资金流)和交付(物流)等行为。网络零售也称网络购物,包括 B2C 和 C2C 两种形式。

B2C 市场可以归纳为平台型、自主销售型、平台—自主销售型三种类型。平台型网络零售商并不从事产品销售,而是为厂商代理商提供网络销售平台。此种销售平台类似于 C2C 网络销售平台,但又不尽相同,该平台主要针对品牌代理商和大型经销商,天猫商城是典型代表。自主销售型网络零售商通过建立独立网络零售平台,依托平台进行产品销售。此种模式出现于实体零售商建立的 B2C 网站和大型经销商,苏宁易购是典型代表。平台—自主销售型网络零售商是介于平台型和自主销售型之间的模式。该种模式既为品牌代理商提供销售平台，又利用该平台进行自身产品的销售，京东商城是典型代表。

2. 无店铺式零售

虽然大多数物品和服务是由商店销售的，但是无店铺零售却发展很快。常见的无店铺零售的主要形式有：直接销售、直复营销、自动贩卖机、购物服务等多种形式。

（1）直接销售。直接销售是一种古老的销售方式，采取挨门挨户推销，逐个人员推销或举办销售聚会等形式。

（2）直复营销。直复营销是指为了在任何地方产生可度量的反应和达成交易，而使用一种或多种广告媒体的互相作用的营销系统，借助电话电视、广告目录或互联网络等媒体工具扩大销售。邮购目录营销是直复营销中较普遍的一种，此外，直复营销还包括电话邮购、电视直销、在线直销等多种方式。

（3）自动贩卖机。自动贩卖机使用硬币控制的机器自动销售生活中的常用品，具有向顾客提供24小时售货、自我服务和无需搬运产品等便利条件。

（4）购物服务公司。购物服务公司是不设店堂的零售商，专为某些特定顾客，通常是为学校、医院、工会和政府机关等大型组织提供服务。这些组织的雇员可成为购物服务公司的会员，他们从经过挑选的零售商那里以折扣价购买商品。

（5）多层次直销。多层次直销（multi-level direct selling），在国外被称为传销，也可以泛称为直销。是指企业不通过店铺销售，而是以"人"为主体，直接利用人和人之间的关系来发展消费者和销售人员，以几何级数增长的倍数方式，达到迅速扩大人际网络的渠道模式。一个好的理念（公司价值观、团队价值观、个人价值观），一个好的顾客（自买），一个好的服务，一个好的制度，是做好做深多层次直销的要素。做多层次直销是有障碍的，表现为：法律的障碍、观念的障碍、心理的障碍、时间的障碍、制度的障碍、产品的障碍、管理的障碍、投资的障碍等。

多层次直销产生于20世纪40年代末二次世界大战后的美国，相对于单层直销而言关键在于其制度。多层次直销于20世纪90年代传入中国。多层次直销的最佳定义是一种直销奖金制度。直销人员有两种取得奖金的基本方法：第一，可以经由销售产品及服务给消费者而获得零售奖金；第二，可以自直属下线的销售额或购买额中赚取佣金。

据相关资料记载，成立于20世纪40年代初的健力丽是美国第一家以直销方式销售产品的公司。它以销售维生素丸为主。他们首次采用了多层次酬金分配制度，并且公司的直销人员除了推销产品以外，还负责建立销售组织，首次将零售与推荐相结合。1945年该公司改名为纽崔莱。

美国的安利（Amway）公司就是多层次直销的范例。1959年，纽崔莱公司的两个直销员——杰·温安洛和理查·狄维士带着从纽崔莱公司积累的经验和资金自立门户，成立了今天家喻户晓的安利公司，在借鉴和改进了纽崔莱公司多层次直销模式的基础上，取得了巨大的成功。1972年纽崔莱公司正式成为安利公司的一员。目前世界上较为著名的直销公司大多都诞生于美国,如雅芳公司和玫琳凯公司等。

多层次直销模式宣称体现了人生的"乘数原理",是帮助人们去做乘法的方式之一,是运用倍增原理和建立个人网络部门来获得财富的销售方式,是对财富如何进行分配的一次革命。理论上多层次直销企业的服务会更个性化,体现出"一对一"营销。企业将产品和服务作为自己永续经营的根本,所以直销企业的产品一般都是世界一流的产品。人们通过做直销不但可以享受到优质的产品和服务,而且可以扩大自己的交际面,获得较为可观的经济收入,所以许多国家都对这种销售方式给予了许可。

但这种销售方式也是最可能产生欺骗的销售方式。老鼠会、拉人头、金字塔式的销售结构、快速致富等概念都是多层次直销衍生出来的异类。这些异类会对整个社会、国家和人们的生活产生重大的消极影响,甚至会使社会动荡不定,大多数人的利益受到损失。

传销是20世纪及21世纪初被人谈论得很多但又是被了解得很少的一个概念。很多人认为传销就是骗人、圈钱的游戏。2005年11月1日和12月1日,我国分别先后颁布了《禁止传销管理条例》《中国直销管理条例》。这对于中国直销业来说可以说是一个福音,为中国直销业的前进道路指明了方向。

3. 零售业营销

零售业营销必须按照企业的整体目标和战略规划来制定市场营销战略与战术。零售目标可能是增加客流量、扩大销售额、优化企业形象,或是加强公众对零售经营的关注程度。为达到这些目的,零售商可能会采用降价销售、重新装饰和布置店面,或者设计新的广告等各种手段。但在营销手段之中,最为重要的是目标市场的选择和定位,设计营销组合,最终目的是满足目标市场的需求。

(1)确定目标市场。零售售商制定的最重要的决策就是确定目标市场和定位。只有在界定和分析了目标市场及定位之后,零售商才能决定产品品种、商店布置、广告信息和媒体、价格以及服务水平。

(2)选择零售组合。首先是产品供应。零售商经营的产品品种必须与目标市场的购买期望保持一致。其次是价格决策。价格是一个关键的定位因素。在进行价格决策时必须综合考虑目标市场、产品和服务组合以及竞争。再次是服务与购物环境。服务组合是一家商店区别于其他商店的主要工具之一,人员服务是零售行业一个重要的因素。氛围是产品差异化的另一个重要工具。氛围是指商店的实体布局,它使得商店难以或者易于移动,并且构成商店的"外表"。再次是传播和促销活动。零售商可以利用多种传播工具来提高顾客流量,刺激购买,具体包括:广告、特价促销、购物券、老顾客回馈、店内样品、店内赠券等。零售商必须通过传播和促销工具来支持及加强自己的形象定位。最后是选址决策。零售商经常声称成功的三要素是"地点,地点,还是地点"。地理位置在零售营销组合中起着重要的作用。门店位置之所以重要,首先是因为零售商投入了一笔巨大的资金在位置上;其次是因为经营位置会影响将来的发展,以及企业盈利能力。

（3）零售商自有品牌。自有品牌（private label brand）又称批发商商标、商店商标、工厂商标或分销商商标，是零售商和批发商开发的品牌。自有品牌是零售商越来越关注的一个趋势，也是重要的营销决策之一。

中间商为何要费力气建立自己的品牌？首先，这样做更有利可图。中间商寻找生产能力过剩并愿意以低成本生产自有品牌产品的制造商。其他成本，如研发、广告、销售促销和物流成本也比较低，因此自有品牌的拥有者即使以较低的价格销售也能获得较高的利润率。其次，零售商开发专门的商店品牌是为了与竞争对手形成差异。

为了更好地服务老客户，吸引新客户，零售企业始终在开发新的零售战略。未来的发展趋势表现在两个方面：第一是互动；第二是移动商务。

:: 本章小结

分销系统是企业的一项关键性外部资源，它的建立往往需要许多年。一个企业的产品要经过一定的方式和路线，才能在适当的时间、地点，以适当的价格和方式提供给顾客。

渠道长度有两种类型：直接渠道和间接渠道。渠道宽度是指渠道中同一层次同一性质的中间商的数目。企业渠道宽度由产品本身的特点、市场容量的大小和商品需求面的宽窄决定。

当一个企业确立了它的渠道系统后，便进入了渠道战略管理工作，主要是选择渠道成员，激励渠道成员，解决渠道冲突和改进，创新渠道系统，并进行渠道间的合作。

各种中间商是构成渠道成员的主体。在渠道结构确定后，需要为每个分销环节、功能选择和确定中间商。中间商多种多样，只有了解不同中间商的特性和状况，才能准确地选择中间商，来为生产企业服务。中间商一般包括批发商和零售商。

:: 本章关键词

分销渠道　直接渠道　间接渠道　短渠道　密集分销　选择分销　独家分销
垂直营销系统　窜货　批发商　零售商　代理商　经纪人　连锁商店　特许经营

:: 思考题

1. 简述分销渠道功能和意义。
2. 影响企业渠道选择的主要因素是什么？
3. 试述企业的渠道系统。
4. 垂直营销系统包括的内容是什么？
5. 试述渠道策略的主要内容。
6. 试述渠道管理的主要内容。
7. 简述批发商的作用和职能。
8. 简述零售商类型和零售商营销要素。

第 13 章

物流策略

开篇案例　时装连锁店 ZARA 的物流体系

说到 ZARA，大家最快想到的是物流的快速、服装款式的多样和时新。因此哈佛商学院称 ZARA 为"欧洲最值得研究的名牌"；《商业评论》把 ZARA 誉为"服装行业的戴尔"等。ZARA 的如此成功在于它的供应链系统，其中尤为重要的是其强大的物流体系。

ZARA 有一个庞大的物流配送中心，以高速、高效地运作，成为 ZARA 服装的周转地，而非仓库，故 ZARA 的快速时装周期才得以实施。"ZARA 推崇的是'掌控到最后 1 公里'。我们自己建立配送中心向世界各地的专卖店运输，物流中心保证每小时配送能力为 8 万件服装，在 24 小时内运到欧洲各分店，在 48—72 小时之内运到亚洲，不仅运送成本低，更关键的是速度快。这一切都基于我们打造了一套从设计、制作、物流到销售的高度垂直整合的供应链管理体系。"ZARA 中国的一位市场经理表示。

仓储时间短，物流速度快，衣服款式新，这让 ZARA 快速占领市场。在运输方面，因地理位置的优势（集中在欧洲生产），四分之三的货物是承包商从物流中心用卡车运往欧洲的各个连锁店，保证在两天内到达，不仅运送成本低，而且速度快。至于将货物由欧洲运往较远的销售点，如美国和日本的连锁店，当其他竞争对手为节省费用以轮船运输时，ZARA 会不惜成本采用空运提高速度，这使得 ZARA 一骑绝尘。

ZARA 在总部和马德里有两个大型物流中心，这两个物流中心和工厂实现了无缝连接。ZARA 的衣服产品在运送前都贴好销售市场的价格标签，并且挂在衣服上运输，保持着惊人的运输速度。ZARA 的送货正确率达到 98.9%，出错率不足 0.5%。

　　ZARA 鲜少打广告,所有的行销经费几乎全部投注于工厂设备的扩充改善。位于西班牙加里西亚省的科卢纳的仓库,是一栋四层楼高 500 万英尺的超大型建筑物,其面积相当于 90 座足球场,而此座仓库连接着 14 座工厂,仓库内有机器人 24 小时随时待命压模制布染料。ZARA 专卖店按照女装、男装和童装分类摆放衣物,将衣裤、佩饰组合一起搭配,使顾客成套购买。

　　ZARA 的战略要求公司在全年中必须不断而持续地推出大量各种各样的新产品。对于顾客来说,ZARA 公司的连锁店意味着他们可以在那里找到最新的、限量供应的“时装”。在某种程度上,由于公司经营的是“时装”(但价格却不高)的形象,连锁店的存货水平非常低。由于低库存的方针,每天营业后经常可以看到空空的货架,连锁店非常依赖有序而又迅速的新产品来补充货源。

　　物流中心的运输卡车的依据固定的发车时刻表,不断开往各地(就像公交车一样)。通常,欧洲的连锁店可以在 24 小时以内收到货物,美国的连锁店需要 48 小时,日本的在 48—72 小时之间。ZARA 特别强调速度的重要性,正如该公司的一位高级经理说的那样:“对于我们来说,距离不是用千米来衡量的,而是用时间来衡量的”。

　　资料来源:根据互联网等多方资料整理而成。

　　物流是帮助企业实现产品和服务实体转移的过程。企业必须决定仓储、装卸和运送商品及服务的最佳方法,在正确的时间和地点为顾客提供想要的商品及服务。物流的效率会对顾客满意和企业成本产生重要的影响。物流在整个供应链领域里承担着实体转移的功效,没有物流就没有商品及服务的送达。

13.1　物流概述

　　商品流通是由商品收购、商品储存、商品运输、商品销售四个环节组成的。商品收购和商品销售是整个商品流通或某个流通阶段的起点和终点,商品储存和商品运输则是为了实现商品实体从购到销过程中的必要滞留和空间转移的中间环节。在前面,介绍了主要承担商品收购、商品销售的渠道成员——批发商和零售商。现在,将介绍承担商品储存和商品运输的物流的内涵及策略。

13.1.1　物流内涵

1. 物流概念

由于生产者和消费者的分离,造成了生产与消费在时间上和空间上的背离,导致了社会生产与社会消费的矛盾。为了解决生产与消费的矛盾,满足消费需要,必须在商品交换的同时,提供商品的时间效用和地点效用。于是,便出现了与商品交换密切相关的物流概念。

"物流"一词源于英语的"logistics",原意是军事后勤保障。第二次世界大战后,物流的概念被广泛运用于经济领域。所谓物流,是指通过有效地安排商品的仓储、管理和转移,使商品在需要的时间到达需要的地点的经营活动。

物流是将产品由其生产地转移到消费地,从而创造地点效用。物流规划应先从市场开始考虑,并将所获得信息反馈到原料的需求来源。企业首先应考虑目标消费者的位置以及他们对产品运送便利性的要求;其次,企业还必须知道其竞争者所提供的服务水平,然后设法赶上或超过竞争者;最后,企业要制定一个综合战略,其中包括仓库及工厂位置的选择、存货水平、运送方式,进而向目标顾客提供服务。

2. 市场物流

传统物流起源于工厂。其管理者的任务就是选择一系列仓库(库存点)以及可以将产品在最佳时间以最小的成本送到目的地的运输配送商。现在,传统物流已经扩展到一个更宽的概念,即供应链管理。**供应链管理**(supply chain managemen, SCM)开始阶段早于传统物流,其宗旨是要有策略地进行恰当的投入,有效地将其转变成最终产品,并将它们分销到最终目的地。更宽一点的解释是企业需要研究供货商如何管理它们的投入。对于供应链的洞悉可以帮助企业找到最佳的供应商和分销商,进而帮助其提升生产率,最终降低生产成本。

菲利普·科特勒说:"市场物流(market logistic)包括构建满足市场需求的基础结构,进而涵盖执行和控制原材料和最终产品从初始状态到使用再到满足顾客需求而获得盈利的整个物流过程。"

许多专家把市场物流称为"最前沿的成本经济学",很多企业也下定决心一定要除去其体系中所有不必要的成本。更低的物流成本,保证了更低的产品价格和更高的毛利润。不过即使物流成本较高,只要整个过程是精心计划的,也一样能在竞争激烈的市场中发挥巨大的作用。

美国在1963年成立的物流管理协会,协会的名字是"实物配送协会"。当时理解的"physical distribution"是"实物分配"或"货物配送",物流被认识为"在连接生产和消费间对物资履行保管、运输、装卸、包装、加工等功能,以及作为控制这类功能后援的信息功能,它在物资销售中起了桥梁作用"。物流的要功能主要是:储存、运输、配送、包装、装卸搬运、流通加工、信息处理。

1985年协会更名为"物流管理协会"(Council of Logistics Management,CLM),重新定义物流为:"物流是对货物、服务及相关信息从起源地到消费地的有效率、有效益的流动和储存进行计划、执行和控制,以满足顾客要求的过程。该过程包括正向、反向和内部和外部的移动以及环境保护为目的的物料回收。"

1998 年,CLM 对物流的再一次定义为"物流是供应链流程的一部分。是为了满足客户需求而对商品、服务及相关信息从原产地到消费地的高效率、高效益的正向和反向流动及储存进行的计划、实施与控制过程"。最后,CLM 于 2005 年正式更名为"美国供应链管理专业协会"(Council of Supply Chain Management Professionals,CSCMP)。

从"physical distribution"(实体分配)到"logistics"(物流)再到"SCM"(供应链管理),物流行业所包括的范围越来越大,供应链在企业中扮演的角色越来越关键了。物流专业人员的角色已经发生演变,不仅包括物流的内容,而且包括采购、生产运作、市场营销的功能。物流这个含义比原来的运输和仓储又扩大了、加深了,更注重管理技术对传统产业的改造和升级。2005 年协会更名为"供应链管理专业协会",更是表明了从物流到供应链的演进。

这个演进强调了"物流是供应链的一部分",并从需求链角度进一步拓展了物流的内涵与外延,在深度和广度上又有了进一步的含义,反映了随着供应链管理思想的出现,我们不能再单纯的考虑从生产者到消费者的货物配送问题,而是以满足消费者的需求为目标,把制造、运输、销售等市场情况统一起来考虑的一种战略措施,把物流纳入了企业间互动协作关系的管理范畴。

13.1.2　物流系统

系统是由两个或两个以上元素及元素间形成的特别关系所构成的有机整体。系统的变化是系统元素通过各种关系不断运动变化引起的。系统作为一个整体并具有一定功能,都要通过元素之间相互联系来实现。用系统观点来组织物流活动是现代物流的基本思路。

1. 物流系统

物流系统是由运输、储存、包装、装卸、搬运、配送、流通加工、信息处理等各环节所组成的,它们也称为物流的子系统。作为系统的输入是输送、储存、搬运、装卸、包装、物流情报、流通加工等环节所消耗的劳务、设备、材料等资源,经过处理转化,变成全系统的输出,即物流服务。整体优化的目的就是要使输入最少,即物流成本最低,消耗的资源最少,而作为输出的物流服务效果最佳。

正是以上原因,许多企业在进行分销或选择物流机构时,往往会追求以最低的成本,将适当的产品在适当的时间,运到适当的地点的目标。但实际上如果企业要求每一个物流机构都尽力降低其成本,反而不能获得物流的效益,物流各环节发生的费用常常是以相反方向相互影响。比如说,装运部门会采用简易包装,利用便宜的装运工具进行装运工作,但这无疑会引起商品残损率上升;再比如,仓库的负责人总希望存货尽可能少以降低存货成本,但这一政策可能会造成商品脱销,最终因支付快速运货的高昂成本而得不偿失。所以在设计物流系统时,必须以整体最优化为战略基础。

　　每一个特定的物流系统都包括仓库数目、区位、规模、运输政策及存货政策等构成的一组决策。因此,每一个可能的物流系统都隐含着一套总成本,可表示为:

$$D = T + FW + VW + S$$

　　其中:D 为物流系统总成本;T 为该系统的总运输成本;FW 为该系统的总固定仓储费用;VW 为该系统的总变动仓储费用;S 为因延迟分销所造成的销售损失的总机会成本。

　　在选择和设计物流系统时,要对各种系统的总成本加以检验,最后选择成本最小的物流系统。

2. 物流系统分析

　　物流系统进行系统分析,可以了解物流系统各部分的内在联系,把握物流系统行为的内在规律性。所以说,不论从系统的外部或内部设计新系统或是改造现有系统,系统分析都是非常重要的。

　　系统分析是从系统的最优出发,在选定系统目标和准则的基础上,分析构成系统的各级子系统的功能和相互关系,以及系统同环境的相互影响。运用科学的分析工具和方法,对系统的目的、功能、环境、费用和效益进行充分的调研、收集、比较、分析和数据处理,并建立若干替代方案和必要的模型,进行系统仿真试验。把试验、分析、计算的各种结果同早先制订的计划进行比较和评价,寻求使系统整体效益最佳和有限资源配备最佳的方案,为决策者的最后决策提供科学依据和信息。

　　物流系统分析所涉及的问题范围很广,如搬运系统、系统布置、物流预测、生产及库存系统等。由于系统分析需要的信息量大,为了准确地收集、处理、分析、汇总、传递和储存各种信息,要应用多种数理方法和计算机技术,这样才能分析比较实现不同系统目标和采用不同方案的效果,为系统评价和系统设计提供足够的信息和依据。

13.2　物流策略

　　企业主要在四个方面对其市场物流作出决策:我们该怎样处理订单(订单处理)? 我们应该在哪设置库存(仓储策略)? 我们应该怎样管理存货(存货策略)? 我们应该如何将产品发送(运输策略)?

13.2.1　订单处理

　　订单是促使整个供应链运作起来的催化剂,尤其是在诸如戴尔公司这样采取"按订单制造"的电脑生产厂家中更是如此。

1. 订单处理系统

订单处理系统(order processing system)首先处理客户的需求,然后通过物流信息系统将信息输入供应链。制造商的仓储处收到订单后,如果有满足要求的存货,则接受订单,并着手准备装运。如果没有,则向生产车间发出补充存货的请求。

要提供优质的服务,妥当的订单处理至关重要。一旦接到订单,管理部门必须控制好产品和信息两项流动。通常,营销计划的成败与否与订单处理密切相关。显然,销售代表、行管人员、仓储和运输人员之间的良好沟通有利于优化订单的处理。如果运送对象出错,或者只能满足部分订单,就会导致出现如供货困难、运输效率低下等诸多不尽如人意的情况。所以,开票和发货前对物流和信息流的管理必须毫不间断,以免差错。

2. 电子数据交换

随着电子数据交换(electronic data interchange,EDI)技术的发展,订单处理已变得越来越自动化。EDI宗旨就是要以所需的电子信息的交换来替代传统的文档(例如订单和发票)。一条典型的EDI信息包括所有传统的纸单证上的全部信息。例如产品代码、商品数量、运输安排等。这些信息通常通过专用网络传送,它比发送标准的邮件信息的网络更加安全可靠。更重要的是,这些信息能通过计算机读取并处理,显著地降低了成本并增加了效率。应用EDI技术的企业以此来降低存货水平,加速资金流转,简化操作,并提高信息交换的速度和准确度。EDI在供求双方之间建立起了更加紧密的关系。

EDI广泛的使用者是零售商,因为对像沃尔玛、凯玛特等诸如此类的零售商而言,供货速度和准确度在今日激烈竞争的零售行业中已成为最为关键的竞争手段。EDI术与零售商的"消费者有效反馈"技术一起,发挥协同效用。消费者有效反馈旨在通过改善订单及分销管理来提供式样和颜色都更为合适的产品。

13.2.2　仓储策略

生产和销售的过程很难同步,所以每个企业在产品售出之前都要先将产品保存起来。企业必须要决定这些库存点的位置分布。

1. 仓储策略

仓储策略涉及企业是否建仓库,建多少多大的仓库,是自建还是租用等决策。仓储策略能够帮助制造商管理供给和需求,或者说是生产和消费之间的矛盾。仓储产品至消费者需要并想要购买时为止,这能提高供求双方的时间效用。

很多存货通常被安放在工厂周围,剩下的可能会被放到其他地方的仓库里。可能既有自己的仓库,又会租用另一些公共仓库。货物仓库可以长时间地保存产品。分销商仓库一般存有很多来自不同工厂和供货商的产品,而且总是试图尽快清空它们。自动化仓库采用了由中央电脑操控的先进的物资处理系统,这样就把分销成本降低了。

现在还有一些仓库做了很多以前是工厂做的事,比如装配、包装、搭建促销展台等。他们能提供的各种服务有助于削减成本,更好地匹配市场需求。

2. 货物处理系统

货物处理系统(materials-handling system)控制仓库中存货的流入流出。这个系统的功能有:接收货物存储入仓库或者分销中心;确认、分类并标记货物;将货物暂时分送至不同的存储地点;重新整理分类货物以供装运(可能也包括为运输工作进行一定的货物包装)。

货物处理的目标是保证货物流动迅速,同时尽可能地减少处理工序。如果运用手动或非自动化的货物处理系统,一项产品可能会被反复处理几次。而每次处理都会有增加成本和损坏的危险,每次运送都会对包装提出不同的要求。因而,现在大多数企业都实行自动化的处理系统。

13.2.3　存货策略

存货程度体现了一种主要的成本。营销者当然希望企业能保持库存充足的产品,以便最快地满足顾客需求。然而,这违背了成本效率原则,存货成本增加的速度与顾客服务等级的提升是成 100% 比例的。因而,企业的管理层在作决定之前,要知道他们执行更高的库存水平、提供更快速订单处理时,销量和利润会分别增加多少。

1. 存货管理的目标

存货管理的目标就是保证顾客需求的情况下,尽可能降低存货水平。

材料需求计划(materials requirement planning, MRP)管理从供货商到制造商的存货。该系统同样包括查询和采购工作以及由于需要补充存货或追加生产而发生的原材料、易耗品及零部件的购买。分销资源计划(distribution resource planning, DRP)则管理从制造商到最终消费者的产成品存货。两种存货系统都需要种不同的信息(如销售预期、存货量、未完成订单、订单周期和运输方式)来决定如何以及何时进货来满足供应链的各个环节。从零售商一直追溯到制造商,所有流经这些环节的需求信息都被收集起来。而对先进的电子数据交换技术的运用,又使得信息交换的速度大大提高,从而加强了在激烈的市场竞争中迅速反应的需要。

2. 最佳订货量

企业在经营过程中到底需要多少存货量,是管理工作中比较复杂的问题。因为库存量太少会脱销,影响企业正常销售活动;而库存量过大,又会造成库存商品积压,影响企业资金正常流转。因此,合理制定一个存货的标准十分重要。在存货管理中较为常见的两个制定标准是最佳订货量和保险储备。

在进行订货决策时,必须同时考虑订单处理成本和存货储存成本。储存成本包括仓库费用、存货占用资金的成本、税收和保险费以及存货破损和变质损失。平均库存量越大,存货储存成本就越高。这意味着,如果营销经理希望企业保持较多的存货,他就应该证明较大的库存量所增加的毛利能够超过因库存量增加而造成的成本。

随着订货量的增加,订货成本将被分摊到更多的产品上,因而单位订单处理成本下降;但是由于产品的平均储存时间变长,因而单位储存成本随着订货量的增加而上升。这两条成本曲线垂直相加,即为总成本曲线。总成本曲线的最低点的横坐标值就是最佳订货量。

保险储备的确定。一定量的保险储备对于商业企业保证销售是非常必要的,因为实际需求总是围绕平均需求量上下浮动的,在商品需求大于平均需求的情况下,没有保险储备,就有可能缺货,带来不可估量的损失。

13.2.4　运输策略

运输的选择影响着产品的定价、递送效率和到达时货物的状况,而这些因素又进一步影响着消费者满意。在将产品运送至仓库、经销商和顾客的时候,企业可以选择的运输模式主要有五种:公路、铁路、水路、管道和空运。数字产品还有自己独特的递送模式——互联网。

商业运输是商品流通领域的又一重要环节,是整个物流体系的一个重要分支。它如同一面镜子反映出国家各经济区间的联系程度,交通运输网的发展变化莫测,以及运输方式的发展与变化。尤其是运输方式的变化与更新会对商业运输产生深远的影响,是影响商业运输最重要的因素。常见的运输方式及其特点如下所示。

1. 公路运输

由于现有我国的商业活动仍以区域性为主,因此公路运输仍是地区性运输的中坚力量。公路运输成为商业运输中最为重要的运输方式。

公路运输具有机动灵活、迅速、装卸方便、覆盖面广等特点,对于深入地区各级市场加入地区间的商品交流起了非常重要的作用。尤其是随着高速公路等高等级公路网的逐步建立,公路运输已经向中长距离运输发展,大大开拓了其运输的范围,其在商业运输中的作与地位得到了进一步的加强。

另一方面,作为公路运输主要运载工具的汽车,也在近几年内发展迅速。大货运量、长距离运输等功能的加强,使得越来越多的汽车加入了中长距离运输队伍。而且,汽车还拥有迅速将商品集中、分流的功能,这一点是其他运输方式无法做到的。

2. 铁路运输

铁路运输曾经是我国最主要的运输方式之一,约担负全国的二分之一的货运任务。但是,近年来随着高速公路网的建设、航空货运的发展,铁路运输的地位下降了。尽管如此,由于其货运能力大、运行速度快、连续性强、管理高度集中的特点,迄今仍然在中长途运输中担任着重要的角色。

铁路运输的工具是火车。在铁路上使用的装运货物的车辆种类很多，按其主要类型可分为：棚车、邮车、煤车、罐车、保温车和特种车等。

3. 水路运输

水路运输又称水运，是我国最为古老的运输方式之一。早在隋唐年间，京杭大运河就承担起了南北水路运输的主要任务。水运具有载重量大、运费低廉的优点，在一定程度上弥补了它速度慢的缺点。

我国的水运主要是利用天然水产结合人工运河形成的纵横交错的水路网进行商品的运输。尤其是在东西向的运输中，水路运输承担了相当大的比重。

水运的主要工具是船舶，分为客货船和货船两种。其中货船是专门用于装运货物的，而客货船则以承担客运为主，并承担部分货运。

4. 航空运输

与水运相比，航空运输属于一种新兴的运输方式。它的特点与水运恰恰相反：运输速度快，但装载量小，运费高昂，不适于广泛运送商品。现在常用于生鲜商品（如海鲜、鲜花）和急运商品的运输。

5. 管道运输

作为将石油、天然气以及化工产品从来源地运送至市场的专门运输方式，管道运输也是一种方便快捷的运输方式。绝大多数的管道都由所有者使用，运输自己的产品。

6. 互联网传输

互联网通过人造卫星、电缆和电话线路将数字产品从生产商处传输给消费者。软件企业、媒体、唱片公司以及教育行业都在利用互联网进行数字产品传输。

由于各种运输方式都有各自的优缺点，所以仅靠单一的运输方式是难以达到商业运输"及时、准确、安全、经济"的总体要求。综合利用各种运输方式，合理调整公路、铁路、水运、航空等主要运输方式的合理分工，扬长避短，建立既平衡又协调的商业运输体系是运输工作的关键所在。

联合运输是一种综合性的运输业务，它可以使各种运输工具衔接起来，提高工作效率，加速车船周转，减少运费支出。但由于联合运输涉及面广，业务环节多，要使商品从起运地到目的地的整个运输过程能够顺利地运行，就必须有严格的规章制度来保证。现在的托运人越来越多地将两种以上的运输方式结合起来使用。

商品运输的最优化不仅仅需要合理调整商品的运量，而且还要求尽力使成本低廉化，因此合理控制运输费用也是使商品运输最优化的一个重要因素。

商品运输费用是商业企业为实现商品运输而支付的有关费用，包括将商品从发送地送至目的地所支付的全部费用。商品运输费用需要包括实际运费、运输中的各项杂费、从事商品运输工作人员的费用、从事运输工作的物资消耗费用，以及其他必要的管理费用等。这种核算方法也是实行独立核算的专业化运输企业通常使用的方法。

13.2.5　整合物流管理

整合物流管理(integrated logistics management)要提供更好的客户服务并降低分销成本,需要企业内部及所有营销渠道成员组织之间的团队合作。就企业内部而言,不同的部门必须紧密合作以使企业自身的物流绩效最大化。就企业外部而言,企业必须整合其自身的、供应商的以及顾客的物流系统,以使整个分销网络的绩效最大化。

1. 整合企业内部

多数企业会将物流活动中的不同职能分派给不同的部门——营销、销售、财务、运营以及采购。在很多情况下,各职能部门都会努力使自身的物流绩效达到最优,而忽视了与其他职能部门的配合。然而,运输、存货、仓储和信息管理等各项活相互影响,且常常是一种相互制约的关系。更低的存货水平虽然使存货持有成本降低,但有可能降低客户服务水平,并因短缺损失、延期交货、特别生产和加急运输而提高成本。由于分销活动涉及多方因素的权衡,所以不同职能部门的决策必须相互协调,才能取得最佳的整体物流绩效。

整合供应链管理的目标是协调企业所有的物流决策。部门间的密切合作可以通过几种方式来实现。一些企业已经建立了由不同实体分销活动的管理者组成的永久性物流委员会。企业还可以设立供应链管理职位来衔接不同职能领域的物流活动。企业还可以购买复杂的系统供应链管理软件来展开更协调、更科学的营销活动,从而在合理的成本下创造高度的市场满意。

配送在英语中的原词是"delivery",是交货送货的意思。配送中心是专门从事配送的工作。配送中心一类是有存储功能的配送中心;另一类是仅有配送功能而无存储功能的配送中心。配送中心的任务是向用户提供配送服务,它的设址既要考虑到配送范围的距离、集货渠道的距离、实际交通状况,又要考虑时间、费用和经济效益等因素。当这些因素决定后,可以用数量分析方法进行配送中心地址的选择。

2. 整合外部关系

企业不能仅仅满足于改进自身的物流系统,还必须与其他渠道成员共同协作来改进整个渠道系统。营销渠道成员在创造客户价值和建立客户关系时是不可分离的,一家企业的分销系统就是另一家企业的供应系统。每个渠道成员的成功都取决于整个供应链的绩效。例如,宜家凭借其供应链得以提供样式流行却价格适中的家具,向消费者传递"宜家生活方式"。其包括成千上万个产品设计师、供应商、运输公司、仓库及服务提供商在内的整条供应链以顾客为中心高效地运作着。

企业可以通过共同项目进行合作,建立起物流伙伴关系。精明的企业总是协调其物流战略与供应商和客户,建立强有力的关系,从而改进客户服务、降低渠道成本。很多企业都已经建立起跨职能、跨企业的团队。例如,很多大型零售商会与供应商联合实施店内计划项目。很明显,供应商及其客户都可以从这样的伙伴关系中获益。关键是,所有的供应链成员都必须在"为最终顾客带来价值"的目标下通力合作。

3. 第三方物流

现代物流一个明显区别于传统物流的特点就是:传统物流是生产企业自己办物流,其特点是"小而全""大而全"。现代物流则是第三方物流(third-part logistics,3PL),也称"代理物流"。它是指由物流劳务的供、需方以外的第三方(即专业物流公司)去完成物流服务的物流运作方式。独立的第三方物流至少占社会的50%时,物流产业才能形成。所以,第三方物流的发展程度反映和体现着一个国家物流业发展的整体水平。

企业基于以下原因采用第三方物流提供商:第一,由于让产品抵达市场是物流提供商的主业,所以它们通常可以更加有效且低成本地完成这一工作。物流外包一般可以节约15%—30%的成本。第二,物流外包使企业可以从枯燥的物流工作中解放出来,从而更加专注于核心业务。第三,物流公司更加了解日益复杂的物流环境。

第三方物流伙伴有助于企业在全球市场中的扩张。例如,企业在欧洲分销其产品时,常常面临令人眼花缭乱的环保限制,包括包装标准、卡车尺寸和限制、噪音和放射性污染控制等。通过物流外包,企业可以直接获得遍布泛欧洲域内的分销系统,而不必承担增加的成本、延迟和风险来建立自己的系统。

13.2.6 电子商务与物流

1. 电子商务与物流

电子商务是一场商业领域的根本性革命,核心内容是商品交易,而商品交易会涉及四个方面:商品所有权的转移、货币的支付、有关信息的获取与应用、商品本身的转交,即商流、资金流、信息流、物流。在电子商务环境下,这四个部分都与传统情况有所不同。商流、资金流与信息流这三种流的处理都可以通过计算机和网络通信设备实现。对于大多数商品和服务来说,物流仍要经由物理方式传输,因此物流对电子商务的实现很重要。电子商务对物流的影响也极为巨大,物流未来的发展与电子商务的影响密不可分。

2. 电子商务对物流的影响

由于电子商务与物流间密切的关系,电子商务这场革命必然对物流产生极大的影响。这个影响是全方位的,从物流业的地位到物流组织模式,再到物流各作业、功能环节,都将在电子商务的影响下发生巨大的变化。

(1) 物流业的地位大大提高。物流企业会越来越强化,是因为在电子商务环境里必须承担更重要的任务:既要把虚拟商店的货物送到用户手中,而且还要从生产企业及时进货入库。物流公司既是生产企业的仓库,又是用户的实物供应者。物流业成为社会生产链条的领导者和协调者,为社会提供全方位的物流服务。电子商务把物流业提升到了前所未有的高度,为其提供了空前发展的机遇。

（2）供应链管理的变化。在电子商务环境下,供应链实现了一体化,供应商与零售商、消费者三方通过互联网连在了一起,供应商可以及时且准确地掌握产品销售信息和顾客信息。此时,存货管理采用反应方法,按所获信息组织产品生产和对零售商供货,存货的流动变成"拉动式",实现销售方面的"零库存"。

（3）第三方物流成为物流业的主要组织形式。第三方物流是指由物流劳务的供方、需方之外的第三方去完成物流服务的物流运作方式。它将在电子商务环境下得到极大的发展,因为跨区域物流要求其物流活动也具有跨区域或国际化特征,电子商务时代的物流重组需要第三方物流的发展。

3. 电子商务对物流各环节的影响

（1）采购。传统的采购极其复杂。采购员要完成寻找合适的供应商、检验产品、下订单、接取发货通知单和货物发票等一系列复杂繁琐的工作。而在电子商务环境下,企业的采购过程会变得简单、顺畅。互联网可降低采购成本。通过互联网采购,可以接触到更大范围的供应厂商,因而也就产生了更为激烈的竞争,又从另一方面降低了采购成本。

（2）配送。配送业地位强化。配送在其发展初期,发展并不快,而在电子商务时代,B2C 的物流支持都要靠配送来提供,B2B 的物流业务会逐渐外包给第三方物流,其供货方式也是配送制。没有配送,电子商务物流就无法实现。配送中心成为商流、信息流和物流的汇集中心。信息化、社会化和现代化的物流配送中心把三者有机地结合在一起,商流和物流都在信息流的指令下运作。

∷ 本章小结

物流是指通过有效地安排商品的仓储、管理和转移,使商品在需要的时间到达需要的地点的经营活动。物流系统是由运输、储存、包装、装卸、搬运、配送、流通加工、信息处理等各环节所组成的,它们也称为物流的子系统。

企业主要在四个方面对其市场物流作出决策:我们该怎样处理订单？我们应该在哪里设置库存？我们应该怎样管理存货？我们应该如何将产品发送？

整合物流管理是要提供更好的客户服务并降低分销成本,需要企业内部及所有营销渠道成员组织之间的团队合作。

现代物流一个明显区别于传统物流的特点就是:传统物流是生产企业自己办物流,其特点是"小而全""大而全"。现代物流则是第三方物流。它是指由物流劳务的供、需方以外的第三方去完成物流服务的物流运作方式。

电子商务对物流的影响也极为巨大,物流未来的发展与电子商务的影响密不可分。

:: 本章关键词

物流 供应链管理 市场物流 物流系统 整合物流管理 第三方物流

:: 思考题

1. 简述物流概念的演变过程。

2. 试述物流策略的主要内容。

3. 企业采用第三方物流的原因是什么?

第四篇　传播营销价值

兵无常势，水无常形。

——孙子

君子耻其言之过其行。

——孔子

是故言悖而出者，亦悖而入；货悖而入者，亦悖而出。

——《大学》

凡出言，信为先。诈与妄，奚可为？

——《弟子规》

　　选择营销价值和配置营销价值构成了企业的经营。而传播就是把企业的经营内容去和顾客进行有效的沟通和促销。沟通就是去沟"交通"，即达成交情和交易。沟通和促销从广义上也是经营的组成部分，整合营销传播也是一种战略体现，只是在落实到具体的沟通对象时变为了具体的战术。

　　过去把营销传播称为促销（promotion），它也是市场营销 4P 组合的最后一个要素。促销不是简单的工具，而是多种工具的组合。促销组合（promotion mix）由人员销售、广告、销售促进、直接营销和公共关系等工具构成，用于有说服力地沟通顾客价值和建立顾客关系。

　　整合营销传播（integrated marketing communications，IMC）也称为整合营销沟通，是 20 世纪 90 年代市场营销学发展出来的理论，美国营销专家唐·舒尔茨教授被认为是整合营销沟通理论的先驱。目前整合营销沟通理论已经得到了企业界和营销理论界的广泛认同。整合营销沟通就是要求传播者在沟通过程中尽量保持信息的一致性，希望能为其组织和品牌创造"一种形象和一种声音"。整合营销沟通实施的关键就在于综合运用多种传播工具，形成一个整体性、一致性、清晰化和最大化的传播效果。唐·舒尔茨说："整合营销传播是一种战略性经营流程，用于长期规划、发展、执行并用于评估那些协调一致的、可衡量的、有说服力的品牌传播计划，是以消费者、客户、潜在客户和其他内外相关目标群体为受众的。"

　　整合营销传播是对人员销售、广告、销售促进、直接营销和公共关系等五种手段的有机整合，形成传播合力，包括了"推"式策略和"拉"式策略。"推"式策略（push stratcgy）将产品通过分销渠道向最终消费者推广。制造商对渠道成员开展营销努力（主要是人员销售和交易促销），旨在吸引它们购买产品并向最终消费者促销。"拉"式策略（pull strategy）是制造商将其营销努力（主要是广告和消费者促销）集中在最终消费者身上，引导他们购买产品。如果"拉"式策略有效的话，消费者会向中间商求购产品，中间商会向制造商订货。因此，在"拉"式策略下，消费者需求在整个渠道中"拉动"产品。一般来说，大多数产品的销售不能仅仅依赖"推"或"拉"的策略，而应当有所侧重地双管齐下，既"拉"又"推"，实现整合营销传播的综合效果。

一般而言，面对消费者市场，最重要的传播、促销手段是广告和销售促进；面对组织市场，最重要的传播、促销手段是人员推销和销售促进。

传播与沟通的过程是执行的过程。执行力强弱的关键在于势的强弱。势强，而管理团队又懂势，那具体做事的销售执行力就会强。不要用战术的勤快去掩盖战略的懒惰。叶子黄了不是叶子的问题，而是根的问题。

沟通攻心为上，水滴石穿，整合凝聚力量。整合的沟通力量包括了10个相互联系或支持的力量：现实的力量——让沟通灵活多变；创意的力量——让沟通吸引眼球；持续的力量——让沟通深入内心；公关的力量——让沟通成为喜爱；承诺的力量——让沟通有备无患；体验的力量——让沟通有感而发；口碑的力量——让沟通有口皆碑；柔和的力量——让沟通以柔克刚；技巧的力量——让沟通计上心来；人文的力量——让沟通善始善终。

组织沟通效率大于个人沟通效率。互联网让沟通更加丰富（网页、新媒体、播客、互动等）、理性（分析、比较、判断）、隐蔽和针对（个性化、私人化）。

三点营销是指我方通过找到对方的焦点（买点、痛点），设计出我方的亮点（卖点、特点），并找到对方的爆点（引爆点、诱点），满足或创造顾客需求的营销。三点营销是营销从目标到定位再到沟通的系统过程。

第14章
人员销售

∷∷∷

开篇案例　特斯拉的人员销售模式

特斯拉(Tesla)是一家美国电动车及能源公司,产销电动车、太阳能板及储能设备。总部位于美国加利福尼亚州硅谷的帕罗奥多。2013 年在特斯拉发布的第一季度财报中,该公司销售 Model S 车型 4 900 辆,超过原先预定的 4 500 辆的目标,销售营收为 5.55 亿美元,同比增长 27 倍。2016 年特斯拉总收入超出 70 亿美元,中国收入约占 15% 左右。其中,特斯拉在美国的销售额翻倍,为 42 亿美元。特斯拉的成功不只得益于其革新的产品,也得益于其独特的、不同于传统汽车的销售模式。

特斯拉的做法是把传统 4S 店一个销售人员的工作拆解为售前、订单、交付、售后四步,传统 4S 店一般只有售前和售后两大部门,一些 4S 店甚至正推进一项改革,打破传统的售前售后模式,变为一位用户"一站式"负责到底的模式。而走进特斯拉的专卖店,看了车型的外观、内饰之后,就有工作人员热情地过来,问的问题并不是 4S 店的标准问题:您的预算多少? 有看好的车型想进一步了解吗? 而是您了解电动车吗? 当顾客表示不太了解时,工作人员会为顾客讲解电动车是什么,跟传统汽油车相比有什么不同,通过店内的触摸屏等给顾客计算开电动车与燃油车的"经济账",并且特别强调了碳排放的环境问题。

特斯拉每一名售前顾问,首先要给到店的用户讲清楚电动车是什么,这是所谓的"一级顾虑",这之后才会和顾客聊特斯拉的车是什么,特斯拉的充电网络布局,驾乘安全等问题。以 Model S 为例,售前顾问会继续细致地向用户讲解特斯拉怎么用,如何空中升级、如何操控,有哪些炫酷的功能,让用户对特斯拉有大致的了解。这之后才到了试驾阶段,工作人员会坐在副驾驶的位子上,专业地引导客户试驾特斯拉,甚至会在确认安全的情况下鼓励试驾者急加速、急刹车来感受电动车的性能,到停车场试着让车子自动泊车,尽可能让试驾者体验到特斯拉的各项新鲜功能。

这一系列标准动作结束,售前顾问的工作就结束了,全程根本不跟客户谈生意。随后用户的电子邮箱里会收到一份调查问卷,用户对其打分。用户通过了解电动车、试驾特斯拉之后,并不会接到销售人员的是否决定买车,什么时候买,现在店里正搞活动之类烦人的电话,特斯拉的理念是:给用户一个安静的环境作决策。

当用户真正决定购车之后,接待他的就从最初的售前顾问变为订单专员。交付订金购买车时,销售人员从来不会将最贵的车推荐给用户,而是充分了解用户需求后,将最适合的配置推荐给用户。这一动作完成之后,交付专员继续为车主服务,包括协调生产线进行排产,安装充电桩等问题,并且在车辆没有最终上到生产线之前,用户都可以增减配置。当特斯拉的工作人员通知用户可以提车之时,临时牌照、车辆保险等相关手续都已办妥。交付专员会再次详细地为车主讲解特斯拉怎么使用,用户签字提车。当用户提车后有任何问题时,负责的人都是售后专员,通过远程与用户车辆联结,以最快的速度帮助用户解决问题。

特斯拉就是把经销商售前、售后两大工作分工分解为四步,每一动作完成后,用户都会收到一封邮件,请用户为之前的工作进行打分,考核不同工作专员的价值不是完成了多少单销售额,而是在为用户讲解、试乘试驾、交付等一切过程中,考核是否培养了新用户成为特斯拉的"推广者"的工作,而不是让新用户成为品牌的"破坏者"。

资料来源:根据互联网等多方资料整理而成。

销售是一种影响力和说服力。美国营销专家罗伯特·西奥迪尼认为要产生良好的影响力和说服力有六项普遍性原则:互惠、承诺与一致、权威、社会认同、投其所好、目标与机会稀缺。美国营销专家曼宁说:"人员销售通常基于三种方式建立人员销售哲学:采用营销观念、重视人员销售和成为问题解决者或伙伴。"

14.1　人员销售概述

人员销售(也称为推销)是一种古老的销售方式,是消费者市场购买过程后期和组织市场销售最有效的一种沟通手段,特别是在使客户产生品牌偏好、信服并最终购买方面尤其有效。任何企业的推销活动都少不了推销人员、推销品和推销对象,即推销主体、推销客体和推销对象构成了推销活动的三个基本要素。

14.1.1 人员销售内涵

1. 概念

人员销售(personal selling)是世界上最古老的职业之一。因为是面对面的销售,更体现出其个性化、灵活性和现实感。从狭义来看,人员销售就是指企业人员通过与顾客(或潜在顾客)的人际接触,介绍相关产品与服务信息,来推动销售的促销过程。

广义的人员销售是泛指人们在社会生活中,通过一定的形式传递信息,让他人接受自己的一系列行为活动。自我推销就是获得他人理解的行为,是一种沟通行为。生活中的自我推销无处不在,每个人都是不同意义上的推销员。

2. 素质

推销首先是推自己,其次是销整体解决方案。推自己是推自己的性格和基本经营素质。三流销售卖产品本身价值,二流销售卖产品利益观念,一流销售卖整体解决方案。美国营销专家莱维特说,顾客真正购买的不是商品,而是解决问题的方案。

顾问式销售(consultative selling)是营销观念的扩展,产生于 20 世纪 60 年代末。此方式强调通过销售人员与客户之间的有效沟通,来识别客户需求。销售人员恰当提出问题并仔细倾听客户回馈,建立双向沟通。销售人员充当顾问的角色,提供考虑周全的参考建议。销售人员奠定长期伙伴关系,以商谈取代操纵。倾听、识别客户问题以及提供一个或多个解决方案,这些都是顾问式销售人员所具备的关键能力。顾问式销售展示流程图是:

需求发现→解决方案选择→需求满足展示→售后服务

成功的人员销售其基本经营素质要求是:

(1) 学习。日本推销之神原一平就告诉人们,学习的时间越长,推销成功的时间越短。

(2) 人脉。人脉即钱脉。一个人的与人的相处能力和资源是影响人员销售的重要因素。

(3) 倾听。"三分讲,七分听。"要把注意力集中在顾客的需求与问题上,引导顾客讲话。

(4) 帮助。销售是出于帮助顾客而销售,使双方获益。

(5) 服务。奉行真正的销售始于服务(包括售前、售中和售后服务)。

(6) 换位。站在对方角度思考问题,成为换位思考者(empathizer)。

(7) 针对。针对不同对象灵活应对,提供个性化的解决方案。

(8) 承诺。承诺意味着责任与义务,是让顾客放心,化解风险的保证。

(9) 性格。善意、认真、乐观、行动和坚韧不拔是良好价值观和意志品质的体现。

14.1.2　人员销售职责

虽然由于推销对象存在差别,对销售工作和推销人员的要求也不同,推销人员的具体活动也不尽一致,但一些基本的销售工作是绝大多数销售人员都应该完成的,属于推销人员的职责。

(1) 提供信息反馈。

销售人员在实际推销过程中必须收集有关的信息资料,包括有关本企业产品销售、竞争对手和市场现状及发展趋势等,并及时提供信息反馈。

(2) 制定销售计划。

销售人员掌握了必须的信息资料之后,就应着手做销售前的准备工作,在销售经理和公司计划的指导下,制定好自己的销售计划。

(3) 进行实际推销。

在实际推销过程中,销售人员要争取引起顾客的注意和兴趣,促进顾客的购买欲望;提供产品鉴定证明,示范使用产品,请顾客亲自试用产品,以取得其信任;善于正确处理反对意见;并运用一些策略和技巧达成交易。

(4) 做好售后服务。

在产品销售出去以后,销售人员还必须与顾客保持经营的联系并继续为其服务。定期了解顾客对产品的意见和建议,并采取改进措施,充分安装、维修、退货等服务方面的保证。

14.1.3　推销方格理论

由美国营销专家罗伯特·布莱克等人提出的推销方格理论(1970 年提出)就从推销员对推销和对顾客的关注程度,以及顾客对推销员和对产品的关注程度方面,对推销活动进行了分析。

1. 顾客方格

方格理论认为,通过顾客对推销员和对产品的关注程度的大小来分,可以有五种类型的顾客,形成顾客方格:

(1) 漠不关心型。这类顾客既不关心推销员,也不关注产品,不愿意和推销员沟通,抱着无所谓的态度。

(2) 防卫型。这类顾客对推销员有很强的防卫心理,当心自己上当受骗,但对产品很关注,想在产品上多占便宜。

(3) 软心肠型。这类顾客更关心推销员的态度,而对自己的购买行为则不关心。这类顾客容易被自己的情绪支配,只要推销员热情、反复,他们就可能产生购买行为。

(4) 干练型。这类顾客对推销员和产品的关注程度都不高不低,较为理智,不轻信,但也不固执己见,乐于听取推销员的意见,显得比较自信和干练。

(5) 寻求答案型。这类顾客对推销员和产品的关注程度都很高,希望能满足自己的需求,知道自己的弱点,也理解推销员的角色,所以他们欢迎能够解决问题的推销员及其产品。

2. 推销员方格

方格理论认为,通过推销员对顾客的关心程度和对推销产品的关注程度来分,可以有五种类型的推销员:

(1) 事不关己型。"要买就买,不买拉倒"。推销员无明确工作目的,缺乏成就感,对顾客实际需要漠不关心,对公司业绩也不在乎。

(2) 顾客关系型。只知道关心顾客,不关心销售,十分重视推销工作中的人际关系,自认为是顾客的好朋友。处处顺顾客的心意。他们把建立和保持良好的人际关系作为自己推销工作的首要目标,为达此目标,可以不考虑推销工作本身的效果。

(3) 强力推销型。只关心推销效果,不管顾客的实际需要和购买心理。

(4) 推销技巧型。既不一味取悦于顾客,也不一味强行推销于顾客,往往采用一种比较可行的推销战术,稳扎稳打,力求成交。他们十分注重顾客的购买心理,但可能忽略顾客的实际需求。常常费尽心机,说服顾客高高兴兴购买了一些不该买的东西。

(5) 解决问题型。既了解自己,也了解顾客,既知道所推销的东西有何用途,也知道顾客到底需要什么样的东西;既工作积极主动,又不强加于人。善于研究顾客心理,发现顾客真实需求,把握顾客问题,然后展开有针对性的推销,利用所推销的产品,帮助顾客解决问题,消除烦恼,同时,自己也完成任务。

一般认为,解决问题型的推销员针对不同的顾客类型都有可能成功,效果最好;事不关己型推销员则基本上不能成功;而强力推销型和推销技巧型的推销员在推销中,针对一些顾客类型时就会遇上障碍。研究表明,解决问题型的推销员的推销业绩是推销技巧型的 3 倍以上,是强力推销型的 9 倍以上。

14.1.4 人员销售管理

人员销售管理是指企业根据外部环境变化和内部资源条件设计和管理销售队伍的一系列活动。具体包括:确定销售目标,即确立人员推销在企业营销组合中的地位,为销售人员制定出适当的销售活动组合;确定销售规模,即根据企业资源条件和销售预算等确定销售阶段的规模;分配销售任务,即根据顾客、产品、销售区域或其组合分配资源和时间;组织和控制销售活动。

1. 组织结构

人员推销采取何种组织结构,以便使它产生最高的工作效率是一个重要问题。在实践中,推销人员的组织结构可依企业的销售区域、产品、顾客类型以及这三个因素的结合来设置。

（1）区域式结构。区域式组织结构是指企业将目标市场划分为若干个销售区域,每个销售人员负责一个区域的全部销售业务。这是一种最简单的组织结构形式。

（2）产品式结构。产品式组织结构是指企业将产品分成若干类,每一个销售人员或每几个销售人员为一组,负责销售其中的一种或几种产品的推销组织结构形式。这种组织形式适合于产品类型较多,且技术性较强、产品间无关联的情况下的产品推销。

（3）顾客式结构。顾客式组织结构是指企业将其目标市场按顾客的属性进行分类,不同的推销人员负责向不同类型的顾客进行推销活动的组织结构形式。

（4）复合式结构。复合式组织结构是指当企业的产品类别多、顾客的类别多且分散时,综合考虑区域、产品和顾客因素,按区域—产品、区域—顾客、产品—顾客或者区域—产品—顾客来分派销售人员的形式。在这种情况下,一个销售人员可能要同时对数个产品经理或几个部门负责。

2. 人员规模

推销人员的规模是否适当,直接影响着企业的经济效益。销售人员过少,不利于企业开拓市场和争取最大销售额;反之,销售人员过多,又会增加销售成本。所以,合理确定推销人员的规模是企业人员推销决策中重要的一环。确定推销人员规模的方法主要有三种:销售百分比法、销售能力法和工作量法。

（1）销售百分比法。销售百分比法是指企业根据历史资料计划出销售队伍的各种耗费占销售额的百分比以及销售人员的平均成本,然后对未来销售额进行预测,从而确定推销人员规模的方法。

（2）销售能力法。是指企业通过测量每个销售人员在范围大小不同、销售潜力不同的区域内的销售能力,计算在各种可能的销售人员规模下公司的销售额和投资报酬率,以确定推销人员规模的方法。

（3）工作量法。工作量法是指企业根据不同顾客的需要,确定总的工作量,从而确定推销人员规模的方法。

3. 人员招聘

要组建一支高效率的销售队伍,关键在于选择有能力的、优秀的销售代表。一般的销售代表与优秀的销售代表的业务水平有很大差异。

甄选推销人员的程序因企业而异。较复杂的甄选程序一般包括九个步骤:先行接见;填申请表;面谈;测验;调查;销售部门初步决定;高层主管最后决定;正式录用。每个步骤合格后才能进入下一步骤,以确保选出优秀的销售人才,把好第一道关。

4. 人员培训

有远见的企业在招聘之后,都要进行几周乃至数月的专业推销培训。培训时间随着销售工作的复杂程度与所招入销售机构的人员类型而有所不同。

培训工作程序一般包括：明确企业经营方针与目标、明确营销人员现状及有待解决的问题、问题分析、关键要素分类、制定培训方案、分出人员层次、课程设计、确定培训方式、按计划实施培训、评估培训效果（培训成效、遗留问题）。

5. 人员激励

激励在管理学中被解释为一种精神力量或状态，具有加强、激发和推动作用，并指导和引导行为指向目标。一般来说，组织中的任何成员都需要激励，推销人员更是如此。企业可以通过环境激励、目标激励、物质激励和精神激励等方式来提高推销人员的工作积极性。

（1）环境激励。是指企业创造一种良好的工作氛围，使推销人员能心情愉快地开展工作。

（2）目标激励。是指为销售代表确定一些拟达到的目标，以目标来激励销售人员努力工作。企业应建立的主要目标有销售定额、毛利额、访问户数、新客户数、访问费用和货款回收等。其中，制定销售定额是企业的普遍做法。

（3）物质激励。是指对做出优异成绩的销售人员给予晋级、奖金、奖品和额外报酬等实际利益，以此来调动销售人员的积极性。物质激励往往与目标激励联系起来使用。

（4）精神激励。是指对做出优异成绩的销售人员给予表扬、颁发奖状、奖旗、授予荣誉称号等，以此来激励销售人员进步。

6. 人员考核

要评估销售人员的绩效，一定要有良好而合理的标准。绩效标准不能一概而论，管理人员应充分了解整个市场的潜力和每一位销售人员在适应工作环境和销售能力上的差异。绩效标准应与销售额、利润额和企业目标相一致。

建立绩效标准的方法有两种：一是每种工作因素制定特别的标准，例如访问的次数；一是将每位销售人员的绩效与销售人员的平均绩效进行比较。

常用的推销人员绩效指标主要有：销售量、毛利、访问率、平均订单数目、销售费用、销售费用率、新客户数目等。

为了实现最佳考评效果，企业在判定考评标准时应注意以下问题：（1）销售区域的潜量以及区域形状的差异、地理分布状况、交通条件等对推销效果的影响；（2）一些非数量化的标准很难求得平均值，如合作性、工作热情、责任感、判断力度。

14.2　人员销售策略

人员销售过程一般包括五个基本步骤：寻找顾客、访问准备、接近顾客、沟通洽谈和成交成情。相应的人员销售策略也就在其中。

14.2.1　寻找顾客

顾客在哪里？要在芸芸众生中确定要走访的顾客确实是一件困难工作,而这件工作却非做不可,否则的话岂不成了没头苍蝇,结果自不必说了。对于大多数商品来说,80/20定律都是成立的。也就是说,商品 80％的销售额是来自这种商品所拥有的顾客中的20％。如果能顺利地找到那 20％的顾客,就可以事半功倍了。

1. 圈定推销对象的范围

在寻找顾客之前,首先要确定推销对象的范围,也就是要进行市场细分。其顾客群细分在社会哪个层面上,进而根据这些顾客的总体特点也就可以粗略地拟定出推销场所和时间了。

2. 列出潜在顾客的名单

(1) 客户利用法。即利用以往曾有往来的顾客来寻找、确定新的顾客。对有往来的顾客应设法保留。

(2) 社会关系法。即通过同学、朋友、亲戚等社会关系来寻找可能的客户。通过这种方法联系到的客户一般说来初访成功率应较高。

(3) 运用人名录法。即细心研究你能找到的同学录,行业、团体、工会名录,电话簿、户籍名册等,从中找到潜在顾客。

(4) 家谱式介绍法。即如果顾客对你的产品满意并与推销员之间保持良好的人际关系,那么你不妨请他将产品介绍给他的亲朋好友或是与其有联系的顾客。

(5) 逐户寻访法。即通过广泛搜寻的方法,进行"地毯式"的寻找,可以获得一定数量的准顾客。这种方法遵循"平均法则",即准顾客的数量与走访的人数成正比,走访得越多,准顾客也会越多。

3. 对潜在顾客进行分类

潜在顾客的管理根据成交的紧迫性分类:1 个月可能成交为渴望顾客;2 个月可能成交为有望顾客;3 个月可能成交为观望顾客。根据顾客的重要性可以把顾客分类为:A类顾客,即重要顾客;B 类顾客,即次要顾客;C 类顾客,即一般顾客。

14.2.2　访问准备

推销准备是至关重要的,访问准备的好坏直接关系到推销活动的成败。一般来说,访问准备主要包括以下几个方面:

1. 塑造自我

推销自己是每个人都具有的才能,而当我们进入现实的商业世界,需要我们有意识地去运用这种推销才能时,许多人就感到无所适从了。

首先要相信自己。相信自己会成功,这一点至关重要。其次要树立目标。作为一位推销员,他的既定目标就是"自我暗示"。再次要创造魅力。推销员的外形不一定要美丽迷人或英俊潇洒,却一定要让人感觉舒服。语言是一个推销员的得力武器,销售人员应该仔细审视一下自己平日的语言习惯。

推销礼仪是指推销人员在从事推销活动中应该遵循的一系列的礼仪规范。良好的礼仪可以让对方产生美的享受,给人良好的印象,是一种修养的体现,更易于沟通交流。一般的推销礼仪包括:

(1) 介绍。一般包括姓名、职业、单位等。主动介绍自己,但不强行介绍自己。

(2) 举止。大方、文雅,主动握手。不乱碰东西,不先坐。向所有人点头微笑。不随意擦鼻涕、掏耳朵、剔牙齿、修指甲、打呵欠、乱咳嗽、扔果皮纸屑和跷二郎腿。

(3) 谈吐。热情诚恳、措词得体、谦虚、注视、倾听。说三分,听七分。注意禁忌。

(4) 称呼。符合对方身份、礼貌。

(5) 握手。注视对方,时间恰当(1—3 秒),力度适中,上下摆动。双手干净、不戴手套。

(6) 通信。规范、简练、诚恳。

(7) 电话。开头与结束有礼貌、响两遍就接、客气对待话筒、不与别人说笑。一般以上午 10 点左右和下午上班后为宜。

(8) 名片。代表企业形象,不要从裤子口袋里拿出。递名片最好用双手,名片正面、名字向着对方。

(9) 宴会。出席与招待都应礼让、文雅、注意清洁。

2. 研究产品

推销员在做好了充分的心理准备之后,应该对自己推销的产品进行了解、研究。在出发前对产品做好各项准备是必不可少的。我们不能要求顾客是商品专家,但推销员一定要成为你所推销商品的专家。

3. 认识顾客

在自我心理准备成熟,充分研究产品之后,下一步就是要对顾客有个认识与了解,有关对顾客的心理与行为的具体分析,本书已经在第 3 章进行过比较详细的分析,这里就不再重复了。

4. 了解竞争

了解市场竞争状况是人员销售中重要的准备工作,销售不但要顾客导向,也要竞争导向,而且从某种意义上说,了解竞争对手的状况比了解顾客更为迫切,通过了解竞争对手的状况和行为也可以分析顾客的心理与行为。

不要去指责竞争对手。曼宁说:"准确、公正和诚实的事实描述会受客户欣赏,对竞争对手的激烈批评通常会受到反感。避免不惜代价地揭人隐私,公正是备受推崇的美德。"

5. 拟定计划

拟定计划主要包括：

（1）确定梦想清单。一切事情源于想法。可设立"做最好的推销员"的奋斗目标和收入目标。

（2）设定年、月、周、日销售活动计划，并进行时间管理，按期完成。填写每日活动记录，客户资料卡和次日计划。填写每周活动检查表并及时改进。

（3）确定见面的时间、地点、具体人。

（4）准备销售工具。一般包括材料、产品目录、名片、计算器、价目表、客户档案、礼品、票据、合同、客户记录本、地图等。当然还应放上一些达成交易所需的材料，如订单、合同文本、预收定金凭证等。

如果面对的是一项较为复杂的推销任务或开发新的市场，可以成立推销小组，作出推销小组的规划。小组推销可以将对手的注意力分散，给每个人留下一段思考时间，这有利于观察顾客作出正确的反映。小组成员可以在知识、经验上相互弥补，相互促进。

14.2.3　接近顾客

推销准备工作做好以后，就进入推销活动过程的下一个阶段：接近顾客。接近顾客是指推销人员在拜访前事先征得顾客同意后再进行见面的过程，包括了约见顾客和接近顾客。

1. 约见顾客

在进行推销活动时，通常需要先取得"面谈约见"的机会，然后照约定的时间去访问，同时再做好下次面谈的约见工作。约见可以节省时间和精力，少吃闭门羹；不打扰顾客的正常工作；便于双方作较充分的准备；有利于整体规划。约见要认真了解顾客，确定时间、地点、内容，准时赴约。约会被拒绝是推销员的家常便饭。约见顾客的方式主要有以下几种：

（1）电话约见法。如果是初次电话中约见，在有介绍人介绍的情况下，需要简短地告知对方介绍者的姓名、自己所属的公司与姓名、打电话的事由，然后请求与他面谈后就可放下电话了。要强调不会占用对方太多时间。

（2）信函约见法。虽然时代的进步出现了许多新的传递媒体，但多数人始终认为信函比电话显得尊重他人一些，使用信件来约会访问，所受的拒绝比电话要少。另外，运用信件约会还可将广告、商品目录、广告小册子等一起寄上，以增加顾客的关心。这种方法有效与否，在于使用方法上是否得当。当今，信件广告泛滥，如果不精心研究，很可能被顾客随手丢掉，这样一来就是十分失策了。

（3）访问约见法。一般情况下，试探访问中，能够与具体有决定权者直接面谈的机会较少。因此，应在初次访问时能争取与具体有决定权者预约面谈。

除了以上三种约见方法,还有在互联网上约见、通过发布广告来约见、托人约见等方法。

2. 接近顾客

初次访问时,顾客的心里总是存有"是否就要求我购买呢"的抗拒心理;同时也有一种"见面也好,听听他说什么"的心理。这两种是混合而复杂的心理。高明的接近法能顺利地进入商谈;而笨拙的接近法当时就有可能遭到回绝。接近顾客的方法主要包括:

(1) 以提出问题接近。在这种接近中,推销员可以找出一个对于顾客的需要有关系的,同时又是所推销产品所能给他满足而会使他做出答复的问题。要避免提出对方可能答"不"的问题。例如,你可以问:"你希望减低 20％的原料消耗吗?"

(2) 以赞美别人接近。是销售人员利用人们希望赞美自己的愿望来达到接近顾客的目的。卡耐基在《人性的弱点》一书中指出:"每个人的天性都是喜欢别人的赞美的。"当然,赞美对方并不是美言相送,随便夸上两句就能奏效的,如果方法不当反而会起反作用。

(3) 以介绍人推荐接近。如果你能够找到一个顾客认识的人,告诉他你认识这个人,或者是一位顾客认识的人介绍你来见面的,这时,他对你自然会感到比较亲切。

(4) 以赠送礼品接近。以赠送诸如纪念品等一类的小礼品作为开场,所赠送的礼品一定要与所推销的商品有关系,这点很重要,因为这样一来完全可以在送礼品的同时,顺便地提到你所想进行的销售。

(5) 以请教方式接近。请教会让对方感觉受到了尊重和重视,从而让对方产生一种想表现的心理和行为。

14.2.4　沟通洽谈

有效的销售沟通,可以有目的地向对方提供信息,进行说服,也进行反馈,它是整个推销过程中内容最丰富的阶段,这个环节处理好了,推销的成功就基本实现了。良好沟通需要理解与合作;良好沟通应该是"三分讲,七分听";沟通润滑剂是懂得适时的赞赏、幽默和委婉。

良好沟通的技巧＝点头＋微笑＋倾听＋回应(先认同、赞美,再分析表达)＋记录

除了进行语言沟通外,还有非语言沟通。非语言沟通包括:副语言,说话音调的高低、节奏的快慢,它们伴随着语言表达信息的真正含义;表情,可传递个人的情绪状况或态度;目光,通过眼睛表达情感和态度;体姿,可反映个人的紧张或放松程度;服饰与发型,可传递企业形象和个人素质、特点。

还有非语言的肢体语言。如果对方的面部表情生气、紧张、紧锁双眉,身体角度突然起身、向后倾斜、环顾左右,动作姿势是双臂抱胸,双腿交叉,握手无力,这些的肢体语言

就表示亮了红灯,沟通是不成功的;如果是对方面部表情是困惑、躲避的目光,身体角度远离对象,动作姿势也是握手无力等,则表示沟通亮起了黄灯,要特别的小心了;而如果是对方面部表情是愉快、微笑、目光与你接触,身体角度前倾,双手放开,动作姿势是双臂放松,双腿交叉朝向你,这时的沟通是绿灯,说明你的沟通目前是成功的。

沟通洽谈过程是整个推销过程的重点,是正式进入推销的核心,处理好这个过程中的关系就意味着推销的成功。

1. 寒暄

寒暄是为了创造和谐的沟通氛围。闲聊是有效缓解紧张的方法,一开始不谈推销,而是谈一些公共话题或者热门话题。与潜在顾客讨论一个互相都认识的人,询问潜在顾客对某一特定事件的看法,使用幽默夸奖潜在顾客(要小心),找到对方的兴趣点。

2. 兴趣

推销人员应该忘掉自己情牵顾客,找到顾客兴趣所在,并能与顾客进行交流。特别要指出的是,这里所说的兴趣并不是指顾客对推销产品的兴趣,而是顾客的爱好或关注的东西或事件。

3. 需求

销售人员关心的应该是客户的需求,而非本公司的产品或服务,顾客不是买销售人员的产品或服务,顾客购买的是需求的满足和解决问题的方案。刺激对方的购买欲就是要让顾客明确地认识到他的需求是什么,而你的产品正好能满足他的需求。

4. 简报

简报就是对产品或服务的简明扼要的说明。简报是取得产品介绍成功的要点,提升可信程度。保持简明扼要借助视觉手段,善用成功案例。产品说明要针对客户需求和问题,提出正确解决方案,适时展示老客户证言和证据资料,还可以进行精彩的示范。在示范过程中,推销员一定要做到动作熟练、自然,给顾客留下利索、能干的印象,同时也会对自己驾驭产品产生信心。推销员做示范时一定要注意对产品不时流露出爱惜的感情,谨慎而细心的触摸会使顾客在无形中感受到商品的尊贵与价值,切不可野蛮操作。

销售人员可以根据现场具体情况进行主动提问,以进一步找到问题所在。提问的方式可以是:(1)求教式提问:"您是行家,请提宝贵意见?"(2)启发式提问:"您不觉得它要符合趋势吗?"(3)协商式提问:"你看今天给您介绍些什么?"(4)限定式提问:"要贵一点还是便宜点的?"不要一开始就问顾客,这样会吓跑顾客。

5. 处理异议

推销人员需要处理怀疑和否定的意见。异议主要包括需求异议、选择异议、产品异议、价格异议、购买时机异议等。处理异议的基本态度应该是认真倾听,缓和气氛,让对方将问题重复一遍,了解问题的症结所在,不惊慌,运用记录来表示对别人意见的尊重。处理异议的方法主要包括:

(1)转折处理法。这种方法是推销工作中的常用方法,推销员根据有关事实和理由来间接否定顾客的意见,应用这种方法是首先承认顾客的看法有一定道理,也就是向顾客作出一定让步再讲出自己看法。此法一旦使用不当可能会使顾客提出更多的意见。在使用过程中要尽量少地使用"但是"一词,这样效果会更好。

(2)转化处理法。这种方法是利用顾客的反对意见本身来处理。顾客的反对意见是有双重属性的,它是交易的障碍,同时又是很好的交易机会。推销员要是能利用其积极因素去抵消其消极因素,未尝不是一件好事。比如,你推销的产品是办公自动化用品,当你敲开顾客办公室门时,他对你说:"对不起,我很忙,没有时间和你谈话。"这时你不妨说:"正因为你忙,你一定想过要设法节省时间吧,我们的产品一定会帮助你节省时间。"这样一来,顾客就会对你的产品留意并产生兴趣。

(3)以优补劣法。如果顾客的反对意见的确切中了解你的产品或你的公司所提供的服务中的缺陷,你千万不可以回避或直接否定,明智的方法是肯定有关缺点,然后淡化处理,利用产品的优点来补偿甚至抵消这些缺点。这样有利于使顾客的心理达到一定程度的平衡,有利于使顾客作出购买决策。

(4)冷处理法。对于顾客的一些不影响成交的反对意见,推销员最好不要反驳,采用不理睬的方法是最佳的。千万不能顾客一有反对意见,你就反驳或以其他方法处理,那样就会给顾客造成你总在挑他的毛病的印象。

6. 识别

顾客有了购买愿望时往往会发出一些购买信号,有时这种信号是下意识地发出的,顾客自己也许并没有强烈地感觉到或不愿意承认自己已经被说服,但他的语言或行为会告诉你可以和他做买卖了。信号可以通过表情信号、语言信号和行为信号表现出来。比如顾客要求降价,认真倾听,主动介绍他人,要求详细介绍产品及服务,表示对其他产品的不满,顾客由静变动,轻松,找笔,拿订货单看,表示友好,愿意接受安排等都是购买信号的体现。

顾客发出了这么多信号,应及时判断、把握时机。机不可失,时不再来。

14.2.5 成交成情

成交成情包括建议成交和留住人情两个方面。

1. 建议成交

建议成交是整个推销工作中的关键时刻,掌握建议成交的时机是一种艺术,要把握好这个分寸。找到合适的时机时,便可立即建议,建议的最终目的是令顾客自动说出要买你的商品,通常,令顾客自动购买你的商品的策略可有多种。

(1)承诺成交法。即在不管成交与否的条件下,对方仍稍有疑问时,你便以对方当然会购买的认识迫使他交易的方法。此法重要的是那种推动的力量。尽管顾客迟早总会下决心的,但如果没有这种推动力,他也许决心会下得慢得一点,或者根本不想买了。

（2）肯定成交法。这种方法的用意在于，在你推销的过程中，逐步使顾客对于某些要点表示赞同，尽量让对方进行肯定的回答，如仍不购买，自然是不合理了。该技巧所含的压力比承诺法还要大一些，这对于一位处处为自己打算的顾客是很有效的。

（3）选择成交法。这种方法往往是把最后的决定集中到两种购买选择上，然后让顾客从二者中挑选出一种东西。这样的策略是基于假设成交，只是成交的数量或者品种、款式不同而已。

（4）总结成交法。此法就是当你在即将结束一次买卖时，可将你所提到过的产品或服务的内容用语言或者文字加以简单地总结，列出利弊，进行分析，然后向对方提出请其购买的要求。此种结束方法所含的压力比较少，因此，当你与一位内行顾客接洽时，此法比较有效，因为这些人大都不喜欢别人对他施加任何压力。

（5）优惠成交法。此法是通过给予特殊优惠的方法来完成交易。当然这可能也就等于向顾客开了一个很坏的头，即表示你是可以讨价还价的，以后顾客就会不断地要求你采取这种做法。但是，运用这种方法往往不会产生恶果，而是效果明显。

（6）小狗成交法。是让顾客先免费试用产品或者服务一段时间，然后再让其决定是否购买的成交方法。

2. 留住人情

关系营销的核心是与顾客建立交情。交易顺利达成，销售人员千万不要让顾客感觉出你的态度开始冷淡，一旦买卖做成，就开始敷衍顾客，这会让顾客失去安全感，从一个生意人手中买下商品的感觉和从朋友手中买下商品的感觉是大相径庭的。

交易成功了，企业还要为客户建立详细的客户资料档案，按计划进行定期、不定期售后服务，访问客户，建立企业和客户的联谊会，送货、交货、维修、保养等服务及时周到，在适当的时机还可以赠送纪念品，以各种方式联络培育客户忠诚度。通过优质的服务来影响顾客的心理是最佳的销售技巧，最好的服务就是要超越顾客的期望，优质的售后服务可以进一步扩展客户群或再销售。

如交易成功，销售人员容易做到与顾客再沟通，再交流；而一旦交易不成，许多推销员容易草草收场。优秀的推销员能做到"买卖不成人情在"，对拒绝自己的顾客依然彬彬有礼，感谢他们给自己机会，并向他们致歉说耽搁了他们的宝贵时间，如有可能要留下些材料或礼品，以备下次再访成功。推销始于拒绝，因此销售人员的耐心和信心是非常重要的心理因素。

先做交情，再做交易，达成了交易，更要再达成交情。

∷ 本章小结

人员销售是指企业人员通过与顾客（或潜在顾客）的人际接触来推动销售的促销方法。人员销售管理是指企业根据外部环境变化和内部资源条件设计和管理销售队伍的一系列活动。具体包括：确定销售目标，确立人员推销在企业营销组合中的地位，为销售人员制定出适当的销售活动组合;确定销售规模,根据企业资源条件和销售预算等确定销售阶段的规模;分配销售任务,根据顾客、产品、销售区域或其组合分配资源和时间;组织和控制销售活动。

　　推销方格理论包括了顾客方格和推销员方格。顾客方格把顾客分为了漠不关心型、防卫型、干练型、软心肠型和寻求答案型。推销员方格分为事不关己型、强力推销型、推销技巧型、顾客关系型和解决问题型。

　　人员推销过程一般包括五个基本步骤:寻找顾客、访问准备、接近顾客、沟通洽谈和成交成情。沟通洽谈一般又包括了六步:寒暄、兴趣、需求、简报、处理异议和识别。

∷ 本章关键词
　　人员销售　接近顾客　处理异议

∷ 思考题
　　1. 人员销售的内涵及其基本的素质要求是什么?
　　2. 试述推销方格理论。
　　3. 试述人员推销过程及其策略。

第 **15** 章

:::

广告传播

开篇案例　总有人偷偷爱着你

2017 年在 11 月 23 日感恩节那天,有一个广告传遍了整个朋友圈。每个转发的人都会说:好温暖、好感人、世界很美好。这支号称是年度最暖心的广告是 999 感冒灵新推出的一个感恩节短片叫《总有人偷偷爱着你》。它似乎有着神奇的力量,每一个看过的人好像都被治愈了一样。

广告片以真人事件改编,以一段网络问答为线,串联 5 个反转故事,描述在这个大千世界中,总有陌生人对你施加的善意和温柔。影片开头描述的是一个想要自杀的女孩问网友手腕上动脉在哪里,最后被网友逗笑放弃自杀。在影片里还有五个故事让人觉得异常暖心。

反转前的文案非常直接,无情地揭开了生活冷漠的一面。"个人都自顾不暇,没有人会在意你的感受;每个人都小心翼翼地活着,没有人在乎你的境遇;行色匆匆的人群里,你并不特别也不会有优待。你的苦楚,不过是别人眼里的笑话。人心冷漠的世界里,每个都无处可逃。"一个来买杂志的女生被卖杂志的大叔拒绝;醉酒的女孩倒在雪地中,呵斥着围观拍照的男子;被工作忙到焦头烂额的男人被交警拦下;外卖小哥因为电梯超重,只能等下班电梯,眼看着错过了送餐时间;骑三轮车的大爷不小心撞上了开豪车的男子,看着斟梧的男子拿着铁棒而来,慌张而无助。这些场景先是在每个观众的心里狠狠地划上一刀,让我们看到这个世界的真实和冷漠,无情残酷但却很实际。

然而在影片最后用巧妙地反转也让我们看到了这个世界里温柔的一面。拒绝卖杂志的大叔,是为了阻止小偷的动作;拍下醉酒女孩照片的男子,是为了向民警告知具体情况;拦路的交警,帮忙盖上了有安全隐患的油箱盖;电梯合上又打开,电梯里的男人主动出来让外卖小哥先上电梯;外表凶悍的车主其实嘴硬心软,巧妙化解了冲突。

有的人可能会觉得这碗鸡汤太毒、猝不及防,又会觉得剧情老套反转很僵硬。但是这些故事都是根据真实事件改编而成。也就是说在生活中真的会碰上这种事,而我们不仅需要相信它的存在,也要对别人施加善意。艺术是源于生活而高于生活的,生活中也许没有那么戏剧化的事件但是温暖你的事一定会存在。

999感冒灵这次的广告主题是致敬生活中那些平凡的小温暖,片子里展现的都是来自陌生人的善意。网络上素昧平生的人会对一个有自杀倾向的姑娘温言软语:"我的小可爱,我们爱你。"他们都是这个世界上偷偷爱着你的人,这些爱,让这个世界变得不那么坏。广告的成功在于抓住了人性最软弱的地方:渴望被爱,渴望被关心。这支广告片把矛盾和真实都展现出来,最后又亲自点亮了光,让我在这个冬天觉得很暖,正因为有了寒冷对比才更觉得暖。

虽然整个广告没有提及任何产品信息,但这支为大家在冬日中带来温暖的广告为999感冒灵赢来了不止传播量还有美誉度,在消费者心中留下了特别的位置,这也是广告创意的魅力所在。

资料来源:根据互联网等多方资料整理而成。

大卫·奥格威说:"广告不应该视为一种艺术形式的表现,广告唯一正当的功能就是销售。不是娱乐大众,也不是运用你的原创力或美学天赋,使人们留下深刻的印象。我的座右铭是:我们做广告是为了销售产品,否则就不是作广告。"菲利普·科特勒说:"最好的广告是由满意的顾客做出的"。

15.1 广告传播概述

现代经济中广告的作用越来越重要了,广告已经成了市场的重要支柱,被称之为"无烟工业"。衡量一个国家的经济实力如何,通过广告市场表现即可看出,经济的增长伴随着广告业的增长,市场的活跃程度伴随着广告的多样化。

广告是整合营销传播中十分重要的组成部分,是运用最为广泛和最为有效的促销手段。市场上、社会中处处可以看见广告的踪影。广告用其迷人的效应让企业对它乐此不疲,但也会觉得广告有时就是一个"无底洞",不知该投入多少钱才能取得真正的效果。

15.1.1　广告内涵

"广告"一词起源于拉丁语"adverture",意为大喊大叫以吸引或诱导人们注意,后演变成为英语的"advertise",意为"引起人们注意,告知某人某事"。这与汉语"广告"的字面含义——"广而告之"接近。到 17 世纪末,随着英国在世界范围内大规模展开商业活动,广告一词便广泛地流行并被使用。广告有广义的广告和狭义的广告之分,广义的广告则包括经济广告和非经济广告,广义的广告概念是与信息社会紧密相连的,它是维持与促进现代社会生存与发展的一种大众性的信息传播工具与手段。而狭义的广告,主要是指营利性广告,亦称商业广告,这种广告只传播有关促进商品和劳务销售的信息。

商业广告(advertising)是指广告主以付款的方式,通过广告公司和一定的媒介,向一定的人传达一定的信息,以期达到一定交换目的的有责任的信息传播活动。

1. 广告的本质是信息沟通

广告是一种高度大众化的信息传递方式,并不只是在销售商品,它销售的是有关商品或服务的信息,在消费者和企业之间建立信息沟通渠道。因此,其本质是信息沟通。广告的信息通过各种宣传工具,其中包括报纸、杂志、电视、无线电广播、互联网络及直接邮送等,传递给它所想要吸引的观众或听众。

2. 广告是双向沟通模式

传统的广告是一种单向沟通模式,如电视广告,并不能具有明确的受众针对性,也不具有信息及时的反馈,单向沟通是目前广告沟通的主要模式,但已经在改变,发展迅猛的计算机互联网和电话营销等,开展了双向或多向的沟通,因此,双向或多向的沟通才是广告的主要沟通模式。

3. 广告是付费的信息沟通

广告是由广告主通过付费的方式,选择广告媒体进行信息传播,这与新闻等传播信息的不同。有偿性是区分商业广告与新闻的标准。

4. 广告的最终目的是促销

无论是企业形象广告还是社会公益广告,都脱离不了广告的最终目的——增进销售商品,这是广告作为促销要素的基本特征。

广告构成的要素有:广告主,是指发布广告的团体或个人,它是广告活动的主体,是广告内容的决定者;广告媒体,在广告主与广告宣传对象之间起媒介作用的传播媒体称作广告媒体;广告信息,指广告所要宣传的内容,也称广告物;广告费用,指广告主必须为使用广告媒介而支付给媒介所有者一定的费用,并从中提取佣金支付给广告制作单位,如广告公司。

15.1.2　广告分类

1. 根据广告在不同生命周期的实现目标不同分类

(1) 通知广告。通知广告(information advertising)用于一种新产品刚导入市场时,广告的目标主要是将此信息告诉目标顾客,使之知晓并产生兴趣,促成初始需求。如说明产品名称、效用、价格、使用方法,企业提供的各项附加服务等。

(2)劝说广告。产品的成长期应用劝说广告(persuasive advertising)较多,这个时期需求的特点是选择性需求,即顾客对某一种产品有需求,但还没有形成品牌偏好,可在不同的品牌中进行选择。此时企业的主要广告目标应是劝导顾客购买自己的产品,突出产品特色,介绍本产品优越于其他产品之处,促使顾客形成品牌偏好。

(3)提示广告。提示广告(reminder advertising)适用于产品成熟期,广告目标是提示顾客购买。例如,青岛啤酒和可口可乐是众所周知的产品,早已处于成熟期,它的广告目标就不再是介绍和劝说人们购买,而是提示人们购买。

2. 根据广告表现形式的不同分类

(1)企业产品(或服务)广告。企业产品(或服务)广告(product advertising)主要传递的是企业产品或服务的品牌、质量、性能、特点等信息,以宣传、销售企业的产品和服务,其数量在广告中占据主要部分。

(2)企业形象广告。企业形象广告也称为企业声誉广告(institutional advertising),其广告的目的在于塑造企业或行业形象,致力于对企业总体做宣传,从而建立、改变或维持企业的形象特征。企业形象广告通常不要求观众做直接购买,但会建立消费者与企业形象之间的关联。一种是为解决负需求而做的形象广告,如汽车生产商针对潜在车祸的担心而做的交通安全广告;另一种是为巩固正需求而设计的形象广告,如保险公司的公益广告等。

3. 根据广告的诉求方式的不同分类

(1)感性诉求广告。通过广告对无生命的商品赋予一定生动、感性的色彩,与消费者对某种情感的追求相吻合,即动之以情,使其在好感和共鸣的基础上采取购买行为。

(2)理性诉求广告。通过直接或间接的形式科学论证商品的优点,理性地说服受众,晓之以理,使其在信服的基础上采取购买行为。

除此之外,按照传播的地域范围,可将广告划分为地方性广告、区域性广告、全国性广告和国际性广告;按照媒体方式不同,可将广告划分为报纸广告、杂志广告、广播广告、电视广告、互联网广告、户外广告、POP广告(售点广告)、邮寄广告等;按照广告的作用期不同,可划分为即时广告、近期广告和战略广告等。

15.1.3 广告基本策略

1. 感性广告策略

感性广告是指根据消费者重视感性消费的心理特征(重视个性的满足、象征意义、时尚、价值观念等),在广告宣传中诉求消费者感性认识的策略。如蓝色经典的广告词:"世界上最宽广的是海,比海更高远的是天空,比天空更博大的是男人的情怀。"

2. 细分广告策略

细分广告策略是指广告宣传基于企业产品或服务的细分,针对细分消费者的特点和可能的要求来进行目标性很强的宣传策略。如"其实,男人更需要关怀"的丽珠得乐胃药广告,让男人倍感亲切。在服装、食品、日用小商品、电器商品等销售市场上,细分广告策略有较广泛的运用。

3. 概念广告策略

这种广告策略就是企业概念营销和市场定位的体现,是企业以捕获消费者的注意力为中心,赋予产品或服务以丰富独特想象内涵和特色的广告宣传策略。概念广告要避免只有概念,没有实质的内容。如海尔的"变频空调"概念,飘柔的"柔顺头发"概念,海飞丝的"去除头屑"概念,潘婷的"营养头发"概念。

4. SP 广告策略

SP(Sales Promotion)广告策略是指在企业的产品或服务宣传时,为了进一步刺激消费者需求,引发购买行为而采取的特别促销手段。SP 广告无论是在国内,还是在国外,都能取得较好的促销效果,所以备受企业重视和运用。

做 SP 广告应该注意的是 SP 策略运用的时间、场合和理由,不能滥做。许多的节日(如元旦、春节、五一劳动节、六一儿童节、中秋节、国庆节、圣诞节及企业的厂庆、店庆等等)、季节和各种体育、文化、政治活动都可能成为企业 SP 广告的契机与理由。

5. 重复广告策略

重复广告策略是指为加深接受者的印象,以增加广告的效力,而使同一广告在媒体上反复刊播。重复包括重复次数和重复频率,是广告策略的重要组成部分。

广告重复能提高并能加强品牌的知名度。事实上,绝大多数的知名品牌或企业之所以知名,跟广告的频繁重复是分不开的。企业家史玉柱说:"要播广告,至少得坚持 1 年。"能让人记住的广告,特点就是不停地重复。

15.1.4　国际广告

国际广告就是指企业进入别国市场而采取的广告策略。国际营销企业的产品进入国际市场时,广告通常是促销的先导,它可以帮助产品实现预期定位,也有助于树立国际营销企业的形象。在国际市场上做广告或进行推销活动,其基本活动规律与国内市场是相同的,有些做法也是通用的。但由于国际市场的环境比较复杂,各个国家的经济发展水平不同和民族文化习惯不同,他们对广告所持的态度也各不相同。国际广告促销中要注意:

1. 广告限制因素

(1) 法律的限制。不同国家对广告有不同法规,必须遵守这些国家的广告法。

(2) 媒体限制。不同国家广告媒体的可利用性、质量、覆盖面及成本是不同的,必须根据媒体的具体情况做出选择。

(3) 广告受众的限制。不同国家的居民有自己的价值观、审美观及宗教信仰,必须认真进行分析,使广告能真正符合当地民风民俗,符合需要。

2. 广告标准化和差异化

广告标准化是指在不同的目标市场对同一产品进行同一广告。这种选择突出了国际市场基本需求的一致性,并能节约广告费用,但缺点是针对性不强。

广告差异化则是充分关注国际市场需求的差异性,对同一产品在不同目标市场进行不同的广告,其优点就是针对性强,但缺点是广告成本相对高。

15.2 广告策略实施

广告策略实施要通过一个 5M 程序:mission/任务,广告的目的是什么;money/资金,要花多少钱;message/信息,要传送什么信息;media/媒体,使用什么媒体;measurement/衡量,如何评价结果?

15.2.1 拟订广告目标

所谓广告目标,是企业借助广告活动,在规划期内所期望达到的最终效果。广告目标对广告总体活动具有指导意义,也是制定广告战略和策略的首要步骤及准则。

广告活动的目的体现了企业经营目标和市场竞争的要求,相对比较抽象;而广告的目标则是把广告活动的目的进行具体化、数量化,比较实际。

1. 广告目标的内容

一般而言,完整的广告目标包括五个方面的内容:

(1) 时间跨度。即广告活动的规划期,从何时起至何时完成。

(2) 地域界限。即广告活动传播的地域范围。

(3) 目标受众。面向哪一部分广告受众进行宣传应在广告目标中明确界定。

(4) 性质描述。即期望通过广告活动达到什么样的效果。

(5) 数量指标。这也是广告实施后进行效果评定的重要依据。

2. 广告目标的分类

一个企业的广告目标往往不是惟一的,且可以根据不同的标准进行分类。例如,从时间上可以分为长期目标、中期目标和短期目标;从地区上可以分为全国性目标、区域性目标和地方性目标;而最为重要最具有实际意义的一种分类方法是按其具体内容进行分类,可分为以下四种:

(1) 销售增长目标。销售增长目标是企业广告活动中较为常见的广告目标,旨在使企业的销售业绩有所增长。它往往通过销售额、销售量等指标来衡量。以此为重点的广告战略一般注重于对消费者购买欲望的刺激,它适用于在市场上已具备一定影响和销路的商品。

(2)市场拓展目标。以市场拓展为目标的广告战略旨在拓展新的市场,其期望通过一段时期的广告活动能使一批新的消费者加入本企业产品的消费行列,所以以市场拓展为目标的广告战略一般注重于在新的消费群体中加强商品或品牌的知晓度及偏好度。而由于新的消费群体很可能是竞争对手过去或现存的购买者,因此以市场拓展为目标的广告战略一般具有较强的竞争性和挑战性。

(3)产品推广目标。以产品推广为目标的广告战略旨在扩大产品的认知度或知晓度,其期望通过一个阶段的广告活动能使企业的某一种产品或品牌为目标市场的消费者了解和接受。所以以产品推广为目标的广告战略一般注重于对消费者消费观念的改变及品牌知名度的提高,重视广告的覆盖面和目标受众对广告的接触率。这类广告目标比较适用于企业新产品的宣传。

(4)企业形象目标。以企业形象为目标的广告战略旨在扩大企业在社会上的影响,其期望通过一段时期的广告活动能使企业整体的知名度和美誉度得到提高,所以以企业形象为目标的广告战略不单纯追求短期内商品销售量的增长,而注重于同目标受众之间的信息和情感沟通,追求目标受众对本企业的文化理念及视觉形象的认同,努力增强目标受众对企业的好感和信任。

15.2.2　制定广告预算

确定了广告目标后,企业可以着手为每个产品制定广告预算。

1. 影响广告预算的因素

在制定广告预算时要考虑五个特定的因素。

(1)产品生命周期阶段。新产品一般需花费大量广告预算以便建立知晓度和取得消费者的试用。已经建立知晓度的品牌所需预算在销售额中所占的比例通常较低。

(2)市场份额和消费者基础。市场份额高的品牌,只求维持其市场份额,因此其广告预算在销售额中所占的百分比通常较低。而通过增加市场销售或从竞争者手中夺取份额来提高市场份额,则需要大量的广告费用。

(3)竞争与干扰。在一个有很多竞争者和广告开支很大的市场上,一种品牌必须更加大力宣传,以便高过市场的干扰声使人们听见。即使市场上一般的广告干扰声不是直接对品牌竞争,也有必要大做广告,以达到在目标受众全体中知晓其差异性。

(4)广告频率。把品牌信息传达到顾客需要的重复次数,也会决定广告预算的大小。

(5)产品替代性。同商品种类中的各种品牌(如香烟、啤酒、软性饮料)需要做大量广告,以树立有差别的形象。如果品牌可提供独特的物质利益或特色时,广告也起重要的作用。

2. 确定广告预算的方法

很多企业对广告预算有这样或那样的错误认识,认为广告预算是个无底洞,永远都看不到底,因而存在畏惧心理,或是模糊不清的认识,不知道该依据什么标准投入多少而一筹莫展,在确定广告预算时常用的是以下几种:

(1) 量力支出法。广告预算的大小根据企业自身的情况决定。它的优点是简便易行,缺点是预算额可能随销售额变化忽高忽低,难以指定长期的促销计划。同时,完全忽视了广告支出作为一种投资对销售量的直接影响。

(2) 销售额比例法。根据目前的或预期的销售额来确定广告费用水平,使广告费用占销售额的一定比例。例如,去年销售额为 1 000 万元,企业决定将去年销售额的 3% 作为今年的广告费用,即今年的广告预算为 30 万元。

(3) 竞争对等法。在激烈的市场竞争中,企业制订广告预算向竞争对手看齐。采用这种方法要先了解同行业中主要竞争对手的大致广告预算,然后据以确定自己的预算,使自己的预算与竞争对手的预算大致相当。

(4) 目标任务法。企业首先确定目标(如销售增长率、市场占有率、品牌知名度等),然后确定达到这些目标所要完成的任务,最后再估算完成这些任务所需要的广告费用。这种方法对广告活动的目的、结果是否达到评价起来容易,但市场上不可控的因素太多,有时两者的差距很大。

15.2.3　设计广告信息

广告信息设计的原则是:真实性、独特性、趣味性、充分性和艺术性。设计广告信息包括以下内容:

1. 广告调查

广告调查是为了制作有效的广告所做的一系列市场信息的收集、分析工作,分为事前调查和事后调查(广告效果的测定)。广告调查是广告策划的基础,只有掌握准确的信息,广告活动才能成功。广告调查的内容主要包括:

(1) 环境调查。政治、法律、文化、经济、技术等宏观环境对广告的影响。

(2) 广告主调查。广告主的发展历程、实力水平、资信状况等情况的调查。

(3) 产品或服务调查。广告主产品或服务的质量、产品生命周期、售后服务等情况的调查。

(4) 市场调查。顾客需求、竞争者状况的调查。

(5) 媒体调查。媒体的覆盖率、收费标准、技术水平等情况的调查。

2. 广告定位

广告定位就是指企业根据顾客的不同需求,确定宣传产品或服务的主题和特色,树立产品或服务市场形象的活动。史玉柱说,做广告,定位的准确比广告形式更重要。

广告定位就是著名的 USP(unique selling proposition,独特销售主张)理论的具体应用。USP 理论的核心就是要求企业的产品或服务要有独特的销售主张。1954 年,瑞夫斯为 M&M's 糖果所作的"只溶在口,不溶在手"广告创意即是成功运用 USP 策略来设计广告信息的典范。

广告定位是广告策划的关键,它使企业的产品或服务与众不同。广告定位实质上是企业在营销策划中市场定位和品牌定位的反映。企业的市场定位和品牌定位是广告定位的基础,广告定位就是要如何更有效的宣传企业的市场定位和品牌定位。

3. 广告创意

广告信息的表现形式是通过广告创意来实现的。广告创意就是指创意者通过特定的艺术构思,将与众不同的广告主题准确、凝练、引人入胜地表现出来的创造性思维活动。独特的创意有助于夺人眼目,提高广告效用。有创意才有吸引力;有创意才有竞争力。大卫·奥格威说:"我认为创意功能是广告公司运作最重要的一环。"

广告创意的基本方法有垂直创意法、水平创意法和激荡创意法。垂直创意法是指根据以往的经验、模式,进行改良的创意。水平创意法是指打破常规和经验,与众不同的创意。激荡创意法是指开小型会议,各人各发奇思异想,集思广益,最后综合得出意见的创意方法。

广告创意需要通过广告文案来表现。广告文案(advertising copy)是指通过一定的媒体向公众介绍和推销商品或服务内容的应用文。广义上的文案是指整个广告作品内容,包括文字、绘画、照片、色彩、音乐、布局等。广告策划书包括标题、目录、正文、附录、署名五部分,正文为核心部分。正文包括前言(广告目标、项目由来、客户简介)、市场分析(广告受众与竞争者)、广告策略(广告定位、广告创意及媒体选择)、广告计划(广告费用预算表、广告实施发布时间、广告配套活动如公关活动、广告效果测定)等内容。附录包括业务委托书、合作协议、各媒体上的具体广告文案设计等。

标题(headline),即用来引人注意的语言文字。看广告先看标题的人比先看正文的人多 5 倍,而标题包括直接标题、间接标题和复合标题。直接标题是指直接以某种商品、品牌或企业名称作的标题,如"可口可乐饮料";间接标题是用艺术手法来暗示和诱导消费者进一步关注广告内容的标题,如"给太太一份安全感";复合标题是直接标题与间接标题的组合,如"岁岁平安,三九胃泰的承诺"。

正文(body copy),即阐述广告所要向受众宣传的商品或服务或企业等方面内容的文字,主要以说明文、散文、诗歌为文体表现出来。

附文是指广告信息中的商标、企业名称、地址、账户、电话传真号码、批准文号、获奖状况、销售点、生产及保质日期等内容的总称,是广告正文的附加说明。

广告词是指集中贯注了广告主题、中心思想的文字,具有长期性、精练感、口语化的特点,是对企业或商品或服务特征进行高度概括的标志性短语。如:康师傅的"好吃看得见";冷酸灵的"酸甜冷热都不怕";农夫山泉的"农夫山泉有点甜";TCL 的"为顾客创造价值"等。

创意策略一般包括文字、画面、人物、色彩和音乐等方面。

（1）文字创意。文字创意的基本要求就是生动、简明、易记。文字创意主要体现在广告词和广告间接标题的创意上。其基本创意思路为：

① 俗语文字广告。即利用人们的日常用语来做广告的方法。如："拥有桑塔纳，走遍天下都不怕"；"车到山前必有路，有路必有丰田车"；"不要太潇洒"；"味道好极了"；"爱拼才会赢"等。

② 幽默文字广告。利用轻松、诙谐、调侃的文字来做广告的方法。如："只要青春不要痘"；"欢迎顾客踩在我们身上"；"自讨苦吃"等。

③ 夸张文字广告。利用夸大、张扬的文字来做广告的方法。如："今年 20，明年 18"；"不老宣言"；"创造第五季"等。

④ 诗联文字广告。利用诗词、对联的文字来做广告的方法。这种广告文字往往在服务业有广泛的运用。如："香分花上露，水吸石中泉，尘虑一时净，清风两腋生"；"兰陵美酒郁金香，玉碗盛来琥珀光，但使主人能醉客，不知何处是他乡"；"皮张之厚无以复加，利润之薄无以复减——天下第一厚皮"等。

⑤ 顶针文字广告。让下句起始的字或词与上句末尾的字或词相同的方法。如："静静的吸，吸得净净"；"加佳进家家，家家爱加佳"等。

⑥ 回环文字广告。把一个词组顺序颠倒，构成一个新词的方法。如："万家乐，乐万家"；"长城电扇，电扇长城"等。

⑦ 设问文字广告。提出问题，寻求解答的方法。如："吃火锅没川崎怎么行"；"病口不治，笑口何来"；"人类失去联想，世界将会怎样"等。

⑧ 感性文字广告。诉求象征、个性、价值等感性认识。如："面对面的爱"；"好东西要与好朋友分享"；"只要我喜欢，有什么不可以"；"我有，我可以"；"钻石恒久远，一颗永留传"等。

⑨ 谐音文字广告。采用仿语修辞格，以同音字或近音字取代原词语中的个别字的方法。如：随心所"浴"；"烧"胜一筹；"咳"不容缓；默默无"蚊"；"闲"妻良母；"鸡"不可失；"骑"乐无穷；"酒"负盛名等。

（2）画面创意。画面创意的基本要求是艺术、新颖、精练。

① 意境美画面。富有美感、寓意和象征，商品或服务是与某种形象联系在一起的。如："万宝路"广告，画面是广阔的原野，有骏马和牛仔在尽情飞奔。象征着自由、奔放、豪迈的生活。"耐克"广告画面是巴西足球运动员在飞机场休息厅里自由、熟练的控球，没有什么障碍可以阻止他们。象征着高超、活力和叛逆。

② 人情味画面。富有情感、情趣，温暖人心、感人的画面。如："南方黑芝麻糊"广告：久远的小巷，和蔼的大妈，馋口的小男孩，温柔的目光，体现出人与人之间的关心和爱护，善良之情溢于画面，感人至深。

③ 新奇特画面。新颖、奇异、有特色的画面。如惊险画面广告:强力黏液的人倒立天花板画面;对比画面广告:海飞丝的商品使用前后对比;破坏画面广告:手表的从天而降;夸张画面广告:地球人都知道的保暖内衣;悬念画面广告:如反斗星的"有一颗星正以30 万公里/分的速度向上海逼近";证言画面广告:明星、普通人的证言;重复画面广告:恒源祥,羊羊羊广告画面的三次重复;系列画面广告:多个相对独立的广告画面组成的广告。

(3) 人物创意。人物创意的一般要求是要恰当、针对和真实。

① 一般人物选择。同样的产品,不同人的宣传会产生不同的效果。如"Wendy's"快餐店,请三位老太太来做广告,产生了闻名世界的"牛肉在哪里"的调侃语言。目标明确的商品,一般让目标对象来做广告。如"娃哈哈"广告的儿童形象;"长寿"补酒的老年人形象。避免美女广告的误区,不是所有的商品和服务都可以用美女做广告。还要注意家庭及孩子的力量,以及不同家庭购买角色对购买行为的影响。

② 名人广告效应。名人可以满足一般人追求成功、时尚、浪漫的心理需求。名人广告往往可以迅速提高企业的知名度,改变商品或服务形象,产生轰动效应。名人广告要注意真实、针对和有号召力。

(4) 色彩创意。色彩创意的一般要求是要鲜明、对比、突出。

色彩的重轻秩序:黑、紫、青、蓝、绿、黄、橙、红、白;色彩的暖冷秩序:红、橙、黄、绿、紫、青、蓝;色彩的诱目效果:红>蓝>黄>绿>白。

(5) 音乐创意。音乐创意的基本要求是要悦耳、动听、恰当。

创意过程中要注意音乐的选择:用新创还是旧有音乐;用古典还是现代音乐;用民族还是外国。用音乐创造形象:是快乐还是安静,是怀念还是奋进。好的音乐代表商品形象。

15.2.4　选择广告媒体

广告媒体就是指广告者与广告受众之间起媒介作用的物质。各类广告媒体都有其不同的特点,适合不同的广告要求。因此,选择好广告媒体对取得良好的广告效果有重要的影响。这一步骤也包括选择广告媒体的标准,比较不同的广告媒体等内容。

1. 选择广告媒体时考虑的因素

不同的广告媒体有不同的特性,这决定了企业从事广告活动必须正确地选择,否则将影响广告效果。正确地选择广告媒体,一般要考虑以下影响因素:

(1) 产品的性质。不同性质的产品,有不同的使用价值、使用范围和宣传要求。广告媒体只有适应产品的性质,才能取得较好的广告效果。

(2) 消费者接触媒体的习惯。选择广告媒体,还要考虑目标市场上消费者接触广告媒体的习惯。一般认为,能使广告信息传到目标市场的媒体是最有效的媒体。

（3）媒体的传播范围。媒体传播范围的大小直接影响广告信息传播区域的广窄。适合全国各地使用的产品，应以全国性发放的报纸、杂志、广播、电视等作广告媒体；属地方性销售的产品，可通过地方性报刊、电台、电视台、霓虹灯等传播信息。

（4）媒体的影响力。广告媒体的影响力是以报刊的发行量和电视、广播的视听率高低为标志的。选择广告媒体应把目标市场与媒体影响程度结合起来，能影响到目标市场的每一个角落的媒体是最佳选择。这样，既能使广告信息传递效果最佳，又不会造成不必要的浪费。

（5）媒体的费用。各广告媒体的收费标准不同，即使同一种媒体，也因传播范围和影响力的大小而有价格差别。考虑媒体费用，应该注意其相对费用，即考虑广告促销效果。

总之，企业应根据各类媒体的特点和上述其他诸因素来选择适当的媒体，即将总的广告预算在各类媒体之间作适当分配。

2. 广告媒体的发展

广告媒体是广告主用来与用户进行沟通的渠道，传统的四大媒体分别是报纸、电视、杂志和广播。随着电子媒体的发展，涌现了许多新的媒体工具。

植入式广告是指将产品或品牌及其代表性的视觉符号甚至服务内容策略性融入电影、电视剧或电视节目内容，通过场景的再现，让观众留下对产品及品牌的印象，继而达到营销的目的。植入式广告与传媒载体相互融合，共同建构受众现实生活或理想情境的一部分，将商品或服务信息以非广告的表现方法，在受众无意识的情态下，悄无声息地灌输给受众。植入式广告是企业为产品在电影或者电视里能有一个更好形象而进行的媒体选择。

互联网广告是为了增加企业与消费者的互动，达到沟通的目的。目前，互联网广告的类型目前主要有：横幅（banner）式、按钮（buttons）式、插播（interstitial ads）式、电子邮件（e-mail）式、互动式（interactive ads）等多种类型。在运用互联网媒体时，注意力（attention）是关键。互联网带来信息的巨量化使得消费者无法区别企业的广告诉求，同时消费者转换信息的成本极低，因此，如何保持消费者的集中注意力和长久注意是互联网广告关键。粘住（stick in）是基本策略，通过一些互动的游戏或竞赛，让消费者参与到其中，体验产品或服务，尽可能使得消费者在企业的在线广告上停留，到达交互的目的。

15.2.5 评价广告效果

广告发布之后，企业应对广告效果进行持续的评估。在众多的评估内容中，主要应对两个目标开展评估：一是信息传递效果；二是销售效果。

1. 信息传递效果

评估广告是否将信息有效地传递给目标受众。这种评估在事前和事后都应进行。

事前,可邀请顾客代表对已经制作好的广告进行评估,了解他们是否喜欢这则广告,广告信息中存在哪些问题。事后,可再邀请一些目标顾客,向他们了解是否见到或听到过这一广告,是否还能回忆起广告内容等。此外,还可利用一些现代科学技术手段测试。

2. 销售效果的评估

广告主企业很想了解和评估广告发布后,销售额增长了多少。然而这种评估困难重重。原因是销售的增长不仅取决于广告,还取决于其他许多因素,如经济发展水平、顾客可支配收入增加程度、产品本身质量和功能、分销渠道效率、价格水平、其他沟通方式的效果等等。在实践中,很难清楚地剥离这些因素,单独衡量广告对销售的影响。

:: 本章小结

广告是整合营销传播中十分重要的组成部分,是运用最为广泛和最为有效的促销手段。广告是指广告主以付款的方式,通过广告公司和一定的媒介,向一定的人传达一定的信息,以期达到以交换为目的的有责任的信息传播活动。

广告构成要素是广告主、广告媒体、广告信息和广告费用。广告的基本策略包括感性广告策略、细分广告策略、概念广告策略和 SP 广告策略。

广告策略实施的 5M 程序,即任务、资金、信息、媒体、衡量。

:: 本章关键词

广告　广告目标　广告媒体　广告创意

:: 思考题

1. 如何创造出一个具有销售力的广告?
2. 广告的基本策略体现在哪些方面?
3. 试述广告策略实施的过程。
4. 广告创意的基本内容是什么?

第 **16** 章
销售促进

:::

开篇案例　会员打折卡的奥妙

在全球咖啡厅做生意,最好的有两家,星巴克和COSTA,两个商家或对面,或相邻。某天,星巴克发现最近生意不太好,而COSTA却一直稳步提升。原来,COSTA采用了新营销策略——会员打折卡。

一张会员打折卡,能有什么威力? 我们周边很多会员卡,好像都没什么用……但COSTA的玩法不同。当你走进COSTA咖啡点了一杯36元拿铁并准备付款时,服务员告诉你"先生你这边价格36元的咖啡,今天可以免费得到。""怎么得到?""很简单,你办理一张88元的打折卡,这杯咖啡今天就是免费的。并且这张卡全国通用,你可以在任何时候到COSTA咖啡消费,都享受到9折优惠哦。"

结果数据表明,有70%左右的客户都会购买这张打折卡。你有没有发现这个一箭双雕之计,有多么巧妙?

扩充消费者第一次消费客单价。我们来算一笔账:如果每天有100个用户,每人消费36元,销售额就是3 600元,如果每杯咖啡的成本是4元,利润就是:3 200元。

那么推出打折卡之后呢? 如果向100个人介绍,有70个人购买了打折卡,就是(36元×30人)+(88元×70人)=7 240元,如果每张卡的制作成本是2元,那么利润就是:6 700元。客户数量不变的情况下,利润增加了一倍。关键是,用户还感觉自己占了便宜。对于用户来说,咖啡的价值是36元,所以办一张打折卡88元,送一杯咖啡,88-36=53元,然后这张卡以后还可以持续打折,很好。真实的情况是什么? 其实就是多花了53元,什么都没有买到。打折是建立在你消费的基础上,你不消费,这张卡对你没有半毛钱用,就算你消费,也是给咖啡店持续贡献利润。

锁住消费者。当你响应了 COSTA 咖啡的主张后,获得了一张打折卡。就在你拿卡的一瞬间,其实他们已经锁定了你的消费。COSTA 咖啡与星巴克定价接近,当你下一次喝咖啡的时候,因为打折卡,所以基本不会考虑星巴克。

星巴克的应对策略就是,推出"星享卡"。虽然形式上与 COSTA 打折卡不同,但营销策略接近,也是在你消费的时候,告知咖啡免费,然后售卡给你,但是这张卡不能打折,可以积分,还有一些优秀的设计,例如:亲友邀请券:是指你一次性购买两杯时,只需要付一杯的钱(含三张);早餐咖啡邀请券:是指你早上 11 点之前购买任意中杯饮品,免费;升杯邀请券:是指你购买大杯饮品,只需要付中杯分量的钱。

这些设计可以让你邀请小伙伴一起喝咖啡,其实就是让用户帮他们"抓潜(抓住潜在顾客)",优惠券的设计,主要是让用户感觉票价值得,并且有了种莫名其妙的"身份"存在感。"星享卡"的奇妙之处,在于设计了"升级"体系,因为人们天性就喜欢升级。集齐 5颗星时,就会升到玉星级啦,玉星级又有各种优惠,而玉星级之后又会有金星级!1 积分=1 块钱,50 积分=1 颗星,也就是说,你够"250 积分=5 颗星"时,可以升为玉星,大概 8 杯咖啡左右。

小小的会员打折卡不但让消费者感觉赚到了,也为企业创造了更多的收益。

资料来源:根据互联网资料整理而成。

如果说广告是一把火,那销售促进就是一桶油,火上浇油,促销的效果将更为明显和有效。菲利普・科特勒说:"广告提供了购买的原因,那销售促进提供了购买所需的激励。"与其他促销工具相比,销售促进的优点是能够给消费者有形的激励,提高消费者感知的价值,降低购买者的购买风险,是典型的让利行为,应用十分广泛。

16.1 销售促进概述

许多组织,包括制造商、批发商、零售商和非营利组织,都采用销售促进手段。它们目标有最终顾客(消费者促销)、零售商和批发商(交易促销)、产业顾客(产业促销),以及销售团队的成员(销售人员促销)。今天,在一般的消费品企业中,销售促进费用占到整个市场营销费用总数的一半以上。

16.1.1 销售促进内涵

销售促进(sales promotion)又称营业推广,简称 SP,是企业在某一段时期内采用特别的促销手段对顾客实行强烈的刺激,用以激励消费者和贸易商较迅速或较大量地购买某一特定产品或服务,以促进企业销售迅速增长的一种策略。作为促销的一个重要手段,销售促进有其特点:

(1) 吸引顾客。

各种形式的销售促进,都是为了有效地招揽顾客,引起购买欲望,并提供某些商品信息。销售促进能使消费者因为厌倦现有产品而尝试新产品。

(2) 刺激购买。

销售促进一般都是通过提供某些优惠,来刺激和引诱顾客购买。销售部门利用激励型的促销方式来吸引新的试用者和奖励忠诚的顾客,提高偶然性用户的重复购买率。销售促进主要用以吸引那些品牌转换者,品牌转换者首先寻找的是低价格、高价值或赠奖机会。

(3) 短期效果。

销售促进是为了进一步推销产品,或是为了在短期内迅速收回现金和实现产品价值而采用的。因此,这种沟通方式的效果也往往是短期的,如果运用不当,可能会使顾客对产品产生怀疑,不利于长期效果。

销售促进近年来发展很快原因在于竞争激烈化,品牌数目的增加,产品的同质化,消费者更看重交易中的实惠;广告媒体拥挤,费用日益上涨,广告的吸引力和效果在下降;企业经常处于要在短期内迅速增加销售的压力之下,它需要刺激市场消费,尤其当宏观经济不景气,消费者的预期收入下降时,购买时会对价格更为敏感,因此容易对真正能够提高购买价值的销售促进活动作出积极反应。

大量的使用销售促进会降低品牌忠诚度,增加顾客对价格的敏感性,淡化品牌质量概念,偏重短期行为。

16.1.2 销售促进对象

销售促进包括针对消费者和针对中间商的营业推广,后者亦称"商业推广"。

针对消费者的营业推广通常是为了鼓励老顾客更多地购买这种产品,或吸引新顾客试用这种产品,争夺其他品牌的顾客等。针对中间商的营业推广主要用以激励零售商,使后者感到值得推广某个品牌,并愿意大量进货,增加库存(特别是在特定的季节里);或鼓励中间商持续地经营本企业产品,建立固定的产销关系等。

1. 针对消费者的销售促进

为了有效地促进销售,企业在实践中创造了各式各样的方式,针对消费者的拉引式(pull strategy)销售促进有如下主要方式:

(1) 减价(price-offs)。减价是商家推广产品的有效手段之一,效果直接明显。当遇到销售阻力时,最简单的促销手段就是减价。但减价也减少了企业利润,并受到相关法律的制约。

（2）抽奖（sweepstakes）。抽奖也是一种吸引关注和促销的有效方法。如可口可乐、百事可乐为推广产品，曾经发动收集可乐瓶盖的抽奖活动，吸引了大批消费者踊跃参加。

（3）派送（samples）。派送是企业上市新产品时经常采用的有效渗透方法，如洗发香波在新产品推广期派送小包试用装。派送方式就能吸引相当一部分顾客试用产品，对产品产生兴趣，并自费购买。

（4）赠券（coupons）。赠券是企业或商店发放的一种印有减价金额的票证，既可用于吸引消费者试用新产品，也可用以促销知名的老产品。制造商和零售商惯于将赠券印制在报纸和杂志广告中；如今他们将赠券印制在单独的报纸增刊上，产品的包装上，或制成传单在店内发放，或直接邮寄，有的甚至在网上发放电子赠券（e-Coupons）。

（5）附赠品（premiums）。这种礼品往往是在消费者购买某产品之后赠送的物品，属于零售点和商场常用的一种促销方式。

（6）竞赛（contests）。企业积极赞助的大多数竞赛并非直接宣传产品/服务的，只是通过出资或馈赠产品来引起公众对企业品牌的关注。

（7）回扣（refunds/rebates）或返现（cash refunds）。即在销售商品时给买主一笔回扣或返现，以吸引消费者购买其产品。具体的做法是，首先通过售点广告告示某产品的正常价格（如 10 美元）和回扣金额（如 5 美元）；当消费者按明码标价付款后，将个人信息填入表格，并出示购物发票。然后消费者约在一个月后就能收到 5 美元的现金支票。在发达国家，这种做法经常用于服装、家电产品的促销。

（8）配套产品（combination offers）。将两种相互配套的产品组合定价、一起销售，如打印机和墨盒、剃须刀架和刀片。

（9）消费积分（patronage awards）即积分奖励。首先兴起这类奖励的是航空公司，如今各家航空公司都实行常客计划（frequent flier plans），通过对乘坐里程的积分来激励乘客始终乘坐某公司的飞机。如今这一做法已经流传到相关的宾馆酒店等服务行业。

（10）红包（red envelope）。传统意义上的红包也叫压岁钱，是过农历春节时长辈给小孩儿用红纸包裹的钱。现在红包概念被广泛应用到企业营销中进行促销，一般被称为购物促销红包。电子红包是微信在 2014 年推出的。2015 年 2 月 9 日，支付宝、微信、QQ、百度纷纷发布春节红包发送额度，仅腾讯和阿里两家，春节期间就送出超过 6 亿元的现金红包，附加以各种产品优惠券等形式出现的 64 亿元购物红包。

2. 针对中间商的销售促进

针对中间商的营业推广活动的本质就是降价，以使中间商感到下力推广某品牌有助于自己盈利，具体的做法有：

（1）折扣与折让。上架折让（slotting allowance），相当于我国零售商场的进场费。当层出不穷的新产品争抢有限的零售商场货架时，零售商就通过收取上架折让，或进场费来决定让哪个品牌使用货架。反之，从制造商的角度，这一支出被视为赢得分销机会的营业推广的费用。

发票外折扣(off-invoice allowance)是一种基本和简单的减价方式。制造商期望零售商将折扣让渡给消费者,以期增加购买量。零售商一般会积极进货和按要求给消费者让利,但也要预防在促销期末多进货,到非促销期按正常价销售的投机行为。

广告折让(advertising/performance allowances)的优惠流行于包装消费品的分销活动中。制造商以价格优惠激励零售商为特定品牌做广告。

回购折让(buy-back allowances)发生在制造商产品推陈出新时,制造商为推广新品系列,主动从经销商处买回旧品系列的货品。有的制造商甚至向经销商保证回购在特定时段内卖不动的产品,以确保经销商愿意经销其产品。

(2)合作广告(cooperative advertising allowances)。零售终端的广告对促进消费者购买的作用很明显,所以很多制造商按照零售商采购总额的某个百分比来提供合作广告基金。当零售商在某地为某个制造商品牌刊播广告后,广告费将出自这个基金,以鼓励前者为后者建树品牌的行动。

(3)经销商竞赛(dealer contests)。为激励经销商及其销售人员积极地进货或尽力完成销售指标,制造商通常给他们诸如免费旅游等奖励,奖励的多少与销售业绩的水平挂钩,形成经销商之间的竞赛。

(4)设备馈赠(dealer loaders)。这是一种制造商激励经销商的方式。当经销商进货额较高,或采购了一些特别的品类后,制造商将某些设备或装置,如陈列柜、载货小汽车、大卡车等馈赠给零售商。有的制造商在展销完一批软饮料后,将陈列软饮料的冷藏柜留赠给零售商,以资奖励。

(5)展示与推广。展会(trade show)是聚集相关买卖方的场所,通常具有行业/专业特点,也是一种企业买卖方之间比较显效的沟通方式。企业参展的目的是介绍新品、展示成就和实力、吸引新客户、会见老客户、通过面对面的商务交流争取较多、较大的订单。在国际市场营销中使用较多。

16.2 销售促进策略

销售促进有着很好的短期促销效果,顾客的心目中甚至形成了促销期待,所以有效地运用 SP 策略可以使企业的销售得到很大的提高。现在市场上的促销策略五花八门,不胜枚举,运用非常广泛,下面介绍一些 SP 的主要策略。

16.2.1 折价促销

折价促销是企业最常用的销售促进策略。折价销售是指企业在一定时期内调低一定数量商品售价,也可以说是适当地减少自己的利润以回馈消费者的销售促进活动。企业之所以采用折价促销,其主原因是为了与竞争品牌的价格相抗衡;同时,折价销售可积极地用来增加销售,扩大市场份额。从长远角度来讲,折价促销也可增加企业利润。

大部分厂商惯用折价来掌握已有消费者群,或利用这一促销方式来抵制竞争者的活动,甚至可刺激消费者购买一些单价较高的商品。一般折价在 6—8 折之间最为有效。

1. 折价促销的运用方式

折价促销的运用方式灵活,较为常见的方式有下列几种:

(1)标签上的运用。在商品的正式标签上可以运用锯齿形设计、旗形设计或其他创意,将折价优待显著地告知消费者。

(2)软质包装上的运用。通常情况下,将折价标示运用在软质包装上的促销手段。

(3)套袋式包装的运用。当几个商品包在一起做折价促销时,可以将折价金额标示在套袋上。此方式常在香皂、口香糖、糖果等类商品上采用。

现在,商家越来越多地采用开架型自动式售货,销售人员也越来越相信消费者多数是在店门口或货架前才做购买决定的,所以,折价促销在现今的营销活动中日益成为促销的重要手段。

2. 折价促销的优缺点

(1)优点:能给顾客真正的实惠,刺激顾客的购买欲望和愿望,提高商品的注目率,提高销售量,有效的对付和打击竞争对手。

(2)缺点:可能只能暂时增加销售量,难以让顾客产生品牌忠诚度,不利于产品高质量形象的塑造。

16.2.2　赠品促销

赠品促销是指企业以较低的代价或免费向消费者提供某一物品,以刺激其购买某一特定的产品的策略。赠品包括酬谢赠品、附包装赠品、独立赠品、邮寄赠品和付费赠送等。

1. 酬谢赠品

酬谢赠品是以标准包装的原价格供给较标准包装更大的包装或以标准包装另外在附加商品来酬谢顾客的策略。比如"买一送一""买二送一"等,深受顾客的喜爱,并能吸引顾客积极参与。这种策略在消费品中得以广泛的运用,效果明显。这里要注意的是赠品的确定和说明,以免造成不必要的麻烦。

2. 包装赠品

包装促销主要的目的,就是通过提供特殊的包装,在零售店的货架上显出独特的一面,以吸引消费者。特别是当商品差异性不大时,更具有突出的效果。通过包装内、包装上、包装外或可利用包装等来进行促销,在激励消费者尝试购买方面特别见效。尤其是当消费者因赠品而买了本产品,经试用后对产品深感满意时,他们自然会继续使用,从而成为这一商品的忠实顾客。此类促销运用也十分广泛,主要是因为它能在现场刺激顾客的购买欲,转移顾客的品牌视线。

可利用包装是一种独特的包装策略。其包装物在产品用完后,仍可作为再利用的物品,甚至是被作为收藏品收藏。

3. 邮寄赠品

这是通过邮寄对顾客提供免费赠品或礼物的方法。特点是顾客要把已购产品可作为凭证的发票或者特别的小标志寄回公司,公司再免费邮寄赠品。

4. 付费赠品

付费赠品是指企业为吸引顾客而采取的只要顾客在购买某种特定商品的同时提供赠品的部分费用即获得赠品的销售促进方式。成功的付费赠品促销活动,关键在于所提供的赠品是只能从此赠送中获得,而很难从别处寻找。一般来讲,这些赠品总是由成套组合或是互有关联的商品组合。

付费赠品最重要的是赠品的选择。应考虑的主要因素即是否能提高产品形象或加深使用者的品牌记忆。所以,评估一个付费赠送促销活动的成效,不能只局限于赠品兑换的数量上,而应综合考虑。

16.2.3　有奖促销

有奖促销是指企业在特定情况下,在消费者购物后,向他们提供赢得现金、旅游或物品的各种获奖机会,包括抽奖和竞赛获奖。

有奖促销在我国 20 世纪 80—90 年代风靡一时,大小城市,各种零售形式都纷纷推出"巨奖销售"。所赠送的奖品是从普通商品到金银珠宝、大型家用电器、汽车、房子等。

有奖促销出现过不少问题,如欺骗问题,顾客根本就拿不到所谓的大奖。那大奖只不过是一个促销的噱头而已。所以我国在《关于禁止有奖销售活动中不正当竞争行为的若干规定》中明确规定:采取不正当的手段故意让内定人员中奖,故意将设有中奖标志的商品、奖券不投放市场或者不与商品、奖券同时投放市场,将带有不同奖金金额或者奖品标志的商品、奖券按不同时间投放市场等行为都认作是欺骗行为,规定抽奖式的有奖销售,最高奖的金额不得超过 5 000 元。

1. 抽奖方式

(1)直接式抽奖。即从来件中直接抽出中奖者。

(2)对奖式抽奖。即由奖励方事先选定好数字或标志,当一组奖券送完或到指定的日期后,由媒体告知顾客或自己宣布已中奖状况的方法。目前比较流行的是刮刮卡的方式,参加者获得卡片后,可在指定的期限内将卡片上显示的数字或标志与奖励方选定的数字或标志相对比,符合者中奖。

2. 竞赛

竞赛是一种请顾客运用和发挥自己的才能以解决或完成某一特定问题的活动。竞赛要靠才能和运气,才能获胜。获胜者可以获得主办方的奖励。

3. 运作

有奖促销的运作首先要确定奖品的选择。通常,奖品组合均采用金字塔型,即一个高价值的大奖,接着是一些中价位的奖品,最后是数量最多的低价位的奖品。

有奖促销应该有明确的规则,规则包括的主要内容有:活动的起止日期、奖励方法、奖励条件、奖品及数量金额、奖励机构和监督机构、中奖名单发布时间、方式、领奖方式等。

16.2.4 样品促销

将样品免费送达顾客手中的销售促进方式就是样品促销。样品促销是无需具备任何条件即可以得到样品。实践证明,这种方式是吸引顾客试用其产品的好方法,特别是新产品进入市场时运用最为有效。它不仅可以有效刺激顾客的兴趣,而且可以提高顾客尝试购买的愿望。样品促销要保证货源充足,以避免顾客正式使用时却找不到产品的情况。

1. 样品促销的分类

(1) 直接邮寄。即样品通过邮政部门,或利用专门的快递公司或促销公司,直接把样品送到潜在顾客手中。此方法邮寄费用较贵,而且可能会受到地址和隐私的限制。

(2) 逐户派送。即将样品以专人的方式送到顾客手中的方法。通常会委托专业的样品服务公司或企业直接派人去执行。

(3) 定点派送。即选择在零售店、购物中心、主要街头、车站、人员集散地等公共场所,将样品派送。

(4) 媒体派送。有些样品可随报纸、杂志等直接派发给潜在顾客。

(5) 包装派送。即选择非竞争性产品来派送样品的方法。

2. 样品促销的优缺点

(1) 优点:可提供快速的商品信息,顾客没有负担和风险,可促使顾客尝试并转换品牌,可协助已有的品牌强化分销渠道。

(2) 缺点:经济效益低,仅适应于大众化、价格比较低的消费品。

16.2.5 发券促销

发券(优待券)促销可分为两大类,即零售商型优待券和厂商型优待券。

1. 零售商型优待券

零售商优待券只能在某一特定的商店或连锁店使用。通常,此类型优待券由总经销者或零售店策划,并在平面媒体广告或店内小传单运用此类优待券,绝大部分是以吸引消费者光临某一特定商店为主要目的,而不是为了吸引顾客购买某一特别品牌的商品。另外,它也被广泛用来协助刺激对店内各种商品的购买欲望上。虽然零售商优待券的繁多,但不外乎下列三种:

(1) 直接折价式优待券。即指某特定零售店在特定期时间内,针对某特定品牌,可凭券购买以享有某金额的折价优待。这种促销方式也可运用在多量购买上。

(2) 免费送赠品优待券。即买 A 产品可凭此券免费获赠 B 产品。

(3) 积分点券优待券。即购买某商品时,可获赠积分点券,凭这些点券可在该零售店兑换自己喜欢的赠品。

2. 厂商型优待券

厂商型优待券是由产品制造商的营销人员所规划和散发的,通常可在各零售点兑换,并获得购买该品牌商品的特别优待。对厂商型优待券而言,零售店如同厂商的活动代理,负责回收优待券,统一整理后退回厂商。之后,厂商再依据优待券面额外加处理费用,一并支付给零售店。此种优待券对于经销各种品牌或商品的零售店均适用。其主要目的是增加消费者对厂商生产的同一品牌系列产品的购买欲望;同时对零售商也起到吸引顾客的目的。厂商型优待券因散发方式的不同又可分为以下四类:

(1) 直接送予消费者的优待券。它通常是通过挨户递送,或用邮寄方式直接送到者手里。它既可采用单独寄送,也可附带介绍或宣传性资料一起寄送。另外,还可采用在街头散发,置于展示台上任人自取,通过商店"欢迎取用"告示牌来吸引顾客索取。

(2) 通过媒体散发优待券。因传播媒体的对象不同,各种类别的优待券应选择对口的媒体。

报纸上的优待券可单刊或多家联刊。单刊通常是是由一家广告主单独将优惠券刊登在报纸广告上,联刊则是几个品牌的优待券组合起来刊出广告。联刊式优待券由非竞争性的厂商组合起来,可通过专营优惠卡的公司将其集结在一起。所有联刊厂商的优待券均在其中共同上标题下,按统一格式排列刊登。联刊式优待券的优点是,既可争取较大的篇幅刊登,又可吸引消费者注意多种商品,使彼此间产生积极互助的效果。

刊于杂志上的优待券有两种形式:一种是刊于内页广告上,即在杂志内页中的商品广告上附带该商品的优待券;别一种是刊于彩色插页式优待卡,通常设计成独立的优待券,插在商品的正常广告页间,或是附连在正常广告页上,其用纸质量较好,尺寸较小,常直接装订或粘贴在杂志上。

(3) 随商品发放的优待券。此为吸引消费者再次购买时享受优惠的一种形式。它包括将优待直接附在商品里面,当运用此方式时,商品的盒子或纸箱上常以"标贴"的方式特别标明,以吸引消费者的注意。需要注意的是,在食品类商品使用包装内优待券时,因食品管理的规定极为严格,所以特别小心,在优待券的形式、规格、纸张材料、印刷方式等方面均应符合规定。另一种是在包装上某处附有优待券,它可以印在包装标签上或印在纸箱上。

另外,某商品的优待券可以放在其他不同类别的商品包装内或包装上,此种可称之为"交叉取胜"。此方式多用于互补性的商品。如某品牌咖啡在其包装内或包装外附一张优待券,可凭此券购买咖啡伴侣或享受优惠。

(4)特殊渠道发放的优待券。目前出现数种小型但却发展迅速的优待券发送方式,特别是在零售业中更为流行。较常见的有:将优待券印在收银机打出的收款条背面、商店的购物袋上、蛋桶盒上、冷冻食品包装袋上、街头促销宣传单上等可利用的地方。这类优待券散发渠道多,运用灵活,但正因为其发放方法新颖,缺乏长期的记录轨迹可循,所以运用时要慎重。

16.2.6　集点促销

集点促销又叫商业贴花,指顾客每购买单位商品就可以得到一张贴花,若集到一定数量的贴花就可能换取某种商品或奖品。消费者对集点优待的偏好不一,但总的说来,仍不失为一种重要且具影响力的促销手段,最终目标是让顾客再次购买某种商品,或再度光顾某家商场。

集点促销与其他促销方式最大的差别在于时间上的延续。消费者必须先购买商品,再收集点券、优待券或购物凭证,在一定的时间后达到了符合赠送的数量,才可获得赠品。

通常,如果消费者参加了某一集点促销活动,他就会积极地收集点券、标签或购物凭证,以兑换赠品,此时,自然不愿意转而购买其他品牌的商品。可见,集点促销对解决某些促销问题深具效力,尤其是对建立再次购买及保护现有使用者免受竞争品牌的干扰更具成效。

1. 集点促销的种类

集点促销通常可分为两大类。

(1)厂商型集点优待。包括:点券式集点优待,主要是厂商鼓励消费者多购买其产品,给予某特定数量的点券;厂商赠品式集点优待,是指在包装内、包装上附赠品的集点优待方式;凭证式集点优待,是指消费者提供其某种特定的购物凭证即可获得厂家提供的基本品种特定优待,如奖金、赠品等。

(2)零售商集点优待。主要包括零售商积分优待和零售商积点卡优待:零售商积分优待是根据在零售店购物的一定量的消费金额为根据来送的,当消费者收集积分券达到一定数量时,即可依赠品目录兑换赠品;零售商积点卡式优待是指零售商根据某个特定标准向顾客发放积点卡,顾客根据其不同的累积购买量享受不同的优待。

2. 集点促销的优缺点

(1)优点:是一种低成本促销,容易引起顾客的重复购买,顾客有真正的实惠感。

（2）缺点：对非经常性购买的商品没有多大的促销力度，时间长，会让顾客失去耐心。

16.2.7　退费促销

退费促销是指企业根据顾客提供的购买某种商品的购物凭证给予一定金额的部分退费或全额退费，以吸引顾客，促进销售。

退费促销适用于各行各业，而且效果明显。同时，通费促销也适用于绝大部分的商品，只是其中有些商品及商品类别较其他商品的反应更好一些。有些厂商在促销过程中，运用全额退费优待，但事实上该方式只适用于较低价格的商品。而目前更多的营销人员喜欢采用退还某一固定金额作为退费促销的方式。

1. 退费促销的形式

退费促销运用得较多的主要以下几种形式。

（1）单一商品购买优待。为单一商品购买而举办的退费优待，常偏重于理性购买型商品，或几千元高价位的食品、药品、健康和美容品等。甚至有的汽车厂商提供买新车给予退费优待。

（2）同一商品重复购买优待。此种方式是指两次以上购买同一种商品时所采用的退费优惠。

（3）同一厂商多种产品的购买优待：通常，厂商在举办本促销活动时，常可提供不同的产品系列，以便顾客任意选购所需商品，并同时收集不同的标签，从而确定获得相应的退费优待。

（4）相关性商品的购买优待。将相关性商品并在一起提供退费优待，是促销中最普遍的一种方式。

2. 退费促销的优缺点

（1）优点：可以协助建立品牌忠诚度，可以激励顾客购买价值、价格高的商品。

（2）缺点：顾客对于要凭购物凭证去享受退费感到麻烦，对已经品牌忠诚度高的顾客吸引力不大，退费促销的成效难以评估，有时还会弄巧成拙，无法收场。

16.2.8　会员促销

会员促销是最能体现长期效果的销售促进。它是一种运用会员制的方式，免费或交入一小笔会费，成为会员后，让同在一个组织内或一个俱乐部内的成员享受购物或服务优惠的促销方式。

1. 会员促销对顾客的激励

（1）享受低价优惠或特殊服务。对于顾客来说，加入俱乐部的会费一次性的支出远小于此后享受到的低价所带来的好处，因此，顾客往往都愿意加入。

（2）方便购物。成为会员后,顾客往往会定期收到有关新到商品的宣传资料、样品等,会员不出户即可知道商品信息,而且可以通过电话等方式让人送货上门。

（3）利用会员卡传播。会员卡可以本人使用,往往也可以转借他人使用,还可以馈赠亲朋好友。所以会员卡能有效进行传播,吸引更多的人加入。

2. 会员促销对企业的利益

（1）建立长期稳定的市场。以会员的方式来促销比仅仅与降价的方式来促销的区别就在于,会员促销以有组织有约束的形式为企业的产品销售建立了一个长期稳定的市场,而降价促销就没有这样的功能。

（2）培养了忠诚的顾客。会员促销往往在价格、送货、质量、保险等方面都得到保障,所以有利于培养长期顾客,稳定客源。

16.2.9　团购促销

团购是新兴的一种促销方式。**团购**（group purchase）就是团体购物,指的是认识的或者不认识的消费者联合起来,来加大与商家的谈判能力,以求得最优价格的一种购物方式。根据薄利多销、量大价优的原理,商家可以给出低于零售价格的团购折扣和单独购买得不到的优质服务。团购的目的就是让每一个人都能找到更优惠的团购商品,让不相识的消费者共同享受物美价廉的服务。

分级团购就是网民和商家都可以从自己的需求出发,发起团购或团批,根据不同团购级别量体裁衣,设立各级团购或团批价格,等待卖家或买家前来参与团购,从而为广大网民提供了与商家"砍价"的话语权,也为卖家通过做分级团批扩大销售额提供了一种崭新选择,是网上团购商业模式的一个重大创新,把网民联合团购可形象称之为"团结起来力量大。"

1. 团购优势

（1）团购价格低于产品市场最低零售价。参加团购能够有效降低消费者的交易成本,在保证质量和服务的前提下,获得合理的低价格。团购实质相当于批发,团购价格相当于产品在团购数量时的批发价格。通过网络团购,可以将被动的分散购买变成主动的大宗购买,所以购买同样质量的产品,能够享受更低的价格和更优质的服务。

（2）团购使产品和服务的质量能够得到有效的保证。团购能够彻底转变传统消费行为中,因市场不透明和信息不对称,而导致的消费者弱势地位。通过参加团购更多地了解产品的规格、性能、合理价格区间,并参考团购组织者和其他购买者对产品客观公正的评价,在购买和服务过程中占据主动地位,真正买到质量好、服务好、价格合理、称心如意的产品,达到省时、省心、省力、省钱的目的。

（3）给商家带来人气。消费者每天面对形形色色的美食,很多时候会被其价格阻挡在门外。对于一家环境优美、品味时尚的餐厅,没有充足的消费者会很可惜,这时候,团购平台创建的不仅是可以满足消费者的口味,也能给团购商家带去充足的客源和人气。

2. 团购形式

现在团购的主要形式是网络团购和电视团购。

(1) 网络团购。网络团购作为一种新兴的电子商务模式,通过消费者自行组团、专业团购网站、商家组织团购等形式,提升用户与商家的议价能力,并极大程度地实现了商品让利,引起了消费者及业内厂商,甚至是资本市场关注。目前网络团购已经迅速在全国各大城市发展起来,成为众多消费者追求的一种现代、时尚的购物方式,因为它有效地防止了不成熟市场的暴利、个人消费的盲目,抵制了大众消费的泡沫。

(2) 电视团购。电视团购则运用电视这样的大众传播媒体,再借助电视著名节目主持人代表消费者一方来和商品或服务提供方进行交易的一种销售促进方式。电视团购运用电视的大众传播特性,通过运用电视主持人的公信力和魅力支持,往往能获得高涨的现场人气和促销效果。

16.2.10　节事促销

节事(festival & special event)是一个外来的组合概念,是节庆和特殊事件的统称。节庆通常是指有主题的公共庆典,特殊事件可以用来形容精心策划和举办的某个特定的仪式、演讲、表演或庆典,可以包括国庆日、庆典、重大的市民活动、独特的文化演出、重要的体育比赛、社团活动、贸易促销和产品推介等。

节事促销就是企业运用不同的节事来进行沟通,推广自己品牌和产品的促销活动。企业在激烈的市场竞争中要"心有千千节",要有节事用节事,无节事造节事,其目的就是能借节事或造节事形成热烈的节事及促销气氛,达到最终的促销目的。

(1) 选择节事机会。

由于参与或组织节事要花费大量的金钱,而且机会数量太多,很多营销人正在变得越来越对节事促销持选择性的态度。节事促销一定要与营销目标和品牌传播战略相匹配。同时节事传达的信息必须与品牌的受众市场相符合。节事必须有足够的知名度,拥有需求印象,并且能在市场中创造预期的效果。消费者必须愿意介入这些节事。

(2) 设计赞助计划。

销售促进策略可以和节事捆绑在一起。比如企业可以成为节事的唯一或指定赞助商。但赞助节事相关的营销活动费用至少是赞助费用的两到三倍。比如利用赞助节事而采取的折价或赠送策略等。

(3) 衡量节事促销。

直接追踪与赞助相关的销售促进。衡量供给方的方法是通过媒体报道的范围确定品牌的集中展示;衡量需求方的方法是面对消费者的展示效果。

∷ 本章小结

　　销售促进又称营业推广,是企业在某一段时期内采用特殊的手段对消费者实行强烈的刺激,以促进企业销售迅速增长的一种策略。销售促进作用体现在能吸引新顾客,巩固品牌忠诚和有效辅助其他促销策略。

　　销售促进有着很好的短期促销效果,顾客的心目中甚至形成了促销期待。所以有效地运用促销策略可以使企业的销售得以很大的提高。主要的销售促进策略有:折价促销、赠品促销、有奖促销、样品促销、优惠券促销、会员促销、团购促销和节事促销等。

∷ 本章关键词

　　销售促进　折价促销　赠品促销　样品促销　有奖促销　优惠券促销　集点促销退费促销会员促销　团购　节事促销

∷ 思考题

　　1. 销售促进的作用是什么?

　　2. 销售促进的对象包括哪些?

　　3. 试述主要销售促进的策略内容。

第17章
直复营销

:::

开篇案例　用新媒体玩转营销

2017 年是加拿大建国 150 周年,加拿大旅游局向途牛旅游网抛出"橄榄枝",双方共同就加国成立 150 周年开展了系列营销活动。途牛就这一主题策划了"加你一起"征集活动,立马受到了国内外用户的广泛关注,成为了途牛新媒体营销的一次重要策划。4 月 20 日至 5 月 16 日征集活动举办期间,参与者与亲朋好友法定年龄相加等于 150 岁,并录制对加拿大的祝福视频,即有机会赢取"0 元加拿大 10 天 9 晚国庆定制游",参加 7 月 1 日在加拿大首都渥太华举办的大型加拿大国庆活动。活动预热阶段,途牛网在玩转途牛、Feekr、Insdaily、Fashiontrip 等微信公众号都进行了推广,引起较大反响。

"新媒体营销使宣传方式愈加多样化,将更多创造性的元素融入整合营销传播,通过图文结合、用户互动等多种形式提升活动创意。与此同时,多对多形式的 N 级传播速度和效果也令人惊讶。"途牛旅游网相关负责人表示:"我们收到了世界各地近千组的报名团队,国内方面,除了北京、上海、广州、杭州等一二线城市,活动辐射范围更扩大到乐清、中山、延安等三四线城市。国外方面,美国、加拿大等国家的用户也参与到了我们的甄选中。'用户参与感'是我们此次活动最关注的部分。除了最终大奖,我们还准备了 150 份官方纪念礼包在途牛微信平台进行发放,刺激用户活跃度。另外,这些微信公众号的评论功能,使我们第一时间了解到用户对活动的感知,同时成为他们发表自己声音的渠道。通过提升用户的参与度和积极性,达到最终传播营销的目的。"途牛旅游网相关负责人表示。

途牛网建立于 2006 年 10 月,其创办宗旨是让每一个的旅游变得更简单。途牛一直关注于如何与消费者更好地沟通并满足消费者的需求,新媒体成了途牛实现这一目的的利器。

吸人眼球的"打折票"

就像在市场买东西,消费者的眼球总会被质优价廉的商品信息吸引一样,人们在选择旅游产品时,也会将关注的焦点聚集在票价上。对游客而言,没有什么比打折的机票、火车票、船票、酒店、景区门票更让人兴奋的了。"途牛旅游网"微信公众平台则紧紧抓住了粉丝的这种心理,在微信公众平台上将各种出门旅行所需要的折扣票价信息一网打尽。粉丝可以在"途牛旅游网"微信公众平台"当季热卖"板块中点击"预订服务",进入页面之后就可以享受各种票价预定折扣了。这种票价折扣超市模式让"途牛旅游网"微信公众平台成了粉丝计划出游前必定登录的平台,极大地提升了自己在游客心目中的形象。

免费旅游不再是梦

相对于打折票,不用花一分钱的免费旅游对粉丝的吸引力则更加强大可以想象一下,假如有这么一个机会出现在你的眼前,你是不是会怦然心动,甚至会为此手舞足蹈呢?"途牛旅游网"微信公众平台每隔一段时间就会推出旅游招募和体验活动。这些活动通常都"高大上",不仅有国内游,还有港澳游、出境游,让人看了之后心生向往。

每日秒杀,秒出超高人气

"途牛旅游网"微信公众平台最让粉丝疯狂的是其"每日秒杀"板块,其每天10:00、14:00、16:00、21:00都会准时推出一次秒杀活动,活动的超高性价比激发起人们极大的参与热情,快速提升了微信公共平台的人气,带动了其他旅游产品的销售,并且使其在粉丝心目中的地位进一步提升,起到了非常好的营销效果。

1 元夺宝,用大奖凝聚粉丝

"途牛旅游网"微信公众平台除了利用每天的秒杀活动吸引粉丝外,其"1元夺宝"活动也是粉丝关注的焦点。粉丝只需要支付1元,就有可能获得途牛网提供的超值大奖,从手机、电脑、相机到日常用品,无所不包。这种带有娱乐性质的夺宝活动,为"途牛旅游网"微信公众平台带来利润的同时,也让粉丝有了一种获奖的期望,成为粉丝每天登录"途牛网旅游"微信公众平台关注的热点活动。

资料来源:根据互联网多方资料整理而成。

所谓大众营销,是指用标准化的信息和由中间商分销的产品瞄准更宽泛的目标市场。但是,今天,越来越精准的目标营销已成为趋势,许多企业正在采用直复营销来成为传播的一个重要方法,直复营销的爆炸性发展正在到来。

菲利普·科特勒说:"对于营销来说,将沟通个性化,并在正确的时间,对正确的人,表达而且做出正确的事情,是非常重要的。"

17.1 直复营销概述

直复营销与其他的营销方式都在寻求劝说消费者购买产品或为其服务,但在直复营销的方式中,存在着一些比普通的营销方式更为特殊的内容,其中最重要的内容是其针对个体的单独沟通。这包括了针对个体的广告与销售的结合,客户服务的特征,强调针对性的目标市场,以及产生顾客立即回复信息的能力,最后是直复营销活动的可监控性及可测量性。

17.1.1 直复营销内涵

直复营销,源于英文词汇"direct marketing",简称DM,即"直接回应的营销"。它是以赢利为目标,通过个性化的沟通媒介向目标市场成员发布信息,以寻求对方直接回应(问询或订购)的社会和管理过程。美国直复营销协会(direct marketing association,DMA)将直复营销定义为一种互动的营销系统,是一种为了在任何地方产生可度量的反应和达成交易而使用的一种或多种广告媒体的交互作用的营销体系。因为"可度量"多指顾客的订单,所以也被称之为直接订货营销。

直复营销的成功关键还在于企业对适合进入目标市场,接触目标顾客的媒介选择。一般企业可选择的媒介主要有:直邮、电视、电话、网络等。各种媒介各具优势,公司在选择之时一方面要考虑目标市场需要,一方面也要考虑自身经济实力。

借助大量的新数字技术,直复营销商可以随时随地联系消费者并与他们就几乎任何事物展开互动。应用新技术开展的最新直复营销有:手机营销、播客和视频播客、微信营销、微博营销以及互动电视、网络直播等。

直复营销的工具是顾客数据库,被用于有组织地收集关于个人顾客或预期顾客的综合数据,包括个人的年龄、收入、家庭成员、生日、活动、兴趣、意见、过去的购买情况和其他相关信息。数据库营销是建立、维持、使用顾客数据库和其他数据库(产品、供应商、零售商)的过程,其目的是联系和交易。使用数据库的方法主要包括:确定预期顾客;决定哪些顾客应收到特定的报价单;强化顾客忠诚(发出适当的礼物、折扣赠券和有趣读物);促进顾客再购买。

美国是迄今为止直复营销被最多采用的国家。早在19世纪初期,有公司已经通过邮寄目录销售产品。美国是当今世界上直复营销业最发达的国家。

17.1.2　直复营销特点

对于当前很多企业来说,直复营销已不仅仅是补充渠道或补充媒体。直复营销尤其是其最新形式,即网络营销,已构成一种完整的商业模式。有些企业已经将这种直复营销新模式作为自己唯一的方式,而不是把直复营销及其网络作为一种补充方式。与传统营销相比,直复营销具有以下几个特点:

1. 互动性

直复营销是互动性的,营销者和顾客之间可以进行双向的沟通。营销者通过某个(或几个)特定的媒介(电视、目录、邮件、印刷媒介、广播、电话、互联网)向目标顾客或准顾客传递产品或服务信息,顾客通过邮件、电话、在线等方式向企业的发盘进行回应,订购企业发盘中提供的产品或服务,或者要求提供进一步的信息。

直复营销的互动性给目标市场成员以回应的机会。同时,这种反映的信息又是企业规划后续直复营销项目的重要依据。

2. 可衡量

直复营销的互动活动的效果更易于衡量。目标市场成员对企业直复营销活动项目的回应与否,都与每个目录邮件、每次直接反应电视广告、每次广播广告或每个直邮直接相关。而且,直复营销者还可以借助于营销数据库,分析消费者个体或家庭的购买行为等方面的信息,进而得出顾客某方面特征的判断,以规划新的直复营销活动。数据库在直复营销活动中的地位是非常重要的,它可以说是所有直复营销活动的基础或前提。

3. 个性化

直复营销活动具有很强的目标指向性。直复营销者的营销对象就是具体的个人、家庭或企业,而不是通过大众媒体指向大众市场。顾客与直复营销者之间的互动都是以一对一为基础的,这在直邮或目录营销中就显得更为明显,这时企业向目标市场成员的产品或服务发盘和目标市场成员对该发盘的回应都是个性化的。对于电视、广播、互联网等媒介,虽然营销者向目标市场成员传递产品或服务发盘信息类似于传统营销,但是,顾客对该发盘的回应还是个性化的。直复营销的这个特点,使得企业可以针对不同顾客个体的特征差异,选择不同的营销策略。

4. 隐秘性

这主要是针对"一对一"式的直复营销工具而言。通过直邮、目录和电话等手段,直复营销活动是在竞争对于不知情的情况下运营,具有一定的隐秘性。当竞争对手可能获知本企业的直复营销策略时,企业可能已经占领市场并获得销售量。直复营销的这种隐秘特性,尤其方便于在大规模营销活动开展前进行隐秘性的营销测试。

5. 广泛性

与一般营销旨在树立公司形象的广告宣传不同之处是,直复营销对于各种规模的企业都适用。对于实力雄厚的大企业,直复营销是其增加竞争优势的利器;对于资源有限的小企业,则是其达到目标市场,实现销售的良好渠道。由于直复营销以能够到达具有不同需要的、分散的市场而见长,使企业能够更有效利用其营销资源,使每个单位营销投入都有其明确的配比收入,因此对于小型公司来说尤为重要。

17.2　直复营销策略

直复营销主要形式包括了直邮营销、目录营销、电话营销、电视营销和网络营销等。相应的策略也就在这些形式中。

17.2.1　直邮营销

1. 概念

直邮营销(direct mail marketing)简称直邮,是指为单个的顾客提供建议、说明、提醒或者其他项目。根据详细筛选和分类的邮件详单,直复营销人员每年都会寄出上万封的邮件,包括信件、插页、宣传单等。

直邮是一种历史悠久的营销方式,直复营销的最初形态就是邮购。邮购始于1872年8月的美国,那时,第一家邮购商店蒙哥马利·华尔德在美国创立。直邮是通过邮局寄往目标客户的邮件,传递各种可以影响目标客户做出相关决策的营销信息。包括向一个有具体地址的人寄发报价单、通知、纪念品、服务或其他项目。它能更有效地选择目标市场,实现个性化,强化顾客关系,比较容易检测各种结果。

直邮传递形式主要有邮电书面传送、传真传送等。新兴的直邮主要有:手机短信、网络电子邮件等。

2. 优势

近年来随着科学技术的进步、媒体分割的飞速发展,直邮成为近几年来增长最快的媒体之一。大部分企业对接收直邮信函都持有较积极态度,将其视为有效的传播方式。

直邮的优势表现为:成本低廉,性价比好;包括的信息十分详细、全面;用邮件的方式寄给目标客户,缩短了双方间的心灵距离;特别能巩固与老客户之间的关系;直邮的对象是经过认真筛选的,具有很强的针对性,减少了营销的盲目性;不需要较多的人员投入;整体回应率较高;便于设计制作色彩绚丽、充满创意且富激励性的广告文稿。

3. 策略

信函是直邮中最重要的要素,所以下一步是如何制作有效的信函:

(1) 使用信头和信尾。普通信件中的信头和信尾包含大量的信息,过多的信息挤在一块易造成阅读者注意力的混乱,很难将信息进行区分,所以信头应尽可能简洁并使顾客感到方便。信尾则可传递一些简短的服务信息。

（2）篇幅。对直邮的篇幅有一致的看法,原则就是切忌重复罗嗦,力求简洁。

（3）使用问候语。这是一种能增加亲近感的介绍方式。问候语应恰当使用,并注意收信人的感受,让收信人会因此愿意进行沟通。

（4）使用标题。像海报一样叙述事情实质并激发顾客阅读兴趣的标题,可以帮助顾客了解可以获得的利益。

（5）使用副标题。将正文分成易读的段落,并给每段加上一个副标题。副标题是对每段内容的浓缩,顾客可以从中选择自己需要的信息。

（6）下划线和黑体字。这样能吸引顾客的视线,并强调有关部分的重要性。但频繁使用会降低效果,并影响信函的整洁。

（7）使用色彩。与下划线和黑体字一样,不要过于频繁使用色彩。此外,色彩还必须与产品或服务的基调一致。

（8）写作风格。掌握这些技巧能提高可读性和反馈率:使用具有戏剧效果的首起段落;以私人的语气写作;让顾客了解寄信人的期望;让读者首肯;信函应有一个清晰的结构。

4. 目录营销

目录营销是指运用目录作为传播信息载体,并通过直邮渠道向目标市场成员发布,从而获得对方直接反应的营销活动。公司把一种或更多的产品目录邮寄给会有可能签订单或购买的地址,提供邮购业务为顾客服务。它是直邮营销的一种特有形式。世界上第一个目录诞生于 15 世纪的欧洲,是一个关于书籍的目录。在美国,本·富兰克林(Ben Franklin)于 1744 年印制了美国第一份目录,其中列出了数百本图书。

根据目录营销的对象,可以将其分为针对消费者的目录和针对企业组织的目录两种。消费品目录发行量大,而针对企业组织的目录发行量小。消费品目录又可以根据所登载的商品类型、目标市场、目录形象和质量等方面进行分类。近年来,专卖品(specialty goods)目录在当今的目录营销市场中处于主导地位,而且越来越取代传统的一般商品目录,使目录更具有专业化。通过专卖品目录销售的商品范围涵盖服装到食品等产品种类。这类目录可以针对不同生活方式的偏好,例如兴趣、活动、态度和价值观等方面的差异,以及由此而产生的不同偏好。

跨国的目录营销也是近年发展起来的。如日本许多消费者就通过 800 免费电话,从美国的目录营销商那里购买商品。由于目录营销和直接邮购在实际操作中有许多相似和重复之处,所以这两种方式通常被统称为直邮营销。

17.2.2 电话营销

1. 概念

电话营销(telephone marketing),也被称为电讯营销或通讯营销,已成为一项主要的直接营销的工具,是利用电话,通过令人愉快的声音和热情,以即兴推销或全自动语音服务来进行营销的方法。

有些电讯营销系统是全自动的。如自动拨号录音信息处理机可以自动拨号,播放有声广告信息,通过答复机装置或将电话转给总机接线员接受感兴趣的顾客的订货。

随着企业业务量、业务人员的增加,业务费用也在不断增加,电话营销必将成为企业以后开展业务工作的重要手段之一。据研究,电话营销的平均费用只有现场销售的1/10,其经济性是其他销售手段无法比拟的。采用电话营销的目的不单单只是节省费用,更重要的是增加销售。因为电话的无界性和快速性是任何手段都比不上的,几秒钟内我们可以跨过千山万水,和任何人去联系、沟通。而且,电话销售不与客户直接接触,可以避免直接面对客户时万一出现的尴尬。只要自己适当调节个人心态,把声音控制好就可以了。当然电话营销要注意避免侵犯私人问题。

2. 策略

电话营销的传播策略贯穿于电话营销的基本流程中,其基本流程是:

(1) 准备。在一天工作的开始或者打一个电话的开始,我们都应该有一个准备的过程,都不知道要干什么、怎么干就开始,会非常盲目。销售前的准备工作就像盖大楼的地基,地基打不扎实,大楼很快就会倒塌。电话销售前的准备工作包括以下几个方面:

① 明确给客户打电话的目的。在打一个电话前,你应该很清楚的知道你是想成功的销售产品,还是想与客户建立一种长久的合作关系? 你是想做售后服务还是想推荐新的产品给客户? 只有目的明确,在打电话时你才能把侧重点找出来,向那个方向努力。

② 明确打电话的目标。目标是我们打完这个电话后要达到的效果。打完这个电话后,检查一下是否达到了我们的目标,达到了应该总结经验,没有达到应该反省自己,看问题出在哪里,下次不再犯同样的失误。

③ 为了达到目标必须提出的问题。为了达到目标,我们需要得到哪些信息、提出哪些问题,在打电话之前就应该明确。

④ 客户会提出的问题及如何回答。客户常见问题我们必须学会如何回答,不然客户会因为你的不专业或者速度慢而挂断电话。

⑤ 所需要的资料。为了更好地完成与客户的通话,我们应该准备必要的资料在身边。

⑥ 心理上的准备。电话销售人员每天打的电话非常多,遭受的拒绝也就会很多,在精神上也容易造成疲倦,要在心理上做好准备。只要在心态上做好准备,许多问题都会迎刃而解。还有就是要养成恰到好处地发出友善的微笑的习惯,将对你的销售事业起到事半功倍的效果。

(2) 通话。在与一个客户通话时最难处理的事是什么? 是客户不怎么说话,即使说了也是几个字,能让客户多说话,我们已经向成功迈进了一大步。人有一张嘴两只耳朵,所以要多听少说,只有听明白客户在说什么,理解了他的真正意图,才能更好地做销售。

通话时要注意：

① 设计好自己的开场白。当我们主动打电话给陌生客户时，目的是让这个客户能购买我们介绍的产品或服务。然而，大多数时候，电话销售人员会发现，刚作完一个开头，就被礼貌或粗鲁的拒绝。那怎样有效组织开篇，来提高电话销售的成功率呢？一般来说，接通电话后的 20 秒钟是至关重要的。能把握住这 20 秒，就有可能用至多一分钟的时间来进行有效开篇，这其中包括：自我介绍、相关的人或物的说明、介绍打电话的目的、确认对方时间的可行性、探询需求等。

② 说话时要掌握语速适中。音量也要适中，太小了客户听不到，太大了给人的感觉是没有礼貌，会扰乱人的正常情绪。

③ 发音要清晰。说话不清楚的人不可以打电话。要善于运用停顿，如果一直说下去，不知道客户有没有在听，听的明白没有，只有你停下来了，客户才有机会表达他的看法与想法。

④ 说话要有逻辑性和专业性。要善于运用条理性强的文字，在说一些专业性的名词时，尽量考虑客户的接受性，不可以说地方方言。

⑤ 倾听时要有足够的耐心。特别是面对一些很爱说话的客户，更要学会倾听。集中注意力，不要干其他事。只有这样才能知道细节，更重要的是，注意力分散时客户会有感觉的。对客户反映的问题不要抱有成见，不能先入为主带有个人成见，应当让客户开诚布公地把真实想法说出来。

⑥ 运用技巧让顾客满意。比如提问题时可以让客户说出更多你需要了解的东西；说出鼓励的话或者发出肯定的声音会让客户感觉到你一直在听他讲话，对他很重视；复述他的话可以知道你了解的东西是对的，甚至可以得到对方的肯定；对于暴跳如雷、情绪低落的客户最好的办法是不要打断他，保持沉默。

（3）推荐。无论接电话还是打电话最终的目的是为了给客户推荐企业的产品或服务，因此在这个过程中要避免以下几个常犯的错误：忘记主题。应该主动要求客户下定单，不要不好意思。控制时间，时间太长，客户就会失去兴趣，感到厌烦。

（4）处理异议。异议的处理贯穿始终。所以电话销售的过程中，要始终注意运用销售的策略，根据客户的个性特征进行匹配，调整你的销售策略，以尽量减少异议产生。

① 首先，保持良好的心态。在电话销售的过程中，良好的心态是第一重要的事情。尤其是初次从事电话销售的人员，更加需要克服对异议的恐惧感，快速调整自己的心态。

② 其次，转换问题的定义。客户对你说："太贵了"。"太贵了"可能意味着客户真的认为太贵，也可能是"凭什么你的产品值这个价钱"。这时，我们需要转化问题的定义，将问题的解决向有利于销售的方向引导。

③ 再次，确定客户真正的障碍或阻力。在我们对问题的定义转化解释后，我们需要进一步确定客户认为贵或不购买的真正原因。

④ 最后，变阻力为卖点。在知道客户阻力的真正原因后，抓住客户关注的核心点，

引导客户,帮其解决掉,那成交的机会就会非常大了。

(5) 结束(挂断电话)。电话销售人员的时间相对比较紧张,对于没有购买意图的客户或者比较健谈的客户,适当的结束话题也是很重要的。而且对于已经谈好的客户或者已经约访好的客户也要尽快结束话题,不要节外生枝。要等客户挂断电话后你才能挂断电话。

以上五点构成了电话销售的基本过程,如果能够把运用自如,就能吸引更多的客户,就能更好的树立公司形象,走向成功!

17.2.3　电视营销

1. 概念

电视营销(direct-response television marketing)也称为电视直销,是利用电视直接向消费者传播、销售产品的方法。通过电视对商品进行全方位的操作演示,使观众对新产品功能有一个全方位的了解,只需拨打一个电话,便会有人把商品送上门。电视营销最大的特点就是新奇、便利,消费者不用出门就能看到形象的商品,送货上门省时又省力。电视营销的历史并不长,最初起源于 20 世纪 60 年代末期的美国,电视营销在美国得到了蓬勃发展,成为传播中一支不可忽视的力量。

在我国,电视营销这种新的销售方式于 1991 年底开始传入我国。许多电视台与一些专业直销机构一致认为电视营销在中国大有可为。目前我国绝大多数电视台,从省级台到地市级甚至县台,从卫星台到有线台,都开播了电视直销。

2. 方式

(1) 直接回复广告。通过专门时间广告,来展示和介绍自己的产品。采用这种方式的营销者通常买下长达 60 秒或者 120 秒的电视广告时间,并向观众提供一个免费电话号码,以供观众订货或者进行进一步的咨询。电视观众也经常会遇到关于某产品的 30 分钟或是更长的广告节目或商业信息片。

(2) 家庭购物频道。这种频道是专门为销售商品或者服务而开设的。多数这样的频道提供全天 24 小时的电视购物服务。家庭购物频道与其他购物频道都在证明一点,尽管反对广告的声浪不断,但也总有为数可观的人群愿意观赏全都是广告的电视频道与节目。

(3) 视频双向信息系统。就是通过有线电视网或者电话线和销售方的计算机数据库连接成一个系统,消费者只需通过操作一个特制的键盘装置和系统就可以进行双向交流的营销方式。采用这种方式的主要是零售商、银行和旅游代理公司等。

3. 策略

(1) 产品策略。涉足电视购物行业,一定要抓住产品选择这一关。在对市场消费者需求与潜在市场容量进行充分的调研分析之后,推出有空白市场且具备足够技术含金量的好产品。电视购物经营者必须本着长久做好品牌的出发点去经营电视购物,而不是投机。

(2) 服务策略。加强服务讲信用、重信誉是当前电视营销走向规范化的关键所在,没有信誉的买卖是成不了气候的,一定要给合作商家和顾客以安全感。

(3) 渠道策略。电视直销最初是以产品选择、广告片制作投放、呼叫中心订购服务、物流送货及回款、售后服务这几个环节来执行的。相对于传统的市场来说,其作为新兴的直复营销模式,中间渠道的跨越节省了操作的成本。

(4) 价格策略。合理制定商品价格,有效地降低成本,才能让消费者接受电视直销商品的价格。

(5) 促销策略。电视直销的促销应该具体而实事求是。广告如果只播出一次肯定是无效的,应该依据观众的收视习惯滚动播出。电视营销节目往往都有主持人,他们介绍产品的有关知识和使用情况,是充当与观众实话实说拉家常的朋友。应该注重播出技巧,电视直销节日播出时,除了要介绍产品性能、用途,还要告诉观众在哪里如何联系等事项,应不断重复电话号码,让更多的观众知晓产品,进而推动产品销售。

17.2.4　网络营销

1. 概念

网络营销(online marketing)也称为在线营销,是组织或个人利用网络通讯技术进行营销的一种电子化商务活动,是直复营销的最新体现,也是增长最快的直复营销形式。近几年的技术进步把我们带入了数字时代。互联网广泛的使用对购物者以及为其提供服务的营销者都产生了重要的影响。

网络营销实质是以计算机互联网技术为基础,通过与顾客在网上直接接触的方式,向顾客提供更好的产品和服务的营销活动。网络营销并不是单纯的电子商务,而是一个更大范畴的概念,电子商务仅仅是它的一个组成部分。营销覆盖了从产品的开发、生产到销售的整个过程,网络营销便是将这一切通过网络有机地结合起来。

网络营销采取网上直销形式,并增加销售折扣,减少管理费用,为顾客购买提供方便,刺激顾客购买。企业使用网络进行销售,最直接的效益来源于网络直销的功能:简化销售渠道、降低销售成本、减少管理费用。

互联网市场中出现的竞争规律与传统市场中的竞争规律不同,表现为更自由、竞争更激烈、不确定性增加、对生产者要求更高等特点。互联网是眼球经济、光速经济,所以企业的竞争基础发生了很大的变化,其竞争的基础就是信息技术。企业信息化程度的高低成为决定企业市场竞争力的第一要素,信息化程度越高,竞争力越强。

2. 策略

网络营销包括商业网上渠道(各种各样公司建立了网上信息和营销服务,凡登记并付月租金者可进入)和互联网。开展网络营销主要包括四种策略:创建网站;在网上刊登广告和促销;建立或参与网上社交网站;使用电子邮件。

(1)创建网站。对于大多数企业来说,网络营销的第一步是创建网站。但是,除了简单地创建一网站,营销者必须设计具有吸引力的网页,并想方设法吸引顾客访问、浏览并经常登录。

创建一个网站是一回事,但是让人们来此访问又是另外一回事。为了吸引访问者,企业通过线下印刷品和广播广告,以及通过其他网站的广告和链接大力地推广其网站。但是,今天的网络使用者会很快地抛弃那些不合格的网站。创造足够价值和刺激体验的关键因素是让访问网站的消费者在此逗留并再次访问。这意味着企业必须持续更新它们的网站以保持其时尚、新鲜和有用。

设计一个让人第一眼看到就会被吸引并足够有趣让人想再次访问的网站是关键。许多营销者创建的网站五彩缤纷、生动精致,结合了文字、声音和具有吸引力的动画。

(2)在网上刊登广告和促销。由于消费者将越来越多的时间用于网络,许多企业正将更多的营销支出投向网络广告(online advertising),以此建立企业的品牌或吸引访问者访问其网站。网络广告正成为一种主流媒体,其主要形式包括展示广告、相关搜寻广告和网络分类广告。网络展示广告可能出现在任何一个上网者的屏幕上,最常见的形式是横幅广告(banner),这些广告位于网页顶端、底部、右侧、左侧或中心。插播广告(interstitials)是在网页转换时出现的网络广告,尤其当一个新网页正在缓冲时。许多企业正开发令人兴奋的新型富媒体(rich media)展示广告,这些广告包含动画、视频、声音和互动。

比起传统的横幅广告,富媒体广告更好地吸引并牢牢抓住了消费者的注意力。在回到原始位置之前,它们通过浮动、飘移、闪动等动画技术弹出并游走在网页上。

另一个快速发展的网络广告领域是相关搜索广告(search-related ads)。这些广告基于搜索内容的广告和链接出现在如谷歌这类搜索引擎的搜索结果旁边。搜索广告是一种将消费者与其他形式网络推广相联系的有效方式。

网络促销推广的其他形式包括内容赞助、联盟和联合活动、病毒广告。网络营销者使用病毒营销(viral marketing),它是口碑营销的网络版。病毒营销是指创建网站、视频、电子邮件或其他具有强大传染性的营销事件,使顾客希望将其传递给他们的朋友。因为顾客把消息或促销信息转发给其他人,所以病毒营销的成本非常低廉。当信息来自一个朋友时,收信人就很可能打开并阅读它。一位病毒营销专家说:“病毒营销的想法就是让你的顾客帮你做营销。”

许多营销者非常强调口碑中的两种主要的形式:蜂鸣营销(buzz marketing)和病毒营销。蜂鸣营销让消费者对产品产生兴奋情绪,引起公众的关注,并且通过出人意料的或者夸张的方式向消费者传递与新品牌相关的信息。蜂鸣营销和病毒营销都旨在炫耀和显示品牌及其值得注意的特点。

口碑(word of mouth)一词来源于传播学,应用于营销领域。口碑是由生产者以外的个人通过明示或暗示的方式,不经过第三方处理加工,传递关于某一特定或某一种类的产品、品牌、厂商、销售者,以及能够使人联想到上述对象的任何组织或个人信息,从而导致受众获得信息、改变态度,甚至影响购买行为的一种双向互动的传播行为。这种以口碑传播为途径的营销方式,称为口碑营销。

口碑是一条比商业化大众沟通更加可靠、更加可信和值得信赖的信息渠道。口碑信息会对消费者的购买行为产生巨大的影响力。消费者因为口碑而产生的购买次数是广告的 3 倍,口碑在让消费者知晓创新产品、促使消费者试用新产品方面,比广告更有效果。口碑的影响力还体现在它的两面性上,即口碑不但能够传递正面信息,也能传递负面信息。而且,负面口碑对消费者的影响更大,所谓"好事不出门,坏事传千里"。

菲利普·科特勒将 21 世纪的口碑传播定义为:由生产者以外的个人通过明示或暗示的方法,不经过第三方处理、加工,传递关于某一特定或某一种类的产品、品牌、厂商、销售者,以及能够使人联想到上述对象的任何组织或个人信息,从而导致受众获得信息、改变态度,甚至影响购买行为的一种双向互动传播行为。口碑营销是企业在调查市场需求的情况下,为消费者提供他们所需要的产品和服务,同时制定一定口碑推广计划,让消费者自动传播公司的产品和服务的良好评价,让人们通过口碑了解产品、树立品牌,最终达到企业销售产品和提供服务的目的。

(3) 建立或参与网上社交网络。无数独立的商业网站应运而生,为消费者提供了一个聚集、交际以及交流观点和信息的地方。营销者可以通过两种方式参与到网络社群中:他们可以参与已存在的网络社群或者建立他们自己的网络社群。加入已存在的社群是最简单的。为了避免进入已有网络社交圈的困惑和难题,许多企业正建设它们自己的有针对性的网络社群。

(4) 使用电子邮件。电子邮件是一种重要的并处于不断发展中的网络营销工具。企业为了能在这个越来越杂乱的电子邮件环境中更有效地竞争,营销者正设计内容丰富的电子邮件信息——以音频和视频的方式呈现的生动的、互动的、个性化信息。营销者更认真地瞄准那些希望参加互动的信息接受者。但是,随着电子邮件营销越来越广泛的使用,它的负面影响也逐渐显现。垃圾邮件的泛滥,那些不请自来将我们的电子邮箱塞得满满的商业电子邮件,已经使消费者感到愤怒和困惑。为了解决这个难题,大多数合法的营销者目前正在实施获得许可的电子邮件营销,仅向那些"选择加入"的顾客发送电子邮件广告。

网上营销成功的标准是一次与一位顾客建立联系。为了与顾客建立关系,网络营销商必须亲自参与虚拟社区的活动。只有亲自参与所有过程,才能理解网络上的运作规划,才能找准方位,向目标顾客销售产品。

网络营销区别于传统营销最显著的特点是网络的互动性。卖方可以随时随地与买方互动式地进行交易,而买方也可以一种新的方式与卖方互动交流。这种交流是双向的,而非单向的。利用互动媒介进行营销的首要特点,就是传递信息的成本远比传统营销方式低廉得多,这也是互动式直接营销吸引众多企业的一大优点。

互动式营销的另一项特点是,需要消费者变被动为主动。消费者是否有主动查询信息的动机将是互动式营销能否有效发挥其潜力的关键性因素。在消费者搜索信息动机强烈的市场中,互动式媒介是强有力的营销工具,其力量超过零售商店等传统销售方式。阿尔·里斯说:"没有互动,你的网站和品牌将一无所成。"

17.3 新媒体营销

17.3.1　内涵

新媒体是相对传统媒体的一个概念。传统媒体一般包括电视、报纸、广播、杂志等,而新媒体一般指利用数字技术、网络技术,通过互联网、宽带局域网、无线通信网、卫星等渠道,以及电脑、手机、数字电视机等终端,向用户提供信息和娱乐服务的传播形态。简单来说,新媒体涵盖了所有数字化的媒体形式,包括所有数字化的传统媒体、网络媒体、移动端媒体、数字电视、数字报刊杂志等,是网络营销的新发展。大体上,目前运用到的新媒体营销载体主要包括四大块内容:

一是互联网新媒体。当前主流的形式主要包括各种门户网站、网络视频网站、搜索引擎、电子邮箱、博客、微博、网络直播、即时通信工具等。

二是手机新媒体。主要包括了手机视频、手机微博、微信、手机社交、手机 APP、二维码、等媒介形式。手机媒体也可以称为移动媒体。

三是电视新媒体。主要包括数字电视与 IPTV(交互式网络电视)等媒体。

四是户外新媒体。主要形式包括城市户外电子显示屏、楼宇电视、车载移动电视等。

随着互联网等数字媒体的普及,传统的新媒体概念已经受到制约,新的"新媒体"正活跃在大众的视野,如国外的 Facebook、Twitter,国内的微信、微博、直播平台等已经成为了新媒体的代名词。本节讨论的对象正是这批新媒体。由新媒体催生的新媒体营销策略也将是本节讨论的内容。所谓新媒体营销,即企业通过新媒体进行的营销活动。新媒体的普及使企业与消费者可以进行更加直接的沟通,为直复营销增添了新的路径,也顺应了 4P 到 4C 的理论变革。

自媒体人借助各类新媒体及其网络工具进行的营销被称为自媒体营销。自媒体营销利用社会化网络、在线社区、博客、百科或者其他互联网协作平台和媒体来传播和发布资讯,从而形成的营销、销售、公共关系处理和客户关系服务维护及开拓的一种方式。一般工具包括论坛、微博、微信、博客、SNS 社区、图片和视频，通过自媒体平台或者组织媒体平台进行发布和传播。其主要特点是网站内容大多由用户自愿提供，而用户与站点不存在直接的雇佣关系。传播的内容量大且形式多样；每时每刻都处在营销状态及与消费者的互动状态，强调内容性与互动技巧；需要对营销过程进行实时监测、分析、总结与管理；需要根据市场与消费者的实时反馈调整营销目标等。自媒体的崛起是近些年来互联网的一个发展趋势。

精准营销（precision marketing）就是在精准定位的基础上，依托现代信息技术手段建立个性化的顾客沟通服务体系，实现企业可度量的低成本扩张之路，是网络营销理念中的核心观点之一。精准营销充分利用各种新媒体，将营销信息推送到比较准确的受众群体中，从而既节省营销成本，又能起到最大化的营销效果。

新媒体营销与移动营销密切相连，是移动营销的主要形式和内容。市场营销者运用移动营销在购买和关系建立的过程中随时随地到达顾客，并与他们互动。移动设备的广泛采用和移动网上流量的迅猛增加使得移动营销成为大多数品牌的不二选择。

从产品为中心的营销 1.0 时代，以客户为中心的营销 2.0 时代，到以价值为中心的 3.0 时代，再到如今消费者有了很大自我实现诉求的营销 4.0 时代。不管形式如何变化，如营销大师菲利普·科特勒所言"不变的是营销的本质。数字技术只是对营销手段和营销方法的升级，它没有替代营销的本质！营销的本质还是利他、需求管理以及为客户创造卓越的价值。"在移动互联网、物联网的连接下，大量的消费行为数据、消费习惯被记录到大数据系统里，这些海量的行为、消费数据代表着与消费者无数的连接点。大数据和 APP 构成了企业会员体系的两层外网，企业据此可以构建客户画像，洞悉消费者需求；通过整合企业内外部资源，与顾客进行多方面的接触，并通过接触点向消费者传播企业形象和内容；结合线上推广、品牌投放、媒体公关、微信等社交媒体传播体系，充分调动一切积极因素，把客户的口碑传播出去。如海底捞就是把客户的体验做到了极致，产生了极强的口碑宣传作用。

社交媒体营销是指企业利用社交网络、在线社区、论坛、微博、微信等进行的营销。微博、微信等新媒体作为人们的社交媒体，进行社交媒体营销更要体现出交情在前，交易在后的原则。交情是"人际传播"，是个人之间的信息传播活动，也是由两个个体系统相互连接组成的新的信息传播系统。人际传播代表的是人与人之间，以及形成的社群的联系，并没有商业性内容。企业看到了社交媒体的"连接红利"，社交媒体营销因而快速发展。社群成员在社群中获得归属感，进而在社群中消费，社群成员通过一对一、一对多等人际和群体传播，产生口碑效应，沉淀客户资产。信息传递快速直接，人与人之间既有人际，又有商业。

据中国互联网信息中心（CNNIC）发布的第 41 次《中国互联网络发展状况统计报告》显示，截至 2017 年 12 月，我国网民规模达到 7.72 亿。根据此次统计报告数据，2017 年网民中使用手机上网的人群所占比例从 2016 年的 95.1％上升到 97.5％；44.0％的用户通过支付宝或微信享受城市服务,23％使用政府微信公众号。这些数据说明我国已从传统的线下市场转为了线上市场,从固定消费转为移动消费。数额庞大的互联网受众,尤其是手机移动端受众使新媒体具有极高的覆盖性,这大大提高了新媒体传播的效率。

17.3.2　新媒体营销方式

新媒体包括了许多营销方式,这里主要介绍一下微信营销、微博营销、直播营销和APP营销。

1. 微信营销

微信营销是网络经济时代的一种企业或个人营销模式,伴随着微信的火热而兴起。微信不存在距离限制,用户注册微信后,可与周围同样注册的"朋友"形成一种联系,订阅自己所需的信息;商家通过提供用户需要的信息推广自己的产品,从而实现点对点的营销。

微信营销主要体现在以安卓系统、苹果系统的手机或者平板电脑中的移动客户端进行的区域定位营销,商家通过微信公众平台,结合转介率微信会员管理系统展示商家微官网、微会员、微推送、微支付、微活动,已经形成了一种主流的线上线下微信互动营销方式。

(1) 微信公众号营销。微信公众平台简称公众号,使企业在微信平台上申请的一个应用账号。企业可以利用该公众平台进行自媒体活动,如展示企业信息、产品信息、促销信息及消费者感兴趣的其他信息等,搭建企业与消费者的直接沟通渠道,增强消费者与企业的信息沟通效率,并有效地增强了用户黏性。微信公众号可以分为服务号、订阅号与企业号,类别不同,其侧重点也有差异。

服务号可以为企业提供强大的客户服务及业务处理能力,比如在南方航空的服务号上,顾客不仅可以轻松查询、预定南航国内及国际机票产品,还可以了解南方航空的最新促销活动、里程促销信息,体验便捷的一站式商旅服务。服务号拥有强大的客户服务能力,却在信息推送上有所不足,一个月内仅能向粉丝发送4条群发信息,但其发送的群发信息会出现在粉丝的聊天列表中,并会提醒用户收到信息。相比于服务号来说,订阅号信息推送能力更强,每天可以群发推送一次,每次图文推送最多可以做8条图文,这决定了订阅号的自媒体属性更强。企业可以通过订阅号发布目标受众感兴趣的图文内容,不局限于营销信息(如运动品牌可以推送关于健身、健康饮食、运动咨询等相关内容,增加用户黏性),并可以通过撰写软文达到营销效果。企业号是微信为企业客户提供的移动服务,旨在提供企业移动应用入口。它可以帮助企业建立员工、上下游供应链与企业 IT系统间的连接。利用企业号,企业或第三方服务商可以快速、低成本的实现高质量的企业移动轻应用,实现生产、管理、协作、运营的移动化。企业号作为企业 IT 移动化解决方案,相比企业自己开发 APP 具有快速移动化办公、开发成本低、零门槛使用等明显优势。

企业可以根据自己的需求进行选择。

企业微信公众号注册流程如下：

图 17.1　企业微信公众号注册流程

（2）微信群组营销。通过建立微信群，培养属于自己的粉丝团，是建立社群最简单的办法。社群营销就是基于相同或相似的兴趣爱好，通过某种载体聚集人气，通过产品或服务满足群体需求而产生的商业形态。社群营销的载体不局限于微信，各种平台都可以做社群营销，然而由于微信的高普及度，微信群已经成为了最常见的社群营销实现途径。企业或个人可以通过微信群聚集对企业或其产品有兴趣的客户，并可以和他们进行实时沟通，传递产品信息、营销活动信息，解答客户疑问，并通过发布相关资讯、发红包、建立人脉等方式社群维持消费者的忠诚度，进而达成营销目标。

建立微信社群首先要有明确的定位以及清晰的目标人群，企业（或个人）通常以消费者的消费需求、兴趣爱好、购买行为等作为突破口把消费者分为若干个圈层，寻找适合自己定位的圈层。此外，微信社群通常需要一个意见领袖，也就是某一领域的专家或者权威，这样比较容易树立信任感和传递价值。比如一个投资产品群里会邀请知名投资人的加入以提高微信社群的可信度和吸引力。企业或个人通过微信群的营销方式可以做到与消费者实时的沟通，并更具人情味，还可以避免营销资源浪费。此外，群组中的成员还可以利用自己的社交圈邀请潜在消费者进入群组，扩大微信社群的规模。

（3）微信朋友圈营销。通过朋友圈营销是指商家把产品信息分享到自己的朋友圈，利用用户与其朋友间的强关系宣传品牌或售卖产品。受众可以通过朋友圈对商品广告进行评论与咨询，商家可以进行直接回复，做到有效沟通。如发现有购买意愿的消费者也可以进行单独的微信咨询，传递更详细的营销活动信息或产品信息。每天推送的营销信息不应过多，1—2 条为宜，否则会造成受众的反感，反而有损品牌形象。如需要推送的产品信息较多，可以把目标受众导流到微信群组中，再进行营销信息的传播。

微商（wechat business）是基于微信生态，集移动与社交为一体的新型电商模式，是一种社会化分销模式。它是企业或个人基于社交媒体开店的新型电商，从模式上可以分为两种：基于微信公众号的微商称为 B2C 微商，基于朋友圈开店的称为 C2C 微商。微商实现商品的社交分享、熟人推荐与朋友圈展示。

2. 微博营销

微博营销是指通过微博平台为商家、个人等创造价值而执行的一种营销方式，也是指商家或个人通过微博平台发现并满足用户的各类需求的商业行为方式。微博营销以微博作为营销平台,每一个读者(粉丝)都是潜在的营销对象,企业利用更新自己的微型博客向网友传播企业信息、产品信息,树立良好的企业形象和产品形象。每天更新内容就可以跟大家交流互动,或者发布大家感兴趣的话题,以达到营销目的。

微博营销方式注重价值的传递、内容的互动、系统的布局、准确的定位,微博的火热发展也使得其营销效果尤为显著。微博营销涉及的范围包括认证、有效粉丝、朋友、话题、名博、开放平台、整体运营等。自 2012 年 12 月后,新浪微博推出企业服务商平台,为企业在微博上进行营销提供一定帮助。

微博是微信博客的简称,英文为 microblog 或 tweet,最早由知名社交网站 twitter 的创始人提出。作为 web 2.0 时代的产物,微博凭借其用户规模庞大、互动性强、方便快捷、门槛低、内容多样性等特点成为了企业品牌推广的重要新媒体。越来越多的企业在微博上申请官方账号,利用微博宣传企业、品牌及产品,推广营销活动,培养客户认知度和喜爱度,并通过官方微博处理各种危机事件。根据新浪微博数据中心发布的《2017 微博用户发展报告》显示,微博月活跃用户已经达到 3.76 亿,日活跃用户已达 1.65 亿,庞大的用户基础使微博成为了各企业新媒体营销的重要途径。

微博注册流程简单,具体步骤如下:

图 17.2 微博注册流程

企业注册完毕后,还应即时申请企业认证,保证官方微博的唯一性及可信度,认证完成后可以享受广告、营销、运营、数据四大特权服务,为企业微博营销提供更好的服务。值得注意的是,企业在用微博进行信息发布时,应更加注重发布内容的趣味性及亲和度,消费者更加愿意关注一个像朋友一样的企业微博而不是一个死板的企业宣传号。企业应该更像"一个人",有自己的个性和风格,让关注者感觉到温度,从而真正吸引消费者的注意,得到消费者的喜爱,而不是逼着消费者进行关注。企业可以通过官方微博用朋友间的语气和关注者交流,了解受众的需求,并用幽默的语气赢得关注者的好感。比如海尔产品的微博就把自己拟人化,并在一些热门微博下评论,语言风格亲切幽默,得到了微博用户的热烈回应,无形中增加了消费者对企业的好感度。

企业微博建立后可通过以下几方面提高营销效果:

(1)抓热点话题。企业应关注微博上的热点话题与热点事件,并把这些热点与品牌自身做结合,吸引用户进行讨论、点赞、转发等活动。比如近期电影《三块广告牌》成为奥斯卡热门候选影片,借助该影片将在中国上映的新闻热度,京东推出以"三块广告牌"为主题的户外广告活动,向女性致敬,并在微博进行话题讨论,制造话题热度,进而宣传京东针对女性消费者的"京东蝴蝶节",得到了很好的反响。

（2）提供有价值、有趣的内容。想要在微博的海量信息中脱颖而出,吸引用户的关注,必须要向目标受众提供有趣、有价值的信息。企业微博在内容上可以不局限于企业本身的信息,可以开创有利于传播的新鲜内容,但要注意这些信息必须符合目标消费者的喜欢,这样才能吸引用户,并留住用户,只有用户认同企业的微博内容,并进行转发、点赞等,才能保持企业微博的曝光度和有效期,防止信息被淹没。

（3）开展有特色、易互动的活动。促销活动是企业推广最常运用的手段,企业可以通过评论转发有奖活动吸引用户参与,这样的活动不但能回馈客户,及时地传达企业的促销信息,还能增加企业的曝光率和知名度。然而企业微博不应只开展促销活动,还应开展社会公益活动、行业动态分析、用户反馈等互动,在提高知名度的同时增加美誉度。

（4）关注用户态度,及时做好危机公关。作为一个相对开发的媒体平台,微博已经成为企业观测舆情的重要途径,通过对微博用户的关注分析,可以有效把握品牌及产品的推广效果,如发现负面信息,可以及时沟通处理,进行危机公关,避免负面影响扩大。

3. 直播营销

直播营销是指在现场随着事件的发生、发展进程同时制作和播出节目的播出方式,该营销活动以直播平台为载体,达到企业获得品牌的提升或是销量的增长的目的。随着移动时代的到来,智能手机得到了普及,手机像素大幅提高以及 4G 网络提速等,为直播营销的火速发展提供了土壤。现在流行的网络直播确切地说应该叫用户生成内容（User Generated Content，UGC）直播,即主播通过手机直播平台进行生活记录、表演、与关注互动等活动。UGC 直播在中国发展迅速,据《2017 中国网络直播行业发展报告》显示,我国网络直播市场整体营收规模达到 304.5 亿元,截至 2017 年 12 月底,秀场直播、游戏直播、泛娱乐直播平台的覆盖人群继续扩大,用户规模分别达到 3.12 亿、2.47 亿、3.6 亿。截至 2017 年末,全国共约有 200 多家公司开展或从事网络直播业务,比较知名的直播平台包括:抖音、斗鱼、虎牙、一直播、映客、花椒、美拍等。

企业直播营销方式通常有以下几种:

（1）直播＋发布会。传统发布会以线下活动为主,宣传主要依靠新闻媒体进行报道,成本较高而且传播效果往往不尽如人意。随着网络直播的发展,越来越多的企业选择线下发布会和线上直播相结合的方式进行新品宣传,比如苹果、小米、百度等都通过直播平台同步直播发布会,吸引了大量粉丝。

（2）直播＋活动。除了发布会外,企业也可以借助直播平台直播任何企业线下活动,如明星代言、企业赞助体育赛事、企业路演等活动。活动直播突破了以往纯线下活动的局限性,不受场地容量影响,可以让尽可能多的消费者接收到活动信息,还可以利用达到让消费者"边看边买"的目的。美宝莲纽约曾与九大电商平台联手就 Angela Baby 代言美宝莲口红的活动进行直播,一位随行人员全程直播 Angela Baby 赶赴现场的细节,为活动预热。随后更是对活动现场进行了全方位直播。熊猫 TV、nice、美拍等分别同时从各自的角度直播了发布会现场的情况。不同的直播主持人、不同的视角、不同的实时画面,这意味着每一个 APP 平台上的直播都是不会重复的,这让整个活动更具社交属性。除此之外,直播页面下方还设置了购物车图标,有购买兴趣的消费者还可以点击图标进行直接购买,此次活动因为直播的加入得到了很好的反响,仅两小时卖出 1 万支口红。

(3)直播+电商。直播成为电商销售中非常重要的场景得到了很多品牌的青睐。直播使电商更具社交属性,主播通过直播平台可以更好地介绍产品,并可以与消费者实时互动,随时解答消费者的疑问,并现场演示产品效果等,使消费者得到更好的购物体验。直播还让电商购物环节的抢购氛围更浓,用户参与的实时评论会增加其他用户对商品好感度。淘宝利用自己得天独厚的优势推出淘宝直播平台,更方便淘宝平台的电商卖家进行直播营销,该平台不但具备直播平台的功能,还设置了购物车图标,用户点击购物车即可查看产品详情,并直接进入购买页面,方便消费者购物。此外商家可以通过淘宝直播平台直接发放店铺优惠券、红包等,吸引消费者观看。

(4)直播+企业日常。企业直播的应用场景非常广泛,基本上企业日常运行的很多方面都可以用到直播,如企业的开业典礼、投标融资的项目路演、领导参加或公司主导的行业论坛峰会、公司举办的大型文化体育团建活动、一年一度的企业年会等都通过企业直播的方式展现。2015 年万达集团进驻花椒直播,开通官方账号,向网友全方位展示万达的企业文化,包括办公场地、员工宿舍、食堂等,调动了消费者的兴趣,提升了消费者对企业的好感度。

4. APP 营销

说到新型的移动营销,就会想到 APP。中国已经成为应用下载量增长最快的国家,它代表着 APP 在移动互联网发展过程中举重若轻的位置,也从另一个层面显示着 APP 在移动营销中的价值。

APP 营销指的是应用程序营销,这里的 APP 就是"应用程序"(application)的意思。APP 营销即通过手机、社区、SNS 等平台上运行的应用程序来开展营销活动。手机应用程序本身就是一种实用性很强工具,用户通过应用程序可以帮助手机用户提供生活、学习、工作,是手机的必备功能。每一款手机都或多或少有一些应用。APP 推广主要的渠道是应用市场。

(1)优势。以 APP 来作为企业的主要营销方式已经成为了企业营销的常态。首先通过 APP 营销,可以精准传递客户。在传统推广上,企业都面临着传播贵、传播难、传播无法测量等困扰,而 APP 却能很好地解决了这些难题。它不仅入驻成本很低,而且其嵌入式 APP 正覆盖着与人们生活息息相关的各个行业。它无需大规模广告,无需大规模行销人员,就能获得很高的曝光率、转化率和成交率。APP 营销还能够贴身黏住顾客。与传统营销模式不同的是,APP 营销不再受时间、地点的限制,也不再只是信息单向流通。互联网具有的超越时间约束和空间限制进行信息交换的特点,使得脱离时空限制达成交易成为可能,企业能有更多的时间和更多的空间进行营销,可每天 24 小时随时随地提供全球的营销服务。与传统营销模式更大的不同是，从接触顾客、吸引顾客、黏住顾客，到管理顾客、发起促销，再到最终的达成销售，整个营销过程都可以只在 APP 这一个小小的端口内发生。

（2）功能策略。APP 营销的功能策略一般分为全功能品牌策略和单一功能品牌策略。

全功能品牌策略指的是，一款 APP 里包含除推广品牌以外还带有多种功能，比如产品信息、门店信息、服务信息等。单一功能品牌策略指的是，一款 APP 实现一个功能，或是推广品牌文化，或是发布品牌产品信息，或是一款小游戏，清晰明确。

如何让受众接受一款 APP？由于消费者和用户对品牌 APP 的理解已经从好奇上升到熟悉，并且成为用户了解和接触品牌的必须途径，因此，分析消费者和用户的行为，挖掘他们内在的需求和兴趣点，是 APP 创意与品牌结合的重点之一。

一款 APP 应用的流行，优先取决于定位，其次品质，最后才是促销。这意味着平庸的产品无法靠强促销来赢得市场。

17.3.3　新媒体营销策略

新媒体的形式有多种多样，其营销策略也各有不同，主要包括以下最常用的几种策略：

1. 场景营销

场景营销是指为顾客设计和创造一个现实或虚拟场景的营销活动。场景营销基于大数据找到合适的消费者群体，根据其消费行为模式和购买决策规律安排信息内容，针对不同的消费者群体，在最合适的情境下为其推送最合适的产品或服务。场景营销按人们生活的场景可分为：现实生活场景里的场景营销和互联网使用场景里的场景营销。按互联网的种类，此类又可细分为 PC 场景营销和移动场景营销。

互联网使用的场景营销是基于网民的上网行为始终处在输入场景、搜索场景和浏览场景这三大场景之一的一种新营销理念。线上场景与线下场景往往同时出现。移动客户端的 APP 应用成为了典型的场景营销，它以软件的形式为用户提供各种体验场景。

现实生活里的场景营销可以转换产品的使用情景，想象不同场景下产品的体验，让产品在新情景中有新作用，如酒运用在不同场景下的体验：结婚场景或庆功场景或朋友小聚场景等，将客户活动按照各类场景化进行梳理和划分，进行差异化营销，根据不同客户的使用习惯和感知关注点，推送不同的产品，最大程度满足客户需求，提升使用黏性。场景营销的动人之处在于它不仅仅是在出售冷冰冰毫无生气的商品，更是在出售一种现代的生活方式，传播新的生活观念，塑造新的消费态度。这既是对消费者的引导，也是对消费者的教育。

场景就是时空加心智。时空是什么时间，什么地点；心智是强关系，占领场景就是占领心智。雀巢咖啡涉及的场景是礼品及茶歇时间。神州专车定位安全之后,为了在竞争中杀出一条血路,做了六个场景细分:接送机、会务用车、带子出行、孕妇、异地出差和夜晚加班。

极致的场景是指在正确的时间、正确的地点、集中的需求环境下,把消费者需求与企业打造的场景有机融合起来,为消费者创造价值。如"困了,累了喝红牛"抓住了消费者"困"和"累"两个需求最集中、批量的时机,营造了消费场景。又如,"双11""感恩节黑色星期五"购物节,在实物上实现了价格的折扣;在心理上,满足了消费者购物狂欢节的感觉,实现心理上的满足感,需求和情绪都被集中到了特定的时间、地点,营造了全民消费的极致场景。

2. 社群营销

在社交媒体环境下,互动黏性的社群能够帮助企业创造价值。社群营销就是基于相同的兴趣爱好,借助某种载体聚集人气,通过产品或服务满足群体需求而产生的商业形态。从消费者需求角度,社群可以分为:兴趣社群、人际关系社群、幻想社群、交易社群;从消费者市场角度,社群可以分为:地域型社群、人口结构型社群、主题社群。企业不仅需要找到社群,更重要的是构建自己的社群,抓住用户,实现更大的企业价值。

小米的成功就是在构建"米粉"上形成了自己的社群。企业需要增加互动黏性,创造与消费者交流的机会,才能让消费者重复消费。如收集客户评论和意见反馈,与消费者互动,小米手机发表新品之前,会大量采集客户使用产品的心得以及"米粉"想要的手机功能,这些成为产品开发的基础,用以创造符合消费者需求的产品。

网络社群营销通过将有共同兴趣爱好的人聚集在一起,将一个兴趣圈打造成为消费家园,如猫扑专门为七喜建立了一个品牌俱乐部,将喜爱七喜品牌且具有相同爱好的网友聚集在七喜俱乐部里,使七喜独有的虚拟形象在网友里得到了最大化的延伸。网络社群营销是一个口碑传播的过程。通过一些元素引起口碑,汇聚人群,口碑再扩散,周而复始。

3. 裂变营销

裂变营销是传播个体通过社交分享(奖励、福利、趣味内容等),帮助企业进行拉新运营,以达到一个老用户带来多个新用户的增长目标。在裂变营销中,最想实现的结果只有一个,就是以最低的成本、最大的限度,去获得用户增长。

与传统营销相比,裂变营销的不同之处有两点:

第一,强调分享。即必须通过老用户的分享行为带来新用户。这样成本最低,获客最广。

第二,后付奖励。将原来事前拉新获客的广告费用,分解成老用户推荐的奖励费用与新用户注册的奖励费用。而这些奖励基本都采取后付模式,用户只有注册或完成行为之后才能获得奖励,从而降低了企业的广告投放风险。

$$广告成本 = 老用户拉新奖励 + 新用户注册奖励$$

裂变营销的技巧主要有:拉新奖励、红包奖励、IP 裂变(与其他资源合作)、储值裂变(可以分享给亲人、朋友)、个体福利裂变(分享可以免费得到后续的东西)、团购裂变、线下裂变(通过包装、标签扫码获取现金或积分实现裂变)。

4. 事件营销

事件营销就是利用有新闻价值、社会影响以及名人效应的人物或事件,通过策划、组织等技巧来吸引媒体、消费者的兴趣和关注,主要是为了提高企业产品或服务的认知度和美誉度,为品牌的建立树立良好的形象。

事件营销中必须有简短且辨识度高的主题词,还要必须有强化统一的视觉符号,创意要干净简单。在事件营销的整个过程中,必须紧跟自己产品的核心卖点,这样营销活动才能落地。比如神州专车的卖点是"安全",就可以围绕安全针对发生的黑专车事件进行营销。

在事件营销中,关键人物和时间节点都很重要。正常的事件营销时间最好安排在周二到周四,因为许多人这段时间都在上班,可以比较容易看到一个事件的爆发。周末休息时间话题一般容易遇冷。

事件营销是一个借势和造势的过程。借势就是借助热点,迅速上位。而造势则是企业的"无中生有",自己制造事件和话题。许多一线品牌都以自己造势活动为主,一是权威专业,二是可控性强。

5. 互动营销

新媒体相较于传统媒体,最大的特点就是互动。新媒体可以拉近企业和消费者之间的距离,产生强烈的互动。而想要有互动的产生,首先就需要抓住彼此双方的利益共同点。找到其中巧妙的沟通时间和方法,讲彼此紧密连接在一起。互动营销是一种双方共同采取的行为。

互动营销最大的好处就是可以促进消费者重复购买,有效地支撑关联销售,了解消费者的真正痛点,建立长期的客户忠诚,实现顾客利益最大化。在未来的许多企业都将会把互动营销作为营销战略的重要组成部分。

6. 意见领袖营销

意见领袖是指在人际传播网络中经常为他人提供信息,同时对他人施加影响的"活跃分子",他们在大众传播效果的形成过程中起着重要的中介或过滤的作用,由他们将信息扩散给受众,形成信息传递的两级传播。

意见领袖具有影响他人态度的能力,他们介入大众传播,加快了传播速度并扩大了影响。开展网络营销,必须抓住意见领袖。因为他所发布的信息可以影响消费者对产品的和品牌的认知态度,既是口碑营销的中介,也是口碑营销影响力源头。这种人因为持续关注程度高而对某类产品或服务有更多的知识和经验。名人、家庭成员、朋友或媒体、虚拟社区消息灵通的权威人士常常充当意见领袖。

:: 本章小结

直复营销是以赢利为目标,通过个性化的沟通媒介向目标市场成员发布信息,以寻求对方直接回应(问询或订购)的社会和管理过程。这个定义揭示了直复营销的三个基本要素:互动性、可衡量性和空间上的广泛性。

直复营销的成功,关键还在于公司对适合进入目标市场,接触目标顾客的媒介的选择。一般公司可选择的媒介主要有:直邮、电视、电话、网络等。

新媒体涵盖了所有数字化的媒体形式,包括所有数字化的传统媒体、网络媒体、移动端媒体、数字电视、数字报纸杂志等,是网络营销的新发展。

:: 本章关键词

直复营销　直邮营销　目录营销　电话营销　电视营销　网络营销　口碑营销　微信营销　微博营销　直播营销　APP营销　场景营销　社群营销　裂变营销　精准营销

:: 思考题

1. 直复营销与传统营销有什么区别?
2. 直邮营销的内容和策略是什么?
3. 电话营销的内容和策略是什么?
4. 电视营销的内容和策略是什么?
5. 试述网络营销的特点和及其网络营销的展示内容。
6. 试述新媒体营销的主要营销方式及其策略。

第18章

公共关系

开篇案例　坚守公益事业形成良性循环

2017年11月28日,"2016—2017年度中国最受尊敬企业年会"在人民大学如论讲堂举行,中国三星第11次被授予"最受尊敬企业"的殊荣。

2017年是中国三星成立25周年,在与责任相伴的25年里,中国三星在创造经济价值的同时,通过社会公益事业积极参与到中国社会发展的进程中,凭借丰富的企业资源与优势,始终践行企业社会责任。

中国三星一直热衷于社会公益活动,代表品牌有:农村支援领域的一个公司和一个村庄姊妹结缘,然后持续进行支援的"一心一村"行动;教育支援领域的"三星Anycall希望小学"及科技之旅活动,和在全国26所重点大学设立的三星奖学金项目;社会福利领域的为白内障患者实施复明手术的"三星爱之光行动"等等。2008年初,三星又宣布了"绿色经营"理念,全面开展经营的绿色化,产品的绿色化、工厂的绿色化和地区的绿色化。

三星社会公益活动的理念源于三星集团的"分享经营"哲学。所谓"分享经营",就是将三星集团的经营成果与身边困难的人们共同分享,为他们带去梦想和希望。

中国三星同样也是在集团的"分享经营"的理念下开展社会公益活动。特别是中国三星把社会公益活动看成是经营良性循环的重要一环。也就是说三星将通过尖端的技术和优质的产品实现良好的营业成果,然后把这些成果通过社会公益活动真诚地与我们的社会共同分享,树立一个对中国人民尽职尽责的良好形象。良好的企业形象会让更多的中国人民选择三星的尖端产品,这样三星会取得更好的营业成果,而更好的经营成果将会成为扩大尖端产品开发和社会公益活动的基础。因此中国三星认为社会公益活动与尖端技术和优良产品一样,是经营良性循环的一个重要环节。

中国三星以开展中国政府关心的有价值的、中国人民共同关注的、当然也是中国三星力所能及的活动为原则,选定了代表希望的教育支援、代表爱心的社会福利、代表分享的农村支援和代表绿色的环境保护四个重点领域全面推进公益活动。此外,还积极投身到体育、文化和艺术等方面的活动中,以满足中国人民的精神需求,提高中国人民的生活质量。

资料来源:根据互联网等多方资料整理而成。

促销是让他人知道你,公关是让他人喜欢你。公共关系首先要实现的就是非营利性交换,即达成交情,而现在的市场营销往往就是要先达成交情,随后才可能达成交易。公共关系已经成为企业建立良好形象的最重要传播手段。

18.1 公共关系概述

企业处理好公共关系是为了树立起良好的企业形象,企业形象的建立和扩展是企业公共关系活动的核心。因为只有当广大的社会公众,包括目标市场的顾客,对企业有比较深刻的印象和好感时,他们才会对企业的营销活动给予积极的支持,才可能成为企业品牌的忠实者,从而使企业获得良好的经营环境。

18.1.1 内涵

1. 含义

公共关系(public relationship, PR)简称为"公关",是企业在市场营销活动中正确处理企业与社会公众的关系,树立企业良好的形象,从而促进销售的一种社会活动。菲利普·科特勒说:"公共关系即通过获得有利宣传与有关公众建立良好关系,树立良好的公司形象,处理不利的谣言、传闻和事件。"

公共关系用于推广产品、人物、地点、点子、活动、组织甚至国家。企业运用公共关系与消费者、投资者、媒体和社区建立良好关系。公共关系能够以比广告低得多的成本,对公众的认知产生强烈影响。企业不需要媒体所提供的版面或时间付费,但它要雇用专职人员创作并传播信息以及应对一些情况。如果企业想出了一个有趣的素材或事件,可能被多家媒体选中报道,其效果与花费几百万的商业广告是一样的,但可信度却超过广告。

阿尔·里斯认为,过去的营销战略中,公共关系被视为广告的第二功能,所以会把广告放在第一位。公关人员被要求通过把公共关系项目转化为传播口号来增援广告。

但今天的品牌是通过公关宣传建立起来并通过广告维持的,是公关第一,广告第二。阿尔·里斯说:"品牌的诞生是由公关促成的,而不是广告。""就公共关系而言,核心就是品牌塑造。"

2. 特点

公共关系与广告等宣传有很大的不同之处,其具体的特点主要体现在:

(1) 注重长期系统性。公共关系要达到的目标是树在企业良好的社会形象,创造良好的社会关系环境。实现这一目标并不强调即刻见效,而是一个长期的过程。企业通过各种公共关系的运用,能树立良好的产品形象和企业形象,从而能长时间地促进销售和占领市场。长期系统性是公共关系在企业经营活动中战略性的表现。

(2) 注重双向沟通性。公共关系的工作对象是各种社会关系,包括企业内部和外部公众两大方面。它是全方位的关系网络,强调企业与公众之间的真情传播与沟通。在企业内部和外部的各种关系中,如关系处理得当,企业会获得良好的发展环境;企业通过公共关系听取公众意见,接受监督,也有利于企业全面考虑问题,追求更高的社会形象目标。双向沟通是公共关系的基本模式。

(3) 注重形象塑造性。公其关系传播信息,并不是直接介绍和推销商品,而是通过积极参与各种社会活动宣传企业营销宗旨,联络感情、扩大知名度,从而加深社会各界对企业的了解和信任,达到间接促进销售的目的。形象塑造是公共关系最终目的的体现。

(4) 注重信息开放性。公关的主要沟通方式是通过新闻发布会发布新产品,或企业资产重组的信息。对于竞争激烈、产品生命周期缩短的 IT 企业和股民利益所系的上市公司,公共关系尤为重要。亟待渗透市场的新公司,在发展过程中非常需要良好的媒体声誉,吸引投资者和公众的注意。信息的公开公正、透明化操作,不仅是现代经济的要求,也是公共关系本身的要求。

18.1.2 职能

为塑造形象,公共关系部门应负责下述五项活动:与新闻界的关系、产品公共宣传、企业信息传播、游说、咨询等。

(1) 密切与新闻界的关系。

即在新闻媒体上刊登正面的、有报道价值的信息,以吸引消费者对企业产品、服务或企业相关的人物的注意力。密切与新闻界的关系的目的在于将有新闻价值的信息通过新闻媒介予以传播,以吸引公众对某人、某产品或服务的注意,借助媒体保证企业与公众的信息渠道畅通。

(2) 进行产品的宣传报道。

即为宣传某些特定产品进行的各种尝试。公共宣传是企业推广新产品或服务项目的有力武器。公共宣传有助于广告商站在自己的立场上,采取新闻故事的形式解释自身产品的独特之处。公关专业人士为激起新产品的新闻关注而努力地创作新闻稿,拍摄广告片。他们会借助重要场合(如流行的电视节目和新闻访谈,或有影响力的名人出场)着力宣传自身的产品和服务项目。

(3) 开展企业沟通活动。

这一活动包括为增进公众对企业的了解而进行的各种内部及外部沟通。对外沟通包括通过活动赞助、社区劳动等,对内沟通则通过企业内部活动、教育培训等形式开展。对内而言,公关人员就是要尽力避免各种摩擦的产生,做好上情下达与下情上达的工作,借助情感沟通和心理认同,增强企业的凝聚力。对外而言,要积极争取公众对企业的理解和信任,一旦出现矛盾和纠纷,应设法及时进行有效的沟通,防止矛盾扩大,消除不良后果。

企业要开展咨询活动,鼓励企业内部和外部人员,在企业面临良好时机或困境时,就公众事件问题、企业地位和形象向管理层提出建议。

(4) 游说。

即为了防止不利于本企业的法令、规定的颁布实施,或为了促使有利于本企业的法令、规定的颁布实施,而尽力与立法机关、政府官员打交道,扭转对企业不利的环境因素,或加强优势打击对手。

(5) 活动赞助。

公关人员为了能在本地新闻中得到宣传,愿意赞助那些有新闻价值的大型活动和社区活动;同时,这些活动也能增强企业的品牌形象。

企业能以支持消费者关注的问题来赢取知名度和客户忠诚。教育事业、健康事业、社会活动事业都会耗费企业很多资金。企业常拿出销售额一定的百分比或是一部分利润来赞助目标市场的消费者愿意赞助的事业。现代社会中存在着大量的行业协会、职业协会及其他形形色色的团体,这些协会或团体能够对企业的生存、发展、声誉等产生重要影响,并且能为企业提供多种服务。企业应善于对这些协会团体提供支持、赞助,加强沟通。

(6) 处理危机。

企业要及时对不利的公众宣传或负面事件作出反应。危机管理(crisis management)就是协调处理失败的宣传效果,从而保证在紧急情况下进行快速和精确的交流沟通。企业要有一批善于处理公共关系的人员,不管是平常时期还是危机时期都是如此。企业在危机来临之前就应该很好地制定沟通政策,因为危机何时发生是难以把握的。

企业公共关系决策主要包括:确定公关目标、选择公关内容和方法、实施公关计划、评估公关效果。

18.1.3 形式

公共关系的形式可以公关所起的作用、手段和作用的对象来分类,如下所示。

1. 按公共关系所起作用不同来分

（1）矫正型公共关系。主要是为了处理各种突发事件和公众意外问题的公关公共关系类型。如社会组织由于出现决策失误或受到外界不可控因素的影响，自己的社会形象受到损害，就要确立以"恢复组织形象""重建组织形象""争取公众谅解"等目标的矫正型公共关系，让公众了解组织处理事故的过程和采取的方法，向公众解释事故的原因以及正在作出的努力，这些都是矫正型矫正性公共关系起作用的范围。

（2）维系型公共关系。是当组织处在稳定发展之际，用以巩固组织与公众良好关系的公共关系。它通过定期信息沟通，联络公众的感情，密切与公众的关系，使组织良好的形象始终保持在公众的记忆之中。

（3）发展型公共关系。是组织扩大社会影响，争取公众，寻求新的发展机遇的公共关系。它确立在组织规模扩大，新理念推出，新技术、新产品开发，资产重新组合，及公众市场开拓之际。

2. 按公共关系的手段不同来分

（1）进攻型公共关系。即通过传播行为，主动扩大组织影响的公关。它以积极的自我调整和适应环境条件为特点，充分利用一切有利时机和有利的公众环境，进行公关策划，设计产生较大公众舆论影响的公关活动。它是组织适应公众环境与拓展公共关系事业而采取的一种进攻型的公共关系。

（2）防御型公共关系。即组织为防止自身与公众关系不协调而采取的一种公共关系。目的是将不协调因素和摩擦苗子尽量消除，防患于未然。防御型公共关系的特点是防守与引导相结合、预防与处理相结合，以退守防御的方式，开创更为有利的时机和局面，使可能出现的问题与发生的危机控制起来，以便争取时间采取有力措施改善形象，达到重新构建组织形象的目的。

3. 按公共关系作用的对象来分

（1）内部型公共关系。是针对组织内部公众而制定的。制定内部公共关系主要从改善组织内部公众之间关系、增强组织内部的凝聚力等因素入手，使组织内部充满活力，齐心协力为组织的发展服务。

（2）外部型公共关系。即以公众的利益为出发点，从协调与外部公众的利益关系、增进相互之间的理解和信任、增进相互之间的友谊等方面，取得外部公众的支持与合作。外部公共关系主要处理好企业与顾客的关系、企业与政府的关系、企业与社会团体的关系、企业与新闻媒体的关系、企业与其他企业间的关系等五种主要的关系类型。公关的对象还可以分为高层公关和公众公关。

除此之外，公共关系的活动形式根据内容的不同，也可分为宣传型公共关系、新闻型公共关系、咨询型公共关系、服务型公共关系等。

18.2 公共关系策略

18.2.1 新闻公关

新闻公共关系是以媒体为手段,企业通过运用新闻报道及其形式与公众进行宣传沟通,传播组织形象的过程。新闻公关包括通过新闻报道、制造新闻和运用、制造事件等来进行公关活动。

1. 新闻报道

一个组织可以把它的形象塑造作为传播的中心内容,传播组织的管理经验、经济效益、社会效益和已获得的社会声誉等;还可以采取新闻报道的形式,通过新闻、专题通讯、记者专访和经验介绍等来宣传自己。新闻宣传权威性高,比较客观,易为公众接受,且不用花钱。不过,这种机会不多,主动权不在组织。

企业应定期在新闻媒体上发布信息,保持一定的展露度,确定目标公众对企业形象、产品品牌等的注意力。新闻媒体如同一面凸面镜,能把企业的信息进行更大接触面的扩散。

2. 制造新闻

对组织来说,可以巧借媒介来"制造新闻";可以综合运用各种传播方式,如记者招待会、新产品展览会、经验或技术交流会、印发公共关系系列刊物、制作视听资料等;可以根据需要选用不同的媒介,如报纸、杂志、电台、电视等;还可以组织一些活动,利用一些事件来进行宣传。企业公共关系部门或者人员可编写有关企业、产品和员工的新闻,或举行活动,创造机会吸引新闻界和公众的注意,扩大影响,提高知名度。

但在运用新闻媒体运作公共关系时,也要注意合理、适度、多样化的问题:发展或创造对公司或产品或人有利的新闻;加强与新闻界的交往,获得较好的新闻报道;及时纠正对公司不利的宣传,争取公众的了解和理解。

阿尔·里斯说:"潜在消费者也不会在一条评论信息中觉察到任何的强迫性。恰恰相反,潜在消费者认为媒体在试图提醒他们,又一种优质的新产品或新服务问世了。"

3. 事件公关

利用或创造某一特定的事件来创造有意义的活动,从而塑造企业的良好形象,这样的企业活动被称为事件公关。企业应通过借助或者创造事件,创建特定的活动、场面和气氛,以吸引目标受众的参与和公众对本企业品牌高度关注。

企业可以造势,也可以借势,制造事件。在制造事件中,事件的特点是媒介关注、消费者关心,能成为公众话题,企业作为事件的主角在话题的形成、传播、讨论、反馈的过程中,自然而然地被消费者的头脑所接受,从而在消费者(包括潜在的消费者)的心目中占有一席之地。事件公关先有事,后有公关的传播,事件是载体。

事件营销(event marketing)是企业通过策划、组织和利用具有名人效应、新闻价值以及社会影响的人物或事件,引起媒体、社会团体和消费者的兴趣与关注,以求提高企业或产品的知名度、美誉度,树立良好品牌形象,并最终促成产品或服务的销售目的的手段和方式。事件营销是形成快速提升品牌知名度与美誉度的营销手段。事件营销用好了事半功倍,也可以节省大量的传播预算。通过网络,一个事件或者一个话题可以更轻松地进行传播和引起关注。如可口可乐、三星等国际性企业都是借助体育事件来进行深度新闻传播。

18.2.2　交际公关

交际公共关系是以人际接触为手段,与公众进行协调沟通,为组织广结良缘,建立广泛的社会关系网络,形成有利于组织发展的人际环境。因此,交际公共关系活动实施的重心是:创造或增进直接接触的机会,加强感情的交流,包括了一般人际交往和演讲行为。

1. 交际

交际公共关系活动可以分为群体性交往和个人交往。群体性交往包括招待会、座谈会、工作午餐会、宴会、茶话会、联谊会、现场参观团队、考察团、团拜和慰问等。个人交往有单独交谈、上门拜访、祝贺、信件往来、个别参观、定期联络、问候等。

交际公共关系具有直接、灵活的特征,是公共关系活动中应用最多、极为有效的一种模式。不过,在开展交际工作时,应该以真诚为基础,不能使用不正当的手段,如欺骗、行贿等。还应明确社会交际只是公共关系的一种手段,决不是公共关系的目的,不要把私人间的一切交际活动都混同于公共关系。

2. 演讲

演讲也是一种交际,只是更体现出企业的主动性和目的性。演讲是提高企业及产品知名度的又一种方法,通过企业相关领导或人员的宣传,创造企业或产品知名度。如海尔、TCL 公司的总裁在各种论坛上作演讲,或是在一些媒体如电视台的经济栏目中做演讲或分析等,建立起公司和企业领导人的形象。在欧美国家,企业的 CEO 更多的是扮演公共关系家的角色,为企业的发展创造一个良好的企业管理者形象和外部环境,刺激投资者购买该公司的股票。在演讲或报告会之前,必须通过各种渠道搜集问题,以求针对性更强。

路演(road show)是股票发行人和承销商面向投资者所举行的股票推介报告活动的简称。早期的路演方式是由华尔街股票经纪人在马路上兜售手中的债券,后来演变到在豪华的酒店和富丽的会堂开展宣讲。如今通过使用电视电话和网络,路演传播的信息更加丰富、迅捷。如宝洁在推出新洗发水时，通常会做一个大规模的全国性的路演，以达到宣传新产品、巩固公司形象的目的。路演的优势在于能直接和用户零距离的接触，不管是消费品还是工业品，通过路演能直观增加对企业形象的认识。

18.2.3　公益公关

公益公共关系是组织通过举办各种社会性、公益性、赞助性的活动，来塑造良好组织形象的模式。它实施的重点是突出活动的公益性特点，为组织塑造一种关心社会、关爱他人的良好形象。目的是通过积极地社会活动，扩大组织的社会影响，提高其社会声誉，赢得公众的支持。

1. 支持公益

企业通过向某些公益事业捐赠一定的金钱和时间，以提高企业的美誉度和信誉。企业还可以通过参与社会公益活动提高品牌形象，扩大社会影响。如剧院为残疾人举行义演；酒店开展拯救大熊猫的义卖活动；海内外企业纷纷赞助希望工程，帮助贫困生入学、捐资助教，等等。赈灾救难也是企业表现爱心和社会责任感的重要时机。

企业不仅有政府、法律等大环境，还有社区等小环境，公共关系注重企业从身边的小环境做起，一点一滴地建立企业的形象，因此，企业应多参与社区的服务和公益活动，融洽企业与周边社区的关系，回报社会，为企业创造良好发展的社区环境。

2. 赞助活动

赞助是一种常见的公共关系手段，如赞助体育活动、文化活动、教育活动、各类出版物、科学研究等。

企业进行赞助活动时，要考虑赞助的项目是否具有积极的社会意义和广泛的社会影响；要考虑赞助的项目是否具有良好的传播效果。赞助是一种直接提供金钱和物质来进行的传播活动。因此，必须讲究传播效果，所赞助的项目应有利于扩大组织的知名度和美誉度；要考虑赞助项目的费用。应根据组织的实际情况（财力、物力）选择项目，不能超越组织的实际能力，应量力而行。要考虑赞助活动实行规范化、科学化的管理。任何组织要实行赞助活动，必须制定严格的赞助管理条例，并将条例公布于众，一切赞助活动均按管理条例办理，杜绝人情赞助或虚假赞助。

赞助对企业开展公共关系来说，具有简便、快速、短时间内就能看到效果等特点，但在具体运用时，也要注意对选择赞助的对象与企业战略目标的匹配性、赞助的长期性经济投入等因素的考虑。

18.2.4　服务公关

服务公共关系是一种以提供优质服务为主要手段的公共关系活动模式，其目的是以实际服务行动来获取社会的了解和好评,建立自己良好的形象。对于一个企业或者社会组织来说,要想获得良好的社会形象,宣传固然重要,但更重要的还在于自己的工作,在于自己公众服务的程度和水平。所谓"公共关系就是 99％要靠自己做好",其含义即在于此。组织应依靠向公众提供实在、优质的服务来开展公共关系,获得公众的美誉度。离开了优良的服务,再多再大的宣传也必将一事无成。

1. 服务在于用心和细节

服务在于真正用心去做,而不是只是形式上的应付和敷衍了事。服务的过程在于细节的把握,一个眼神、一个动作、一个布置都处处体现出细节的力量。用实际行动向公众证明组织的诚意,用实际行动来说话,每个组织应对服务行为提出具体的目标,让组织对公众的一切诚意和善意变成看得见摸得着的实实在在的东西。对公众做的事情越实在、越具体,越可能对公众产生吸引力,最好能让公众产生"雪中送炭""及时雨"的感觉。

2. 服务就是要超越期望

顾客期望可分为渴望的服务、可接受的服务、预期的服务以及在渴望的服务与可接受的服务之间的容忍区。取悦是指因服务远远超出顾客期望而产生的令人感动的情形,它是顾客意想不到的、随机的、令人吃惊的状态,取悦的实质是给顾客带来意想不到的惊喜。

服务就是要超越顾客的期望,让顾客感到惊喜和喜出望外。顾客惊喜激发了顾客的潜在需求,能更进一步让顾客产生对企业及产品的兴趣,进而产生顾客更大的满意和忠诚。

18.2.5　危机公关

有些时候,企业因一时的疏忽或外界的原因造成对顾客的损害和对公司形象的不利。危机公关能够帮助企业处理因一时的疏忽造成的公众意见和逆反心理。

危机公关是指对已经发生的危机事件的处理过程。危机处理实际上是一种公共关系的处理,必须做好与这一事件中相关公众的协调沟通,以求得谅解和支持。企业要想成功地应对危机,取决于以下因素。

1. 真正为消费者着想

企业管理人员对消费者的利益是否真正负责。这一点说来容易做来难,连享誉全球的大公司也难免出错。切实关心消费者利益、提高消费者的满意程度和使用产品及服务的方便性并不是一句空话,当消费者的切身利益受到损害时,企业必须站在消费者的立场上,把顾客的利益落到实处,这样才能培养客户对企业及其产品品牌的忠诚度,从而为企业培养稳定的顾客群。

2. 采取果断的整合营销沟通措施

产品出现问题之后,企业本着为消费者负责的态度,应该采取果断的措施,如回收产品、调查原因。原因找到后，必须即刻采取整改措施，提高或保护产品质量；同时修复形象，恢复消费者信心的种种整合营销沟通措施应尽快跟上，如做广告、劝说恢复使用、送赠券、免费置换产品等等。

3. 与新闻媒体及时沟通

消费者了解事件的主要渠道就是新闻媒体，而新闻媒体也都热衷于把各种危机事件当成自己的报道热点。所以，企业要善于利用媒体来平息危机、化解危机。通过媒体，以真诚的态度，迅速把事件的真相告诉公众，是最好的方法和最有效率的渠道。

18.2.6　形象公关

处理好与各方面的关系，传播良好的企业形象是公关的最根本的目的。企业竞争到最后就是形象的竞争，形象就代表了企业的一切。

1. 内涵

企业形象是企业的关系者对企业的整体感觉、印象和认知。企业的关系者包括消费者、客户、竞争者、股东、投资者、企业员工、希望就职者、金融机构、原材料供应者、大众媒体、政府、公共团体等。企业形象策略是一种美化企业形象，注入新鲜感，使企业更能引起外界注意，进而提升企业的知名度、信赖度和美誉度的经营活动。

企业形象通过企业识别系统来实现。企业识别系统（corporate identity system，CIS）是将企业经营理念与企业文化，包括企业的个性、目标、特征和相关信息，融入现代设计及企业管理的理论、观念、手段，且综合运用各种传播媒介，表现企业个性，突出企业精神，与企业内外的公众建立双向沟通、互相理解和支持的关系，使消费者产生强烈的认同感，从而达到促销目的的经营活动。

理念及视觉形象可通过公司的广告标识、文件、小册子、招牌、企业模型、业务名片、建筑物、制服标记等来传播。

企业识别系统由企业理念识别（mind identity，MI）、行为识别（behavior identity，BI）和视觉识别（visual identity，VI）三个系统构成。

（1）MI 指在经营过程中的经营理念和经营战略的统一，具体表现为最高决策层次导入 CIS 的原动力：企业使命、目标、精神、价值观等。

（2）BI 指在实际经营过程中所有员工行为及企业活动的规范化、协调化，具体分为两部分：对外活动如参与、反馈、市场策略等，对内组织如管理、教育、培训等。BI 是在企业理念指导下逐渐培养起来的、企业全体员工自觉的行为方式和工作方法，具体显示了 MI 的内涵。

（3）VI 指视觉信息传递的各种形式的统一，具体表现为两部分：基本要素如名称、标志、标准字、标准色，应用要素如办公品、产品、交通工具、广告等。VI 是企业所独有的一套识别标志，是最外在、最直观的一部分，现在也被称为企业的 logo。

MI、BI、VI 三者相互配合,带动企业的发展,塑造企业独特的形象。

2. 意义

形象传播的意义表现为:

(1) 对外可以形成差异竞争。企业的市场营销活动主要依赖于企业的三大力量,即产品力、促销力和形象力,相应地,企业竞争也由产品力的竞争、促销力的竞争,发展到形象力的竞争。为了突出企业的个性特色和视觉冲击力,需要企业领导人企业形象识别进行形象塑造。企业形象的个性化便于识别和认知,以适应消费者认牌选购商品、认准企业购买,以品牌形象、企业形象培养忠诚顾客。

(2) 对内可以形成内凝力。企业形象的建立使得企业的基础长期稳固,增强内部的向心力和凝聚力,能激励员工士气,形成良好的积极向上的企业文化氛围,对上市公司而言还能增强企业内股东的凝聚力,增强社会的号召力。

国际设计协会早在 1987 年就说过,企业在形象建设上每投入 1 美元,就可以获得 227 美元的收益。

3. 实施企业形象战略

企业形象战略是一个系统化的整体形象战略,在导入和实施过程中,必须从战略内容的系统性、战略实施的组织性和计划性、战略导入的整体性等方面进行把握,不断提高战略水准,促进企业形象战略的推广应用。

(1) 进行沟通和培训。对外进行沟通:召开企业形象方案发布会,散发企业的企业形象手册,利用新闻媒体和广告媒体进行宣传等;对内进行培训:举办高层管理者、部门经理的企业形象战略研讨,有计划地对全体员工进行企业形象知识培训;还要进行规范化的行为训练。

(2) 跟踪管理落实和实施企业形象战略活动计划。改善公司环境;规范员工行为;落实公益性活动、公共关系活动及广告促销活动计划。

(3) 监督和控制企业形象战略的实施。监督和管理企业形象战略计划的执行;对各项活动的实施绩效进行测定;定期检查、评估企业形象战略的实施情况及实施效果;对企业形象战略进行调整和修正。

∷ 本章小结

公共关系是企业在市场营销活动中正确处理企业与社会公众的关系,树立企业良好的形象,从而促进销售的一种社会活动。公司不仅要与它的顾客、供应商和经销商建立关系,而且也要与大量的公众建立关系。还要与新闻界联系,进行产品公共宣传,传播公司信息与形象,游说立法者和政府官员,提供咨询。

公共关系策略主要包括新闻公关、交际公关、公益公关、服务公关、危机公关和形象公关等。

:: 本章关键词

公共关系　危机管理　新闻公关　事件公关　交际公关　服务公关　危机公关
企业形象

:: 思考题

1. 公共关系是如何去塑造形象的?
2. 试述公共关系的职能是什么。
3. 试述公共关系的形式有哪些。
4. 谈谈对事件营销的理解。
5. 谈谈对危机公关的理解。
6. 企业识别系统是由哪些要素构成? 试举一企业分析其 CIS 系统。

延伸阅读

上善若水，水善利万物而不争，处众人之所恶，故几于道。

——老子

知者不惑，仁者不忧，勇者不惧。

——孔子

世俗无眼，莫见道真；如少见明，当养善意。

——《法句经》

市场营销原理不但可以运用到企业的交换行为中去，而且可以运用到所有组织和个人的交换行为中去。这就是一个交换的世界，社会就是由组织和个人所构成，所有的组织和个人的生存和发展都依赖于一定程度的交换。

营销是一种非常普遍的社会活动，不仅仅是销售产品或服务，还可用于政治、教育、公益等领域。虽然特定的商业概念在非营利组织中有不同的功能，但它们可以用来提高非营利组织的运作效率，如果非营利组织能够有效地应用营销观念，那么其组织效率将会明显提高。

组织包括了营利性组织、非营利组织和政府三大类。广义上政府也属于非营利组织的范畴，因为它们也具备非营利组织的特征。三大类组织在现实中越来越相互作用和影响，而且都是为了实现交换而在生存和发展，只是非营利组织和政府首先要实现的是非营利性交换，即获得自己对方的认可、喜欢、尊重、拥护等。营销就是实现交换的思维方式和交换哲学，因此，这三大类组织的管理者都需要懂得营销之道。

个人的一生就是交换的一生，个人实现自己的价值即实现交换的价值，如获得亲情、获得友情、获得爱情、获得婚姻、获得工作、获得金钱等。个人的交换既涉及营利性交换，也涉及非营利性交换。在现实社会中，个人总是希望既能实现营利性交换，又能实现非营利性交换，两者兼得。

非营利组织的基本特征就是非营利性，这样的特征就决定了组织性质的服务性、帮助性和善良性，决定了组织要实现的核心交换是非营利性交换。个人的性格决定了个人在交换中对营利性交换和非营利性交换关系的认知与处理。势利导向的性格决定了这个人更看重功名利禄，看重营利性交换的达成；人文导向的性格就决定了这个人更主张少私寡欲，看重非营利性交换的达成。

延伸阅读一
非营利组织营销

::::

开篇案例　慈济慈善事业

慈济慈善事业于1966年由证严上人创立于我国台湾省花莲市,最初由30位家庭主妇每天省下5角钱,投入竹筒里,6位同修弟子,每人每天增产一双婴儿鞋,以克己、克勤、克俭、克难的精神创立慈济,开始济助贫困,拔苦予乐的工作。慈济的志业,由慈善而医疗、教育、人文,从偏远的花莲开展至全球五大洲,已有47个国家设有分支会或联络处,迄今援助超过71个国家(地区)。慈济人以感恩心,付出无所求,给每一位受难者真诚关怀与帮助。

慈悲汇聚善与爱的力量,人人力行克己复礼,回归简朴生活。力邀天下善士,同耕一方福田;勤植万蕊心莲,同造爱的社会。祈愿为达到人心净化、社会祥和、天下无灾无难共同努力。

慈济人共同秉持着内修诚、正、信、实;外行慈、悲、喜、舍的理念。以"人伤我痛,人苦我悲"的人文情怀,超越种族、国家、语言、肤色、宗教信仰的界限,以出世的精神从事入世的志业,不仅使大爱成为一种普世价值,更将中华文化底蕴中的人文精神发挥到极致。

慈济人所推动的包括慈善、医疗、教育、人文四项,统称为"四大志业";另投入骨髓捐赠、环境保护、小区志工、海外赈灾。此八项同时推动。

慈济慈善事业基金会是获国务院批准通过成立的基金会,并于2010年8月20日于苏州静思书院举行挂牌典礼。在全世界天灾频发的今天,慈济成立基金会,将有助于扩大我国各项救灾与扶贫工作之力度,并对社会的均富与和谐,承担起更积极的责任与角色。

慈济在我国大陆的慈善工作开始于1991年华东与华中的世纪水患,慈济在遭受重创的三省四县进行大规模的急难救助,并落实中长期的援建工作,为灾民安心、安身与安生活。20多年来,当年援建的县市,慈济的慈善脚步仍持续在当地进行。累计援建4 400余户的慈济大爱屋、50余所学校、重建敬老院、援建妇幼中心、兴建医疗大楼与持续地进行义诊,除硬件建设外,并透过人文交流,分享"感恩付出、行善行孝不能等"之人文精神。

2008年汶川大地震,举国上下悲恸不舍,慈济志工5月14日即赶赴灾区关怀,自是日起,慈济志工始终在四川,陪伴着乡亲,走出伤痛,重建生活。并陆续援建13所学校,为下一代学子提供良善且具有人文之学习环境,慈济并在当地成功的推动小区环保。

慈济于大陆援助地区共28个省、市、自治区,重点工作项目包括汶川大地震灾后重建、甘肃集水抗旱水窖工程暨移民迁村援助、贵州扶贫暨迁村工程、冬令发放、定期的慈善访视个案关怀、各地学校之援建、贫困学生助学项目、骨髓捐赠、医疗援助、环境保护资源回收等工作,务实推动和谐社会、拔苦与乐之工作,并于2006年、2008年获得民政部颁发中华慈善奖之殊荣。

资料来源:Tzuchi.org.cn。

非营利组织是十分普遍的机构,并以各种方式影响着我们的生活和世界。在欧美各国,非营利组织为穷人提供施舍处;为富人提供歌剧院;倡导大众戒烟和减肥;为一些人打抱不平,并拥护那些被忽略的人群;支持某一政治候选人;为人们提供实现宗教信仰的机会。在国际上,它们处理关键性的难题,如亚非拉地区的艾滋病和贫困问题。它们为那些想要帮助别人的人和公司CEO们提供机会,运用他们的理念和技能去解决社会难题。

在中国,非营利组织也开始迅速成长,除了以往的社会团体、民办非企业组织外,大量的事业单位正在逐步分化为非营利组织。

EXI.1 非营利组织概述

非营利组织是指除了营利机构和政府机构以外的一切社会组织的全体。它的基本特征是正规性、民间性、非营利性、自治性和自愿性。非营利组织是在公众支持下,为实现公共目标而存在的组织。它包括学校、慈善机构、宗教机构、合作团体、社区组织、市民俱乐部以及许多其他组织。市场营销在为组织与其环境之间的联系架起桥梁,使组织能对环境变化和顾客需求及时作出正确反应,在确保组织目标与战略的实现方面起着十分重要的作用。

EXI.1.1 非营利组织内涵

一个社会,都是由个人和社会组织构成的。对于一个现代社会来说,社会组织可被分为三大类,即政府组织、营利性组织和非营利组织。这就是所谓的现代社会"三元结构",而"三元结构"中的非营利组织又称为第三部门。

1. 概念

非营利组织(non-profit organization)一般是指不以营利为目的的开展各种志愿性公益活动的非政府、非营利机构的组织。是指那些具有为公众服务的宗旨,不以营利为目的,组织所得不为任何个人牟取私利,组织自身具有合法的免税资格并可为捐赠人减免税的组织。在中国,非营利组织一般包括了事业单位和社会团体。非营利性组织所涉及的领域主要分布在教育、医疗、文化、科研、体育,以及各类社会团体中。其具体表现形式大致分为三类:第一类是行政部门的服务性单位;第二类是行政主管部门与民间资金相结合组成的单位;第三类是自治性的民间组织。

非营利组织的特征主要表现为:必须依法成立;有必要的财产和经费;有自己的名称、组织机构和场所;不具有营利性,不以获取利润为目的。

2. 分类

在中国,对非营利性组织的分类有几种说法,这里表达的是其中的一种,它把非营利组织的大致分为八类:

(1) 宗教组织。如教堂、教会等。

(2) 社会组织。如服务俱乐部、兄弟会等。

(3) 文化组织。如博物馆、交响乐团、剧团、艺术联盟、动物园等。

(4) 知识组织。如学校、研究机构等。

(5) 保护组织。如同业公会、工会等。

(6) 政治组织。如政党、游说团体等。

(7) 慈善组织。如福利机构、基金会、慈善医院、疗养院等。

(8) 社会理念组织。如和平组织、计划生育协会、环境保护协会、种族权利保护协会、消费者权益保护协会、妇女权益保护协会等。

3. 作用

非营利组织在社会中发挥着越来越重要的作用,其作用主要体现在:

(1) 社会服务。为社会成员提供中介服务和直接服务(如出国留学的咨询服务和各种养老院、民办学校)。

(2) 社会沟通。为政府与企业、政府与社会之间的沟通充当桥梁。一方面,向政府反映企业、社会的意见、建议,为政府提供信息;另一方面,协助政府作好宣传、指导、监督等方面的工作(如各种行业协会)。

(3) 社会评价。对生产、消费品作出公正的评价(如各种调查机构)。

(4) 社会裁断。调解社会成员之间的纠纷,如消费者权益保护协会。

(5) 社会监督。非营利组织是政府权力的监督者。通过有组织的活动,唤起公众的公共意识,影响政府的公共决策。非营利组织也是民主价值观的培育者,有利于培养公众正确的参政观。

EXI.1.2 非营利组织资源开发

社会三大部门在社会中各有其特定的职能,它们分工合作,使社会处于一个协调和谐的状态。第一部门(营利组织)创造先进的生产力与社会财富,是社会基础;第二部门(政府组织)通过纳税和财政支出处理社会公共事务,维护社会公平与秩序;第三部门(非营利组织)通过征集社会志愿和经营处理特别公共事务,救助弱势群体,增进社会和谐与文明。

非营利组织要实现以上的功能,就需要不断进行资源开发,有关资源开发的内容,主要包括以下三个方面。

1. 资金募集

虽然许多非营利组织正在逐渐扩大收费服务和产品的范围,但它们的主要资源仍然来自筹款。私有非营利组织依靠四种主要资来源:基金会、政府、企业和个人。因此,**筹款**(fundraising)是营销理论在非营利领域的重要应用之一,由于竞争日益激烈,这也成为非营利组织面临的一大难题。

非营利组织的顾客分为捐赠者和受益者。资源从捐赠者市场产生,随后被分配给受益者市场。在这种情况下,营销的角色就是创造和维持"满意的交换"。捐赠者捐赠的数量受许多因素的影响,诸如从捐赠获得的家庭效用、组织效用、感知到的组织专业性以及非营利组织提供的服务质量,都能够影响捐赠的水平和时限。

每一个筹款活动开始于清晰的目标和一个深思熟虑的战略。根据筹款运动的类型选择不同的方式。对于年度捐款运动,必须要提升志愿者的领导力,然后全体工作人员需要齐心协力。组织的筹款方案设计应与捐赠类型匹配,而且应当建立具体的目标和问责制以确保每一个主要成果都有人负责。

2. 志愿管理

随着社会对非营利组织所提供服务的需求越来越大,志愿行为的作用越来越重要。但是由于人的差异,不同的人具有不同的志愿意愿。为了有效地做好非营利组织营销工作,获得足够的资源来维持非营利组织的运行,必须对影响公众从事志愿活动的因素进行研究,从而有助于非营利组织有效地向公众传递合适的信息,使用合适媒介接触潜在的志愿者,更有效地劝说人们从事志愿活动并合理分配不同志愿者从事不同的志愿活动。非营利组织要注重"非交易行为",考虑人们的社会、情感需要。已证实的志愿行为影响因素包括:性别与年龄;公众的自我感知。

非营利组织需要雇佣大批的志愿人员来承担组织的任务。一个较有发展潜力的组织更受他人青睐,而志愿者判断其组织的好坏,在很大程度上取决于该组织的营销力度,组织需要通过不断的营销来争取和吸收志愿者,以及对志愿者采取如何的激励都需要强有力的营销。对于志愿者不能只局限于对志愿者的招募,而是要通过不断的征求工作人员和志愿者的意见,倾听他们的呼声,将志愿者管理与战略规划结合在一起,使非营利组织的顾客导向落实到具体的营销战略上,只有这样组织才能在不断变化的环境中寻求更大的发展。

3. 与私营部门的合作

20 世纪 90 年代的非营利组织与企业之间在利益方面的联系越来越多。一方面,企业认识到履行社会责任是企业成功的关键要素,另一方面,非营利组织也需要更多的资金来源。因此,这两方面的因素共同促进了企业社会责任活动的发展。企业出于各种各样的动机,开始实施诸如事业关联营销等其他创新计划,每年向各种不同的非营利组织捐献大量资金。

事业关联营销(cause-related marketing)是企业为了增加销售收入而向一个或多个非营利组织进行捐赠的行为。当企业需要利用的社会事业与非营利组织的慈善目标互相兼容时,这种兼容性会提升企业的形象和品牌的回忆,改善组织信任和消费者的态度。兼容性取决于对事业的涉入度和熟悉度,消费者对于事业的涉入度和熟悉度决定了消费者对兼容性的感知和随后的认知反应,与事业发起者的兼容性感知具有正向的相关关系。

EXI.2 非营利组织营销

非营利组织营销是指非营利组织一般为达成非营利交换而对组织和个人需求进行分析,并采取相应的经营沟通对策去达成目的的管理活动。

非营利组织必须树立正确的营销理念,根据外部环境的变化与自身的特点,以满足社会需求为中心,通过争取更多公众的理解、支持与合作去满足市场需求,从而确保组织目标的实现。非营利组织营销来源于做不求回报的善事,是一种有意义的责任感、使命感与成就感满足。但一片好心并不能代替组织与领导,也不能代替责任、绩效和成果。这些都要求强化管理,而管理来源于组织的使命。

EXI.2.1　非营利组织的市场导向

市场导向是一种能够促使组织创造并提供卓越价值,进而构建竞争优势的组织文化,包括顾客导向、竞争导向和跨部门协调三个行为要素及长期目标和利润两个决策标准。非营利组织市场导向作为管理哲学与组织文化,包括组织的外部导向、内部整合协调及长期愿景三个方面。

1. 市场分析

市场的广义解释就是所面临的环境因素,营销环境的变化既可能给非营利组织的营销带来机会,也可能是对非营利组织的威胁。因此非营利组织必须时刻关注营销环境的变化,在对环境全面分析的基础上,决定组织的营销战略规划。根据环境对非营利组织影响的程度,可分为微观环境与宏观环境。

非营利组织的微观环境是指对非营利组织的营销活动构成直接影响的各种因素和力量,包括非营利组织本身、营销中介、市场、竞争者以及公众等多种因素。

非营利组织的宏观环境由一些影响非营利组织营销活动的巨大的社会力量所组成,包括人口环境、经济环境、自然环境、技术环境、政治法律环境和社会文化环境等。

SWOT 分析法实质是一种环境分析,主要包括对市场需求、竞争、产品、分销以及宏观环境等多方面信收集、提供和分析。非营利组织营销同样要运用此方法来对环境进行有效的分析。

2. 关系营销

非营利组织市场导向的营销管理应建立在关系营销的基础上,而不是以交易为基础。非营利组织要实现的是非营利性交换,这更要求非营利组织注重与相关的对方首先建立起良好的非营利关系,即获得对方的认可、喜欢、尊重、拥护等。

营销是辩明预测并满足顾客有效需求的一种管理过程。非营利组织的营销主要是满足"顾客"的要求。事实上,所有非营利组织都拥有各种不同层次的"顾客",并且在供应者和最终顾客之间存在着诸多的要求层面。对于非营利组织来说,由于营利不是动机,也不是目的,因此"满足顾客要求"——即以顾客要求为导向,要求非营利组织应该更多地关注公共产品的提供,并有义务向各方面说明如何有效地交换这种产品。非营利组织营销的本质特征是一种态度和观念。

同企业一样,非营利组织同样应该通过建立客户关系管理系统(CRM),整理划分出客户类别,实施实时、互动的客户关系管理,从总体上掌握客户需求变化和反馈信息。应不断改进和创新供给,以获取可持续发展的动力;不断强化组织与政府、社会公众的良性互动,为组织的成长拓展更为广阔的空间。

忠诚已经变成非营利组织的一个重要战略主题,因为对非营利组织声望的感知与忠诚之间具有正相关关系,而忠诚又与满意正相关。服务质量、信息和便利与满意正相关。因此,服务质量是非营利组织成功实施关系营销的基石。

EXI.2.2　非营利组织的营销战略

艾伦·R.安德里亚森和菲利普·科特勒在他们的著作《战略管理：非营利组织的视角》里说，"营销在非营利组织中的角色就是去影响人们的行为"。与营利组织一样，非营利组织为了能与目标市场达到双赢的目的而采取了种种营销战略与策略。然而，非营利组织的营销有许多独树一帜的方面，包括营销目标的设立、目标市场的选择以及相应的营销组合的制定。

1. 目标战略

非营利组织一旦有了营销意向，就必须在战略计划层面定出组织的基本方向。这个建立基本方向的过程叫作战略性营销计划过程，该过程包括组织整体层面和营销活动层面。

从组织整体层面来看，必须确定组织的整体使命、目标和具体目的，并且理解组织基本文化的本质。非营利组织的使命具有公益性、帮助性和公平性、美好性等特点。从事非营利活动能给人足够的成就感、责任感和使命感。比如，宗教组织致力于"美好的感受"，也就是让人们对自身和社会感觉更美好。或者说，它们认为自己做的是一项"希望事业"，即帮助人最终获得一种愉悦和充实的体验，不论今生还是来世。一个组织应该为一个可行的、激励员工的、与众不同的使命而奋斗。组织的使命阐述不能模糊，不能陈词滥调，这很重要。每个组织的成立都源于一种使命。

彼得·德鲁克认为，最成功的非营利组织投入大量的精力去界定组织的使命，它们不会对良好的愿望泛泛而谈，而是注重组织目标，从而使组织成员（既包括正式员工也包括志愿者）能够明确自己的工作方向和任务。例如，大自然保护协会是为了保护自然动植物的多样性。

使命确定后，就要进一步确定做什么事、做给谁和凭什么。这需要通过市场细分来确定目标，并对目标就是有效定位，这也被称为 STP 战略。菲利普·科特勒说："我们认为非营利组织营销者最应该关注三个基本点：谁是他们的目标受众？他们希望这些人采取怎样的行为？应该提出怎样的价值主张来达到目标？"

从营利组织中学得的品牌概念同样可以应用于非营利组织、国家和个人的身上。品牌可以展现独特的社会贡献，对目标受众和利益相关方形成承诺，彰显组织的使命和价值观。创建品牌需要了解目标受众，知晓他们对组织及组织竞争者的看法。需要谨慎地为组织拟定品牌名称、选择标志、挑选代言人、制定品牌承诺、策划品牌象征物和品牌标语以及品牌形象。员工的努力也很关键，因为他们必须让品牌产生效果。越来越多的非营利组织和政府机构开始品牌化其活动。

2. 营销组合

（1）供给。非营利组织的营销组合中最重要的因素就是"供给"。其营销的最终目标和一般营利组织的目的一样，是要通过提供有吸引力的价值主张来影响目标消费者的行为——用诱人的利益和最低的代价来换取期望的行为。然而，与营利组织不同的是，非营利组织倡导这些交换主要是为了让目标受众以及整个社会受益，其次才是组织自身的生存和发展需要。非营利组织没有享有巨大发言权的股东，所以无需为营利负责。

大部分的组织，无论是营利组织还是非营利组织，如果不能提供在本质上具有吸引力的产品服务，或者像现有营利组织所说的"提供额外价值"，那么它就不可能长久地生存下去。而且，如果一个组织不能将它的服务与竞争对手的服务显著地区别开来，就算这种竞争不激烈，这组织也不能很好地生存和发展。再有创意的广告也无法销售本质上很差的产品。

因为非营利组织要面对非常广泛的行为挑战，所以需要对供给下一个广泛的定义。菲利普·科特勒给的定义是："营销供给是营销者提出的适用于所有目标受众的一种建议，一种包含积极结果与消极结果的可取组合的价值主张，其前提是当且仅当目标受众采取期望的行动。"

非营利组织可提供的产品大多趋向于服务或所供应的综合利益。服务是一种活动或利益，它由一方提供给另一方，但并不发生所有权的转移；服务代表着组织或机构的公共形象，是组织或机构与目标群体进行沟通接触的主要表现。非营利组织提供的服务要更优于营利性企业，因为它关系到消费者的长远利益，甚至是国家的长远利益。

非营利营销者希望产生两种交换。首先，组织内部的交换，包括一系列主要的公共机构：募捐者、基金会、公司和志愿者等。其次，各种各样的客户和目标受众寻求的交换，这种交换会导致一些行为的发生，比如戒烟、关爱弱势群体，等等。

（2）价格。无论是在营利性领域还是在非营利性领域，所有的产品和服务都存在以某种方式支付成本或价格的问题。虽然非营利组织不以营利为目的，但是如果对组织提供的任何产品和服务都不收取费用非营利组织将很难维持生存和发展。

非营利营销者想要寻找影响交换的方法。从目标受众的立场而言，这种交换就是用成本换取利益。成本是消费者心目中感知的进行交换所必须付出的代价。成本可以是货币成本也可以是非货币成本，或者两者兼有。非货币成本包括精神痛苦、转变旧习惯和旧观念的付出、时间及精力的付出与社会程序的错位等。

非营利组织在确定货币价格的策略时，要先确定定价的目标。其目标可以是：盈余最大化、成本回收、市场规模最大化、社会公平或者使市场缩小。达到这些目标的战略主要有：成本导向定价法、价值导向定价法或者竞争导向定价法。有时候，在营销者的控制之下，对不期望的行为强制征收一定的费用能够增加采取期望行为的价值，这被称为成本节约。

营利组织的主要问题是如何筹措资金。营利性企业资金的来源主要是发行股票和公司债券，而非营利组织却没有资本金，也没有利润导向的定价制度，它们必须依靠其他资金来源来支持组织或机构的活动。非营利组织的经费大多来自税收和捐赠，因此，募捐是非营利组织的一项非常重要的工作。非营利组织有多种不同的资金来源。大体可分为：个人捐赠，这是慈善捐款的主要来源；基金会捐助，我国现有的基金会主要有：中国青少年发展基金会、中国红十字基金会、中国扶贫基金会、中华文学基金会、宋庆龄基金会、援助西藏发展基金会、中国法律援助基金会、中国中小学幼儿教师奖励基金会等，这些基金会支持的范围广泛，大部分捐助了扶贫救灾、希望工程等社会公益性事业；企业捐助，企业也可以为非营利组织提供多种形式的捐助，如捐赠现金、产品、债券以及劳务等；政府机构、地方政府捐款支持教育、社会服务及其他一些值得捐助的项目。

（3）渠道。渠道是建立在营销者和消费者之间的一条通道，这条通道把营销者和消费者拉近到同一时间和空间，其目的是为了实现交换。

为了获得一个既有效果且有效率的渠道战略，非营利营销者必须决定他们将提供何种品质的服务，营销者是直接还是间接接触消费者。通常营销者希望有众多的渠道，比如说互联网和电话系统。然后，营销者还要确定渠道的长度和宽度，招募渠道成员，确定各自的职能。最后，营销者必须与渠道中每个成员形成良好的协作关系，并且能够控制这些渠道。

非营利组织要善于利用渠道分担成本，尽可能采取发展中介机构的一些有效措施，提供时空上的便利性，使资源能够充分发挥效用。组织或机构要与渠道成员相互协调好，使双方都感到对社会负有共同责任。比如,我国通过电视、广播等传播渠道做公益性广告,引导消费者食碘盐,以增强国民体质,取得了良好的社会效益。

(4) 沟通。整合营销沟通的五大手段和策略(人员销售、广告传播、销售促进、直接营销及公共关系)都可以应用到非营利组织营销中来。首先应清楚了解沟通过程,接下去就是决定选择使用哪种工具,以及何时使用、如何使用。

非营利组织也不能忽视沟通。关于一个机构的所有事物(产品、雇员、设施及行为)都向外界传达某种信息。每个机构都应审视其交流方式、需要和机会,并开发具有影响力且节约成本的沟通程序。机构的交流责任并不限于同受众的沟通,它必须同所有外界,如出版社、政府机关、潜在捐赠者进行有效沟通,在其任务履行有赖于法律法规环境变化时,尤其如此。它还必须进行有效的内部沟通,特别是与董事会成员、中层管理者、专业事务人员及聘用的志愿者之间的沟通。

非营利组织直接或间接与公众的每一次接触都是一次发挥影响力的机会。接触可以由组织的专门部门和人员使用各种工具来实施,例如付费和免费媒介、包装设计、开展企业宣传发布、个人推销,甚至是用赠送购物袋和 T 恤衫等手法来促销。为了让项目奏效,沟通过程必须清晰易懂。

非营利组织与目标市场进行沟通的同时,还要争取谋求外界持续不断的支持,通过获得协助以共同达到协调公众的态度并进而影响其行为的目的。非营利组织最易于获得协助的沟通方式便是广告,付费广告或公益广告为了获得宣传效果愿意为公共利益提供相应的技术与服务。同时,赞助社会福利事业等公关活动可以提高组织或机构的知名度,增强自己在公众心目中的形象。

非营利组织营销是一个全方位的战略工作,所涉及的范围是非营利组织的各个方面。营销的成败在于组织对各种资源的分析和整合,因此非营利组织开展积极的、有效的、务实的营销战略完全符合组织发展要求,是非营利组织争取更好发展的必然选择。

延伸阅读二
个人营销

开篇案例　人生的三路向

梁漱溟先生是中国著名的思想家、哲学家、教育家、国学大师，主要研究人生问题和社会问题，是现代新儒家的代表人物之一，有"中国最后一位儒家"之称。

梁漱溟的一生充满了传奇色彩：6岁启蒙读书，只有中学毕业文凭，却被蔡元培请到全国最高学府北京大学教印度哲学；在城市出生成长，然而长期从事乡村建设；一生致力于研究儒家学说和中国传统文化，是著名的新儒家学者，可是却念念不忘佛家生活……一生不断追求的两个问题：一是人生问题，即人为什么活着；二是中国问题，即中国向何处去。梁漱溟自称"是一个有思想，且本着他的思想而行动的人"。他以"三军可夺帅，匹夫不可夺志也"及"为往圣继绝学，为万世开太平"的傲骨和追求，成为受人尊敬的一代宗师。

梁漱溟在其《三种人生态度》一文中，对个人的人生态度作了精辟的分析。他说，人生有三种态度：第一种可以用"逐求"来表示，指人在现实生活中逐求不已，如饮食、名誉、声、色、货、利等，一面受趣味引诱，一面受问题刺激，颠倒迷离于苦乐中与其他生物亦无所异。此乃逐求物质享受，这种人生态度为人对物的问题。第二种可以用"厌离"来表示，为许多宗教之所由生，其中最通透者是佛家。此种人生态度人人皆有，只是深浅不同而已，解决的人对于自己本身的问题。第三种可以用"郑重"来表示，是教人自觉地尽力量去生活，在世间郑重地生活，这条路发挥最到家的就是中国的儒家。此种人生态度为人对人的问题。逐求是世俗的路，郑重是道德的路，而厌离则为宗教的路。此三者排列而为比较，当以逐求态度为较浅；以郑重与厌离二种态度相比较，则郑重较难；想从逐求态度进步转变到郑重态度有可能，但很不容易。普通都是由逐求态度折到厌离态度，从厌离态度再转入郑重态度。而真的郑重生活，总是在经过厌离之后。

资料来源：根据梁漱溟所著《人生的三路向》整理而成。

人都因交换而来,又为交换而去,个人的一生就是要实现交换的一生。既需要实现营利性交换,也要实现非营利性交换,个人营销的真正成功是首先要实现非营利性交换,再实现营利性交换。两者可以兼得,但以实现非营利性交换为根本。

EXII.1 个人营销概述

交换无处不在,所以营销也就无处不在,做营销就是做交换。本部分的内容是将市场营销基本原理应用到个人营销领域的尝试。

EXII.1.1 个人营销内涵

在这个交换的世界里,个人要想实现各种交换,就需要有个人营销的理念。个人营销理念包括有现实理念、经营理念和沟通理念。其基本逻辑是:懂现实才可能做好经营,懂经营才可能做好沟通和个人交换管理。

1. 概念

个人营销则是指个人为满足对方组织或个人需要而采取的综合性经营沟通活动,其目的就是要达成一种或多种交换,并努力促成对方满意和忠诚。简单地说,个人营销就是通过满足对方的利益来获取自己的利益。

2. 目的

人生的目的就是要去实现自己期待的交换。期待能赚钱、获得财富,期望能被认可、接受、尊敬、拥护、喜欢,期望得到健康、美丽、幸福,期望得到亲情、友情和爱情等。期待的实现就是交换的成功。这些期待可以基本归为两类:一类是营利性交换,主要是为了钱和物等,即达成交易;另一类是非营利性交换,主要是为了情等,即达成交情。

达成交情包括了获得认可和喜爱等。交情中有深交和浅交之分,浅交的基本特征是认可,深交的基本特征是喜爱。成熟的个人营销理念是先去实现交情,进而才可能实现交易。即使先达成交易,也要随后达成交情。交情和交易也是可以兼得的。一心想着实现交易的人反而达不成交易,因为为人太功利,欲速不达。

亚当·斯密在其《道德情操论》里说:"我们在这个世界上辛苦劳作,来回奔波是为了什么? 所有这些贪婪和欲望,所有这些对财富、权力和名声的追求,其目的到底何在呢? 归根结底,是为了得到他人的爱和认同。"这就是说,归根结底是为了实现非营利性交换。

成功就是实现了某个或某些期待。现在社会一般这样认为,成老板了或当官了或成名了或有了很多钱才叫成功,但这些实现只是成功的一面表现。最幸福的成功是得到了爱情、亲情、友情,是得到了别人的尊敬、喜欢、认可、感谢等,这些成功可以与钱、权、名等有关系,也可以没有任何关系。

3. 特点

(1) 个人营销的个性。

个人营销因为主体是一个人,所以带有每个人不同的个性。个人的价值观及爱好、脾气等直接影响着每个人不同的交换理念。有人可能势利心很重,其交换就肯定注重营利性交换,甚至把所有的交换都看成是交易,都是金钱关系;而有人可能道德心很强,其交换就更注重非营利性交换,淡泊名利,交换中善待别人,真诚无价。

(2) 个人营销的链性。

成功的交换往往不是靠单打独斗来实现的,而需要不少另外组织和人的帮助、推荐。个人身处在什么链(网、圈、群、帮、脉)中,就已经预示了个人可能实现或不能实现哪些交换了。一荣俱荣,一毁俱毁。我不是一个人在战斗。

个人交换的对方可以是组织,也可以是个人。个人想去和组织交换,就应该知道组织也是由个人构成的,所以与组织打交道的过程也就是在和个人打交道,事在人为;个人想和其他个人交换,也应该知道和其他个人打交道的过程会受到其个人身处组织和他人的影响,要交换的对方其实也不是一个人在战斗。交换双方都有组织的影响,都有其他个人的影响。

人一生如果能得到两情相悦的人生之恋是一幸事,这是情感的满足,是能摆脱孤独的满足,可惜许多人一生并没有得到。人一生如果能得到现实可靠的人生之链也是一幸事,这是理智的满足。人生之恋可以交换人生之链,反之亦然。两者兼有,幸福欢喜;两者居一,若有所失;两者皆无,孤苦伶仃。

(3) 个人营销的弹性。

个人营销的弹性是指个人营销成功与否是被个人的实力决定的。个人的个性优秀,"链性"牢固,那就往往处在"我牛"的地位上。如果"我牛",我就会在交换中占主动,往往是对方主动来找我。而如果"我熊",情况就会恰恰相反。

我牛可以分为真牛和假牛。真牛可以分为"垄断牛"(垄断了权力或资源)和"非垄断牛"(名气、技术、才华、财力、长相等)。假牛可以分为吹牛和"疯牛"。这个社会有不少牛的组织和人,要么是吹牛的,对方因为无知而受到了蒙骗;要么是"疯牛",自己孤芳自赏、自以为是、强词夺理却无人喝彩。

4. 价值

个人营销的成功关键来自自己选择和创造的价值是否被对方认可和接受。价值即有用,所谓无用其实也是对某个或某些对象的有用,而有用与否是被对方决定的。价值是个人营销的核心概念,没有价值就没有交换。

自以为是、孤芳自赏、以自我为中心的许多自认为的价值,其实是没有价值的。价值具有社会性、对方性等特点,价值最终决定了个人的价格及收入。

颜值、慧值、链值构成了个人价值的主体。颜值是指外在的形象及打扮如何,慧值是指个人的情商及智商,重点是情商状况如何,链值是指个人的人际关系及家庭、地域、学历、所在的组织等状况如何。颜值、慧值、链值都可以相互交换,其中慧值才是个人价值的核心。

EXII.1.2　个人营销管理

个人营销需要靠管理去实现。人人都是管理者,可能管理别人,但一定管理自己。人的一生其实就是自我管理的一生。个人营销管理的实质就是对人的需求管理。

1. 管理智慧

如何认识、理解和实现交换是一种思维方式体现,也是一种哲学思想。思维方式其核心就是理性的价值观及为人处事之道,是个人性格的体现。

功利社会是现实的一种特征,功利社会的显著标志就是消费主义和金钱至上,而有意思的是在功利社会里人们的消费往往也是被引导和被消费的。所谓的个性只是消费个性而已,不是思想的个性。在这样的环境下,人的选择往往也是被选择的。

个人营销可以为追名逐利而忙忙碌碌,但忙让人茫然、迷茫、盲目,失去自我。忙什么失了自我呢?为了一个利字。由利而延伸出的世相就是:急躁、攻击、恶意、虚假。为利而利就会不择手段,最终利欲熏心,利令智昏,不得善终。

悟就是要让人从迷中走出来。迷途知返,回头是岸。不能执迷不悟。悟的理性认识就是要形成稳定的思维方式,形成稳定的人格理念和价值观。读万卷书不如行万里路,行万里路不如阅人无数,阅人无数不如名师指路,名师指路不如若有所悟。悟的第一层次是能触类旁通,由此及彼,产生联想。第二层次是醍醐灌顶,豁然开朗,产生智慧,真正觉悟,悟得我心。觉悟的基本状态表现为静、善、素、诚等特征。

看清才能看轻,清高而不轻高。看清之后能否看破呢? 看透是一种态度,看破是一种道。现实中有两种看透态度:一种看透是看透善的无能为力,然后就去游戏人生,嘲笑一切,并激发、丰富并满足欲望,认为所谓的恶是一种现实、真实的生活。一切都是瞬间,人生就是追求瞬间的快乐而已,尽管短暂,但却很身体化和具体化。这种人生价值观被称之为势利价值观,认为个人交换是一种势利交换。另一种看透是看透了恶的万劫不复,认为人生就是要清心寡欲,修身养性,超凡脱俗,进入一种平静、淡定、简朴的精神世界。人痛苦的来源恰恰是去追求欲望的满足,欲望是短暂的快乐满足,而许多人其实还得不到,只有限欲,甚至灭欲,精神超脱,才能获得长久的幸福。这种价值观被称为人文价值观,认为个人交换是一种人文交换。

2. 人心管理

弗洛伊德的人格结构论说,人格是由本我、超我和自我组成。本我遵循快乐原则,追求欲望的满足,躲避痛苦,不讲理性;超我遵循完美原则,包括了理想和良心,约束本我,讲求道德生活;自我遵循现实原则,协调个人与社会环境之间的关系,协调本我和超我之间的关系。自我强,本我和超我相对就弱。一个人心里有善与恶,神性与兽性。所谓君子是扬善抑恶的人,所谓小人是扬恶抑善的人。君子多与神、善相交,全神贯注、聚精会神、神采奕奕。

制度管理主要就是约束人心中恶的一面。但事实上只是暂时管住了人身,却没有管住人心。制度有好坏之分,专制制度是坏的制度,它让人特别是管理者反而会变得更坏。民主制度是好的制度,它让人们和一些组织有了选择权、监督权、控告权和罢免权,因为制衡,人心中的恶就只能敢想而不敢为了。制度并不能从根本上管住人心,哪怕是民主制度。法治是需要的,但却不是根本的。最根本的还是要真正"得道",得道之人就是认识和把握了规律的人,正因为把握了规律,也就能进行准确的预测。"人治"是根本的治理,但不是随心所欲的专制人治,"人治"的最高境界不是以德治人,而是以道治人。

可以有五种方法来管理和控制人心,即以利诱人、以势压人、以德化人、以礼待人、以理服人。前两个是法家的管理理念,基于人性向恶,是势利的管理;接下来两个是儒家的管理理念,基十人性向善,是伦理的管理。这四种管理方法都还没有真正管住人心,以理服人才是管住人心的根本。

以理服人是以"道"理服人。根本的道理就是人与自然之间的道理及人与人之间的道理。要正人先要正己,而正己需要"得道"。

3. 道德为本

得道的核心是道德。得道之人自然有德,这个道就是对自然之道及自然规律的深刻认知,并产生由衷的敬畏。道德管理的关键在于要深信因果,深信善恶之因果。深信因果的人知道"勿以恶小而为之,勿以善小而不为",深信因果的人会相信"积善之家必有余庆,积不善之家必有余殃"。如果不深信因果,只是遵从伦理道德,这样的道德并不可靠,道德心容易被势利心打败。

老子对道德的关系早有深刻的认识:"大道废,有仁义,智慧出,有大伪。""失道而后德,失德而后仁,失仁而后义,失义而后礼。"后礼又失礼呢?失礼而后法,失法而后亡。要救亡一是要从法入手(民主之法);二是要从道入手(善恶因果教育)。双管齐下,才能获得新生。

儒家的伦理道德讲了人与人之间的道德,但没有更深刻地认识到人与自然之道。人与人之道是以人与自然之道为根本点的,而这才是成为有道德之人的关键。

EXII.2 个人营销哲学

个人营销哲学就是个人交换哲学,个人交换的智慧影响着一个人一生的幸福。

EXII.2.1 知彼知己

个人交换的过程就是打交道的过程,这里的交道即交换之道,不仅仅只是交流、沟通之道。打交道的过程其实是交心的过程,交心状况如何决定了交道的深浅。交道最终目的就是为了让对方产生对自己期待的行动。想让对方行动,关键就是要让对方动心,让对方动心就要知心,知心不但要知对方之心,也要知自己之心。

1. 知天知地

凡事要讲求天时、地利、人和。个人营销中的知天主要是指要知自然天气及时势政治、经济、文化等因素;知地主要是指个人营销时要知所处的地理环境、地形、位置等因素;知人主要是指在个人营销中要知各种各样的他人,知自己应该怎么去做人做事。知天、知地、知人就是要知现实,有现实意识,也可以说是市场意识。知人是最基本的现实意识体现。达成交换还要有感恩意识,谢天谢地谢人;并有敬畏意识,畏天畏地畏人。

2. 直指人心

人心里既有人文种子,也有势利种子。人文价值观会让人扬善抑恶;势利价值观则会让人扬恶抑善。价值观是人心最根本的区别,价值观不同就会导致人心各异,不能长久。许多的兴趣爱好、外表吸引只是暂时的趣味相投,只有价值观相近才能成为真正的朋友和恋人。

品人之道包括了品类(职业、职务、家庭背景、长相等)、品名(姓名、知名度、能依托的名人、能人等)、品德(品德、脾气等)和品位(特色、价值观、情趣、格调、幽默等)。名利社会里品人往往是更看重品类和品名这两个形式上的有形部分,带来的是物质层面的要求,并因为这两个因素来决定交往的基础,对品德和品位最初往往认识不清,品德和品位也会受到品类和品名的影响,产生"晕轮效应"。在品人时,品德和品位是精神层面的东西,这两方面才是人交往持久的最根本因素。品德好的人会让人去尊敬或保护他(她),但人交往中最和谐的境界是在品位上,所谓神交就是品位的到位和对位,而这恰恰是最难寻的状态。现在的不少人交往和交换中看重的是别人的职位、职业、长相、家庭背景、知名度等外在因素，而不愿也不会真正进入对方内心，或者并不看重这些。因为只是看重了品类和品名，所以就比较势利，人际关系反而不能稳定和持久。而如果是以品类和品名来推导一个人的品德和品位，那更是不成熟的认知了。

围绕以上的"人生四品"，观人本质就在其中。人都会有品类和品名，有人也有好的品德，但品位的高低才是个人交换能否持久的秘密。没有品位的人或者品位不到位和对位的人是无法和另一个有品位的人长期交往下去。一般人品人可能只注意到了品类、品名和品德，而忽略了品位，这就为今后的关系不稳定埋下了伏笔。从精神到物质的品人顺序是：品位、品德、品名、品类。

就情感交换而言，懂得对方比爱对方更奢侈。许多爱着对方的人其实并不懂对方，找到一个知心爱人其实很难。知心一是要知对方的脾气，能包容就尽量去包容；二是知对方的价值观，看价值观是否合拍，价值观是长久的根本。包容的是脾气，而不是价值观。两人相处，最和谐的状况就是情投意合，脾气、价值观都合拍，心照不宣。

3. 明心见性

先天的气质类型无所谓好坏，只是通过了社会化及社会化要求，才产生了性格的好坏。性格直接决定了人对社会的适应程度、参与度和被认可度。认知到自己的气质类型特点，在塑造性格时就可以根据社会化的普遍和特殊要求来建立起良好的性格特征，通过有意识的教育和不断的提醒、训练，来改变先天中潜在的被社会和人们普遍认为的人性不足之处。性格塑造也会因为直接受到先天气质的影响，造成某些良好性格塑造的困难。

尽管性格可以组合成多种类型，"人一上百，形形色色"，但最基础的性格其实就是两种：良好的性格和不良的性格。良好的性格塑造是根据社会人际关系及自然规律，建立一个善意的普世价值观和为人处事之道。所有的气质和性格类型中最智慧的认知就是建立起宽容心和清静心。宽容和清静可以让不同的性格类型产生普世价值观，这种普世价值观就是人文价值观。

最能打动人心的是那些善良、奉献、感恩的心，这是每人心中都有的最柔软部分。在许多看上去冷酷、凶残、冷漠的外表和行为下面，其实都藏着一颗柔软的心。以硬碰硬，就会手段强硬、不择手段，结果或一方暂时胜出，或两败俱伤；以软碰硬，有被欺负和吃亏之感，但也会以柔克刚，打动人心。

EXII.2.2　经营一生

赢自经营。人生就是一场经营活动，经营是筹划和营造，经营是选择和配置，人生对策首先就是经营对策。

1. 选择决定结果

善于经营的人首先是善于选择的人。选择决定结果，选择大于努力，选择不对，努力白费。"男怕入错行，女怕嫁错郎"说的就是选择，选择无处不在，不选择也是一种选择。要选择就要解决两个基本问题：选择的方向性和选择的主动权。

选择方向具体要问四个问题：自己想成什么？做什么？做给谁？凭什么？选择主动权具体要问两个问题：个人的交换模式是什么？个人的竞争优势是什么？方向第一，人生方向是什么决定了今后的一切。但在一个正确的方向上前进就一定能达成交换吗？不一定，还必须要确定是否具有主动权。失去了主动权就等于被打败。

"成什么"就是要问自己想成为什么样的人,包括了理想及使命。理想指向自己,自己想成为什么样的人;使命指向对方,是想去帮助对方什么。使命从大处说就是去救人,从小处说就是去助人。你不一定要去救人而显得高尚和崇高,但完全可以通过助人而显得理性和快乐。助人等于助己,利己建立在利人的基础上,当然利人是善意的利人,而不是欺骗的利人。

"做什么"主要解决如何做对事。如何做对事有没有标准呢,从个人赚钱的角度来说,可以用三个标准衡量:是否能产生良好的现金流? 是否能产生良好的资产收益率? 是否能持续的增长? 从做人的角度说,就是应该去做善事和自己感兴趣的事。

"做给谁"就是要找对人。找对人包括了两方面的人,一方面是找对自己的合作伙伴或朋友,另一方面是找对直接要交换的对象是谁。就个人而言,就是要经过对方细分,找到想交换的合适具体对象。机会从细分中来,找工作、找朋友、找恋人等都是如此。

"凭什么"就是要确定对方愿意交换的理由,就是自己有什么能吸引对方的有价值的特点和亮点。细分(segmentation)、目标(targeting)、定位(positioning)在营销基本原理中被称为STP战略,同样适用于个人营销中,解决做给谁及凭什么的问题。个人定位一要差异化、有特色,二要有价值,有没有价值被对方决定。好的个人定位是进入和占据对方的心智。

"个人交换模式"是要如何确定自己的一个外部链(关系网和利益链)的问题,从而产生更大更强的竞争力,在交换中占据主动。

"个人竞争优势"是指自己要想和相关的组织和个人构成外部链,关键是自己要有别人需要的利益或好处,即个人的竞争优势在哪里。竞争优势是在自己的内部价值链中去寻找优势,这种优势可以是绝对、持续的竞争优势,也可以是相对、短时的竞争优势,没有优势就很难形成外部链。竞争优势就个人而言,主要包括了颜值、慧值和链值,包括了名字、长相、家族、资本实力、权力、人脉资源、独特能力与技术等因素。这些因素中,有些可以成为持续的竞争优势,但有些只能成为短暂的竞争优势,自己对此要有清醒的认识。

个人营销同样要营造"势",一方面要善于借势,另一方面更要善于造势,顺势而为,产生大势所趋、势不可挡的效果。

2. 个人品牌化

个人品牌化就是要打造自己的姓名,让自己的名字品牌化,产生附加值,从而让对方慕名而来,自己名利双收。个人品牌化也是一种造势和借势。个人品牌化一般过程和组织品牌化过程是一样的,即包括确定品类、确定品名、品牌定位、品牌品质、品牌品位、品牌形象、品牌发展、品牌传播等八个要素。品位有高低之分,与收入档次或者人的财富可以无关,但与文化密切相关。

(1) 个人品牌化首先是知名度管理。当然知名度不一定非要出大众之名,不少高人都只是在一个小范围里知名,反而更有价值和价格。

(2) 其次是美誉度管理。人在社会中一般都希望得到好的名声,有口皆碑。但人也有审丑、审恶心理,有些人就通过出丑来赢得交换和交易。个人品牌战略不是非要出名,而是要在能接触的人群中树立良好的个人形象,成为一个受人欢迎或者尊敬的人,这也是非营利交换的达成。

(3) 最后是忠诚度管理。忠诚度一般是建立在知名度层次和美誉度层次基础上的,但也不全是。忠诚度可以是靠对方说了算来建立,也可以是由我方通过强权、强势来建立。当然,在正常的背景下,忠诚度是由对方的自由选择来决定的,所以要充分考虑到对方的喜怒哀乐情况,投其所好。理性的忠诚度是不一定非要有知名度和美誉度来作保证。对方为什么会对自己忠诚? 因为自己从整体上说总是比别人好那么一点,或者对方放弃的机会成本会更高,这样对方也不会轻易放弃,哪怕我方在一些方面并不能让对方满意。感情和理想化是不可靠的,最可靠的是理性和现实化。

3. 善于配置

善于经营的人除了善于选择外,还要善于配置。配置是指提供和传递的有效整合。提供包括提供什么素质的人和服务,提供什么价值及其价格期待(期待的收入、报酬)。个人是否有价值都是被对方决定,对方的感受价值决定了这个人的价值和价格。

人的竞争力主要体现在五个方面:质量(指人的内在素质和能力等)、外观(指人的长相、身材等)、包装(指人的化妆、打扮等)、品牌(指人的名字和知名度状况等)和服务(指人的助人状况、义务等)。面对不同的对方,自己和对方在这五个方面的要求权重都是不一样的。

包装也是现代社会个人交换中非常重要的一个因素。一些不起眼或者普通的人一经包装,立马就产生了不一样的交换效果,不少名人或者普通人是被包装出来的。包装分为有形包装(人的化妆、打扮等)和无形包装(给人以象征、个性、意义等)。有形包装可以让人眼前一亮或被迷惑,产生表面的、短暂的附加值。最具有包装价值的是无形包装,为人设计一个无形包装,以体现出这个人不同的意义、个性或象征,对人的整个形象会产生重要的影响。人可以是自我包装,也可以由他人来包装,能得到他人的包装往往意味着进入某个圈子和链里去了。有形的化妆并不稀奇,最能让人光彩夺目,产生更多更大价值的是有人为你做无形包装。

个人"产品"塑造及其价值(价格)主要是个人自己努力的事,而传递给对方往往就需要别人或者组织的帮助了。传递过程可以完全由个人自己完成,但由于个人能力有限及现实的环境,更需要外方的帮助,需要构成一个人际关系网和利益链。个人需要多方(不同组织和个人)的帮助,如果个人能进入或形成关系网,许多交换问题就比较好解决了。个人渠道主要是指人际关系网和利益链的中间人状况如何。个人物流是指交通工具及住所的状况如何。

需要特别强调的是,关系网和利益链在这里并不是贬义词,人与人构成的社会本身就是一个关系和利益世界,只不过人与人之间的关系是更看重金钱关系、权力关系和功利关系,还是更看重亲情关系、友情关系和互助关系而已。

EXII.2.3　有效沟通

目标管理是能够进行有效沟通的先决条件。一个良好的沟通意识的建立和实施,一般是个人实现交换的最后一步。

1. 整合凝聚力量

整合营销沟通是指综合运用人员推销、商业广告、销售促进、直接营销及公共关系等五大策略来实现传达一种形象,一个声音的效果。个人交换的沟通手段大致也可以是运用以上的策略,特别是通过自我推销策略来达到实现不同交换的目的。

沟通不但能彰显经营的力量,而且沟通本身也产生力量。个人营销中的沟通也需要通过不同的沟通组合,产生整合的力量。这些力量主要包括有:现实的力量、创意的力量、持续的力量、体验的力量、承诺的力量、技巧的力量、口碑的力量、公关的力量、柔和的力量和人文的力量等。

个人沟通中还有不少的技巧和经验。比如:投其所好,换位思考,让对方受益;找到对方的长处,欣赏对方,赞美对方;微笑,点头,倾听,不争,先肯定对方,再回应异议,主动,友善,做记录;为对方提供整体的解决方案；提供服务及服务的长期性；运用组织形象进行沟通；沟通中要有坚韧的精神和迂回的智慧等。

2. 攻心为上

沟通的最高境界在于打动人心，而能打动人心的关键不在于现实和技巧等力量，而在于人文的力量。用顺应自然、善待自然、与人为善、助人为乐的人文关怀和情怀去与他人沟通，才能真正打动对方的内心，产生内心真诚的共鸣。个人与对方沟通最基本的原则是：善意、诚实、尊重、体谅、不强求。

最有力的沟通不是产生共鸣或者感到欣喜，而是对方愿意，但这也是最难做到的沟通。改变人的个性、价值观、信念和愿望，这是极其艰难的过程，而且每个人特别是成年人的内心深处都可能会产生抵触。

站在对方角度思考问题，换位思考。深信因果，通过善意的理念和行为，努力先实现非营利交换。幸福是精神的充实和丰盈，幸福在信仰里，在淡泊名利里，在实现非营利交换里。

个人的格局主要被自己的使命感、价值观及全局意识与布局意识决定，格局决定结局。

老子《道德经》曰：道生之，德畜之，物形之，器成之。得道多助，万象道中来。大道无形，大道至简。道是空，道是人在行动前首先应该知道的本质、自然、规律、思想。人的"大器晚成"需要一个悟道的过程，需要一个"得我心"的过程。

附录一：市场营销思维导图

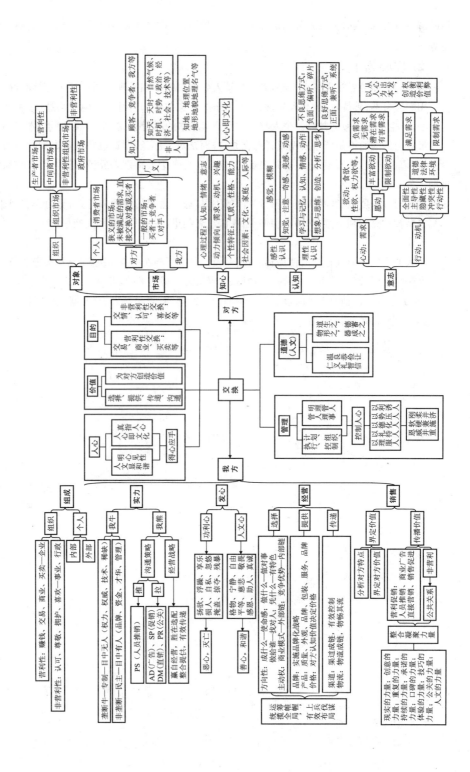

附录二：营销的 20 个关键词

1. 期待名利

所有的组织和个人都在期待得到名利,人人都有着一颗名利心。不管是邪恶还是正义,庸俗还是清高,人人皆如此,只不过是各自的侧重点不同而已。

"名"一般包括了名气和名声状况,所谓"远近闻名""久仰大名""名誉有嘉"。人不一定期待名气大,但一定期待有个好名声。名声坏了,这个人的情况往往就会很糟糕。名不正则言不顺,言不顺则事不成。

"利"以钱来分,可以分为营利和非营利两种状况。营利是指获得钱财,非营利是指获得认可、情意、喜欢、尊敬、健康、美丽、权力、名气、名声等。获名本身也是一种利,名最终是为了利。天下熙熙皆为利来,天下往往皆为利往。

期待即人的需求、心动及目的。组织和人都期待实现利益,利益指的是得到好处。组织和人的一辈子都是争取利益的一辈子,大到国家利益,中到组织利益,小到个人利益,只不过是用什么心态,侧重于获得什么利,采取什么手段去争取而已。

淡泊名利首先不是不要名利,而是要看淡它。其次,淡泊名利是指淡泊名气、钱财和权力,而不是淡泊名声、情意和健康等。淡泊名利是个人的修养和境界,用淡泊名利的心去得到名利是一种人生智慧。

2. 利益交换

商业的本质是为了交换,人生的本质也是为了交换。名利的背后其实是一个交换问题。

　　交换本质是利益交换。交换存在双方,一方称为我方,另一方称为对方。我方和对方的组成既可以是一个组织或一个人,也可以是多个组织或多个人。我方要想获利,就要给利与让利,因为利他,从而利己。如果只想着自己得利不顾及到他人,这样的利益不会长久,而且可能会产生利害冲突,遭遇不利。

　　广义的成功是实现了自己的期望,它可以和名气、钱财和权力完全无关,比如得到健康、幸福的家庭等都可称为成功。狭义的成功是指获得出名、钱财和权力,这种成功显得势利。

　　市场营销就是让期待、需求得以实现,实现交换。所以营销管理实质上就是期待管理、需求管理和交换(利益)管理。

　　在交换的世界里,组织和人都在从事各种各样有关交换的活动,其目的主要是为了达成交换。在众多交换中期待实现两个基本的交换:一是期待获得交情(情意);二是期待实现交易(钱财)。所有的组织和个人被这两个交换所驱动——为情所动,为钱所动,也是被这两个交换所困扰,万变不离其宗。

　　交易和交情可以相互交换,达成交情是最根本、最持久的交换。实现交换中交情第一,交易第二。若把交易放在第一,虽然现实但不够智慧。

3. 创造价值

　　我方要想实现交换,就要为对方创造价值。

　　有价值即有用。有种有用看似无用,其实也是有用。价值可以体现在理性上,包括有实用、效果、功能、健康等方面;也可以体现在感性上,包括有情感、审美、意义、象征等方面。

　　价值被对方决定。有价值与否,不是我方说了算,而是对方说了算。这样的认识告知我方不能妄自尊大,而要树立起对方意识。对方意识即我方做事对方做主的意识,是市场意识也即民主意识的基本特征。商业中买方构成市场,卖方构成行业,企业在交换中要以买方为中心,为买方创造价值。

　　价值的实现过程一般包括:识别、预见市场价值;选择、配置市场价值;传播、沟通市场价值。

4. 虚实相间

　　创造价值的过程中既要有深谋远虑的战略,又要有具体落地的战术。虚实相间的营销既是战略,也是战术。营销中的虚实相间是指在营销中既有理性的诉求,也有感性意义,既有事实,又有象征,从而满足对方多样化心理需要的营销策略。"实"一般是指实用、功能、效果、事实等,侧重于理性诉求;"虚"一般是指虚构、意义、意境、象征等,侧重于感性诉求。如果在实的方面区别不大,那竞争力或魅力主要来自"虚",有些"虚"不能用理性去解释清楚。

颜值(外观的价值)、慧值(智慧的价值)和链值(联在一起的价值)构成三值营销,是对感性营销和理性营销的精炼表达。理性营销强调构成行为的理由与逻辑,而感性营销则强调心理感觉。品牌塑造最好的效果是虚实相间,产生不可替代的品牌魅力。

5. 有勇有谋

市场营销是解决交换问题的系统思维方式,通过满足别人利益并获得自己的利益,表现为有勇有谋的特征。有勇表现为主动性、勇敢性、行动性、坚持性等特征;有谋表现为全面性、长远性、系统性等特征。

有勇有谋的市场营销是"三懂两交"的系统思维。首先是懂市场(有市场意识),在此基础上懂经营(有经营意识)和懂沟通(有促销意识),最终目的是达成交情和交易。懂市场才能懂经营,懂经营才能懂沟通和管理。

商业思维的核心是交换思维,交换思维包括市场思维、经营思维和沟通思维。商业思维是如何赚钱的思维,消费者思维是如何花钱的思维。商业思维是以消费者思维为出发点的。

6. 明理管人

做管理就是明理管人、管人理事,去实现交换。明理指的是明为人处事、实现交换之道理;管人指的是既管别人,也管自己,去达成交换。正人先正己,正己后化人。管理的本质是需求(期待)管理,其职能包括了计划、组织、执行、控制和领导等。

管人关键是能控制人心。法家强调以利诱人、以势压人,儒家强调以德化人、以礼待人,佛家、道家强调以理服人。无与伦比的管人之道是以上"五以"的综合体现,产生"五以伦比"的管理效果,其中以理服人是根本。这个理一方面是指懂得相关的专业知识和管理知识,但更重要的另一方面是指懂得人与自然、人与社会、人与人之间的本质关系,这是哲学层面的问题。一要看清世界的本质,二要确定如何做人,产生道德律,从而真正控制和得到人心。

　　管人必须有制度管理,反映在民主法制、组织规章等上面,体现为如何教育、授权、激励、惩罚、协调、控制等方面。管理就是一场控制性的游戏,首先学会控制自己,其次是去控制他人。

7. 知彼知己

　　这里的知彼知己不但包括了知人,还包括知天知地。天地人构成了环境、现实,即构成了市场。要想获得交换的成功,首先必须认识了解具体的现实和环境,了解市场,才能有的放矢地采取相应的战略战术,从而达成期待的目的。

　　无论做什么事,首先都要了解天时地利人和的状况如何。天时指的是天气变化、时势(政治、经济、社会、技术等)、时机等因素;地利指的是地理位置、地形地貌等因素;人和指的人心状况如何,也是指与各种各样身份人的关系状况如何。

　　天时不如地利,地利不如人和。事在人为,关键在于人。所以市场意识最基本的特征就是要知人,要了解对方和自己,懂市场最基本的就是懂人。以市场为中心就是以人为中心,以人为本。

　　知彼知己的具体分析包括了要认识我方内部的优势与劣势,还要认识到外部环境的机会和威胁,只有了解全局(市场),才能有效布局(经营)。

8. 明心见性

　　交换过程是交心的过程,交心首先要知心。一方面,形形色色,人心各异;但另一方面,人心中也有许多共性的特征,只是不同人对这些特征的组合及权重不一样而已。

　　分析人心首先分析人的个性特征。个性特征是气质、性格、能力的综合体现,其中性格起着核心的作用。性格既有与生俱来的特征,也有耳闻目染的特征,性格最终的形成主要受后天社会化因素的影响。人是一切社会关系的总和。文化是社会化的核心。人心即文化。

　　个性最终要落实到心理过程(心路)中去。人的心理过程由认知、情绪和意志构成。认知是因,情绪和意志是果。认识人心关键是认识人的认知状况,认知状况中的理性认识状况,理性认识中的思维方式和思维能力状况。其中看思维方式主要是看做人,涉及情商高低;看思维能力主要是看做事,涉及智商高低。营销战是一场心理战,心理战是一场认知之战。

　　"三知一做"指的是知个性、知社会、知心路,做营销。

9. 势事如意

要想取得事事如意的结果,就要了解所做之事的势的状况,谋事先要谋势。大势所趋,顺势而为,势不可挡,势如破竹。逆势而为不但会事倍功半,而且可能会颗粒无收,甚至适得其反。

势包括了大势、中势和小势,分别对应了天时、地利与人和。大势包括了宏观环境里的政治、法律、经济、文化、人口、技术、时机等因素,中势包括了地理位置、地势等因素,小势包括了各方人们的意愿和现状等因素。

谋势先知势(了解全局),然后去造势与借势(有效布局)。结局被布局决定,布局被是否准确的认知全局决定。全局意识和布局意识构成了人的势念和格局,格局决定结局。

一个团队的凝聚力关键在于对势的理解和统一。做人是根本,做事是落实,做势是保证。从商业上看,做人是交情达成的根本,做势是交易成功的保证,势事如意。

10. 上兵伐谋

谋略首先是战略布局,体现出全局性、长远性及系统性等特征,其次是战术计谋,体现出具体性、短暂性及实效性等特征。谋势才是大谋略。

谋略=布局=战略=经营。做经营的流程首先是做选择,其次是做配置。所谓系统的谋略与布局就是落实经营十问。其中选择有六问,即成什么、做什么、做给谁、凭什么、交换(商业)模式,及竞争优势是什么等问题;配置是根据选择进行有效的组合,有四问,即产品、价格、渠道、物流的问题及策略。策略里包括了战略与战术。赢在经营,先配定谋略。

人人都在谋事,如果就事论事,只是碎片化的小计谋。想成就大事,就要谋势,是系统化的大谋略。大谋士谋事首先谋势。

11. 精挑细选

认识和分析市场后,要通过市场细分进行精挑细选,找对人和做对事。市场细分是对需求的细分,可以分化出竞争市场、薄弱市场和空白市场。

市场机会来自于市场细分。细分的极致就是一对一营销和定制营销。一对一可以是一个组织,也可以是一个人。

确定目标市场是要把握优先或精准的目标,确定目标可以是全部无差异的目标,也可以是全部差异的目标或部分集中的目标。

12. 奇正相生

凡战者,以正合,以奇胜。

营销中的"正"表现在对本质的把握上。营销对策要符合市场需求和市场规律。营销中的"奇"表现在创新上,通过创新寻找到市场的空白点或薄弱点,以独特的有价值的定位去满足需求或引导需求,占据人们的心智。

奇正相生产生无穷的创新和变化。奇正相生的定位既要针对具体产品或服务,更是要针对品牌形象及整个组织形象。定位内容有实质定位、服务定位与心理定位。定位战略选择主要包括了独特定位战略、领先定位战略、对立定位战略和重新定位战略等。

13. 链恋风尘

恋恋风尘是感性之恋,是情感的交流,交情的建立。链恋风尘既有情感之恋,又有理性之链,理性之链指的是链模式状况。

链包括有价值链、产业链、供应链、技术链、关系链、利益链等。互联网也是链,链接了整个世界。组织由人组成,人依托于组织,从个体到团体再形成链,其关系是相互影响,紧密不可分。链模式首先是结成链,连起来是金。其次是共享链,利益共享、利益共有、利益持久,也共担责任与风险。

在这个互联的世界里,我方不是一个人或一个组织在战斗!单打独斗没有竞争力,团结才是力量。链是网是圈是脉,人脉即钱脉。战略整合、战略联盟、战略外包已经成为组织的共识。

14. 名利双收

打造品牌是让品牌成为了著名或强势品牌,因为如此,对方就会慕名而来,我方和对方都能名利双收,实现双赢。品牌战略承上启下,上承 STP 战略,下启产品策略和传播策略。

打造品牌的秘密来自品牌战略八步的系统实施,包括了确定品类、确定品名、品牌定位、品牌品质、品牌品位、品牌形象、品牌发展、品牌传播等战略要素。品类即需求,品类创新即满足或引导需求。用品类思考,用品名表达,品名表达品类,品名与品类拴在一起,才构成真正意义上的品牌。

打造强势品牌的基本法则有:分化法则、信誉法则、收缩法则、词汇法则、连贯法则、公关法则等。

15. 藏器于身

这里的器是指产品(包括了服务、信息、数字化及人等),是营销的依据。藏器于身,待时而动。

产品的魅力及竞争力主要来自质量、外观、包装、服务和品牌。产品设计以人为本,产品质量是竞争力最可靠的保障,产品创新是持续发展的有力保障。产品是企业生命与品牌承载体,是品牌魅力的核心。

产品的竞争力也来自产品组合策略、产品生命周期状况及新产品开发状况。

16. 价值定价

价格被价值决定,身价被价值决定,价值被对方决定,对方认知价值决定价格。认知价值可以是理性的,也可以是感性的。感性价值往往是一种感受,无实际成本、无形,但会让价值倍增,从而价格倍增。

认知价值定价的关键,在于准确地计算产品所提供的全部市场认知价值(一般认知和个别认知)。如果过高地估计认知价值,便会出现偏高的价格;如果过低地估计认知价值,则会出现偏低的价格。

认知价值是全部的利益认知与全部的成本认知的差额。差额越大，认知价值越大，给对方的吸引力就越大，无论是产品还是个人都是如此。

17. 渠道为王

渠道指的是交换的路径、环节等因素，包括了直接渠道及间接渠道。

渠道为王的关键是看渠道的关系状况，即链的状况如何，是紧密的还是松散的渠道关系决定着渠道的竞争力，也决定着最终交换的数量和质量。

最好的对渠道的管理就是让其丧失部分或全部功能，渠道越轻松，就越依赖，因而越容易被控制。

物流与渠道紧密相连，为的是有效地实现产品的实体转移。渠道是商流，商流和物流可以同时实现，也可以分别实现，分别实现的主要依据来自于信用及其制度。

18. 攻心为上

攻心是传播与沟通，是交流交心的过程，沟通就是沟"交通"，其主要目的是为了去达成交情或交易或两者兼有。

运用综合的沟通方式（人员沟通、广告传播、销售促进、直接营销、公共关系等），整合传播，找到痛点、亮点和引爆点，直指人心，实现最终的交换。互联网让传播与沟通更加直接、丰富和隐蔽，移动传播与沟通（手机、微信、微博、APP、直播等）已经成为现实常态。

整合沟通的力量主要包括有：现实的力量、创意的力量、持续的力量、承诺的力量、公关的力量、体验的力量、口碑的力量、柔和的力量、技巧的力量、人文的力量等。

19. 相由心生

交心不但要知他人之心，更要有自知之明，并确定自己的发心。相由心生的一种解释就是自己发什么心，就会得到什么样的现象和结果。思维决定行为。

若发势利之心，交换中往往就会利欲熏心，不择手段；若发人文之心（道德），相信善恶因果律，交换中就会与人为善，以人为本，君子爱财，取之有道。

人文之心是利人的价值观和精神表现,自己具有人文情怀,对他人具有人文关怀,人文显和谐。实现交换不但要现实主义,有勇有谋,更要有情有义。现实主义成真,有情有义成善,有勇有谋则成美,与对方去达成真善美的交换。

20. 得道多助

道是道路、道理、本质、本源、无、空。道是经和规律。一阴一阳谓之道。得道多助。

交换之道,面面俱道。人与自然之道是天道,人要敬畏自然、顺应自然;人与人之道是人道,人要与人为善、给利让利。

哲学要解决的问题就是面对交的世界,如何处理好各方面的关系问题,包括了我与自然、我与他人、我身与我心的关系。如果说"交"是阴(无)与阳(有)之间的关系,那么在我与自然中,我是阳,自然是阴;在我与他人(社会)中,我是阳,他人是阴;在我身与我心中,身是阳,心是阴。

理论为无,实践为有;原理为无,案例为有;普遍性为无,特殊性为有。其因果关系是:阴生阳,无生有。

参考文献

1. 菲利普·科特勒、凯文·莱恩·凯勒:《营销管理》(第 13 版),格致出版社 2009 年版。

2. 菲利普·科特勒、凯文·莱恩·凯勒:《营销管理》(第 15 版),格致出版社 2016 年版。

3. 菲利普·科特勒、加里·阿姆斯特朗:《市场营销原理》(第 13 版),中国人民大学出版社 2010 年版。

4. 菲利普·科特勒、加里·阿姆斯特朗:《市场营销原理》(第 16 版),中国人民大学出版社 2015 年版。

5. 菲利普·科特勒、加里·阿姆斯特朗:《市场营销原理》(亚洲版),机械工业出版社 2006 年版。

6. 艾伦·R.安德里亚森、菲利普·科特勒:《战略营销:非营利组织的视角》,机械工业出版社 2010 年版。

7. 卡尔·麦克丹尼尔等:《市场营销学》,格致出版社 2009 年版。

8. 唐·亚科布奇:《营销管理》,机械工业出版社 2011 年版。

9. 戴维·乔布尔、约翰·费伊:《市场营销学》,东北财经大学出版社 2013 年版。

10. 彼得·德鲁克:《管理的实践》,机械工业出版社 2009 年版。

11. 彼得·德鲁克:《管理:使命、责任、实务》,机械工业出版社 2009 年版。

12. 彼得·德鲁克:《德鲁克管理思想精要》,机械工业出版社 2011 年版。

13. 彼得·德鲁克:《卓有成效的管理者》,机械工业出版社 2011 年版。

14. 彼得·德鲁克:《创新与企业家精神》,机械工业出版社 2011 年版。

15. 稻盛和夫:《活法》,东方出版社 2009 年版。

16. 稻盛和夫:《阿米巴经营法》,中国大百科全书出版社 2016 年版。

17. 松下幸之助:《经营沉思录》,南海出版公司 2009 年版。

18. 柳井正:《经营者养成笔记》,机械工业出版社 2018 年版。

19. 希尔、琼斯、周长辉:《战略管理》,中国市场出版社 2007 年版。

20. 克里斯·安德森:《长尾理论》,中信出版社 2015 年版。

21. 钱·金、勒妮·莫博涅:《蓝海战略》,商务印书馆 2016 年版。

22. 迈克尔·波特:《竞争论》,中信出版社 2003 年版。

23. 迈克尔·波特:《竞争优势》,华夏出版社 2005 年版。

24. 迈克尔·波特:《竞争战略》,华夏出版社 2005 年版。

25. 里斯、特劳特:《定位》,机械工业出版社 2017 年版。

26. 里斯、特劳特:《22 条商规》,机械工业出版社 2013 年版。

27. 里斯、特劳特:《营销革命》,机械工业出版社 2017 年版。

28. 里斯、特劳特:《商战》,机械工业出版社 2017 年版。

29. 杰克·特劳特:《特劳特营销十要》,机械工业出版社 2011 年版。

30. 杰克·特劳特:《简单的力量》,机械工业出版社 2011 年版。

31. 杰克·特劳特:《大品牌大问题》,机械工业出版社 2011 年版。

32. 杰克·特劳特:《终结营销混乱》,机械工业出版社 2011 年版。

33. 杰克·特劳特:《什么是战略》,中国财政经济出版社 2004 年版。

34. 杰克·特劳特、史蒂夫·里夫金:《重新定位》,机械工业出版社 2011 年版。

35. 阿尔·里斯、劳拉·里斯:《董事会里的战争》,机械工业出版社 2013 年版。

36. 阿尔·里斯、劳拉·里斯:《品牌之源》,上海人民出版社 2005 年版。

37. 阿尔·里斯、劳拉·里斯:《品牌 22 律》,上海人民出版社 2004 年版。

38. 阿尔·里斯、劳拉·里斯:《互联网商规 11 条》,上海人民出版社 2006 年版。

39. 阿尔·里斯、劳拉·里斯:《公关第一,广告第二》,上海人民出版社 2004 年版。

40. 阿尔·里斯:《聚焦法则:企业经营的终极策略》,上海人民出版社 2003 年版。

41. 艾略特·艾登伯格:《4R 营销》,企业管理出版社 2003 年版。

42. 克劳塞维茨:《战争论》,广西师范大学出版社 2003 年版。

43. 大卫·奥格威:《广告大师奥格威》,生活·读书·新知三联书店 1996 年版。

44. 杰拉尔德·L.曼宁等《现代销售学》(第 11 版),机械工业出版社 2011 年版。

45. 唐·舒尔茨、海蒂·舒尔茨:《整合营销传播》,中国财政经济出版社 2005 年版。

46. 凯文·莱恩·凯勒:《战略品牌管理》,中国人民大学出版社 2009 年版。

47. 马丁·林斯特龙:《品牌洗脑》,中信出版社 2013 年版。

48. 马丁·林斯特龙:《感官品牌》,中国财政经济出版社 2016 年版。

49. 拉姆·查兰:《CEO 说》,机械工业出版社 2012 年版。

50. 罗伯特·西奥迪尼:《影响力》,北京联合出版公司 2016 年版。

51. 戴尔·卡内基:《人性的弱点》,中信出版社 2012 年版。

52. 杰克·韦尔奇:《商业的本质》,中信出版社 2016 年版。

53. 乔纳·伯杰:《疯传》,电子工业出版社 2014 年版。

54. 李零:《唯一的规则》,生活·读书·新知三联书店 2010 年版。

55. 吴晓波:《大败局Ⅱ》,浙江人民出版社 2007 年版。

56. 陈春花:《经营的本质》,机械工业出版社 2016 年版。

57. 杨飞:《流量池》,中信出版社 2017 年版。

58. 叶茂中:《营销的 16 个关键词》,机械工业出版社 2014 年版。

59. 郭国庆:《营销理论发展史》,中国人民大学出版社 2009 年版。

60. 郭国庆主编:《市场营销学通论》(第 7 版),中国人民大学出版社 2017 年版。

61. 吴健安主编:《市场营销学》(第 5 版),高等教育出版社 2014 年版。

62. 熊国钺主编:《市场营销学》,清华大学出版社 2017 年版。

63. 肖凭、文艳霞等编著:《新媒体营销》,北京大学出版社 2014 年版。

64. 侯惠夫编著:《重新认识定位》,中国人民大学出版社 2007 年版。

65. 优米网编著:《史玉柱自述:我的营销心得》,同心出版社 2013 年版。

66. 钟旭东编著:《消费者行为学:心理的视角》,格致出版社 2013 年版。

图书在版编目(CIP)数据

市场营销学:现代的观点:第二版/钟旭东编著
.—上海:格致出版社:上海人民出版社,2019.1
高等院校市场营销教材系列
ISBN 978 - 7 - 5432 - 2966 - 2

Ⅰ.①市…　Ⅱ.①钟…　Ⅲ.①市场营销学-高等学校
-教材　Ⅳ.①F713.50

中国版本图书馆 CIP 数据核字(2019)第 013881 号

责任编辑　王　萌
封面装帧　人马艺术设计·储平

高等院校市场营销教材系列

市场营销学:现代的观点(第二版)

钟旭东　编著

出　　版　格致出版社
　　　　　上海人民出版社
　　　　　(200001　上海福建中路 193 号)
发　　行　上海人民出版社发行中心
印　　刷　苏州望电印刷有限公司
开　　本　787×1092　1/16
印　　张　27.25
插　　页　1
字　　数　562,000
版　　次　2019 年 1 月第 1 版
印　　次　2019 年 1 月第 1 次印刷
ISBN 978 - 7 - 5432 - 2966 - 2/F · 1196
定　　价　75.00 元